阎崇年作品

阎崇年 著

明亡清兴六十年

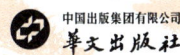

图书在版编目（CIP）数据

明亡清兴六十年 / 阎崇年著 . -- 北京：华文出版社 , 2022.10（2024.6 重印）
ISBN 978-7-5075-5622-3

Ⅰ.①明… Ⅱ.①阎… Ⅲ.①中国历史 – 明清时代 – 通俗读物 Ⅳ.① K248.09

中国版本图书馆 CIP 数据核字（2022）第 050798 号

明亡清兴六十年

作　　　者	：阎崇年
责任编辑	：方昊飞
出版发行	：华文出版社
地　　　址	：北京市西城区广外大街 305 号 8 区 2 号楼
邮政编码	：100055
网　　　址	：http://www.hwcbs.cn
电　　　话	：总编室 010-58336239　　发行部 010-58336202
	编辑部 010-58336265
经　　　销	：新华书店
印　　　刷	：三河市航远印刷有限公司
开　　　本	：720mm×1000mm　1/16
印　　　张	：35.75
字　　　数	：501 千字
版　　　次	：2022 年 10 月第 1 版
印　　　次	：2024 年 6 月第 5 次印刷
标准书号	：ISBN 978-7-5075-5622-3
定　　　价	：128.00 元

版权所有，侵权必究

阎崇年，北京社会科学院研究员，著名历史学家。获北京市有突出贡献专家称号、中国版权事业终生成就者奖，享受国务院颁发的特殊津贴。

研究清史、满学和北京史。论文集有《燕步集》《燕史集》《袁崇焕研究论集》《满学论集》《清史论集》等；专著有《努尔哈赤传》《清朝开国史》《森林帝国》《康熙大帝》《北京文化史》等。

原版序言

《明亡清兴六十年》是我在中国中央电视台科学·教育频道（CCTV-10）《百家讲坛》主讲系列历史讲座 48 讲的讲稿。讲稿有四种稿本：一是文案稿，二是播出稿，三是录音稿，四是综合稿。本书就是取前三种稿本优长而成的综合稿，稍加润色，结集出版。全书讲述的时间跨度，从明万历十一年（1583 年）努尔哈赤起兵，到清顺治元年（1644 年）福临定都北京，其间整整六十年。这六十年历史的特点是四个字——"明亡清兴"：乃胜乃败，斯兴斯亡；兴亦悲壮，亡亦悲壮。为什么呢？我想起了贤哲释迦牟尼。

释家三世的哲学是：要用三双眼睛看世界——过去、现在、未来。这是智者的思维，也是贤者的思维。因为不了解过去，就不能科学地认知现在；而不了解现在，也就不能科学地认知未来。历史学正是认知过去的学问。所以，在文明的时代，智者应学历史，不学历史不能成为智者；贤者应学历史，不学历史不能成为贤者。那么，中国历史的江河，源远流长，曲折回旋，日夜不息，奔腾向前，为什么要选取明亡清兴这段历史来学习呢？

明亡清兴的六十年，是中国历史上天崩地裂、山谷陵替、格局剧变、悲欢离合的时代。在明亡清兴的历史舞台上：格局，雄伟壮阔；人物，群星灿烂；事件，繁复跌宕；故事，生动有趣。人们都在表现，也都在表演：真与假、善与伪、美与丑、智与愚、勇与怯、廉与贪。明亡清兴的六十年，又是近世社会的缩影。凡是近世社会的重要元素——贫与富、夷与夏、官与民、中与西，都在这里展示；求民生、求自由、求平等、求民权，也都在这里交汇、碰撞、融合。明亡清兴的六十年，亦如《尚书·大禹谟》云："人心惟危，道心惟微。"就是说人心不安、道心不明。正义者不安其死，不义者鸡犬升天。而治国平天下，应当明道安民，道明则民安，民安则国泰。

三百多年来，人们在思考：明朝何以亡？清朝何以兴？其道其理，亦显亦隐。一个人、一个群体、一支军队、一个民族，其兴衰、其成败，虽仁者见仁、智者见智，却都可以从中找到自己需要的结论和答案、经验和教训、思考和启迪、聪明和智慧。所以，每位后来人——不同年龄、不同性别、不同职业、不同阶层、不同文化、不同地域、不同民族、不同宗教、不同肤色、不同国籍，都可以从明亡清兴六十年的历史中，学到宝贵的智慧并找到自己的影子。

在灿若星汉的人物中，我选取袁崇焕作为一面折射明亡清兴的历史镜子，是因为他所身历的大喜大悲：喜，惊天地；悲，泣鬼神。袁崇焕值得后人景仰的仁、智、勇、廉及其浩然正气和爱国精神，既是其时志士仁人的典范，也是中华传统文化的精髓。三十年来，我一直在研究袁崇焕，出版了《袁崇焕研究论集》《袁崇焕资料集录》（合）、《袁崇焕传》和《袁崇焕》，多次倡议或主持袁崇焕国际学术研讨会，考察全国同袁崇焕相关的历史遗迹及其在海外华人圈的影响，也出版了《努尔哈赤传》《清朝通史·太祖朝》《清朝通史·太宗朝》《满学论集》，进而从明与清两个视角，加深了对明清之际六十年历史的考察与思索。

在明亡清兴历史的背后，西方一些国家正在崛起。我们重新阅读这段历史时，应当既看到中国，又放眼世界。要避免两种认识上的误区：或持傲自矜，或过于悲观。应取的态度是：既不能盲目自大，也不可妄自菲薄；既讲求历史的科学性，又力戒历史的片面性。

真实是历史科学的生命，玄幻则是历史科学的肿瘤。历史的大众传授要深入浅出，只有深入才能浅出，否则"浅"是浅薄；历史的大众传授要雅俗共赏，只有大雅才能大俗，否则"俗"是庸俗。观众和读者需要的是浅明而不是浅薄，是通俗而不是庸俗。无论历史的学术表述，还是历史的通俗表述，有一个共同点，那就是它的真实性与科学性。表述史学的著作忌长——能省一个字，就不多一个字。知理虽易，实行则难。一部儒家经典《大学》才 1 753 个字，字字推敲，句句雕琢。一部《史记》，太史公司马迁写它不过 526 500 字。

我说过，历史应当受到敬畏：为什么要"敬"？因为吸取前人经验，会得到宝贵的智慧；为什么要"畏"？因为重蹈前人错误，要受到历史的惩罚。这里补充一句：对历史的传承与表述，也应当采取敬畏的态度。

本书的旨趣在于同广大读者进行"求知、求真、求励、求悦、求鉴"的对话。

——求知，历史会提供丰富有趣的知识；

——求真，历史会提供江山风雨的真实；

——求励，历史会提供修齐励志的经验；

——求悦，历史会提供赏心丽目的愉悦；

——求鉴，历史会提供参政资治的通鉴。

我们应从明亡清兴六十年的历史中，学习胜利者的智慧与修养，记住失败者的愚蠢与骄纵。

阎崇年

2007 年 11 月 1 日于四合书屋

目 录

第一讲　崇焕之死
一、平台落狱　　002
二、惨遭磔死　　005
三、旷世悲剧　　007

第二讲　万历怠政
一、怠政前奏　　012
二、怠政原因　　015
三、怠政表现　　020

第三讲　朝政危机
一、中枢瘫痪　　026
二、财政枯竭　　029
三、边务废弛　　032

第四讲　成梁守辽

一、北边防务　　　　　038
二、遏制蒙古　　　　　040
三、打击海西　　　　　043
四、局中之局　　　　　045

第五讲　满洲源流

一、满洲源流　　　　　048
二、燎原星火　　　　　052
三、统一女真　　　　　055

第六讲　辽事初起

一、"七大恨"告天　　　060
二、初陷抚顺　　　　　063
三、再陷清河　　　　　065

第七讲　四路丧师

一、战前准备　　　　　070
二、四路大战　　　　　071
三、简要分析　　　　　076

第八讲　开铁失守

一、双方对策　　　　　080
二、开原失陷　　　　　082
三、铁岭陷落　　　　　085

第九讲　明宫三案
一、梃击案　　　　　　　090
二、红丸案　　　　　　　095
三、移宫案　　　　　　　097

第十讲　沈阳失陷
一、朝廷党争　　　　　　102
二、政治变局　　　　　　105
三、沈阳陷落　　　　　　107

第十一讲　辽阳陷落
一、辽阳激战　　　　　　112
二、迁都辽阳　　　　　　115
三、历史教训　　　　　　118

第十二讲　广宁迎降
一、经抚之争　　　　　　122
二、西平激战　　　　　　125
三、广宁迎降　　　　　　127

第十三讲　传首九边
一、三次赴辽　　　　　　132
二、传首九边　　　　　　136
三、廷弼之失　　　　　　139

第十四讲　英雄家世

　　一、少年传说　　144
　　二、考取举人　　146
　　三、金榜题名　　148

第十五讲　单骑阅塞

　　一、邵武知县　　152
　　二、单骑阅塞　　155
　　三、无局之局　　159

第十六讲　营筑宁远

　　一、越级奏告　　162
　　二、营筑宁远　　167
　　三、红夷大炮　　170

第十七讲　帝师督辽

　　一、帝师其人　　174
　　二、巡关督辽　　176
　　三、遭劾离职　　182

第十八讲　宁远大捷

　　一、独卧孤城　　186
　　二、宁远激战　　190
　　三、兵略分析　　194

第十九讲　觉华兵败

一、兵家要地　　198

二、觉华之败　　200

三、胜败兵略　　202

第二十讲　巡抚辽东

一、后金变局　　208

二、双方议和　　212

三、关锦防线　　215

第二十一讲　宁锦大捷（上）

一、箭在弦上　　220

二、锦州被围　　223

三、宁远激战　　226

第二十二讲　宁锦大捷（下）

四、锦州再战　　230

五、后金之败　　232

六、明军之胜　　233

第二十三讲　阉党专权

一、天启庸顽　　238

二、三股势力　　239

三、历史评说　　245

第二十四讲　遭讦辞职
一、阉党乱政　　　　　　248
二、东林惨败　　　　　　251
三、愤然辞职　　　　　　253

第二十五讲　崇祯登极
一、天启病故　　　　　　258
二、崇祯继位　　　　　　260
三、中兴之梦　　　　　　265

第二十六讲　平台奏对
一、督辽饯别　　　　　　270
二、平台奏对　　　　　　274
三、五年复辽　　　　　　278

第二十七讲　天聪新政
一、天聪其人　　　　　　282
二、实施新政　　　　　　284
三、两帝比较　　　　　　289

第二十八讲　宁远兵变
一、官逼兵反　　　　　　292
二、歃盟哗变　　　　　　293
三、迅速平息　　　　　　295

第二十九讲　督师蓟辽
一、全面部署　　300
二、文龙其人　　304
三、节制东江　　307

第三十讲　斩毛文龙
一、巡视东江　　312
二、计斩文龙　　314
三、评说不一　　317

第三十一讲　北京危机
一、突袭北京　　322
二、千里入援　　325
三、仓促布防　　329

第三十二讲　保卫京师
一、京门初战　　334
二、平台召对　　338
三、京门再战　　339

第三十三讲　平台落狱
一、反间毒计　　344
二、平台入狱　　345
三、大寿出走　　347

四、重大影响　　349

第三十四讲　阉孽翻案
　　一、阉党余孽谋翻逆案　　352
　　二、奸佞小人落井下石　　355
　　三、正义之士奔走鸣冤　　356

第三十五讲　崇焕死因
　　一、钦定罪状　　362
　　二、多因一果　　367
　　三、性格冲突　　368

第三十六讲　崇焕精神
　　一、勇敢拼搏　　374
　　二、进取求新　　375
　　三、清正廉洁　　376

第三十七讲　大寿降清
　　一、大寿其人　　382
　　二、大凌被围　　385
　　三、大寿降清　　387

第三十八讲　林丹大汗
　　一、黄金家族　　394
　　二、走死青海　　397

三、满蒙联盟　　　　　　　401

第三十九讲　明亡清兴
一、南面独坐　　　　　　　406
二、建立大清　　　　　　　410
三、清承明制　　　　　　　414

第四十讲　松锦大战
一、锦州被围　　　　　　　418
二、两雄争锋　　　　　　　420
三、松山决战　　　　　　　422

第四十一讲　总督降清
一、历史笑柄　　　　　　　430
二、"庄妃劝降"　　　　　　432
三、承畴降清　　　　　　　436

第四十二讲　中原悲歌
一、耀兵京畿　　　　　　　440
二、高阳悲歌　　　　　　　443
三、高官被杀　　　　　　　446

第四十三讲　睿王摄政
一、两次争位　　　　　　　452
二、摄政功过　　　　　　　457

三、太后"下嫁"　　　　　　461

第四十四讲　闯王进京
　　一、星火燎原　　　　　　　466
　　二、崇祯五招　　　　　　　470
　　三、闯王进京　　　　　　　473

第四十五讲　三桂降清
　　一、将门虎子　　　　　　　476
　　二、三面徘徊　　　　　　　479
　　三、冲冠一怒　　　　　　　482

第四十六讲　山海关大战
　　一、三股势力　　　　　　　488
　　二、关门大战　　　　　　　489
　　三、清军进京　　　　　　　494

第四十七讲　顺治迁都
　　一、定都之争　　　　　　　498
　　二、清都三迁　　　　　　　502
　　三、文化融合　　　　　　　506

第四十八讲　兴亡之鉴
一、民族分　　　　　　　　512
二、官民分　　　　　　　　514
三、君臣分　　　　　　　　517

附录
董倩对话阎崇年（访谈）　　522

原版跋　　　　　　　　　544

原版感谢辞　　　　　　　548

第一讲 崇焕之死

明崇祯三年即后金天聪四年八月十六日（1630年9月22日），这一天，中国的天庭上，一颗星辰陨落。明兵部尚书、蓟辽督师袁崇焕惨遭磔刑。这不仅是袁崇焕个人的悲剧，而且是大明皇朝的悲剧。

在明亡清兴的历史上，明朝为辽东边事错杀了两个人：一个是努尔哈赤的父亲塔克世，另一个是蓟辽督师袁崇焕。万历朝误杀了塔克世，崇祯朝错杀了袁崇焕，从而引发了一连串的历史事变：前者，让努尔哈赤含恨起兵，成为明亡清兴的历史关节点；后者，让朱由检自毁长城，加速了明朝的灭亡——《明史·袁崇焕传》说："自崇焕死，边事益无人，明亡征决矣！"

袁崇焕经历明万历、泰昌、天启、崇祯四朝，与后金努尔哈赤、皇太极争战疆场。这里面有生动的故事，有杰出的人物，有重大的事件，有丰富的经验，有沉痛的教训，更有深刻的哲理。让我们从袁崇焕的悲剧结局讲起，逐步进入那个天崩地裂、诡谲奇变的时代。

一、平台落狱

明崇祯二年即后金天聪三年（1629年）十二月初一日，崇祯皇帝在北京紫禁城平台（紫禁城建极殿，即今保和殿居中向后为云台门，其两旁向后为云台左门、云台右门，二门即为平台），召见袁崇焕，传谕是要"议军饷"。

袁崇焕当时的职务是：明朝兵部尚书、右副都御史、蓟辽督师。蓟辽督师的全称是督师蓟、辽、天津、登、莱军务，也就是说，袁崇焕是兵部尚书、右副都御史兼督师蓟、辽、天津、登、莱地区的军事防务，负责抵御后金军队南进，守卫山海关，保卫北京城。袁崇焕的驻地在宁远（今辽宁兴城）。

紫禁城建极殿（今保和殿）

袁崇焕到了平台之后，崇祯皇帝并没有同他"议军饷"，而是当即下令将他逮捕下狱。这究竟是怎么一回事呢？

话要从头说起。这年十月，后金天聪汗皇太极，亲率八旗大军和蒙古骑兵，绕过袁崇焕的防区，即关（山海关）宁（宁远）锦（锦州）防线，通过蒙古，突破长城，攻陷遵化，直逼北京。袁崇焕巡视到山海关时，得到了皇太极进攻北京的军报。他心焚胆裂，愤不顾死，急点九千兵马，"士不传餐，马不再秣"，即行军途中兵不再吃饭，马不再喂草，日夜兼驰，赶在皇太极之前，到了北京广渠门外。

时值寒冬，大军露宿，缺乏粮料，兵饥马饿。而袁崇焕率领援军，在这样极度不利的情况下，背依城墙，先后在广渠门外、左安门外，打退皇太极军队的猛烈进攻。袁崇焕身先士卒，策马迎敌，甲胄上布满箭镞，如刺猬皮一般。当时场面，马颈相交，挥刀厮杀，险象环生。

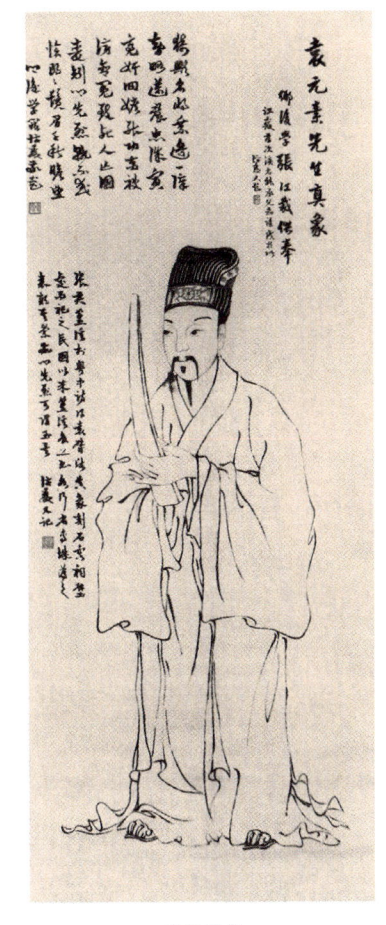

袁崇焕像

一个后金军勇士一刀砍向袁崇焕，幸亏袁崇焕手下的副官用刀一挡，才使他幸免于难。

皇太极与袁崇焕有着难解的仇恨。想当年，他的父亲努尔哈赤就曾受挫于袁崇焕固守的宁远城下，百战百胜的神话就此破灭，不久郁郁而终。还有说法认为努尔哈赤是在宁远城下被袁崇焕的红夷大炮打伤后饮恨而死的。后来，决心雪耻的皇太极又在宁锦战场上败给了袁崇焕。两次兵败的奇耻大辱，父亲丧命的深仇大恨，使得皇太极不能善罢甘休。

在北京广渠门和左安门两战之后，皇太极的八旗大军没有撤退，而是等待时机；袁崇焕也在休整兵马，准备再战。皇太极一面伺机向北京城发动更强大的进攻，一面使用"反间计"，离间明朝君臣。

此前，后金大军在广渠门战败、屯驻南海子时，俘虏了明朝提督大坝马房太监杨春、王成德。据《崇祯长编》记载，大清兵驻南海子，提督大坝马房太监杨春、王成德为大清兵所获，口称"我是万岁爷养马的官儿"。第二天，皇太极命人将杨春、王成德带到德胜门外，指派副将高鸿中、参将鲍承先、宁完我和巴克什达海等，对他们加以监守。高鸿中、鲍承先等按照皇太极的旨意，夜里回营，坐在两个太监囚室的隔壁，故作耳语，秘密谈话。他们在谈话中明示袁崇焕已经与皇太极有密约，将合力攻取北京，城下之盟，很快可以成功。太监杨春、王成德假装卧睡，倾耳窃听。

二十九日，高鸿中、鲍承先又受命故意放走了杨太监、王太监。杨太监等回到紫禁城，将窃听到的高鸿中、鲍承先的密谈内容，奏报了崇祯皇帝。崇祯帝既惑于阉党的蜚语，又误中后金的反间计，决定在平台召见袁崇焕"议军饷"。

隆冬时节，大地冰封，袁崇焕率领的军队，

皇太极给高鸿中的敕谕

露宿城外，无粮无草。此时听到皇帝要"议军饷"，袁崇焕自然非常高兴。这里面还要插个一块面饼的故事。袁崇焕治军十分严明，在军队无粮无草、人饥马疲的情况之下，仍明令：不许官兵抢老百姓家的粮食充饥，不许砍伐老百姓的树木点火取暖。但是，有一个士兵实在是饿极了，就偷了老百姓家的一块面饼。袁崇焕知道后，为了严肃军纪，含泪把这个士兵当众斩首。军队缺饷已经成为当时的最大问题，袁崇焕急不可耐地要入城"议军饷"。有的军官提醒说，这里面会不会有别的事情？袁崇焕没有理会。

袁崇焕来到北京城下。北京这时是九门戒严，城门紧闭。城上用绳子吊一个筐子下来，袁崇焕就坐在筐子里被提到城上。堂堂大明兵部尚书、蓟辽督师，居然不能从城门进去，要缒城而入。袁崇焕到了平台之后，崇祯皇帝严肃地坐在那里，没有"议军饷"，而是下令将袁崇焕逮捕。这件事情，学者张岱在他的《石匮书后集》里面有记载。《崇祯长编》也记载说："逮督师袁崇焕于狱。"也就是说，逮捕袁崇焕下狱。计六奇的《明季北略》记述较详："上命桂解衣验示，着锦衣拿掷殿下。校尉十人，褫(chǐ)其朝服，杻押西长安门外锦衣大堂，发南镇抚司监候。"袁崇焕被剥掉官服，身受刑具，被押送到锦衣卫大狱。

二、惨遭磔死

明崇祯三年即后金天聪四年八月十六日（1630年9月22日），明兵部尚书、蓟辽督师袁崇焕，惨遭磔刑，含冤离世。

关于明朝的刑法，《明史·刑法志一》记载有五种：一为笞刑，如鞭笞；二为杖刑，如廷杖；三为徒刑，如监禁；四为流刑，就是流放；五为死刑，就是处死。死刑有两种：一是绞死，二是斩首。凌迟（磔死）是五刑中死刑之外的酷刑。

什么是磔刑呢？"磔"字本来不是用于人的。古代在祭祀的时候，杀牲以祭神，就是把祭的牲肢解。肢解牺牲，就叫"磔"。后来变成一种对人的最为惨烈的酷刑，就是分尸，也解释作车裂，又解释作寸磔。有一部书叫《六部成语》，书中说，磔刑是"碎磔之刑也，俗名剮罪也"，也就是民间所说的"千刀万剐"。《清代六部成语词典》解释"磔罪凌迟"大意说：凌迟之刑，始于五代。正式刑名，见于辽代。行刑方法，各代不同。具体做法是：在法场立一根大木柱，绑缚犯人，刽子手用法刀，一片一片地剔受刑人的肉，先手足，次胸腹，后枭首。也有一寸一寸地将肉割尽，然后割生殖器，取出内脏，肢解尸体，剁碎骨头。有的受刑人肉被割尽，还未断气，心仍在跳动，甚至于还有视觉和听觉。凌迟用刀割，有8刀、16刀、32刀、64刀、128刀，甚至于有3 600刀的。

袁崇焕所受的就是这种惨无人道的酷刑。关于袁崇焕死时的惨烈，张岱的《石匮书后集》记载："遂于镇抚司绑发西市，寸寸脔割之。割肉一块，京师百姓，从刽子手争取生噉之。刽子乱扑，百姓以钱争买其肉，顷刻立尽。开膛出其肠胃，百姓群起抢之。得其一节者，和烧酒生啮，血流齿颊间，犹唾地骂不已。拾得其骨者，以刀斧碎磔之。骨肉俱尽，止剩一首，传视九边。"也就是说，袁崇焕受刑的时候，从镇抚司的监狱被捆绑着押到西市（西市就相当于今北京西四丁字街这一带地方），然后由刽子手用刑，将袁崇焕身上的肉，一寸一寸地片割，鲜血淋漓，惨不忍睹。围观的百姓，有的从刽子手手里抢到一块肉用嘴咬，有的花钱买他的肉，有的争抢刚开膛取出的肠胃就烧酒喝，鲜血从齿颊之间流下，还唾骂不已。没有抢到或买到肉而拾得其骨者以刀斧碎磔之，最后骨肉俱尽。

按说明朝有"八议"，就是重要的人在量刑的时候有八种特殊情况可以减免刑罚。"八议"是：议亲、议故、议功、议贤、议能、议勤、议贵、议宾。八种情况有其一，就可以减免刑罚。袁崇焕不仅有其一，如有功、有勤、有贤等，并且取得了宁远、宁锦、京师三次大捷，有大功于国家、民族和社稷，最后竟然落得磔刑而死，身首异地。当然，我要说明一点，计六奇也好，张岱也好，他们的记载可能有所夸饰，不完全近乎人情，大家参考即可。

崇祯皇帝磔死了袁崇焕，可以说是自毁长城；而袁崇焕所上演的悲剧，也可以说是中国古代史上的旷世悲剧。

三、旷世悲剧

袁崇焕的死是悲剧，悲剧在中国古代史上很多，但是，像袁崇焕这样的旷世悲剧并不多，似可以说，空前绝后。为什么这样说？理由有八：

第一，可惜的年华，盛年遭难。袁崇焕被磔杀这一年是47岁，正当盛年，这么一位为国为民、朝气蓬勃、舍生忘死、仁智勇廉的人，死于敌人之手尚且可惜，何况是被自己人杀害！

第二，诬蔑的罪名，"欺君通敌"。大家知道，岳飞被杀，罪名是什么呢？三个字："莫须有。"袁崇焕被杀，罪名是"欺君通敌"。袁崇焕既没有欺君，也没有通敌。袁崇焕的罪名是被诬蔑的罪名，同岳飞一样，三个字："莫须有。"

第三，残酷的刑法，惨遭磔刑。袁崇焕是大明皇朝的兵部尚书、右副都御史、蓟辽督师，连续取得宁远、宁锦、保卫北京的三次大捷，竟然遭到最残酷的千刀万剐的刑罚，"八议"对他也没有用。崇祯皇帝置一切于不顾，用最残酷的刑罚——磔刑，杀害了袁崇焕。

第四，可悲的民情，民恨众怒。袁崇焕为保卫北京而死，为保卫国家、民族、社稷的利益而死，但他死的时候得不到北京老百姓的理解和同情。我上面讲的那些例子，可能有夸大，但可以说明一个问题，他死的时候京师老百姓不认为他是忠臣，而认为他通敌卖国。为了保卫北京，他甲胄中箭像刺猬皮一样，到头来却被自己效忠的暴君杀死，而且得不到京师老百姓的理解。

第五，清贫的督师，不贪分文。袁崇焕做蓟辽督师，每年经手的粮料、白银数以百万计，但他分文不贪。父死奔丧，回家路上没有盘缠，靠同僚、朋友凑钱给他回家为父发丧。他在福建邵武做知县时，也是一分钱不贪。查继佐的《罪惟录》这样记述袁崇焕：此臣做县官，不入一钱。就是不贪污一分钱啊！《明史·袁崇焕传》记载，袁崇焕死后被抄家，结果是："家无余赀。"官做到兵部尚书、蓟辽督师，相当于现在的国防部长兼沈阳军区司令这么大的官，死后抄家，家无余赀。《宋史·岳飞传》记载岳飞讲过一句话："文臣不爱钱，武臣不惜死。"袁崇焕像岳飞一样，做文官不爱钱，做武官既不爱钱又不惜死。可以说，袁崇焕是中国古代文官的楷模，也是中国古代武官的楷模，在今天仍有借鉴意义。

第六，悲惨的家庭，身后无子。袁崇焕受刑之后，胞弟、妻子被流放三千里，而他身后无子。大家知道，岳飞有儿子：雷、霖、震、霆，有孙子岳珂。岳珂写了《吁天辩诬集》，又辑《金陀粹编》，辑岳飞资料，给岳飞鸣冤。岳飞身后留下了《岳武穆遗文》。于谦死后，他的儿子于冕把他的遗稿收集起来出版，就是《节庵存稿》。袁崇焕没有这么幸运，所以在他死后，很多珍贵的材料都散失了。我们研究袁崇焕碰到最大的问题就是资料的困难。有人问：袁崇焕是否有儿子？据抄家时记录、当时文献记载和后来乾隆帝派员调查，袁崇焕没有儿子。史料确曾见一处说他有子，后来传说黑龙江将军寿山是他的后代。袁崇焕的儿子，是没有，是死了，还是蒙难时被人保护隐藏起来了？现在还是一个历史之谜。总之，没有后人为袁崇焕搜集整理佚文资料，使我们今天研究袁崇焕遇到因文稿散失而缺乏资料的困难。

第七，痛心的身后，尸无葬处。明朝人史玄写了本书叫《旧京遗事》。他说犯人在西市行刑的时候，刑部等职能部门要派官员去监斩，顺天府大兴县、宛平县的正堂要亲临现场。大兴县领犯人的尸身，宛平县领尸首，然后往一起对，看是不是有替身。袁崇焕这么大的"钦犯"，必然有很多官员监斩，那么他的尸体到哪儿去了？张岱说是"传首九边"。被"传首九边"的是熊廷弼，说袁崇焕被"传首九边"则只见《石匮书后集》中的这一条记载，孤证无征，难成定论。那么，袁崇焕的尸首到底哪儿去了？民国初年有人说袁崇焕的头颅被仆人窃走，私埋在自家的院子里。但是，在明清的官书、文集、笔记、方志、谱牒、档案里，见不到这方面的记载。"文革"时期，袁崇焕在东花市斜街佘家馆的坟墓被挖开，里面未见其尸骨和遗物。因此，袁崇焕身后遗骨埋在哪里，还是一个历史之谜。

清乾隆皇帝古装像

第八，尴尬的平反，敌朝昭雪。大家知道，岳飞死后，事过二十年，由宋高宗的继子孝宗为其平反；于谦死了八年之后，由明英宗的儿子宪宗为其平反。他们都在当朝平反。袁崇焕呢？是他死了152年以后，由清朝乾隆皇帝正式公开给予平反。关于这件事情，《清高宗实录》第1170卷，乾隆四十七年（1782年）十二月初四日记载：

> 昨披阅《明史》，袁崇焕督师蓟、辽，虽与我朝为难，但尚能忠于所事。彼时主昏政暗，不能罄其忱悃，以致身罹重辟，深可悯恻。袁崇焕系广东东莞人，现在有无子孙？曾否出仕？着传谕尚安，详悉查明，遇便复奏。

乾隆皇帝看《明史·袁崇焕传》和《清太宗实录》后，知道袁崇焕忠于明朝而被冤杀。他要广东巡抚尚安查访袁崇焕的后代。后来，尚安回复了，袁崇焕没有后代,只好从他本家后裔里找一个孩子来接续袁崇焕的香火。从此,袁崇焕蒙冤的真相才正式大白于天下。过了一个时期之后,人们才敢公开纪念和祭奠袁崇焕。

在皇朝历史上,仁者,常受到小人的攻讦;智者,常受到庸人的嫉妒;勇者,常受到敌人的仇恨;廉者,常招致贪人的不满。而袁崇焕,以仁智勇廉的高尚品格,虽不为当世所容,却为后世之楷模。

造成袁崇焕旷世悲剧的根源,是晚明腐败透顶的黑暗政治。而明王朝之走向腐朽和衰落,还要从万历怠政讲起。

第二讲 万历怠政

"明之亡，不亡于崇祯之失德，而亡于万历之怠惰。"（《清仁宗实录》卷一二七）"怠政"二字是万历皇帝最主要的特点。

万历帝朱翊钧，10岁登极，58岁病死，做了48年皇帝。这48年可以分作三个时期：万历元年至十二年为初政时期，因为年龄小，不掌实权；十二年至二十八年为亲政时期；二十八年至四十八年为怠政时期。万历帝怠政，长达二十余年，致使中枢瘫痪、党争不已、国库拮据、边务废弛，尤其是造成辽事大坏，使辽东努尔哈赤乘机崛起。下面我分三个方面来讲万历皇帝的怠政。

一、怠政前奏

万历皇帝的父亲是隆庆皇帝（朱载垕）。隆庆皇帝一共有四个儿子，长子5岁就早殇了；次子没满周岁又早殇；第三子，就是朱翊钧，即后来的万历皇帝；第四子朱翊镠，就是后来的潞王，他和万历皇帝同母（以后还要提到）。翊钧6岁，被册封为皇太子。《明史·神宗本纪》说他小时候"性岐嶷"，就是说他少年聪慧。"岐嶷"二字，出自《诗经·大雅·生民》："诞实匍匐，克岐克嶷。"翊钧10岁时，他的父亲隆庆帝因纵情酒色死去，在位六年，年仅36岁。朱翊钧作为皇太子，上面又没有兄长，所以顺理成章地登上了皇帝的宝座。

万历皇帝这么小，朝政怎么办？当时实际掌管内外朝政的主要有三个人：他的母亲慈圣皇太后李氏、司礼监秉笔太监冯保、大学士首辅张居正。三人配合，同心协力，万历初政，大有建树。下面我把这三个人分别介绍一下。

太后李氏　万历皇帝的母亲李太后原来是宫人，也就是宫女，服侍当时还在做裕王的隆庆皇帝，后来生下隆庆皇帝的三子翊钧和四子翊镠。隆庆帝即位后，她被册封为贵妃。万历帝即位后，她被尊为慈圣皇太后。隆庆皇帝还有一位正宫陈皇后，万历时就叫陈太后。陈太后虽多病、无子，但因为她是正宫太后，依然地位尊崇。而万历的母亲李太后因为是宫女出身，地位就比较低。举一个例子，吃饭的时候，陈太后坐着，万历皇帝也坐着，他的生母李太后却要站着。但李太后很有心计，她说夜里梦见九莲菩萨，知道自己是九莲菩萨转世，于是在宫里供奉起九莲菩萨，还在城西阜外八里庄兴建永安万寿塔（现在叫慈寿寺塔，还矗立在西八里庄地方），以供奉九莲菩萨。从此，她的威望和地位大为提升，谁也不敢小看她了。

万历皇帝继位之后住在乾清宫，因为他年龄小，李太后也搬进乾清宫，以便照料小皇帝的饮食起居。万历对他母亲很敬重，有一天不慎说走了嘴，说自己的长子常洛是宫女所生。李太后顿时脸色就变了，说你也是宫女所生。万历吓得赶紧跪下求饶。所以，李太后在万历面前是很有尊严，也很有权威的。但李太后毕

万历皇帝像

竟深处后宫，在处理内朝与外朝事务方面，主要还是依靠太监冯保和首辅张居正。

太监冯保 冯保知书达礼，善琴能书，聪明过人，很会处事。他在万历帝的爷爷嘉靖帝时为司礼监秉笔太监，在万历帝的父亲隆庆帝时任提督东厂太监。明朝太监分为十二监、四司、八局，共二十四衙门。这实际上是"内府"，也就是宫内的小政府。其中以司礼监的权力最大，其职责是代皇帝批阅奏章、传达皇帝谕旨。司礼监设掌印太监一员，俗称"内相"；秉笔太监一员，俗称"辅臣"。明朝宣德以后，找了一些聪明伶俐的小太监，派大学士在内书堂教他们读书写字，所以后来很多大太监，特别是司礼监的掌印太监、秉笔太监，一般都有文化。冯保在万历帝做皇太子时，就照料他读书，称"大伴"。万历帝登极后，冯保任司礼监掌印太监，在乾清宫照顾小皇帝的朝夕起居。冯保在嘉靖、隆庆、万历三朝中，先后担任司礼监秉笔太监、提督东厂太监和司礼监掌印太监，又与万历皇帝的关系非同寻常，因此势力很大。冯保还很会处理各种关系，与张居正关系密切。

首辅张居正 张居正，湖广江陵（今湖北省荆州市荆州区）人，少年聪颖，是嘉靖朝进士。史书说他眉清目秀，胡须很长，长到腹部，人又很干练，隆庆帝临终委任他为顾命大臣。张居正和万历皇帝不仅是宰相和君主的关系，还是老师和学生的关系。万历帝称张居正"元辅张少师先生"，待以师礼，张居正也尽心尽力辅佐教导小皇帝。《明史·张居正传》记载说，张居正教导万历帝："戒游宴以重起居，专精神以广圣嗣，节赏赉以省浮费，却珍玩以端好尚，亲万几以明庶政，勤讲学以资治理。"这六条，把读书、行政、做人、品德、健康、生活都提到了。张居正还把历朝治

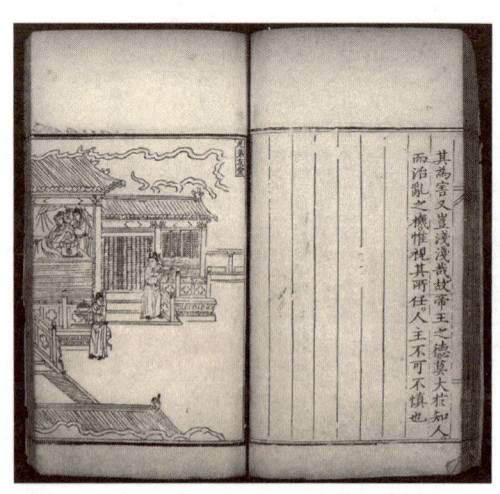

明万历刻本《帝鉴图说》

乱的经验和教训编成图文并茂的《帝鉴图说》，编纂文字，请人配图，以之来教导万历小皇帝。还编写经典进讲，又设立起居注官。

在李太后、太监冯保和首辅张居正的通力配合之下，万历初政，就是万历元年到十二年这个时期，朝纲不紊，社会安定，经济也得到发展。具体说来，这段时间，政治上整肃吏治，信赏严罚，一统号令。经济上清丈田地，推行一条鞭法，增收赋税，使得万历帝时期的财政情况大有改观。隆庆帝时，国库年入白银大约200万两，到这时增加了一倍，到了400万两。在军事上，平南倭，靖北虏。南倭，就是东南沿海的倭寇，张居正重用戚继光在东南沿海平倭，屡创大寇，海疆平定。北虏，主要指北方蒙古势力，张居正重用辽东总兵李成梁，取得重大战绩。

在张居正辅佐万历皇帝初政时期，北京也出现了一片和平景象。明朝人史玄在其《旧京遗事》中写北京当时的情况：道路无警守，狗不夜吠，中秋月明之夜，长安街上歌声婉转曼妙。

但是，万历十年(1582年)，张居正故去了。第二年(1583年)，努尔哈赤起兵。再过一年（1584年），袁崇焕诞生。

张居正故去之后，万历皇帝开始亲政。他先采取非常手段，摆脱张居正、冯保和李太后的影响和控制，接着果断地进行"三大征"，表现出一定的魄力和能力。万历皇帝最重要的政绩就是进行了"三大征"，底下我还要讲。但是，万历皇帝并没有在此基础上更进一步，而是居功自傲，怠于政事，从励精图治转变为消极怠政。出现这种逆转的原因是什么呢？

二、怠政原因

万历怠政原因很多，重要的有四条：

第一，摆脱戒尺。万历皇帝亲政前，头上悬着三把戒尺：张居正、冯保和李太后。所以，他亲政后就想摆脱这三把戒尺的束缚。

第一把戒尺是张居正。张居正是大学士，又是首辅，还是他的老师，万历皇帝平常称呼他的时候不直呼其名，而是称先生，那是很恭敬的。因为张居正对万历要求非常严格，所以万历小时候就可能产生了一种逆反心理。张居正一死，便有人在万历皇帝面前进张居正的谗言。种种因素纠合在一起，导致万历皇帝在张居正去世两年后下令抄了他的家。张居正的儿子张敬修自缢身亡，张居正80岁的老母亲也非常悲惨，朝廷只给她留下一所空宅和十顷薄田。因为抄家的时候先封门，张家很多人没有来得及出来就被封在里头，里面长时间没有吃的，后来开了门查抄的时候已饿死妇孺十多口。万历皇帝惩治了张居正，摆脱了他头上的第一把戒尺。

第二把戒尺是太监冯保。冯保在万历初年做到司礼监掌印太监，权力很大。因为他和太后、和张居正关系都比较好，所以在约束万历皇帝方面也格外严格。有一次，小皇帝被几个太监引导，穿着窄袖的衣服，在宫里头乱跑乱闹，冯保就把这件事告诉了太后。太后让万历跪下，训斥他。有时候，万历皇帝功课不好，冯保也报告太后，当然小皇帝又少不了吃一些苦头。所以，清算完张居正，万历皇帝就着手处置冯保。他先将冯保发往南京安置，几天后又抄了冯保的家。这样，掌印太监冯保也失势了，万历帝摆脱了他头上的第二把戒尺。

第三把戒尺是李太后。李太后在万历帝小的时候也住在乾清宫，一为照顾他，二为督促他。早上要上朝的时候，天还不怎么亮，李太后就命人把万历小皇帝叫起来，让宫女给他洗脸，把他弄上车辇上朝；万历犯了错误，李太后经常严厉地责罚他。后来，万历帝渐渐长大，结婚、亲政，李太后就从乾清宫搬到慈庆宫，对他要求也不那么严格，有一些事情就不大管了。这样一来，万历帝又摆脱了悬在他头上的第三把戒尺。

这样，万历皇帝就不再受这三把戒尺的约束，性格中原来就有的任性和倔强，这个时候便更加发展。

第二，居功自傲。 万历皇帝继位之后，年轻气盛，血气方刚，接连进行了"三大征"，也就是三次大的战争。

一是平息哱拜之乱。哱拜是蒙古鞑靼部人,降明以后做副总兵。他的儿子叫哱承恩,承袭父爵,做了指挥使。万历二十年(1592年),哱拜和哱承恩父子在宁夏银川反叛,万历皇帝果断决定平叛。派去平叛的军队攻打了几次都没有取胜,万历皇帝又派李成梁的儿子李如松为总兵,率军平叛。李如松派人决黄河水灌城,城外积满了水,城被冲开一个口子;李如松乘势下令攻城,一举平息了哱拜之乱。

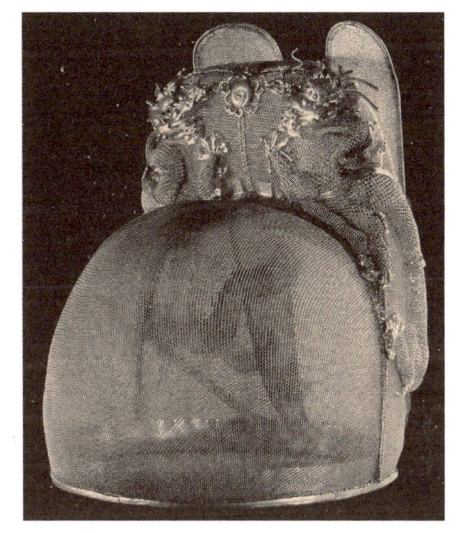

万历皇帝的金冠

二是援朝抗倭战争。从万历二十年(1592年)到二十七年(1599年),朝鲜遭到日本侵略,王京陷落,八道尽没。朝鲜危急,求明援助,"请援之使,络绎于路"。万历皇帝鉴于唇亡齿寒之理,决定派兵到朝鲜,援朝抗倭。这场战争时断时续,前后进行了七年多。最后,日本因丰臣秀吉去世,撤出朝鲜。

三是平定播州之乱。播州即今贵州遵义地区,万历十七年(1589年),播州宣慰司使杨应龙发动叛乱,万历皇帝派兵去平叛。这场战争时断时续,一直持续到万历二十八年(1600年),最后的结局是明军八路进兵,四月告捷,平息了杨应龙之乱。

万历皇帝在十二年的时间里,取得东北、西北、西南三个地域三次重大的军事胜利,史称"三大征"。于是,万历皇帝有点志得意满,后来就逐渐怠于政事。

第三,没有竞争。皇位继承制度,清朝比明朝高明一些。清朝的"三祖三宗",努尔哈赤、皇太极当时是选优的,顺治虽不是选优,摄政王却是选优的;康熙、雍正、乾隆三帝,都是在皇子当中选优的。明朝皇位的继承制度是嫡长制。隆庆帝陈皇后无子、多病。万历帝上面的两个哥哥都早死,他同弟弟翊镠是同母,也不存在皇位竞争关系。所以他登极前没有竞争,坐上皇帝宝座以后又遇到一个所

万历皇帝《平番得胜图》

谓的太平盛世景象，就越发放纵自己；再加上万历帝比较任性，固执倔强，个性乖戾，不听忠谏，一味随心所欲，便渐渐怠于政事。

第四，身体有病。万历皇帝身体不太好，很胖。胖到什么程度？有的书说，他走路时，要太监给他抬着肚子缓缓前行。他给太后请安，史书记载，要"膝行前进"。胖易懒，懒就更易胖，恶性循环，使他更加厌倦政事。但是，反过来说，万历皇帝虽然有病，却也没有病到完全丧失工作能力的地步。比如说，他的儿子福王，从洛阳派人到北京皇宫要钱、请赏等，早上报来，当晚就批复。这说明万历皇帝怠政的根本原因是他无视江山、社稷、国家、人民。

我上面说了这四个原因，形成了一个结果，就是万历皇帝怠政。那他怠政表现在什么地方呢？

三、怠政表现

明朝皇帝不像清朝皇帝那样勤政。除太祖朱元璋、成祖朱棣外，大多不勤政。有的书上说，明英宗每天处理八件事，不及朱元璋的五十分之一。在明朝16位皇帝中，万历帝可以说是最懒惰的皇帝。

万历皇帝懒惰的表现是什么？我概括为"六不做、六做"，也就是该做的事情他不做，不该做的事情他却做。

先说他的"六不做"，即不郊、不庙、不朝、不见、不批、不讲。

第一，不郊。他不亲自郊祭天地。《明史·礼志·郊祀》记载："祭天于南郊之圜丘，祭地于北郊之方泽。"圜丘为南郊的天坛，方泽为北郊的地坛。按照《周礼》的说法，身为帝王，"冬日至，礼天神；夏日至，礼地祇"，也就是在冬至要到天坛祭天，在夏至要到地坛祭地。《左传》说："国之大事，在祀与戎。"皇帝是"天之子"，祭祀天地是皇帝的头等大事。清朝康熙皇帝祭天时，走着到天坛，还要斋戒，以示虔诚。万历皇帝年

天坛圜丘

纪轻轻的,既不祭天,又不祭地,更何况对待臣民呢!

第二,不庙。他不亲自祭祀宗庙、太庙。太庙里供奉着祖宗牌位。"敬天法祖"是皇帝的基本准则,连老百姓都要祭祖,更何况皇帝呢!万历皇帝懒到不敬天、不祭祖,自然更无视臣民的诉求。

第三,不朝。他不上朝。过去我说过,清朝皇帝每天要御门听政,也就是每天要主持朝廷会议,以决重大国务问题。而万历皇帝竟然二十几年不理朝政,也不主持朝廷会议。有的大臣跪在宫门外请求皇上亲理朝政,竟不被理睬。如大学士方从哲请求补充阁臣,"章凡十数上,候旨文华门凡六日"(《明神宗实录》卷五八一)。大家知道,紫禁城皇极殿(清改名太和殿)前,左翼(东面)是文华殿,右翼(西面)

是武英殿，文华殿前面的门叫文华门，武英殿前面的门叫武英门。大学士方从哲几十件奏章上去之后，在文华门外等着万历皇帝的批示，连着等了六天都没有结果。明军萨尔浒大败后，大学士方从哲上疏，希望皇帝能够出御文华殿，召集文武百官，讨论御敌方略。结果这个请求依旧如泥牛入海，留中不发，没有回音（《明神宗实录》卷五八〇）。

第四，不见。他不接见大臣。过去我讲过，清朝的皇帝以康熙为例，上午御门听政，下午经常接见群臣，小到知县、知州、知府，大到巡抚、总督。万历皇帝连大臣都不见，更谈不到知县、知府了。大学士、首辅朱赓，三年没有见皇帝一面。万历四十年（1612年），南京各道御史上疏："台省空虚，诸务废堕，上深居二十余年，未尝一接见大臣，天下将有陆沈之忧。"（《明史·神宗本纪》）而大学士、首辅叶向高说："不奉天颜久，而福王一日两见。"（《明史·叶向高传》）可见，万历皇帝并不是谁也不见，对自己的爱子福王可以"一日两见"，对大臣则是不朝不见、不理不睬。

第五，不批。他对大臣的奏章不做批示。明朝有一个规定，就是大臣不轻易上奏章，凡上奏章必有重要急迫的事情，皇帝就要赶紧批示，不论同意、不同意，还是部分同意，总要有个结果。但是，万历皇帝却将大臣的奏章"留中不发"，也就是既不批示，也不发下，而是搁置一边。没有皇帝的批示，事情就不能办，整个中央机构，几乎停止运作。上自尚书，下到知县，缺员得不到补充，辞职也得不到批准，使得衙门无法办公。大学士、首辅叶向高，章至百余上，结果，还是两个字：不报。也就是没有回音。万历皇帝消极怠政的做法令许多大臣寒心，万历四十年（1612年），吏部尚书孙丕扬，"拜疏自去"。四十一年（1613年），吏部尚书赵焕也"拜疏自去"。他们既然无力改变这种局面，最后只得选择辞职回家。

第六，不讲。他不参加经筵讲席。经筵，是为皇帝专设的讲席，由大学士、翰林院侍讲学士等担任主讲，并同皇帝切磋经史，也是君臣共同探讨治国理念与治策的场所。日讲，原意是每日向皇帝进讲经史。清朝的康熙帝8岁即位，比万历帝即位时还小两岁，但他除坚持经筵外，还坚持日讲。康熙皇帝这个日讲原来是隔一天讲一次，康熙说不行，要每日进讲。起初是冬天和夏天不讲，也就是放寒暑假，他说不行，寒暑天都要讲，有时候一天讲两次。在平定三藩之乱时，日讲在御门听政之后；平定三藩之乱后，日讲在御门听政之前。日讲时，康熙常要求讲官不必忌讳，大胆讲解，偶有失误，也予以谅解。但是，万历帝却不参加经筵讲席，工科右给事中王元翰批评道："朝讲不御，则伏机隐祸不上闻。"又说万历："亲宦官宫妾，而疏正人端士，独奈何不为宗社计也！"（《明史·王元翰传》）

万历皇帝"不郊、不庙、不朝、不见、不批、不讲"，他忙什么呢？概括来说是"六做"：

第一，沉湎酒色。万历帝嗜酒，经常喝得酩酊大醉。结果上行下效，朝野上下，宴舞酣歌，常常通宵达旦。他还宠幸郑贵妃，每天过着昏天黑地、腐朽糜烂的生活。

第二，贪敛钱财。万历帝派矿监、税监到全国各地去搜刮，"明珠、异宝、文毳、锦绮山积，他搜括赢羡亿万计"（《明史·诸王五》）。这些钱财不入户部的国库，而归入内帑，即皇帝的私库。中央及地方大小官员，上奏百疏，拒不采纳。

第三，乱封滥赠。万历帝自己的皇庄占地210万亩，赐给他弟弟潞王翊镠田400万亩，赐给他儿子福王常洵田200万亩。没有田了，就将周围郡县的土地划过来。他们父子、兄弟三家占地810万亩，而万历六年（1578年），全国的田地是5.1亿亩，他们三家占全国总田地数的1.59%！

第四，肆意挥霍。《明史·食货志》记载，郑贵妃生子赏银15万两、过生日赏银20万两，潞王就国赏银30万两，福王结婚用银30万两、建洛阳府邸用银28万两，营建定陵用银800万两，皇子册封等用银1 200万两、采办珠宝等用银2 400万两。而万历初年，年国库收入才只有400万两，可见万历皇帝肆意挥霍。

第五，大兴土木。万历的时候，乾清宫和坤宁宫着火，皇极殿、中极殿、建极殿，即后来的太和殿、中和殿、保和殿三大殿着火，这就免不了要大兴土木，兴修宫殿。钱从哪儿来？当然还是从老百姓身上出。

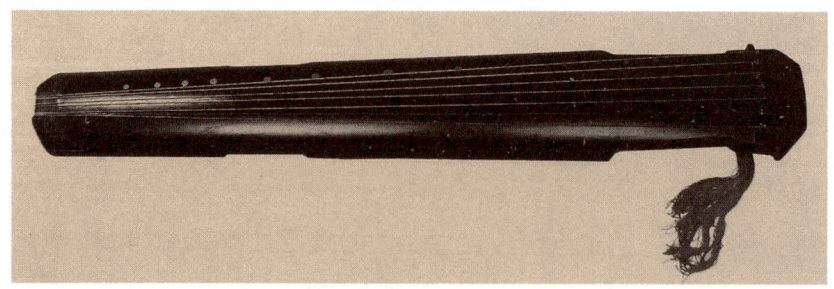

潞王"中和"琴

第六,胡作非为。有的书说他爱"吸大烟",有的书说他玩"娈童"。据说,当时宫中有"十俊",即十个聪明俊秀的小太监,"给事御前,或承恩与上同起卧"。

万历皇帝如此荒唐,会不会有人提意见啊?有。有的官员上疏提意见,万历皇帝回答六个字:杖六十,斥为民。这使我想起《尚书·五子之歌》云:"内作色荒,外作禽荒;甘酒嗜音,峻宇雕墙。有一于此,未或不亡。"万历皇帝不是"有一于此",而是有六于此。万历皇帝之所为,正如明末清初思想家黄宗羲在《明夷待访录》中说的那样:"敲剥天下之骨髓,离散天下之子女,以奉我一人之淫乐。"黄宗羲又说:"为天下之大害者,君而已矣!"这不正是万历皇帝的画像吗?因此,大学士、首辅叶向高沉重地说:"恐宗社之忧,不在敌国外患,而即在庙堂之上也!"(《明史·叶向高传》)

万历帝怠政,使朝政出现危机。《明史·神宗本纪》论道:"明之亡,实亡于神宗。"那么,万历的怠政,究竟导致了什么样的严重后果?我们将在下文细说。

第三讲 朝政危机

上文中,我讲了万历怠政,具体说就是万历皇帝的"六不做"和"六做",接下来我们看看万历怠政的后果及其深远影响。

一、中枢瘫痪

万历帝怠政造成严重的朝政危机,朝廷中枢濒于瘫痪。具体说来,主要表现为三个方面:一是上下解体;二是宦官肆虐;三是党争激烈。

第一,上下解体。明朝中央政府主要由内阁、六部、都察院等机构组成。万历帝长期"三不"——不朝、不见、不批,造成朝廷中枢机构近于瘫痪。最典型的是政府官员的缺位得不到补充。举一个例子:到万历四十年(1612年)时,宰辅只剩下首辅叶向高一人,而且他也没法工作,奏章上去就留中不发,许多问题处理不了。这位大学士、首辅索性在家里头称病,三个月闭门不出。吏、户、礼、兵、刑、工六部,只有吏部赵焕一位尚书,户、礼、工三部各只有一位侍郎。都察院自都御史温纯罢去后,八年没有正官。因为刑部缺少处理刑法的官员,长期不能决案,积压案子数量多、时间长,引起在押人员及其家属的不满。于是犯人家属,集体在长安门前哭诉(《明史·方从哲传》)。吏部尚书赵焕多次上疏乞求补充缺少的官员,万历帝都不批示。这工作可怎么做?赵焕就写了个辞呈递上去,准备辞官回家,但还是等不到回音。赵焕"遂叩首阙前,出城待命",遥望等待,仍无结果。赵焕只好于第二年"拜疏自去",也就是上了一道辞官的奏章,离职而去(《明史·赵焕传》)。

万历皇帝的衮服

职能部门严重缺员,已经使政府机构运转不灵,而那些在位的阁臣,由于长期得不到皇帝的批示和接见,也无法开展工作。还是举赵焕为例子。赵焕自动辞职后,万历四十六年(1618年),因为吏部无人负责,朝廷还是要他出来任职,这时已经77岁的赵焕只得复出。第二年,也就是万历四十七年(1619年),明军遭遇萨尔浒大败后,辽东告警,京师震惊,吏部尚书赵焕"率廷臣诣文华门,固请帝临朝议政。抵暮,始遣中官谕之退,而诸军机要务废阁如故。焕等复具疏趣之,且作危语曰:'他日蓟门蹂躏,敌人叩阍,陛下能高枕深宫,称疾谢却之乎?'帝由是嗛(xián)焉。考满当增秩,寝不报。焕寻卒,恤典不及"(《明史·赵焕传》)。也就是说,78岁的吏部尚书赵焕,在明军遭遇萨尔浒大败之后,带领群臣跪伏在皇宫文华门外,坚请万历帝接见群臣,商讨守卫辽东的策略。他们一直跪到傍晚,得到的回复却是皇帝身体不适让他们回去的圣旨。赵焕情急之下说道:"等到敌人兵临城下的时候,陛下您还能说因为自己有病而让他们退回去吗?"就是在这么危急的关头,万历帝还是不理朝政,而且从此衔恨赵焕。赵焕不久之后去世,朝廷没有给他任何恤典。

一些正直的官员屡次给万历帝上疏谏言,有的写得很激烈。有一个官员叫雒(luò)于仁,他写了一个奏疏,叫《酒色财气四箴疏》,批评万历皇帝酒、色、财、气四样俱全。万历皇帝很生气,要严厉处置他,多亏一些官员挽救才得幸免。这些官员说,如果您对他加以重刑,外界会误以为您真的有他提到的那些毛病,还不如显示您的宽大包容,让他离开任所削职为民算了。结果,雒于仁被斥为民。总之,对万历怠政提出批评的官员,大都遭到惩罚。

《主明臣直》(《帝鉴图说》插图)

万历皇帝喜欢别人对他歌功颂德，阿谀奉承，不喜欢听批评意见。万历亲政之初，阁臣还敢提出不同意见。明朝制度：内阁的职责是"票拟"和"封驳"。"票拟"就是在奏章上草拟处理意见，供皇上决策时参考；"封驳"就是对皇上下发到内阁的批示，可以提出反驳意见。如万历帝册立皇太子事，夜里二更下诏，阁臣沈一贯认为不妥，加以封驳，说"（臣）万死不敢奉诏"，万历皇帝最后还是听从了他的意见。但是，自从惩治张居正后，内阁大臣"票拟"多被"留中"，"封驳"则多不敢为。有句话叫作"奴婢以伺喜怒为贤；师友以规过失为贤"，因为万历皇帝喜欢的是只会顺情说好话的奴才，久而久之，奸佞小人就围在他身边，特别是宦官。

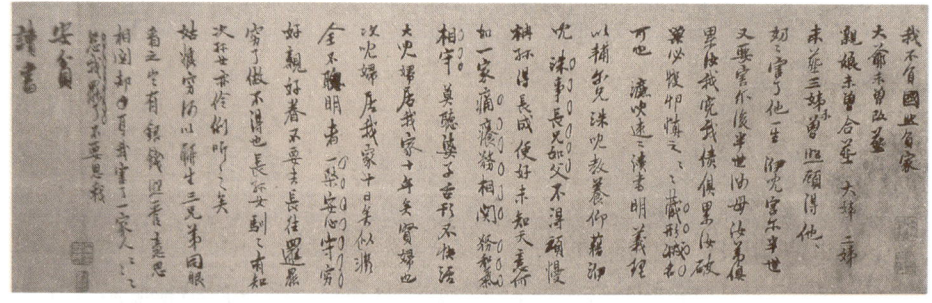

东林党人魏大忠的绝命书

第二，宦官肆虐。明初朱元璋令镌铁牌于宫门："内臣不得干预政事，预者斩！"（《明史·职官志·宦官》）永乐帝在靖难之役时，宦官为他立了大功，此后重用宦官，遂为明朝埋下后来宦官干政的祸根。万历帝长期不理朝政，见不着大臣，上来的奏章又不批，也就听不到大臣的声音，那他的意旨就只能通过太监传达。太监的权力因此越来越大。万历帝派遣太监做税监到大邑、矿监到矿山、盐监到两淮、珠监到广东等，替他聚敛钱财，以供享乐。太监的权力急剧膨胀，太监的危害日益严重。大学士、首辅朱赓沉痛地说："今日政权不由内阁，尽移于司礼。"（《明史·朱赓传》）这就为后来天启朝司礼监大太监魏忠贤专政埋下了祸根。

一些正直的官员上疏请求严惩不法的宦官，结果大多反招祸尤。我举一个例子。太监陈增为矿税太监，骚扰山东，弄得民不聊生，生灵涂炭。山东巡抚尹应元劾奏陈增二十大罪，却遭到罚俸的处罚（《明史·宦官二·陈增传》）。

其实，认真说来，历朝历代的情况大同小异。宦官专讨皇帝的喜欢，忠臣则规劝皇帝的过失，因此皇帝大多喜欢宦官的阿谀谄媚，而不喜欢忠臣的耿直良言。只不过万历皇帝更过分罢了。

因为朝中大臣不能跟皇帝直接沟通，官员升迁制度也混乱，朝廷中一些大臣就自立门户。于是，朋党竞起，互相倾轧，势同水火，扰乱是非。于是出现了第三种情况：党争日烈。

第三，党争激烈。先是出现东林党，"吏部郎顾宪成讲学东林书院，海内士大夫多附之，'东林'之名自是始"（《明史·宦官二·魏忠贤传》）。后来，楚党、浙党（大学士沈一贯始）、齐党等相继而起，后又出现阉党。到万历四十年（1612年）前后，朋党已成，各持己见，互相攻击，搅得朝政是非难辨，乌云翻滚。后面将要讲到的辽东大员熊廷弼、孙承宗、袁崇焕的任免、升降、荣辱、死生等，都同党争有直接的关联。

《尚书·益稷》曰："股肱堕哉，万事隳哉！"从朝廷上下解体、宦官肆虐、党争日烈可以看出，万历朝后期，特别是最后二十年，可以说是中枢瘫痪，出现了严重的朝政危机。不仅如此，万历朝中后期，政府财政状况，也非常糟糕。

二、财政枯竭

万历腐败怠政，又挥霍无度，造成财政枯竭。具体说来：

第一，军费浩大。三大征：平哱拜之乱，花费银200万两；援朝抗倭，花费银700万两；平定播州之乱，花费银300万两。总数大约有1 200万两。虽然取得了重大的军事胜利，但是加重了国库的负担。

第二，宗禄沉重。明朝的宗室，吃国家俸禄。开始时，朱元璋的子孙们还比较少，但经过200多年的繁衍，人越来越多，宗禄就成为国库的沉重负担。据《明史·食货志》记载，御史林润曾经分析了宗禄的情况和局面的严峻，他说，天下每年供给到京师的粮食是400万石，而诸府的禄米是853万石，缺一半还多；以山西为例，山西留存的粮米是152万石，宗禄米是312万石；再以河南为例，河南存留的米是84.3万石，而宗禄米是192万石。于是出现了一个严重的情况，那就是两省存留米的全部，还不足宗禄所需粮米的一半，更何况官员的俸禄、官兵的军饷都要从这里边出！于是，林润沉重地警告说："自郡王以上，犹得厚享，将军以下，多不能自存。饥寒困辱，势所必至。常号呼道路，聚讼有司。守土之臣，每惧生变。夫赋不可增，而宗室日益蕃衍，可不为寒心。"（《明史·食货志·俸饷》）这个事情，发生在万历后期，说明大明帝国已经养不起这些宗室子孙了，这座大厦有倾覆之危，这个王朝有陆沉之忧。

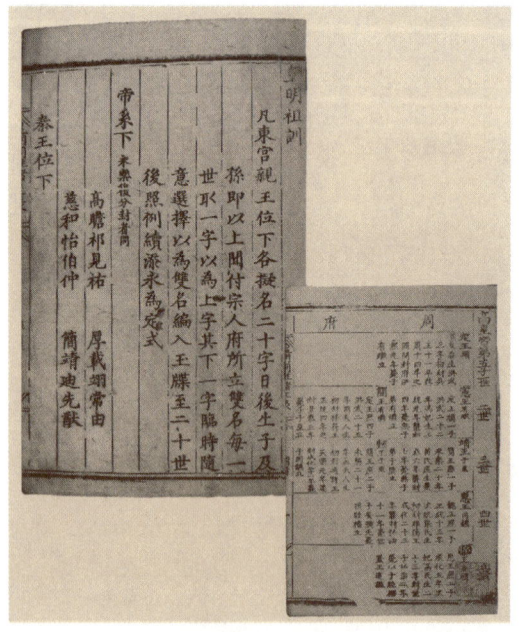

《皇明同姓诸王表》（万历刊本）

第三，加派赋饷。钱粮不够，就只能加派赋饷。万历时，加赋白银520万两；到崇祯时不够，又加辽饷900万两，剿饷330万两，练饷730万两，总数是2 480万两。钱从哪儿来？当然还是从百姓身上出。这样做不就是竭泽而渔吗？不就是逼民造反吗？后来东北的辽事，西北的民变，万历这个时候已经埋下了祸根。

第四，税监横行。当时除户部掌管国库的钱财外，皇帝也有自己的金库，这笔钱叫"内帑"。万历为满足自己的穷奢极欲，就派矿监、税监、盐监、珠监等，到全国去搜刮。下面举几个例子。

白石"大明皇帝之宝"　　寿山石"文华殿宝"

陈奉，御马监太监，到湖北，"鞭笞官吏，剽劫行旅，商民恨刺骨"，有数千人沿途高喊鼓噪、投掷石块；他的党徒"直入民家，奸淫妇女"，激起民众公愤，万余百姓咬牙切齿，包围陈奉衙署，一定要杀死他。陈奉逃入楚王府。民众气愤地将其党徒16人投入江河（《明史·宦官二·陈奉传》）。

马堂，天津税监，纠集地痞无赖抢掠中产之家财物。民众非常气愤，远近罢市，有万余名州民放火烧了他的衙署，打死他的同伙37人（《明史·宦官二·陈奉传附马堂传》）。

杨荣，到云南，"恣行威虐，杖毙数千人"。冤民万人烧了杨荣的房子，并将其杀死投入火中，又杀其同党200余人。万历帝得到奏报，难过得好几天吃不下饭（《明史·宦官二·杨荣传》）。

高淮，尚膳监太监，也就是御膳房的太监，后来出任辽东的矿税使，横行霸道，对巡抚、总兵任意呵斥,很多人起来要把他撵走,但是不行,因为他后面有皇帝的支持。

其实,万历不是不知道矿税之弊,而是明知故为。《明史·沈一贯传》记载,万历三十年(1602年)二月,万历帝忽患病。急召大学士、首辅沈一贯入启祥宫后殿西暖阁。万历帝说,我病得很重了,但是当了这么多年的皇帝,也没有什么遗憾的了。我的孩子就托付给先生您了,请您把太子辅佐为贤君。原来设矿监收矿税实在是不得已而为之,因为大殿还没有完工。现在可以停下来,派出去的太监都召回吧。他说完这番话,沈一贯哭了,太后、太子、诸王都哭了。沈一贯赶紧出去拟旨。当天晚上,阁臣、九卿都在朝房值班。第二天,万历皇帝又缓过来了,睁开眼睛第一件事就是叫太监赶紧找沈一贯,把那个谕旨追回来。太监到了沈一贯那儿,值班的几个大臣都说不行,天子无戏言,既然说了,我们就下发。沈一贯稍一犹豫,来追缴圣谕的宦官一拨接着一拨,前后有二十人。宦官磕头出血,请求沈一贯把圣旨交回去。沈一贯一看这阵势,只好交还圣旨。其实,太监们也不是都赞成皇帝收回成命,司礼太监田义就据理力争,气得万历皇帝拔出刀来要杀了他。但是,田义仍旧坚持己见,毫不退缩。这时候,太监拿着沈一贯交还的那份上谕回来了。后来田义见到沈一贯就啐他说:"相公稍持之,矿税撤矣,何怯也!"也就是说,您要是再稍稍坚持一下,矿税就撤了,为何这么胆小怕事啊!

三、边务废弛

在中国历史上,凡是中央王朝强盛的时候,边防就强固,边境就安宁;相反,凡是中央王朝衰弱的时候,边务就废弛,边境就多事。可以说,边防问题,是中央皇朝政治、经济、军事的一个缩影。万历帝怠政,造成边务逐渐废弛,辽东局势日益严峻。

第一,边疆大吏,备受掣肘。朝廷派系林立,相互倾轧,影响边疆大员。明朝辽东官将的任免、胜败，都同朝廷的党争密切相关。熊廷弼是一个典型的例子，他三次赴辽，很有建树，但因为党争，先被排挤下台，后被掣肘失败，最后落得个"传首九边"的下场（后面会讲到）。

第二，宦官监军，祖制少有。 派太监到前线去监军，虽不是明朝首创，但太监监军所造成的危害，却是较前代更甚。这些太监，从小被阉割，生长在宫廷，不了解军事，不懂得兵法，不熟悉民情，更不懂地理，却在前线指挥一切。督师、经略、巡抚、总兵等都要听监军太监的。打了胜仗，功劳都是他们的；吃了败仗，全是经略、巡抚、总兵的责任。明朝后来辽东军事失败的重要原因之一就是太监监军。

第三，欠发军饷，官兵哗变。 军饷不按时发，以辽东为例，有一次竟然长达三个月没有发饷，兵士到了没有饭吃的程度。有的士兵把衣裤卖了，换点粮食吃；有的士兵干脆抢老百姓的粮食吃；有的士兵甚至夺马料吃！管火药库的官兵把火药私自卖给努尔哈赤，换点钱买粮食吃。在这种情况下，产生的后果是严重的。将领死的死，降的降，缺员严重，"残兵零碎，皆无人统率"（《熊襄愍公集》卷三）。兵士则是身无片甲，手无兵器，装死扮活，不肯出战。招募上来的兵，多数都是无赖之徒，不习弓马，有的早晨从这个军营里报名领了安家月粮，晚上又跑到另一个军营报名去了。朝廷派来的援军，也是滥竽充数的多，战斗力很差。所以，这五六万辽兵，眼看着留下来难免一死，各营逃跑，寨寨都有，且"望敌而逃，先敌而逃，人人要逃，营营要逃"（《熊襄愍公集》卷三）。不仅逃跑，有的还因为军饷等问题闹事，甚至哗变。

第四，兵器朽坏，滥竽充数。 在辽东的行政中心辽阳，有一次检阅3万官兵，有2万人头戴着毡帽，破衣烂衫，没有武器，拿根棍子。明军打萨尔浒大战之前，官兵在练兵场上训练，拿着槊稍一抖，槊头就掉了。要杀牛祭纛（就是祭旗），刀是锈的，捅了三刀，才把牛杀死。这种刀怎么打仗啊？

第五，骑兵羸弱，杀马而食。 辽东原有战马数万匹，兵败之后，一朝而空。

明辽东虎山长城

剩下的马瘦弱不堪，不光是政府粮草供应不上的原因，许多骑兵故意给马断绝草料，有的甚至将马杀死，为的就是找借口不上战场。

第六，辽东百姓，人人思逃。 明辽东军战败之日，辽、沈百姓放声大哭，人人思逃。逃难的饥民，吃草根树皮度日，草根树皮吃尽，竟然有父子相食者。

而正当万历皇帝骄奢淫逸、醉生梦死的时候，世界上别的国家在做什么？

俄国 沙皇伊凡四世，已经召开了首届俄罗斯全国会议（时年19岁），并开始向西伯利亚扩张。这个时候，黑龙江以北、外兴安岭以南广大地域归明朝奴尔干都司管辖，同俄罗斯并不接壤，俄罗斯向西伯利亚东扩，后来才出现康熙皇帝指挥的雅克萨自卫反击战。

英国 向海外扩张——成立东印度公司，建立北美殖民地，国会讨论国家重大问题。

法国 在加拿大建魁北克城，国会讨论社会改革问题等。

再看国内，东北建州女真首领努尔哈赤已于万历十一年（1583年）起兵。他创立八旗，建立后金，统一女真各部，绥服漠南蒙古，朝气蓬勃，积极进取，并发布"七大恨"告天，向大明皇朝挑战！

此时的明朝像大海航行中一艘船体裂缝的巨船，正在歪斜地下沉着！大学士、首辅叶向高看到了万历皇帝的朝政危机，他说："陛下万事不理，以为天下长如此，臣恐祸端一发，不可收也！"（《明史·叶向高传》）万历朝政危机在当时有一个集中的爆发点，那就是所谓辽事，即辽东的边事、辽东的战事。而与辽东边事、战事密切相关者，有一位辽东总兵李成梁，我们下面就要讲到他。

附录

《明史·王元翰传》载其上疏，极言时政败坏。元翰，字伯举，云南宁州（今华宁）人，万历二十九年（1601年）进士，官给事中。为人骨鲠正直，意气凌厉，极言时政弊端，尝以谏诤自任。其疏陈万历弊政八端曰：

辅臣，心膂也。朱赓辅政三载，犹未一觏天颜，可痛哭者一。

九卿强半虚悬，甚者阖署无一人。监司、郡守亦旷年无官，或一人绾数符。事不切身，政自苟且，可痛哭者二。

两都台省，寥寥几人。行取入都者，累年不被命。庶常散馆，亦越常期。御史巡方事竣，遣代无人。威令不行，上下胥玩，可痛哭者三。

被废诸臣，久沦山谷。近虽奉诏叙录，未见连茹汇征。苟更阅数年，日渐销铄。人之云亡，邦国殄瘁，可痛哭者四。

九边岁饷缺至八十余万，平居冻馁，脱巾可虞；有事怨愤，死绥无望。塞北之患，未可知也。京师十余万兵，岁靡饷二百余万，大都市井负贩游手而已。一旦有急，能驱使赴敌哉？可痛哭者五。

天子高拱深居，所恃以通下情者，只章疏耳，今一切高阁。慷慨建白者，莫不曰"吾知无济，第存此议论耳"。言路惟空存议论，世道何如哉？可痛哭者六。

榷税使者满天下，致小民怨声彻天，降灾召异。方且指殿工以为名，借停止以愚众。是天以回禄警陛下，陛下反以回禄剥万民也。众心离叛，而犹不知变，可痛哭者七。

郊庙不亲，则天地祖宗不相属；朝讲不御，则伏机隐祸不上闻。古今未有如此而天下无事者。且青宫辍讲，亦已经年，亲宦官宫妾，而疏正人端士，独奈何不为宗社计也？可痛哭者八。

帝皆不省。

第四讲　成梁守辽

关于李成梁守辽，下面分四个小题目分别介绍，即"北边防务""遏制蒙古""打击海西""局中之局"，以利于大家了解和认识李成梁守辽的功绩和不足。

一、北边防务

明太祖朱元璋于洪武元年（1368年）在金陵（今南京）建立明朝。当时，朱元璋派大将徐达沿运河北上，攻打元朝的都城大都（今北京）。徐达临行之前，请示朱元璋说，元主如果北逃，是不是要穷追不舍，除恶务尽？对于这个重大的问题，朱元璋做了明确回答。《明太祖实录》记载说："彼气运既去，理固当衰，其成其败，俱系于天。若纵其北归，天命厌绝，彼自澌尽，不必穷兵追之。"也就是说，元主北逃，你不要追他，听其自然。所以徐达夺取大都后，对蒙古军队没有穷追务歼，这就使故元蒙古主要的军事力量没有被完全摧毁，"引弓之士，不下百万"（《明史纪事本末》卷十）。元主退回漠北地区，自称"大元"，史称北元。北元蒙古不甘心失败，不时犯扰内地，企望再次入主中原，恢复元朝，从而给后来明朝北部边务带来长期困扰。终明一代，蒙古骚扰问题，始终没有解决。

明朝建立之后，为加强北部防务，采取了许多重大措施：(1)迁都北京，天子守边，也就是都城由原来的金陵，迁到北平（今北京），由天子亲自守国门。(2)大修长城，构筑防线。(3)设立"九边"，驻军防守，等等。"九边"的这个"边"，不是国界，而是中原农耕文化和塞外草原文化中间的一条大概的界限，九边的防御和战守，完全是中央政府和地方势力之间的争战。"九边"就是沿着长城，由东往西，分别设立的九个军事镇守防区——辽东镇、蓟州镇、宣府镇、大同镇、太原镇、榆林镇、固原镇、宁夏镇、甘肃镇。辽东镇的设立是在洪武初年，其辖地，主要是今辽宁地区，不是辽河以东的狭义概念。在辽东，洪武初年设辽东都指挥使司，简称"辽东都司"，进行军事防御和军事屯田，建立起军事组织系统。辽东都司设都指挥三员：一是都指挥使，管全镇的军务；二是都指挥同知，管军事；三是都指挥佥事，管军屯。都司下设卫：有卫指挥使、卫同知、卫佥事。卫下设所（千户）：正千户，管全所军务；一名副千户，专管军事；另一名副千户，专管屯田。千户所下设有堡（百户）、台（总旗）等。辽东镇是由朝廷派总兵官镇守，派巡抚、太监等在辽东监镇。辽东镇有严密的防御体系，这个防御体系从鸭绿江开始，往西大约有1 000公里。

辽东镇的防御体系，以城堡为依托，以军队为防守。

辽东防御城堡，分为镇城、路城、卫城、所城和堡城五级，组成防御体系。

镇城：有两座，一座是辽阳城，为辽东都司城，是副总兵和巡按等的驻地；另一座是广宁城（今辽宁北镇市），为都指挥使分司城，是巡抚及总兵驻地。初期都指挥使司在辽阳，都指挥使司分司在广宁。巡抚和总兵驻广宁，因其更靠近蒙古，军事地位格外重要。后来满洲兴起，隆庆元年（1567年）辽东军政重心移到辽阳。

路城：辽东镇下设东、南、西、北、中五路屯兵城，就是路城。东路辽阳城（兼），南路前屯卫城，西路义州卫城，北路开原卫城，中路广宁城（和镇城合一）。

卫城：各路下分管25卫，有些卫单独建立了防御性的卫城，如宁远卫城、铁岭卫城、沈阳中卫城、金州卫城、复州卫城、海州卫城、盖州卫城等9座。后来，袁崇焕镇守宁远卫城，这里发生过许多历史故事，以后将要专门讲到。

所城：卫下计有127所，所依托的城为所城，其规模较小。以下要讲到的抚顺，就是个所城。

堡城：也称台堡，有107座。

镇、路、卫、所、堡，众多城池，依托长城，构成一个强固的防御体系。辽东的军队，实行卫所制。设总兵官一员，协守或分守副总兵一员，其下有参将、游击、守备、备御等。卫所的建制，据《明史·兵志》记载，一个卫的驻军5 000人上下，一个所的驻军1 000人上下，下

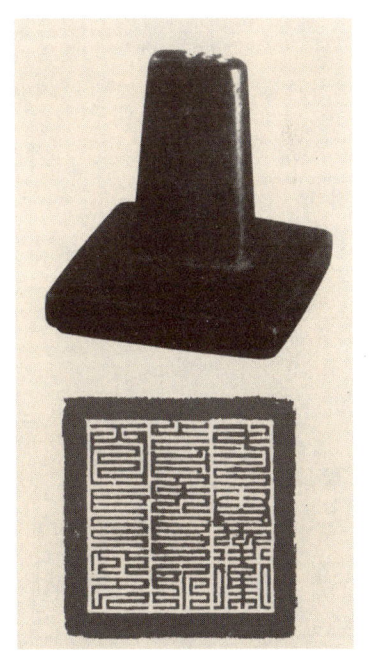

洪武二十年（1387年）造
"三万卫前千所百户印"

面还有百户（100人上下），再下面是总旗（50人左右），再下面是小旗（10人左右）。约相当于现在的军、师、团、营、连这么一个体系。后来，实际兵员数有变化。这样，辽东镇组成了一道井然有序、层次分明、互相联系、依托长城的强固防线。辽东镇的总兵一任一任很多，跟本书关系密切的一个总兵就是李成梁。在明朝隆庆、万历年间，李成梁守辽前后30年，他经营的辽东战守格局，一直影响到明末。

李成梁，生于嘉靖五年（1526年），死于万历四十三年（1615年），享年90岁。他的先祖在朝鲜，明初内附，到了辽东，后来落籍到铁岭，因军功授世袭铁岭卫指挥佥事。李成梁出身将门，史载他"英毅骁健，有大将才"。但李成梁小时候因为家境不富裕，不能袭职，直到40岁还是诸生。后来得到一位巡按御史器重，资助他到北京，才得以袭职。后因军功，升为参将，又升为副将，直至升为总兵官。李成梁升任总兵官之时，恰恰是在张居正当国的时候，大体就是万历元年（1573年）到万历十年（1582年）这段时间。张居正对内整顿朝政，对外支持戚继光和李成梁，所以李成梁和戚继光都有所作为。直到现在，当年万历皇帝为李成梁敕建的牌坊，还矗立在今辽宁省北镇市。李成梁两任辽东总兵，第一次守辽22年，第二次守辽8年，前后30年。他主要做了两件事情：第一，遏制蒙古；第二，打击海西。

二、遏制蒙古

在明朝，蒙古主要分为三大部：一、厄鲁特蒙古，在西部，通常称为西蒙；二、喀尔喀蒙古，主要在北部，通常称外蒙；三、漠南蒙古，就是在大漠以南，通常称内蒙。其中，重要的部族有鞑靼部、瓦剌部、兀良哈部、科尔沁部、察哈尔部等。各部分合，相互交错，彼消此长，极为复杂。

正如上文说的那样，此时蒙古的军队还有百万之众。这样一股强大的势力直接威胁着明朝首都北京：明英宗正统十四年（1449年）的己巳之变，史称"土木之变"，蒙古瓦剌军队打到今河北怀来，俘虏明英宗，然后攻打北京；明世宗嘉靖二十九年（1550年）的"庚戌之变"，蒙古俺答汗的军队又打到北京城下。为此，北京修了外城。2004年重建的永定门城楼，是北京外城南大门的门楼。后面我们要讲到的广渠门、左安门，都是北京外城的城门，是嘉靖年间修的。到万历的父亲隆庆时，俺答汗纳娶了他的外孙女，即三娘子，他们愿意同明朝和好，互通贸易，所以定了"隆庆和议"。俺答汗死后，三娘子又嫁给他的儿子，他的儿子死后，再嫁给他的孙子。史书记载，三娘子"历配三王"。明朝封俺答汗为顺义王，封三娘子为忠顺夫人。这样，明朝和蒙古俺答部二十多年没有发生战争，相对来说，西北部比较安宁。但是，这时候蒙古的另外一部，土蛮部的势力东移，主要移到辽东地区，这部分蒙古的势力很强大，他们的骑兵数以万计，集合起来以十万计，经常骚扰辽东地区，情况非常严重。

蒙古土蛮汗等犯扰辽东：少者一两万骑，多者一二十万众，饮马辽河，屡犯锦州，旁及金州、复州、海州、盖州，震惊开原、铁岭、义州、广宁，声势浩大，烟尘蔽天，"杀掠数万，村堡荡然"（《明神宗实录》卷三十）。所过之处，焚掠几尽。到万历年间，张居正任用李成梁守辽，抵御蒙古犯扰，取得重大成绩。

从万历元年（1573年）到万历十二年（1584年），也就是到张居正死后、袁崇焕出生的那年，李成梁一直在辽东抗击蒙古犯扰势力。此前十余年间，辽东三员大将战死，李成梁镇辽后，重要的战役，可列出五次：

第一次，万历三年（1575年），土蛮汗率领10万骑，号称20万骑，抢掠锦州、义州一带，李成梁率兵进行抵御，大败蒙古骑兵。朝廷加授成梁太子太保。

第二次，万历六年（1578年），土蛮等几个部大举犯辽阳、锦州等地。辽阳是明朝辽东的首府。李成梁率军迎击，斩获1 745级，取得大捷。成梁因功受封宁远伯，赐大红蟒袍。

第三次，万历七年（1579年），土蛮等大举攻锦州、广宁。总兵李成梁先后斩1 287级，夺马牛羊驼4 261头匹。明廷以辽东大捷，告祭郊庙。

第四次，万历八年（1580年）八月，土蛮等聚四万余骑，"人牵牛二角、羊三头"，攻略辽东。也就是说，每一个骑兵牵牛一头，羊三只，这些牛羊就作为行军的食粮，没有吃的就杀羊，再没吃的就杀牛。李成梁提兵出塞，杀到其大营，斩750级。因获大捷，明廷告祭郊庙，敕建"宁远伯李成梁石坊"。

第五次，万历九年（1581年），土蛮纠合九部，一共有10万联军，大掠辽东，还扬言要攻打北京。消息传到北京，朝野一片惊恐，人们争着从安定门出去逃难，因为拥挤，每天都有被踩死者。通州百姓想夺船从水上逃走的，不少人落水溺死。可见当时京师惊慌到何种地步。李成梁率军出塞，击败土蛮。

以上史实说明，辽东地区的蒙古势力连年攻略，形势严峻。但是，万历初年，张居正为相，"用李成梁镇辽，戚继光镇蓟门"（《明史·张居正传》），明军辽东军事防御比较严密，有力地阻击了蒙古贵族势力的骚扰；再加上后来土蛮汗去世，另外一个重要的蒙古族首领也死了，蒙古各部矛盾纷争，互相倾轧，逐渐走向衰落。相对来说，这个地区比过去安宁了一些。但是，按下葫芦又浮起了瓢。原来蒙古势力到鸭绿江，控制着女真的势力，蒙古势力衰弱之后，女真的势力又抬头了。李成梁没有料到，他打击蒙古势力的同时，也为女真发展扫清了障碍；而女真势力，将是更强悍的对手。

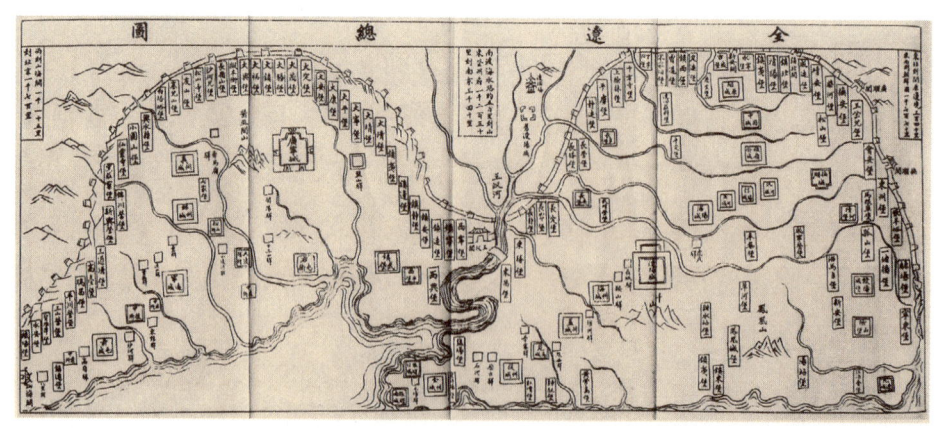

《全辽总图》（《全辽志》插图）

三、打击海西

明代女真分为建州女真、海西女真、东海女真和黑龙江女真四大部分。其中，黑龙江女真和东海女真离明朝辽东腹地较远，又居住分散，对辽东构不成威胁。对辽东影响较大的是海西女真。海西女真主要分为四部——叶赫部、哈达部、乌拉部、辉发部。其中，实力最强的是叶赫部和哈达部。所以，李成梁用兵的重点就指向了叶赫和哈达。为此，李成梁对叶赫和哈达进行了三次重大的军事打击。

第一次，设"市圈计"。万历十一年（1583年）十二月，明辽东巡抚李松、总兵李成梁，利用叶赫贝勒清佳努和扬佳努到开原进行马市贸易的机会，在开原中固城设"市圈计"，诱其入伏，而袭杀之。事情是这样的：叶赫贝勒要带着他的部众同明朝进行马市贸易，地点在开原。明朝事先在贸易地点埋下了伏兵。叶赫贝勒清佳努和扬佳努率领两千骑到了开原，要入市。明朝这边说，不能2 000人都入市。清佳努和扬佳努请以300余人随从，获允。清佳努和扬佳努等进入中固城市圈（四周用围墙围着）后，信炮一响，伏兵四起，二贝勒及其300余随从，全被斩杀。李成梁听到信炮声，拥精兵突然进攻女真在"市圈外"的骑兵，共斩首1 252级，夺马1 073匹。叶赫部族蒙受空前灾难。这是李成梁对海西女真的第一次重大打击。

第二次，削弱哈达。哈达部是一个很强的部。哈达的万汗死后，他的几个儿子不和，其中一个叫孟格布禄，他姥姥家在叶赫，就和叶赫联合起来，要统治哈达部。李成梁看到叶赫要和哈达联合起来，那样势力就强大了，于是出重拳打击哈达势力。

万历十五年（1587年），辽东巡抚顾养谦以降丁为向导，引兵出塞，进攻哈达部孟格布禄。此役，共斩杀554级。这在当时是个很大的数字，因为哈达部的人口很少，这554级主要是成年男子。哈达部主要的军事力量被砍掉了，受到重创。

第三次，打击叶赫。叶赫贝勒清佳努和杨佳努被明军计杀后，清佳努子布寨、杨佳努子纳林布禄，分别袭为叶赫贝勒，元气日渐恢复，军力日益强盛。万历十六年（1588年）三月，李成梁率兵攻打布寨和纳林布禄，遇到叶赫东城与西城的贝勒和部民的坚决抵抗。李成梁下令发炮摧毁他们外城的城墙，放火烧了他们的粮窖。经过这次打击，共"斩首五百五十四颗，得获马、器以七八百计"。叶赫罹受重难，死伤惨重，城中老少，昼夜号泣。

由上可以看出，李成梁守辽期间，一个拳头遏制蒙古，另一个拳头打击海西，都取得了重大胜利。经过以上三次重大军事打击，海西女真遭到重创。

李成梁第一次镇辽22年，大仗打了十次。每一次，当辽东告捷之时，朝廷内上自阁部，下到督抚，升官荫子，增俸受赏，盛宴相庆。《明史·李成梁传》记载："帝辄祭告郊庙，受廷臣贺，蟒衣、金缯，岁赐稠叠。边帅武功之盛，二百年来未有也。"

第二次，万历二十九年（1601年），年已76岁的李成梁，重任辽东总兵。他又守辽8年。李成梁以宽甸六堡孤悬难守为由，建议放弃，把居民全部迁徙到内地。老百姓恋家不肯走，李成梁就派大军驱迫，死者狼藉；还有一部分辽民逃入建州。

李成梁90岁卒。他的弟弟李成材，做过辽东的参将。他的五个儿子如松、如柏、如桢、如樟、如梅，都是在辽东或西北战场成长为总兵官，其中李如柏、李如桢后来都做过辽东总兵。另外四个儿子如梓、如梧、如桂、如楠，也都做到参将。《辽左闻见录》记载，李成梁的家院"附郭十余里，编户鳞次，树色障天，不见城郭。妓者至二千余人，以香囊数十缀于系袜带，而贯以珠宝，一带之费，至三四十金，数十步外，即香气袭人，穷奢极丽"。

这里要说明的是，李成梁和努尔哈赤家族可能有某种特殊的关系。相传努尔哈赤青年时曾到李成梁麾下，后跟随李成梁到京师，因而出现"义犬救主"、"乌鸦护驾"和"大青马"的故事。李成梁的儿子李如柏娶努尔哈赤之弟舒尔哈齐女为妾,还生了儿子。所以当时流传"奴酋女婿作镇守,未知辽东落谁手"的民谣。以上传说缺乏史料确证,但可以肯定李成梁同努尔哈赤家族彼此熟悉和了解。

李成梁遏制蒙古、打击海西,并纵容建州、放弃六堡的结果,却出现了新的历史变局——局中之局。

四、局中之局

李成梁镇辽前后长达30年,立有大功,封伯建坊。他的战功、他的过失、他的骄纵,以及他同努尔哈赤家族的关系,恰恰为建州女真发展铺平了道路,从而出现一个新的变局——局中之局。这既是李成梁万万没有想到的,也是万历帝万万没有想到的。

明朝为表彰李成梁镇守辽东军功而建的石牌坊

李成梁守辽的策略,用一只拳头打蒙古,另一只拳头打海西——给满洲的兴起提供了空间。

因此,人们应该用第三只眼睛看历史,就是从对立两面的夹缝中,去观看、去分析已经隐藏并可能出现的问题。满洲努尔哈赤就是从历史的夹缝中走上政治舞台的。

叶赫古城遗址

第五讲 满洲源流

上文讲到李成梁在辽东战蒙古各部、打击海西女真,多战克捷,立下大功。但从另一面来看,这恰恰为满洲的崛起提供了条件。

一、满洲源流

满洲原称女真，满洲这个词出现得很晚，明崇祯八年即天聪九年十月十三日（1635年11月22日），清太宗皇太极发布诏谕：

> 我国原有满洲、哈达、乌喇、叶赫、辉发等名，向者无知之人，往往称为诸申。夫诸申之号，乃席北超墨尔根之裔，实与我国无涉。我国建号满洲，统绪绵远，相传奕世。自今以后，一切人等，止称我国满洲原名，不得仍前妄称。（《清太宗实录》卷二十五）

文中的"诸申"即"女真"，是 jūsen 的汉文音译。从此，满洲的名称正式出现在历史的典册上。

那么"满洲"这两个字是什么意思呢？"满洲"一词是满语"manju"的音译。关于它在满语中的含义，学者们有几种说法：（1）人名（满洲历史上的英雄满住）；（2）地名（曼遮）；（3）部名（满洲部）；（4）佛名（曼殊师利）等。因为当时皇太极对"满洲"的含义没有做出解释（也可能当时人人都知道，无须解释），因而成了一个清史之谜、满学之谜，至今学界没有达成共识。

至于"满族"，清朝的时候还没有这一称谓，通常称旗人、在旗、满洲等，不在旗就是"民"，所谓"只分旗民，不分满汉"。到民国初年，八旗制度废除，对这些人怎样称呼？当时报刊上，称呼很杂，如旗人、旗民、满旗、满人、在旗等，后来逐渐统称"满族"。满族就是"满洲族"的简称。改革开放以后，一些满族人看到好多民族都有自己的节日，而满族没有，就把满洲的命名日，也就是阴历的十月十三日，定为颁金节。颁金是满语的汉语音译，意思是新生活的开始。这是颁金节的来历。

说到满洲的源流，有一个神话。《满洲实录》记载：

满洲创始女神佛库伦像

满洲原起于长白山之东北布库哩山下一泊,名布勒湖里。初天降三仙女浴于泊,长名恩古伦、次名正古伦、三名佛库伦。浴毕上岸,有神鹊衔一朱果,置佛库伦衣上。色甚鲜妍,佛库伦爱之,不忍释手,遂衔口中。甫著衣,其果入腹中,即感而成孕。告二姊曰:吾觉腹重,不能同升,奈何?二姊曰:吾等曾服丹药,谅无死理,此乃天意,俟尔身轻上升未晚。遂别去。佛库伦后生一男,生而能言,倏尔长成。……异而诘之,答曰:我乃天女佛库伦所生,姓爱新觉罗,名布库哩雍顺。

爱新觉罗·布库里(哩)雍顺就是满洲的始祖。汉族也有殷始祖契母简狄吞鸟卵而生契的神话:"三人行浴,见玄鸟堕其卵,简狄取吞之,因孕生契。"(《史记·殷本纪》)当然,这些都是神话,其真实性我们不必深究,但从中透露出一个信息,那就是满族和汉族一样,都经过了一个只知其母、不知其父的母系氏族时期。

真正有文献依据的满洲的前身是女真。女真,是一个历史悠久的民族,曾经建立了政权,最早约是唐代的渤海国大氏,最强大的就是金,与南宋对峙,占据半壁山河。金朝的中都就建在今北京。

金贞祐三年(1215年)五月,元太祖成吉思汗率蒙古骑兵攻占金中都,后纵火焚烧宫殿,"可怜一片繁华地,空见春风长绿蒿"。金之后,就是元朝。元亡明兴,女真族就成了明朝的臣民(一部分则到了朝鲜)。

女真在明代分为四大支:建州女真、海西女真、东海女真和黑龙江女真。对辽东影响较大的是海西女真和建州女真。在《成梁守辽》一讲,

女真骑马武士砖雕

我讲过，海西女真遭到明辽东总兵李成梁的致命打击，而建州女真反而利用这个机会发展壮大起来。

建州女真明初主要生活在牡丹江与松花江汇流处地域。永乐二年（1404年），明朝设立建州卫，封女真胡里改（火儿阿）城万户阿哈出为建州卫指挥使。这是建州女真名称的由来。永乐十年（1412年），建州的另一个首领猛哥帖木儿因跟随明成祖朱棣攻打蒙古有功，获封建州左卫指挥使。建州卫一分为二。后来，猛哥帖木儿在动乱当中被杀，他的儿子董山被俘虏。猛哥帖木儿的弟弟凡察报告朝廷说建州左卫的印丢了，明朝皇帝就命人新刻了一个印，让他执掌。不久，董山被赎出，说原来那个印又找到了。围绕新旧两印，叔侄纷争不休，官司一直打到了明英宗那儿。皇帝决定把建州左卫再一分为二，增设建州右卫，叔侄俩各掌一卫。于是，原来的建州卫就变成三个卫了，即建州卫、建州左卫、建州右卫，史称"建州三卫"。

赫图阿拉汗王殿遗址

建州三卫经过艰难曲折，多次迁移，先到了今辽宁怀仁浑江，就是五女山那个地方，又辗转迁徙到今辽宁新宾满族自治县苏子河（苏克素浒河）畔，就是赫图阿拉这个地方。

以上就是满洲在明代的大概的源流。

赫图阿拉北临苏子河，四周环山，气候温和，雨水充沛，宜于农耕、牧猎、采集、捕鱼。赫图阿拉地近辽阳、抚顺，又为群山阻隔。这里东隔鸭绿江、图们江通朝鲜，西接辽河平原，受东西两面农耕文化影响，农业发展较快。又与蒙古、朝鲜、明朝进行贸易，购进铁器、耕牛、布帛、器皿，卖出人参、马匹、皮张、蘑菇、木耳，互通有无，取长补短。赫图阿拉成为满洲、建州的发祥地。

建州三卫相邻而居，部族兴盛，势力渐大，逐渐形成为两大部——建州部和长白山部。建州部又分为苏克素浒河部、浑河部、完颜部、董鄂部和哲陈部；长白山部则分为讷殷部、朱舍里部和鸭绿江部。

当时女真各部的形势，如《满洲实录》所载："各部蜂起，皆称王争长，互相战杀。甚且骨肉相残，强凌弱，众暴寡。"

万历初年，明朝辽东总兵李成梁，利用蒙古与女真、海西女真与建州女真以及建州女真内部的各种矛盾，纵横捭阖，分化瓦解，拉此打彼，利诱威胁，以实现明廷对辽东地区各少数民族的统治。但李成梁没有想到，他在分化打击女真势力的同时，却播下复仇的星火。这点星火，后来逐渐成为燎原之势。

二、燎原星火

满洲兴起，以清太祖努尔哈赤起兵作为起点。努尔哈赤于明嘉靖三十八年（1559年）生于建州女真苏克素浒河部的赫图阿拉。他的外祖父王杲为建州右卫指挥使，他的祖父觉昌安和父亲塔克世先后担任建州左卫指挥使。他10岁丧母，在兄弟五人中居长，传说曾到古勒寨外祖父王杲家居住。继母对努尔哈赤很不好，他 19 岁时就分家另过，经常自己到山林里，挖人参、采蘑菇、拾松子、摘木耳，运到抚顺马市（集市）进行贸易，换回一些生产和生活用品。努尔哈赤饱经磨炼，体格健壮，精于骑射，广交朋友，聪睿能干。这些都是他成就一番事业的基础，但这还不够，他还必须有一个好的机遇。努尔哈赤的机遇就是建州女真此时发生了几件大事。这要从努尔哈赤的外祖父王杲说起。

当时在建州女真诸部中，以王杲势力最强，史称他"生而黠慧，通番、汉语言文字，尤精日者术"《清史稿·王杲传》。他勇敢多谋，武艺超群，兼通女真语和汉语，成为建州女真的著名首领。万历二年（1574 年），王杲以明廷断绝贡市、部众坐困为借口，大举犯扰辽阳、沈阳。明李成梁督兵进剿王杲所在的古勒寨（今新宾上夹河镇古楼村）。寨在山上，形势险阻，城高坚固，易守难攻。李成梁率领号称六万车骑，携带炮石、火器，分路围攻王杲寨。明军先挥斧砍断数重城栅，又用火器进攻。王杲督领守寨军兵，施放矢石，奋力据守。明军纵火，寨内房屋、粮秣被焚毁，烟火蔽天，守军大溃。李成梁令明军纵击，"毁其巢穴，斩首一千余级"。王杲势穷，突围遁走。明军车骑官兵，杀掠人畜殆尽。翌年，王杲再出兵犯边，为明军所败。王杲只得骑马逃跑，起初穿一件红色的衣服，目标很大，追兵认定衣服尾随不舍。王杲赶紧与别人换了衣服，结果那个人做了明军的俘虏，他自己则得以逃遁。

王杲兵败无依，投奔海西女真哈达部首领王台。王台一向忠于明朝，缚王杲，献朝廷。万历三年（1575 年）八月，万历帝御午门城楼，受辽东守臣献俘，命将王杲"磔尸剖腹"。这就是史籍记载的建州女真首领王杲被"槛车致阙下，磔于市"《清史稿·王杲传》。这时，努尔哈赤是十五六岁的少年。

王杲死后，其子阿台在危难中逃脱而去，后回到古勒寨，成为寨主。阿台与努尔哈赤有着特殊的关系，他既是努尔哈赤的舅父，又是其堂姐夫——王杲是努尔哈赤的外祖父，而阿台之妻又是努尔哈赤祖父的孙女。万历十一年（1583 年）二月，李成梁以"阿台未擒，终为祸本"为借口，督兵从抚顺出塞百里，攻打古勒寨。寨势陡峻，三面壁立。李成梁麾军火攻两昼夜，未能攻克。时建州女真苏克素浒河部图伦城的城主尼堪外兰，为讨好李成梁，引导明军到古勒寨，攻打阿台。阿台之妻是努尔哈赤祖父觉昌安的孙女。觉昌安见古勒寨被围日久，想救出孙女，又想劝说阿台归降，就同儿子塔克世到了古勒寨。觉昌安和塔克世都被围在古勒寨内。

尼堪外兰到古勒寨下，高声喊话骗道："天朝大兵既来，岂有释汝班师之理！汝等不如杀阿台归顺。太师有令，若能杀阿台者，即令为此城之主！"（《满洲实录》卷一）太师就是明宁远伯、辽东总兵李成梁。阿台部下有人信以为真，就杀死阿台，打开寨门，投降明军。李成梁在古勒寨降顺后，下令"诱城内人出，不分男妇老幼尽屠之"！古勒寨内，男女老幼，均遭屠戮，努尔哈赤的祖父觉昌安和父亲塔克世也在其中！此役，明军共斩杀 2 222 级，使得尸横屯巷，血流成河。明以此功，告捷郊庙。

在短短八年间，明军先后杀死女真建州部的重要人物王杲、阿台、觉昌安、塔克世，而这四个人都和努尔哈赤有亲缘关系：王杲是他的外祖父，阿台是他的舅舅和堂姐夫，觉昌安是他的祖父，塔克世是他的父亲。努尔哈赤惊闻父、祖蒙难的噩耗，捶胸顿足，悲痛欲绝。他前往诘问明朝边吏道："我祖、父何故被害？汝等乃我不共戴天之仇也！汝何为辞？"明朝遣使谢罪称："非有意也，误耳！"明朝归还努尔哈赤祖、父遗体，并给他"敕书三十道，马三十匹，复给都督敕书"。从此，努尔哈赤与大明皇朝，积下不可化解之怨，结下不共戴天之仇。

大明皇朝万历帝、辽东总兵李成梁，破一座边塞小城，杀若干女真草民，易如反掌，如耍儿戏。但是，人心不可欺，民志不可辱。怨，可散不可聚；仇，可解不可结。女真与明朝，边民与明军，其怨其仇，其愤其恨，集中表现在其未来的首领努尔哈赤身上。努尔哈赤椎牛祭天，以十三副遗甲起兵复仇。这一年，他25岁。

一座高楼大厦被大火焚毁，往往是一点火星引发的；一个庞大王朝被民众推翻，往往是一件小事引起的。星火燎原，蚁穴溃堤，古今中外，概莫能外。这点火星，在萌发时，细如秋毫，对立的双方，都没注意到。然而，它燃烧成为熊熊烈火时，能将大厦吞噬。明亡清兴历史上的这一点火星，就发生在明朝辽东建州女真一个普通的屯寨——古勒寨。努尔哈赤成为女真焚毁明朝大厦的点火者，成为埋葬大明皇朝的掘墓人。

三、统一女真

努尔哈赤起兵后，首先开始了统一女真各部的大业。

首先，整合建州女真。上文讲过，建州女真分本部和长白山部两大部，其下比较重要的共有八个部。努尔哈赤想把这八个部统一起来，困难很多，难度很大。一是很多人不服，二是部属宗族惧祸，生怕引来明军报复而遭灭顶之灾。有几次，努尔哈赤的族人甚至要杀他以除祸患。努尔哈赤偏不信邪，对认定的事坚持不懈。第一战，努尔哈赤联合自己所属的苏克素浒河部的四位寨主，共同攻打里通明朝的本部图伦城城主尼堪外兰。尼堪外兰兵败，投奔明军寻求庇护。努尔哈赤派人到明军那里要求交出尼堪外兰。明军看此时的尼堪外兰已无利用价值，就把他交给了努尔哈赤。努尔哈赤首战告捷，自此采取"顺者以德服，逆者以兵临"的策略，在十年之间，实现了建州女真的统一。

努尔哈赤崛起之后，引发女真各部关系新的变动。海西女真各部首领对建州的兴起，既不服，又恐惧。乌拉贝勒很轻视努尔哈赤，称他是"无名常胡"。叶赫贝勒派使臣到建州说："要将额尔敏或扎库木一地给我！"努尔哈赤说："土地并非牛马，怎么可以割裂分给？"使臣又说："倘两国兴兵，我能入尔境，尔安能蹈我地耶！"努尔哈赤举刀断案道："尔叶赫诸舅，何尝亲临阵前，马首相交，破胄裂甲，经一大战耶！"（《清太祖高皇帝实录》卷二）

谈判不成，便用刀枪。万历二十一年（1593年）九月，以叶赫贝勒布寨、纳林布禄为首，纠集哈达、乌拉、辉发三部，长白山朱舍里、讷殷二部，蒙古科尔沁部，以及锡伯、卦尔察部，共有九部，结成联盟，合兵三万，分作三路，向建州军政中心佛阿拉，摇山震岳而来。入夜，九部联军到浑河北岸，生火煮饭，火密如星。《清太祖实录》先后三次记载建州军"闻之色变"。其时态势，极为严重。

努尔哈赤根据地形险隘，进行了军事部署：在敌兵来路上，道旁埋伏精兵；在高崖峻岭上，安放滚木礌石；在沿河狭路上，设置横木障碍。布置就绪后，努尔哈赤就寝酣睡。其妻富察氏把他推醒，问道："尔方寸乱耶，惧耶？九国兵来攻，岂酣寝时耶？"你吓傻了吗？人家大兵压境，这哪里是睡觉的时候！努尔哈赤答道："人有所惧，虽寝，不成寐；我果惧，安能酣寝？前闻叶赫兵三路来侵，因无期，时以为念。既至，吾心安矣！"（《清太祖高皇帝实录》卷二）我要是害怕，还能睡得着吗？以前不知道他们来的准确时间，还有点惦记这事；这下他们来了，我也就放心了。努尔哈赤说完之后，安寝如故。不难看出，沉着是努尔哈赤身临险境的一种宝贵的品格。

第二天拂晓，用完早饭，努尔哈赤率领诸贝勒大臣祭堂子，发布檄文，鼓舞士气。他说道："尔众无忧！……来兵部长甚多，杂乱不一。谅此乌合之众，退缩不前，领兵前进者，必头目也。吾等即接战之，但伤其一二头目，彼兵必走。我兵虽少，并力一战，可必胜矣！"（《清太祖武皇帝实录》卷一）他指出，敌兵虽多，但缺乏统一指挥，战斗力不强，只要打死打伤对方几个头目，就不难取胜。随后，努尔哈赤统率兵马，出征杀敌，上了古勒山。努尔哈赤派巴图鲁额亦都率精骑百人，径直冲向九部联军营阵。叶赫贝勒布寨和纳林布禄求胜心切，见建州兵来，转向额亦都。额亦都佯败，且战且退。布寨被额亦都挑战激怒，策马挥刀，直前冲入。布寨驱骑过猛，战马触木墩绊倒。建州兵士武谈迅猛扑去，骑在布寨身上，将他杀死。纳林布禄见其兄被杀，惊呼一声，昏倒在地。叶赫官兵惊慌失措，恸哭失声。联军无首，顿时慌乱。叶赫军急忙救起纳林布禄，拨转马头，夺路而逃。蒙古科尔沁贝勒明安"马被陷，弃鞍，赤身体，无片衣，骑骠马"（《清太祖武皇帝实录》卷一），仅以身免，狼狈逃脱。努尔哈赤命全线追击。山上山下，丛林河谷，伏兵四起，邀杀败兵。骑涛呼啸,矢石如雨,杀得人仰马翻,整个山谷殷红。建州擒获乌拉贝勒满泰之弟布占泰。努尔哈赤说:"生人之名,胜于杀人。"遂解其缚,赐猞猁狲裘,豢养之。

王在晋的《三朝辽事实录》中记载:"北关(叶赫)请卜寨(布寨)尸,奴儿(尔)哈赤剖其半归之。北关、建州遂为不解之仇。"也就是说,努尔哈赤将布寨的尸体一分为二,将其一半归还叶赫。自此,建州同叶赫两部之仇,不共戴天。

古勒山之役的战果是,建州军斩杀叶赫贝勒布寨及其以下4 000人,俘虏乌拉贝勒满泰之弟布占泰,缴获战马3 000匹、铠甲1 000副。

努尔哈赤古勒山之战的兵略是:第一,占据险要,利用地势。第二,诱敌入伏,聚而歼之。第三,先打蛇头,伤其头目。在古勒山之战中,最精彩、最要害之笔,就是"先擒王""打蛇头"。九部联军,群龙无首,全线崩溃,败局已定。第四,集中兵力,并力攻战。"我兵虽少,并力一战",也就是建州军队人数虽少,却指挥高度集中统一。总之,借地以困之,设计以诱之,斩首以夺之,并力以击之——

《太祖大败九部兵》(《满洲实录》插图)

这就是在古勒山之战中，建州军队对付九部联军的军事策略。

著名的古勒山之战，是明代女真各部统一战争史上的转折点。它打破了女真九部军事联盟，改变了建州女真和海西女真的力量对比，表明女真力量核心由海西转为建州。努尔哈赤自此"军威大震，远迩慑服"。

努尔哈赤兴起，遇到了特殊的历史条件：第一，李成梁打击蒙古，蒙古逐渐走向衰落；第二，李成梁打击海西，削弱了海西女真势力；第三，李成梁打击建州王杲、阿台，使建州群龙无首；第四，明朝辽东主力到朝鲜，进行抗倭援朝战争，辽东出现了"军事真空地带"，明军对辽东女真势力控制弱化——这一切，在时间上是20年，在空间上是辽东地区，都给努尔哈赤的兴起提供了历史的机遇。

努尔哈赤在古勒山之战以后，对海西女真哈达、叶赫、乌拉、辉发四部，展开攻势，软硬兼施，远交近攻，先弱后强，征抚并用，逐个吞并——万历二十九年（1601年），攻灭哈达；万历三十五年（1607年），灭亡辉发；万历四十一年（1613年）并取乌拉；万历四十七年（1619年），吞并叶赫。努尔哈赤先后用时三十六年，统一女真各部，实现了自元末200多年以来女真空前大一统的局面。

努尔哈赤汲取了以前女真首领失败的教训：哈达部王台、建州部尼堪外兰，对明朝"只称臣，不称雄"，结果没有做成大事；建州部王杲、王兀堂，"不称臣，只称雄"，结果"磔尸剖腹"、身败名裂，也没有做成大事。努尔哈赤则对明朝采取两面政策——先是，只称臣，不称雄；继而，明称臣，暗称雄；进而，边称臣，边称雄；最后，不称臣，只称雄。他统一女真、创制满文、创建八旗、创立后金、黄衣称朕、羽毛丰满后，公然犯顺，向明挑战，攻打明朝边城——抚顺、清河，与明朝争局辽东，由此引发了"辽事"。

接下来就要讲明清的辽东争局。

第六讲 辽事初起

所谓辽事,就是辽东战事。那辽东战事从什么时候开始?它的起点是明朝失陷抚顺和清河。

上文说过,努尔哈赤统一女真的成功,关键在于他对明朝采取了两面政策,以避免过早暴露自己,而被明军灭掉。他羽毛丰满后,于万历四十六年(1618年)发布"七大恨"告天,公然向明挑战,攻打明朝边城——抚顺、清河,由此引发了"辽事"。

一、"七大恨"告天

努尔哈赤从万历十一年（1583年）起兵，到万历四十六年（1618年）攻明，中间整整36年，在这36年的时间里，努尔哈赤做了很多的事情，特别重要的有三件事情。

第一件，创制满文。 满洲有自己的语言，但没有文字，金朝的女真文到明朝中期已经逐渐失传。公文用蒙古文，或者用汉文。万历二十七年（1599年），努尔哈赤命巴克什额尔德尼和扎尔固齐噶盖，借用蒙古字母拼写满语，创制满文，这就是无圈点满文（老满文）。后来，皇太极命巴克什达海将其改进成为有圈点满文（新满文）。满文是拼音文字，有6个元音字母，22个辅音字母，10个特定字母。满语文成为清朝官方语言和文字。其时，东北亚满—通古斯语族的诸民族，除满洲外，都没有文字。满文记录下了东北亚地区文化人类学的珍贵资料。清定鼎北京后，满文与汉文共同为官方文字。满文通行后成为满汉、中西文化交流的重要桥梁。后来，耶稣会传教士通过满文将"四书"等儒家经典翻译到西方。所以，满文创制是满族发展史上的一块里程碑，是中华文化史上、也是东北亚文明史上的一件大事。现存满文图书1 000余种，满文档案200余万件，是人类重要的文化财富。

第二件，创立八旗。 满洲地域广大，人口众多，怎么把大家组织起来？军队也越来越多，怎么统制起来？这是努尔哈赤必须考虑的。中原汉族地区有省、府、州、县，底下一直到乡村，村还有保甲制度，那么满洲社会怎样成为组织严密的整体？努尔哈赤利用女真原有狩猎组织形式——牛录，创建八旗制度。每旗分为三级组织，即牛录、甲喇、固山。按规定：每300人为一牛录，设牛录额真，后称佐领；五个牛录为一甲喇，设甲喇额真，后称参领；五个甲喇为一固山（就是旗），设一固山额真，后称都统。万历二十九年（1601年），初设四旗，分别以黄、白、红、蓝四色为标志；万历四十三年（1615年），在原有四旗基础上增加四旗，将原来旗帜周围镶边，黄、白、蓝三色旗帜镶红边，红色旗帜镶白边。这样，共有八种不同颜色的旗帜，称为八旗，即满洲八旗。而后逐渐增设蒙古八旗和汉军八旗，共二十四旗，但统称为八旗。八旗制度"以旗统军，以旗统民"，出则为兵，入则为民。努尔哈赤和皇太极所统领的八旗军队，是当时世界上最强大的骑兵部队之一。努尔哈赤以八旗为纽带，将全社会的军事、政治、经济、行政、司法和宗族统制起来，联结成为一个组织严密、生气蓬勃的社会机体。八旗制度是努尔哈赤的一个创造，是清朝基本的社会制度，也是清朝定鼎燕京、入主中原、统一华夏、稳定政权的关键。

第三件，创建基地。要成大事，必立根本；要立根本，必建基地。李自成没有建立基地，被称为"流寇"。努尔哈赤在北方统一海西，在东方结好朝鲜，在西方对漠南蒙古采取联姻、赏赐、会盟、尊重喇嘛教等政策，在南方对明朝采取两面政策，势力日渐强大，羽毛逐渐丰满。万历四十四年（1616年），在赫图阿拉建立金政权，史称后金，年号天命。努尔哈赤被尊为聪睿汗，又称天命汗。《满洲实录》记载："本地所产有明珠、人参、黑狐、元狐、红狐、貂鼠、猞狸狲、虎、豹、海獭、水獭、青鼠、黄鼠等皮，以备国用。抚顺、清河、宽甸、叆阳四处关口，互市交易，以通商贾。因此满洲民殷国富。"努尔哈赤创建、巩固并发展了基地。

努尔哈赤能够完成文化、军事、政治方面的三件大事，表明：满洲经过36年的积累，已经具有与明朝抗衡的实力，下一步就要走出呼兰哈达（烟筒山），进入辽河平原，与明朝争夺辽东。

明朝是什么情况呢？万历帝怠政已二十余年，出现中枢瘫痪、财政枯竭、边备废弛的末世局面。

恰巧此时后金地区遭遇凶年，饿殍塞路，老弱填壑。翻开中国皇朝社会史册，在中原地区，农民起义往往在大灾之年爆发，因为灾荒使本来尖锐的社会矛盾更加激化；在边疆地区，民族抢掠也往往在大灾之年发生，因为灾荒使本来尖锐的民族矛盾更加激化。努尔哈赤正是选择这个既不利而又有利的时机，把女真人的困惑、不满、艰难和怨恨引向明朝，并借着对明朝战争的胜利和掠夺汉人财粮，振奋女真部民精神,缓解后金社会危机。这就是努尔哈赤的重大战略决策。

万历四十六年即天命三年(1618年)正月,天命汗努尔哈赤对诸贝勒大臣宣布:"吾意已决,今岁必征大明国!"四月十三日发布"七大恨"誓师。所谓"七大恨",就是后金进攻明朝的七个理由。它既是女真对明朝民族压迫和民族分裂政策的控诉,又是女真向明朝公然犯顺和策骑称兵的藉词。第一条开宗明义说:"我之祖、父,未尝损明边一草寸土也,明无端起衅边陲,害我祖、父,恨一也!"(《清太祖实录》卷五)也就是诉说对明军起衅边陲,害其祖、父,实行民族压迫政策的不满。第二、三、五条,诉说对明朝蚕食疆土和收割禾谷,拘留使臣和在边境杀死十名女真人的不满。第四、六、七条,诉说对明朝偏袒哈达,卫助叶赫,实行民族分裂政策的不满。

《太祖建元即帝位》(《满洲实录》插图)

努尔哈赤发布"七大恨"誓师,公开向明朝宣战。从此,后金战略攻击的重点,由统一女真转向进攻明朝。"七大恨"誓师后,努尔哈赤先向明朝遏制后金的两只犄角——抚顺与清河,举刀砍去。

二、初陷抚顺

当时明朝的沈阳在辽河平原,建州是山地,辽河平原和建州山地中间的接合部就是抚顺。抚顺濒临辽河支流浑河,西距沈阳百里,东距赫图阿拉200里,西北邻开原,西南接辽阳,既是明朝控制建州女真的前哨,又是建州女真出入辽东的门户。因此,努尔哈赤要进兵辽河流域,首先必须攻下抚顺。

抚顺城,为隶属于沈阳中卫的千户所城。前面我讲到,明朝的五级防御体系由镇城、路城、卫城、所城和堡城构成,沈阳中卫是个卫城,抚顺是它下面的千户所的所城。抚顺城建于洪武十七年(1384年),成化四年(1468年)重修,周围三里,池深一丈、阔二丈,东、南、北三门。城的外围,修筑四堡:会安堡(今抚顺会元乡)、东州堡(今抚顺东洲区大东洲村)、马根单堡(今抚顺救兵乡马郡村)、散羊峪堡(今抚顺救兵乡山龙峪村),沿边建烽火台21处,构成辽东都司东端的前沿军事城堡。抚顺的地理特点,明人章潢在《图书编》中说:"通百夷贡市,内外皆山,多伏莽,我难于斥候。"也就是说,抚顺地形复杂,明朝方面很难侦察警戒。

努尔哈赤年轻时,经常到抚顺马市进行贸易,因此,他对抚顺的山川、道路、险隘、城堡与明军的军力、器械、士气和民情了如指掌。他手下的骑兵善于野战争锋,这次攻打抚顺城,要采取何种战术?《明季北略》记载,在努尔哈赤60岁生日那天,八子皇太极建议说:

> 抚顺是我出入处,必先取之。今四月八日,闻李永芳大开马市,至二十五日止,边备必疏。宜先令五十人伴作马商,驱马五路入城为市。嗣即率兵五千,夜行至城下,举炮(为号),内外夹击,抚顺可得。

也就是说,后金军打抚顺,主要不是力攻,而是智取。努尔哈赤采纳了皇太极的建议,对抚顺以智取为主,以力攻为辅,内诱外攻,里应外合。

四月十四日，后金兵分两路：左翼四旗兵攻取东州和马根单二堡，作为围攻抚顺的外势；努尔哈赤亲率右翼四旗兵及八旗巴牙喇护军直奔抚顺，作为攻打抚顺的主力。同时，努尔哈赤派人到抚顺，声言有3 000女真人于明日来赴市。

十五日寅时（3—5时），假冒商人的后金先遣队果然来到抚顺叩市，将抚顺商民诱出城外贸易；部分军队乔装后则由叛明投金的佟养性引导入城；后面接踵而来的右翼四旗军主力，架设云梯，乘机攻城，里应外合，突入城内。明抚顺守将李永芳骑马出城，剃发投降。李永芳是明朝第一个投降后金的将领。努尔哈赤将降民千户，迁到赫图阿拉，按照明制，加以编制，授李永芳为副将，仍旧统辖其众，并以第七子阿巴泰的女儿嫁给李永芳，称其为抚西额驸。

明辽东巡抚李维翰得到抚顺失陷的败报，急檄总兵官张承胤。张承胤领兵万余人，追击后金军队。努尔哈赤命大贝勒代善、四贝勒皇太极统军三面环攻明军，并利用风沙大作的有利天时，山峦密林的有利地形，奋勇作战，猛攻明军。明军大溃，张承胤战死，将士死者万人，生还者十无一二。张承胤是明朝同后金作战第一个战死的总兵官。

抚顺之役，历时一周，八旗军不仅夺占抚顺、东州、马根单等城堡，毁抚顺城，而且骑兵横排百里，像梳子一样掠夺所过的堡、台、庄、屯等500余处，掳获人畜30余万，编为千户。又因击败总兵张承胤的追击军队万人，获马9 000匹、甲7 000副，并获取大批粮食、金银、布帛和器物，从而缓解了因灾荒缺粮而加剧的后金社会矛盾。

抚顺城陷，京师震动。刑科给事中姚若水奏请"罢内市，慎启闭，清占役，禁穿朝"，并给太监发腰牌，出入查验，以防努尔哈赤的奸细混入京城大内。

后金相反，首战告捷。进攻抚顺是努尔哈赤起兵三十六年来，第一次同明军正面交锋，师出顺利，初战获胜。他袭破抚顺，碰了一下大明皇朝这个庞然大物，竟然俘获人畜30余万，这是建州兴兵以来、也是明代女真200年来，从未有过的大掳掠。这刺激了天命汗努尔哈赤更大的贪欲——继续兴兵，进攻清河。

三、再陷清河

明军失陷抚顺后,山海告警,朝廷大震。明廷命辽东巡抚李维翰由广宁移驻辽阳,以强化辽东的御守。不久调李回原籍,等候查处,后将其革职为民。又起用杨镐为辽东经略兼任巡抚,派陈王庭巡按辽东兼监军事,重新谋划辽事战守。

抚顺是赫图阿拉通向沈阳的必经之路,清河则是赫图阿拉通向辽阳的必经之路。清河城(今辽宁省本溪市本溪县清河城),东北距赫图阿拉160里,西南距辽阳百里。明成化年间修建,城周四里,四面环山,位置冲要,势极险隘,号称"天险"。《三朝辽事实录》论述清河地理与形胜说:"高山四拥,北控宽奠,南枕辽阳,左近沈阳,右近叆阳,皆相去百里。"努尔哈赤要进兵辽河流域,打下了抚顺后,还必须攻下清河。

抚顺之役后,同年七月二十日,努尔哈赤亲统八旗军出征清河城。此前努尔哈赤用声东击西之计,麻痹明朝官军。辽东经略杨镐奏报:"回乡高得功等报,奴酋约在七月初三日,犯清河一带,收割田禾,才往北攻金台失去。"(《明神宗实录》卷五七二)"金台失"就是叶赫。这给明朝造成一种假象:后金军出动主要是攻打叶赫部贝勒金台石、布扬古,顺便割点田禾回去。而其真实意图在于:迷惑明军,刺探情报,忽真忽假,演习军事,进鸦鹘关,攻清河城。

二十一日,后金军队破鸦鹘关。鸦鹘关(今辽宁省新宾满族自治县苇子峪镇三道关村地方),是明朝防御建州女真西进的重要关隘,也是明军扼守清河的咽喉。鸦鹘关包括三道关——头道关、二道关、三道关,每关相距大约一里,依险而建,扼守冲要。三座雄关,依次递进,互相依托,彼此呼应。后金军出征后,先进攻鸦鹘关。明守军不敌,鸦鹘关为后金军占领。天命汗努尔哈赤攻破鸦鹘关后,直奔清河城。

二十二日,后金大军围清河城。守城副将邹储贤等率兵一万,婴城固守,千名炮手,从城上施放火器,八旗兵死伤千余。努尔哈赤命军士头遮厚板、粗木,

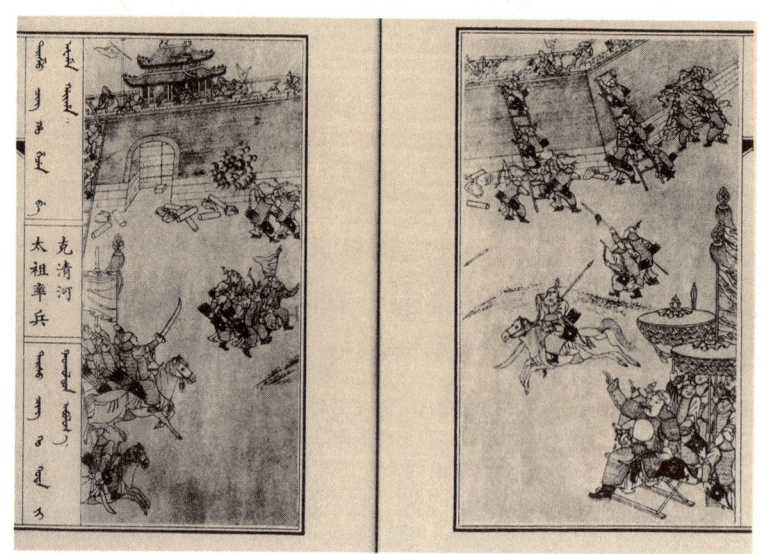

《太祖率兵克清河》(《满洲实录》插图)

冒炮火,顶矢石,从城墙下奋勇挖墙。城东北角,被挖开大洞。后金军拥入,城陷。邹储贤披甲登城,率亲丁,守城南。李永芳从城外招降,邹储贤答道:"你既投彼,则无朋友之义,可速去,不然,且放箭!"李永芳无功而还,邹储贤力战而死,兵民万人,全部陷没。明失清河,全辽震动。

后金夺取清河,既以力攻,又用智取。史载努尔哈赤破清河,先令"驱貂、参车数十乘入城,貂、参穷而军容见。因入据城门,延入诸骑。故清河之破,视抚顺尤速"。也就是说,他先派人化装入城,里应外合,一举破城。

戚继光《登坛口授》云:"大战之道有三:有算定战,有舍命战,有糊涂战。何谓算定战?得算多、得算少是也。何谓舍命战?但云我破着一腔血报朝廷,敌来只是向前便了……何谓糊涂战?不知彼、不知己是也。"在清河之役中,努尔哈赤打的是算定战、舍命战、明白战;明朝方面却先是失算,继而是糊涂,终以舍命而失陷清河。

辽东经略杨镐闻清河已失,单骑急赴河东,斩千总陈大道以塞其责。明朝的各路援军，或遭到拦截，或畏缩观望，或中途而回，或止兵不进，坐看清河失陷。

抚顺、清河之战，意义重大。

第一，后金登上明清争局的历史舞台。 乾隆帝东巡，途经抚顺城时，吟诗曰："洪武城抚顺，意在抚顺我。"此诗寓意，十分深邃。明朝设置抚顺所城，意在抚顺建州女真。明清历史乾坤，由此开始倒转。所谓辽事问题，实际上是从努尔哈赤攻陷抚顺开始的。王在晋的《三朝辽事实录》，以万历四十六年（1618年）四月十五日，"奴儿哈赤计袭抚顺"为"辽事起"，也就是说，抚顺之役是万历、泰昌、天启、崇祯四朝辽东战事的开篇。后金攻陷抚顺是明清关系史上的一个转折点。从此，努尔哈赤正式登上明清辽东争局的历史舞台。

第二，里应外合成为后金的基本兵略。 后金军作战的长处在于：运用骑兵，野战争锋。明辽军作战的长处在于：凭借坚城，运用火器。努尔哈赤在军事上，如何扬长避短？他的主要策略就是：诱敌出城，野战争锋，里应外合，夺取坚城。后金连陷抚顺、清河，使努尔哈赤的兵略得到验证，后来屡战屡胜；明军却不吸取教训，依旧抱着原来的战法不放，因而屡战屡败。直到袁崇焕才认识到这一点，改变战略，从而取胜。不了解这一段历史，对后来袁崇焕的战略就不能理解。不了解努尔哈赤如何攻占抚顺和清河，对后来袁崇焕保卫宁远之艰难就不能理解。

第三，八旗官兵获得空前巨大的财富。 抚顺、清河之役不仅使后金在军事与政治影响上，而且在军事训练与指挥艺术上得到极大的提升，同时在军械装备与物质资源上得到很大的补充。后金八旗官兵仅在抚顺就获得人口、牲畜30余万。克清河后，《满洲实录》记载："将周围之粮运尽，方班师。"这是满洲兴起以来掳掠辽东资源数量最多的一次。这样，既缓和了后金因灾荒发生的社会危机，又增大了后金官兵的贪欲，也使努尔哈赤增强了信心：明朝这个庞然大物不仅可以碰，而且可以取胜。

努尔哈赤破抚顺、拔清河后，胆愈壮、气愈粗，将300屯民斩于抚顺关，留一名被掳汉人割去双耳，令其鲜血淋漓地送信与明。这封信措辞强硬：若以我为非理，可约定战期出边，或十日，或半月，攻城决战；若以我为合理，可纳金帛，以图息事！明朝与后金的萨尔浒大战一触即发。

附录："七大恨"文

　　我之祖、父，未尝损明边一草寸土也，明无端起衅边陲，害我祖、父，恨一也。

　　明虽起衅，我尚欲修好，设碑勒誓："凡满、汉人等，毋越疆圉，敢有越者，见即诛之；见而故纵，殃及纵者。"讵明复渝誓言，逞兵越界，卫助叶赫，恨二也。

　　明人于清河以南、江岸以北，每岁窃逾疆场，肆其攘夺，我遵誓行诛；明负前盟，责我擅杀，拘我广宁使臣纲古里、方吉纳，挟取十人，杀之边境，恨三也。

　　明越境以兵助叶赫，俾我已聘之女改适蒙古，恨四也。

　　柴河、三岔、抚安三路，我累世分守疆土之众，耕田艺谷，明不容刈获，遣兵驱逐，恨五也。

　　边外叶赫，获罪于天，明乃偏信其言，特遣使臣，遗书诟詈，肆行凌侮，恨六也。

　　昔哈达助叶赫，二次来侵，我自报之。天既授我哈达之人矣，明又党之，挟我以还其国。已而哈达之人，数被叶赫侵掠。夫列国之相征伐也，顺天心者胜而存，逆天意者败而亡。何能使死于兵者更生，得其人者更还乎？天建大国之君，即为天下共主，何独构怨于我国也。初扈伦诸国，合兵侵我，故天厌扈伦启衅，惟我是眷。今明助天谴之叶赫，抗天意，倒置是非，妄为剖断，恨七也。

　　欺陵实甚，情所难堪。因此七大恨之故，是以征之。（《清太祖高皇帝实录》卷五）

第七讲　四路丧师

明朝失陷抚顺、清河后，开始意识到问题的严重性，决心认真对待努尔哈赤的挑战，集中兵力，发动军事围剿，犁庭扫穴，打击后金，这就引发萨尔浒大战，导致了明军四路丧师。

一、战前准备

明朝在战前做了一系列部署。

第一，遣将调兵。先说遣将：起用原辽东巡抚杨镐为辽东经略，赐尚方剑，总兵以下不用命者，得以军法从事；任命御史陈王庭巡按辽东兼监军事；起用旧将、李成梁的儿子李如柏为辽东总兵官；谕令旧将杜松、刘𬘩等"星驰出关，以备调遣"；在广宁新设辽东饷司，管理东征粮饷，增加海道，运输粮料。再说调兵：明朝辽东全镇原有兵6万，除去城堡驿站布防的兵，能作战的只2万有余。于是，明朝廷从关内、关外多方募集兵员。再于旅顺等地派驻舟师，与镇江（今辽宁丹东）、宽甸兵会合。并征集福建、江西、浙江、四川、山东、山西、陕西、甘肃等地官兵星驰援辽。并咨文朝鲜，合力征讨。此役，共调遣一帅、七总兵，12万大军，并有朝鲜、叶赫的军队。这是明朝当时所能调集到的最大限度的军事力量。

第二，筹措粮饷。兵部尚书薛三才请饷奏疏说，户部应发额饷自去年秋天到本年夏天，计50余万，就算不能全部发下来，至少应该先给一半，以解燃眉之急。只是国库没有那么多银子，而万历帝又不肯动用内帑，只好从户部尚书李汝华奏，加派辽饷：除贵州外，万历四十六年（1618年）每亩增加三厘五毫，计增200万两；明年再加三厘五毫，后年复加二厘，前后共九厘，增赋520万两。这加剧了中原地区的社会矛盾，后来发生的民变，与此有很大关系。

第三，重金悬赏。明廷想利用叶赫与建州的矛盾，出重金悬赏瓦解其内部。悬赏：擒斩努尔哈赤者赏银1万两，升都指挥；擒斩其八大贝勒者赏银2 000两，升指挥使；像李永芳、佟养性那样的降将，若能俘献努尔哈赤，可以免死。还特别提出：如果叶赫贝勒金台石、布扬古能擒斩努尔哈赤，将给予建州敕书并封龙虎将军。龙虎将军是明朝对女真首领的最高封爵，为散阶正二品。这是想利用叶赫与建州的宿怨，从堡垒内部瓦解后金。

第四，制定兵略。以杨镐为统帅，设计征剿方略，决定："兵分四路，分进合击",集中兵力,主客配合,直捣后金都城赫图阿拉。

二、四路大战

明朝经过十个月的准备,于万历四十七年即天命四年(1619年)三月初一日,发动萨尔浒大战。明军以杨镐为辽东经略,兵分四路,分进合击,进攻后金都城赫图阿拉。

经略杨镐为诸路军总指挥,坐镇沈阳。杜松、马林、刘綎、李如柏四位总兵分别率领四路大军共12万人,号称47万,定于二月二十一日分道出师。后因天降大雪,行军困难,将出发时间改为二十五日。杜松说现在大雪封路,请后延发兵日期。刘綎也说对地形还不熟悉,还是缓一缓再发兵为好。杨镐勃然大怒道:"国家养士,正为今日,若复临机推阻,有军法从事耳!"(《明末纪事本末》补遗卷一)把皇上钦赐的尚方剑挂于军门,以警告还想劝说延期出兵者。

出兵前,经略杨镐等在辽阳演武场会师,为严肃军纪,取尚方剑,将抚顺临阵逃将白云龙当场枭首示众。但在祃(mà)祭(古代军祭的一种)时,大将屠牛

萨尔浒之战遗址

刀不锋利,"三割而始断",即三次才把牛杀死;刘招孙在教场上驰马试槊,木柄蠹朽,槊头堕地。足见明军器械之粗窳(yǔ)、营伍之狼狈。再者,杨镐遣后金逃卒赍书给努尔哈赤,号称大兵47万,并以发兵日期相告。明军尚未出动,其部署和师期,就已被后金掌握。

努尔哈赤八旗兵力约6万人,加上筑城夫役总数近8万人。面对强敌,有四种作战方针选择:第一,坚壁清野,隐藏主力;第二,负隅顽抗,死拼死守;第三,分路抵御,各自为战;第四,集中兵力,各个击破。努尔哈赤选择了第四种作战方针(一说采纳李永芳的建议),命令:"凭尔几路来,我只一路去!"集中优势兵力,逐路击破明军。

明朝的四路大军,西路也叫抚顺路,从沈阳出抚顺进攻赫图阿拉;北路即开原路,从开原往南进攻赫图阿拉;东路,由宽甸往西进攻赫图阿拉;南路,由清河往北进攻赫图阿拉。四路明军,分别介绍如下:

西路 即抚顺路,为明四路大军的精锐主力,以山海总兵官杜松为主将,还有总兵王宣和赵梦麟,统率官兵2万(一说6万)余人,由沈阳出抚顺关,从西面进攻赫图阿拉。杜松是一员勇猛虎将,身上的创疤像是出的疹子,使人见之挥涕。《明史纪事本末》记载:"松,榆林人,守陕西与胡骑大小百余战,无不克捷,敌人畏之,呼为杜太师而不名。"杜松的弱点是"尚气不能容物",也就是气量有些狭小,曾因小事生气,剃发为僧,后又还俗。官为总兵,镇守辽东。曾因吃了败仗,几次要自杀,还焚毁了所有甲胄器仗,被勒令还乡。此次被起用,他随身带着刑具枷锁,说:"吾必生致之,勿令诸将分功也。"(《明史纪事本末·补遗》卷一)也就是说,杜松这次一心想抢头功,一定要生擒努尔哈赤。在这样一种心态下,杜松统率的西路军,二十九日乘夜列炬,出抚顺关,迅速前进,急贪首功。

杜松军星夜燃火炬,一天之内急行军百余里,直抵浑河岸。诸将请求宿营稍做休整,杜松则执意渡河。总兵赵梦麟谏之,不听;车营将官恳求,竟遭怒斥。杜松酒意正浓,敞胸露怀,挥舞大刀,裸骑径渡。众将请他披甲,杜松笑道:"入阵披坚，非夫也。吾结发从军，今老矣，不知甲重几许！"（《明史纪事本末·补遗》卷一）他说，披着铠甲入阵杀敌，那不是男子汉。我从参军到现在，都不知道铠甲有多重！遂乘兴麾兵，横渡浑河。没料到，努尔哈赤早已派人在浑河上游筑坝蓄水，看到杜松军渡河，扒开大坝，河水陡涨，兵士们被淹死多人。其所部参将龚念遂的辎重营渡河困难，留在大军后面。

三月初一日，杜松军驰至萨尔浒（今抚顺冬大伙房水库附近）山口。前军遭遇八旗兵伏击，后军又受截击，兵伤马毙，锐气大挫，被迫分军为二：一在吉林崖，一在萨尔浒。这时，努尔哈赤赶到军前，决定先集中兵力，破萨尔浒明军大营。命左翼四旗和右翼二旗，共六旗兵4万余人，以绝对优势的兵力，驰向明军萨尔浒大营，并以另二旗兵前去牵制吉林崖杜松大营。明军立营结阵，放火铳，发巨炮，炸弹爆发，血肉横飞。八旗兵仰面扣射，万矢如雨；铁甲骑军，奋力冲击，一鼓攻下萨尔浒明军大营。

杜松所在的吉林崖大营，得到萨尔浒的败报之后，军心动摇。这时，后金军攻打萨尔浒的六旗兵，同部署在吉林崖的两旗兵，汇聚一起，八旗合力，攻打杜松军。杜松亲率官兵，"奋战数十余阵，欲图聚占山头，以高临下，不意树林复起伏兵，对垒鏖战，天时昏暮，彼此混杀"（《明神宗实录》卷五八〇）。八旗劲旅在河畔与莽林，山麓与谷地，以数倍于杜松的兵力，将明军团团围住。明军点燃火炬，从明击暗，铳炮打入丛林，野草瑟缩，万木染红。八旗军从暗击明，箭矢如雨。杜松虽左右冲杀，但矢尽力竭，落马而死。总兵王宣、赵梦麟也战死。明西路大军全军覆没，横尸山野，血流成渠！

北路 即开原路，以总兵马林为主将，官兵2万余人、叶赫兵2 000余人，由靖安堡出，从北面进攻赫图阿拉。三月初二，马林率军到了尚间崖，得到杜松军失败的消息，就非常谨慎，把军队一分为二，马林营在萨尔浒西北三十余里的富勒哈山的尚间崖，潘宗颜营驻斐芬山，用战车围起来挖了战壕。杜松的那个辎重营，由龚念遂率领。三个营构成一个品字形。

初二日，努尔哈赤尽管有三倍于马林军的兵力，但还是集中兵力，先砍龚念遂营。努尔哈赤亲自率领一千精骑，朝着龚念遂营薄弱的一隅猛冲，突破一个缺口。随后，八旗兵像洪水似的涌入，参将龚念遂战死，全营败没。日午，努尔哈赤跃马急驰尚间崖。

尚间崖的马林营防守严整。努尔哈赤命"先据山巅，向下冲击"。三大贝勒各率兵急进，冲向马林营。营中明军发鸟枪、放巨炮，但"火未及用，刃已加颈"。两军短兵相接，骑兵横驰，利刃飞舞。正在酣战之际，马林一看形势不妙，带着几个随从骑马先跑了。军无主帅，群龙无首，四面溃散，全营皆没。马林的两个儿子——马燃、马熠，也战死于尚间崖。《明史·马林传》记载："死者弥山谷，血流尚间崖下，水为之赤。"马林的父亲马芳为名将，马林沾父亲的光，升到总兵，他"雅好文学，能诗，工书，交游多名士"，是个文士的料，不是位统兵的将。马林"未经强敌，无大将才"，而当局"以虚名用之"，故败。

努尔哈赤攻下尚间崖马林营，又马不停蹄地驰往潘宗颜营，一举攻破。至此，明北路马林军，除主将马林仅以数骑逃回开原外，也全军覆没。

东路　即宽甸路，以总兵刘綎为主将，会同朝鲜国都元帅姜弘立统率13 000人，从东面进攻赫图阿拉。刘綎，是明军中与杜松齐名的勇将，身经数百战，名闻海内。他善用大刀，"所用镔铁刀百二十斤，马上轮转如飞，天下称'刘大刀'"（《明史·乔一琦传》）。又善弓马，曾"命取板扉，以墨笔错落乱点，袖箭掷之，皆中墨处。又出战马数十匹，一呼俱前，麾之皆却，喷鸣跳跃，作临阵势，见者称叹"（《觚剩及续编》）。他又嗜酒，每临阵都要饮酒斗余，激奋斗志。他率领一支器械简陋、又无大炮的混杂队伍，同朝鲜军会师后，在险远道路上行进。所带之粮，也用完了，"三军不食，今已屡日"。这时，杜松军和马林军已经败没，刘却全然不知。刘军进至距赫图阿拉约70里的阿布达里冈（今桓仁满族自治县老道沟岭），陷于后金的埋伏之中。

初四日，努尔哈赤派降顺汉人装扮成杜松军卒，骗刘綎说，杜大帅请您快去和他会合。刘綎说，我们同为大帅，他给我传令，难道我是他的副手吗？那人说，

《四王破刘𬘩营》(《满洲实录》插图)

我们主帅因为事情紧急才这样做。刘𬘩说,那为什么不发信炮呢?那人说,边塞之地点烽堠不便,不如骑快马更快捷些。刘𬘩这才相信。努尔哈赤密令以刚缴获的杜松军大炮,燃炮"传报"。刘𬘩军在阿布达里冈山谷的行进途中,"遥闻大炮三声,隐隐发于冬北",以为西路杜松大军已到。刘𬘩唯恐杜松独得头功,急命火速进军。阿布达里冈一带,重峦叠嶂,隘路险夷,马不能成列,兵不能成伍,刘𬘩督令兵马单列急进。后金军伏兵四起,上下夹攻,首尾齐击,弥山满谷,四围厮杀。据《明史纪事本末》记载:

> 建州兵假杜将军旗帜奄至,𬘩不之备,遂阑入阵,阵乱。𬘩中流矢,伤左臂。又战,复伤右臂。𬘩犹鏖战不已。自巳至酉,内外断绝。𬘩面中一刀,截去半颊,犹左右冲突,手歼数十人而死。

也就是说,建州的军队打着杜松军的旗帜突入刘军中,刘𬘩军猝不及防,一下子被打乱。刘𬘩两臂受伤,依旧奋战,被刀削去半边脸,还在左右冲杀,死得异常惨烈。其养子刘招孙,"负绖尸,手挟刃",与后金军拼杀,力竭而死。

　　刘绖身死兵败后,有数千浙兵败屯山上,据目击者记载:"胡数百骑,驰突而上,浙兵崩溃,须臾间,厮杀无余。目睹之惨,不可胜言。"这些手执竹矛、身披藤甲的步兵,惨遭后金铁骑横杀,抛尸荒野!史载:"所经僵尸如麻,数十里不绝。"（李民寏《栅中日录》）

　　刘军败后,后金军移师进击刘绖余部及助明作战的朝鲜兵。姜弘立率朝鲜兵于四日到达近阿布达里冈的富察之野（今桓仁满族自治县富沙河铧尖子镇至二户来镇一带）,下令军队安营。营刚扎下,后金贝勒代善统领数万骑兵冲来,漫山遍野,烟尘遮天。遇明监朝鲜军的游击乔一琦兵,乔兵败,率残兵奔向朝鲜兵营。后金兵进攻朝鲜兵营,迅猛突入营中。朝鲜的兵卒,披纸作甲,柳条为冑,饥馁数日,进退两难,无奈偃旗息鼓,遣官求降。初五日,朝鲜都元帅姜弘立投降。他们在投降之前,将明监军乔一琦及其随从之兵驱赶下山,送给后金军。乔一琦走投无路,留下遗书,投崖而死（一说自缢而死）。明东路大军全军覆没。

　　南路　即清河路,以总兵李如柏为主将,官兵2万余人,由清河出鸦鹘关,从南面进攻赫图阿拉。杜松抚顺路、马林开原路、刘绖宽甸路相继败北,经略杨镐急檄清河路李如柏回师。李如柏为李成梁第二子,由父荫为锦衣千户,放情酒色,贪淫跋扈,怯懦蠢弱,出师滞缓。他接到杨镐檄令后,急命回军,并大肆掳掠。后金武理堪率哨兵20人,虚张声势,鼓噪下击,斩杀40人,获马50匹。明军大乱,奔走相践,死者千余人。李如柏逃回清河,言官交章论劾。《明史·李如柏传》记载:"如柏惧,遂自裁。"

　　至此,五天间,明军三路覆没,一路败退,萨尔浒大战以明军失败、后金军胜利而结束。

三、简要分析

　　明军萨尔浒大败原因很多,其最主要的因素是用帅不当,指挥失误。

四路军总指挥杨镐何许人也？《明史·杨镐传》记载，杨镐，万历八年（1580年）进士，是个文官，做过知县、御史。这个人很自负，不懂兵法，但会讨好上级，因而得到一些人的信任，委他以重任。万历二十五年（1597年），偕副将李如梅出边作战，失败了。后朝鲜用兵，被免罪起用，经略朝鲜军务。岛山之战，明军大败，死亡两万。史称："是役也，谋之经年，倾海内全力，合朝鲜通国之众，委弃于一旦，举朝嗟恨。"《明史·杨镐传》吃了这样一个大败仗，杨镐却向朝廷奏捷报。后来败露，全赖首辅赵志皋营救，才免于一死。后又被起用，因事再丢官。后金破抚顺之后，明朝廷竟然重新起用这样一个很少打胜仗的书生，让他指挥这场决生死、系社稷的萨尔浒大战！

辽东经略杨镐作为萨尔浒之战明军的统帅，未谙兵家三阵："日月风云，天阵也；山陵水泉，地阵也；兵车士卒，人阵也。"我再加一个，"兵阵"。杨镐在天、地、人、兵四阵上，铸下历史性大错。

一说天阵。辽东冬季寒冷，杨镐把开战时间定在三月，明军有许多是从南方或关内调来的，很难适应辽东的寒冷天气。行军作战中"风雪大作，三军不得开眼，山谷晦冥，咫尺不能辨"。明军大败，实违天时。

二说地阵。明四路大军远程奔袭，进入后金腹地。山川峡谷，河流林莽，易守难攻，更为辎重和步军所忌。明军大败，实违地利。

三说人阵。杜松刚愎自用，贪功冒进；马林进军迟缓，畏敌先逃；刘綎轻信诓言，有勇无谋；李如柏起自废籍，临阵怯懦。杜松兄杜桐、马林父马芳、刘綎父刘显、李如柏父李成梁都是名将，这些将门子弟，或借父荫官，或崇尚空谈，或跋扈骄傲，或纵情酒色，亦或兼而有之。一个很少打胜仗的杨镐，带领这样的四个将帅，明军岂能不败！明军大败，实违人和。

四说兵阵。"兵分四路，分进合击"这八个字，关键是一个"合"字。因为：只有合击，才能集中兵力；只有合击，才能重击敌人；只有合击，才能实现目标；只有合击，才能取得胜利。杨镐的无能在于"兵分四路，分进合击"，只做成了七个字——兵分了，军进了，敌击了，却没有做成一个"合"字。努尔哈赤"集中兵力，各个击破"，却做成一个"合"字。努尔哈赤以"合"对杨镐的"分"。明军由战略上的优势，变为战术上的劣势，结果——四路出师，分兵未合，两双败北。明军大败，实违兵法。

后金军胜利的原因，既利用了明朝的劣势，更发挥了自身的优势。尤其重要的是，努尔哈赤指挥得当。他针对明军"兵分四路，分进合击"的方略，采取"集中兵力，合进分击"的对策，也就是以"集中兵力"对"兵分四路"，以"合进分击"对"分进合击"，兵法之妙，就差一字——是"合"字还是"分"字？一合一分，决定胜败。努尔哈赤指挥艺术的精华是十二个字：集中优势兵力，逐路击破敌军。萨尔浒之战是努尔哈赤军事指挥艺术一次精彩而经典的表演。

明朝与后金的萨尔浒大战，产生了广泛而深远的影响。

其一，明朝军队损失惨重。明军文武将吏死亡310余员，军丁死亡45 870余人，阵失马、骡、驼共28 600余头匹。辽东明军遭到毁灭性失败。而后金八旗军，号令严肃，器械精利，纪律整肃，赏罚严明，兵马精强，勇猛拼搏，是当时中国一支最强大的，也是当时世界上一支最富有战斗力的骑兵。

其二，大明皇威受到挑战。明军萨尔浒败报传到京师，庙堂内外，朝野上下，举国震惊，一片恐慌。内阁大学士方从哲说："三路丧败之后，人心不固，兵气不扬。"（《明神宗实录》卷五八三）这可谓是其时的真实写照。而后金则人心振奋，踌躇满志，胆气更壮。

其三，明清历史的转折点。萨尔浒之战使明朝和后金互换了位置：明朝由进攻转为防御，后金由防御转为进攻。后来，乾隆帝在《太祖皇帝大破明师于萨尔浒山之战书事文》中说，萨尔浒一战，使"明之国势益削，我之武烈益扬，遂乃克辽东，取沈阳，王基开，帝业定"。

明军萨尔浒大败后，又失陷开原、铁岭。

第八讲 开铁失守

前文讲到，万历四十六年（1618年）六月到七月，后金向明朝主动进攻，明朝一失抚顺、再失清河。万历四十七年（1619年）三月，在萨尔浒大战中，明军四路丧师，后金军大获全胜。这场明朝与后金在辽东的政治与军事博弈，下一步棋该怎么走？双方对策各是什么？其结局又是怎样？

一、双方对策

后金获得萨尔浒大捷后，努尔哈赤在赫图阿拉衙门里搭起凉棚，召集八旗贝勒、大臣分坐八处，大贝勒代善、二贝勒阿敏、三贝勒莽古尔泰、四贝勒皇太极和投降的朝鲜都元帅姜弘立、副元帅金景瑞六人坐在凳子上，举行大宴会。缴获的甲胄、兵仗、衣物、枪炮、粮食等，像小山似的堆积八处，按八旗、论军功进行分配。庆功之后，努尔哈赤立即召集最高军事会议，商讨下一步的作战方略。

在这个会上，大家共提出四种意见：第一种意见是先打叶赫；第二种意见是先攻沈阳；第三种意见是先占辽阳；李永芳则提出第四种意见——先打开原、铁岭。李永芳这个人我们上文已经介绍过，他是铁岭人、原明朝抚顺游击。努尔哈赤攻陷抚顺后，他投降了后金，得到努尔哈赤器重，招为额驸。在萨尔浒大战前，据说就是李永芳提出"凭尔几路来，我只一路去"的战术，被努尔哈赤采纳。这次他又与众不同，提出高明意见，也被努尔哈赤采纳。努尔哈赤决定：先取开原、铁岭，再北攻叶赫，西抚蒙古，等待机会，进攻沈阳和辽阳。

这个方案有什么好处？我归纳了四点：

第一，于明朝。 大家可以看地图，开原和铁岭在沈阳的北边，沈阳的东面是后金，西北是叶赫，西面是蒙古。开原和铁岭正好成为沈阳和辽阳北部的一个屏障。后金夺占开原、铁岭，就控制了辽东北部，阻断明朝与蒙古、叶赫的联系。同时，明朝辽东中心沈阳和辽阳也会失去北部的屏障。

第二，于叶赫。 叶赫和建州之间就横着开原和铁岭，扈伦四部的哈达、辉发、乌拉全被努尔哈赤吞并，只剩下了叶赫。努尔哈赤要灭叶赫必须经过开原和铁岭，开原和铁岭成为吞并叶赫的一个障碍。打下开原和铁岭，努尔哈赤就打通了进攻和吞并叶赫的通道。

第三，于蒙古。 后金将建州与蒙古之间的阻隔——叶赫、开原、铁岭夺取，就打通了后金同蒙古的通道，可进行直接联系，以加强对蒙古各部的联络与征抚。

近年复建的赫图阿拉城汗王殿

第四,于自己。 后金此时发生灾荒,很多人流落讨饭。而打下开原和铁岭,可以通过抢掠当地的粮食和衣物缓解后金的社会危机。

在努尔哈赤决策下一步棋如何走时,明朝方面又在做什么?可以说,这个时候明朝朝廷上下有三个特点:

第一,万历不理朝政。 大学士、首辅方从哲以萨尔浒兵败、形势危急给皇帝上应急奏章,并召集举朝大小臣工,于文华门一起叩吁万历帝"大奋乾断,立赐批行"。疏上,不报。他又疏请皇上为辽事、为京师,也为社稷,"重临轩之遣,下罪己之诏,发内帑之积"(《明神宗实录》卷五八三)。也就是说,他们请万历皇帝慎重拣择负责辽东防御的将领,下罪己诏主动承担责任,发内帑以充实前方的粮饷,言辞恳切,忧虑深重。疏再上,又不报。方从哲先后五疏,一概不报。

庙堂已然休克,政府已经瘫痪。大学士、首辅方从哲疏称:今日六部九卿,只有户部、通政司为正官掌印;刑部和工部由别的衙门官署掌印;都察院、大理寺既无正官,也无掌印官;吏部赵焕病故后大印高悬;礼部何宗彦出城,印也高悬;

兵部黄嘉善杜门不出而大印尘封。朝廷六部——吏部、户部、礼部、兵部、刑部、工部，或没有正堂，或大印高悬，户部不能正常筹措粮饷，工部不能正常制造枪械，吏部不能正常荐任官员，兵部不能正常调募军队，非常之时，非常之地，辽东怎能堵御后金进攻？京师怎能进行有效防守？所以，大学士方从哲沉重地疏奏："此皆何等衙门，所司者何等事务，其在今日是何等时节，而皇上可漫然不加之意耶！"（《明神宗实录》卷五八八）六部是何等重要部门，他们管的是何等重要事情，又面临着何等紧要时刻，皇上您难道可以漫然不管这些事情吗？话说到家了，结果还是：不报。

第二，辽东经略调整。原来的辽东经略杨镐，在萨尔浒惨败之后，遭到举朝痛骂，斥责之声一片。明朝只得起用原任御史熊廷弼为大理寺丞兼河南道御史，宣慰辽东。不久升熊廷弼为兵部右侍郎兼右佥都御史，取代杨镐，经略辽东。简单地说，让熊廷弼出任辽东最高军政长官，希望他扭转辽东败局。但是，熊廷弼还未及赴辽，开原、铁岭之战就打响了。

第三，纨绔败将镇守。朝廷派在萨尔浒之战中大败丧师的统帅杨镐，统领败军之将马林守开原、纨绔之将李如桢守铁岭。时辽东经略杨镐因萨尔浒大败，正遭朝臣弹劾，待罪管事，心中忐忑，惶恐不安。总兵官马林在萨尔浒之战中以数骑逃遁，所率北路大军两万余人损失殆尽，被谪为事官，御守开原。李成梁之子李如桢被派为辽东总兵官，是一个纨绔将军。李如桢抵辽后，杨镐派他驻守铁岭，实际上他并未守在铁岭，而是屯驻在沈阳。这样的纨绔总兵怎能带兵守城呢！

明朝在朝廷不行、经略不行、总兵不行这三个"不行"的情况下，开原路城、铁岭卫城遭到了后金军队的进攻。

二、开原失陷

开原是明辽东防御体系北路的路城，其战略地位极为重要：西面遏制蒙古，北面控制海西，东面牵制建州，南面屏藩沈阳和辽阳。因此，开原是辽东北部最重要的一座路城。谁控制开原，谁就控制了辽东北部。开原又是一座古城。康熙《开原县志》记载："开原本元开元路地，明洪武二十二年（1389年）设三万卫，二十五年（1392年）设辽海卫。因旧土城之东修筑砖砌。周围二十三里二十步。门四：东曰阳和，西曰庆云，南曰迎恩，北曰安远。角楼四，鼓楼在中街。"我去实地考察过，虽然当时的城墙已经没有了，但是城址还可以看出来，城垣厚实，濠池宽深，又濒临着清河，这个地方易守难攻。而此时，开原城的防守却十分疏懈：

一是，主官不在，推官腐败。明开原道韩原善当时不在开原，而在山海关内，以推事官郑之范摄理道事，主持日常工作。郑之范是个极为腐败的官员，史书上说他"赃私巨万，天日为昏"。

二是，主将待罪，官兵缺饷。开原城中，有总兵马林、副将于化龙、参将高贞、游击于守志等率兵戍守。马林当时同蒙古部介赛、煖兔订有盟约，二人答应一旦后金进攻开原时，他们将出兵援助。马林依恃盟约，而不精心设防（下面还要讲到）。同时，他又是戴罪之身，因为在萨尔浒之战中逃跑，朝廷要处罚他，正在调查过程中，他惶惶不安，根本没有心思守城。底下那些官兵则几个月见不到粮饷，"把总朱梦祥到开原领钱粮，一月不给。各军衣物尽变，马倒人逃"（《三朝辽事实录》卷一）。官无斗志，兵无粮饷，马无粮料，民心动摇，如此状况，谈何据守！

三是，马短草料，兵缺器械。马没有草料，有的士兵没有饭吃就杀马充饥。有时要到城外很远的地方去放马，让它吃野草。士兵手里武器奇缺，有的拿着一根木头棍子。这样的军队，战斗力如何，可以想见。

第四，内藏奸细，暗通后金。

开原的上述薄弱防守，恰被努尔哈赤利用。万历四十七年即天命四年（1619年）六月初十日，也就是萨尔浒大战后的三个月，天命汗探知开原守军到城外远处牧马，决定乘虚突袭开原。八旗军4万人行军三日，天降大雨，河水暴涨，道路泥泞。努尔哈赤先派哨探侦察开原一带雨量及道路状况，得到的回报是："开原无雨，道路不泞。"于是，天命汗将兵分为奇正两路：以小股部队直奔沈阳为疑兵，沿途杀30余人、俘20人以虚张声势；主力部队则进靖安堡，直扑开原。

八旗军驰抵开原城下，马林先期全无侦探，来不及布防，慌忙登城守御，并在四门增兵。八旗军一面在南、西、北三门攻城，布战车，竖云梯，鱼贯而上，沿城冲杀，杀得城上守兵溃散；一面布重兵于东门，进行夺门血战。自卯至巳（5—11时），三个时辰，攻冲三阵，争战激烈。由于后金派进的谍工"开门内应"，八旗兵得以夺门进城。摄道事郑之范临阵仓皇，身受箭伤，下城乘马，带领家丁，从北门逃遁。后郑之范被逮，死于狱中。

开原城失陷，副将于化龙、参将高贞、游击于守志等、招兵游击任国忠等皆死，马林被斩。

马林，父马芳。《明史·马芳传》称马芳"大小百十接，身被数十创，以少击众，未尝不大捷"。因此，马芳"威名震边陲，为一时将帅冠"。马林由父荫为参将，进副总兵，升辽东总兵官。在萨尔浒之战中，马林率北路开原军出三岔口，于吉林崖兵败，仅以数骑逃命。为此，谪为事官，御守开原。马林雅好文学，能作诗、工书法，交游多名士，自诩亦甚高。《明史·马芳传附马林传》评论道："林虽更历边镇，然未经强敌，无大将才。当事以虚名用之，故败。"他图虚名，书生气重，自诩甚高，并无将才，纸上谈兵，终至败死。

但是，开原城的明朝军民，表现出可贵的节义。据《朝鲜李朝实录》记载："开原城中最多节义之人，兵才及城，人争缢死，屋无虚梁，木无空枝，至有一家全节，五六岁儿亦有缢死者。"

后金军因进攻开原遭到顽强抵抗，故得胜后杀戮甚惨。《清太祖武皇帝实录》载述较详："我兵遂布战车、云梯进攻。欲先破东面，塞门掩杀。正夺门时，攻城者云梯未竖，遂逾城而入。城上四面兵皆溃。其城外三面兵，见城破大惊，冲突而走，被抵门之兵，尽截杀于濠内。郑之范预遁，马林、于化龙、高贞、于守志、何懋官等并城中士卒，尽被杀。……收人畜、财物，三日犹未尽。……论功行赏毕，毁其城郭，焚公廨并民间房屋。"

朝鲜李民寏《栅中日录》记载："十六日，奴酋陷开原，屠害人民，亡虑六七万口，子女、财帛之抢来者，连络五六日。"

时明铁岭卫守军得知后金军进攻开原的哨报，派兵3 000增援，后金诸贝勒急带兵迎击。明军见开原已经失陷，后金兵马前来接战，便掉转马头，撤退回军，但被斩40余人。

这里我要特别强调一下明朝失败的第四个原因：内藏奸细，暗通后金。努尔哈赤攻城拔寨，非常重视里应外合，在开原也是这样。后来，曾任明兵部尚书、辽东经略的王在晋在《三朝辽事实录》中说："开原未破而奸细先潜伏于城中，无亡矢遗镞之费，而成摧城陷阵之功。奴盖斗智而非徒斗力也。"这对天命汗以智谋取胜，是一例很好的说明。

开原与铁岭，互为掎角之势，互为声援。开原失，铁岭危。明朝失陷开原后，接着失陷铁岭。

三、铁岭陷落

"开原破不移时，辽左危不终日。"这是辽东巡抚周永春概括明朝失陷开原后危难态势时说的一句话。辽左首先"危不终日"的就是铁岭。

铁岭是卫城，在开原以南，沈阳以北。天命汗夺取开原一个月之后，七月二十五日，又率领贝勒大臣统兵五六万，出三岔儿堡，围攻铁岭城。天命汗坐在铁岭城东南的小山上，指挥八旗军的步骑攻城。后金八个旗正好四面，大体上两黄旗在北面，两白旗在东面，两红旗在西面，两蓝旗在南面，分四面攻城。城上游击喻成名、吴贡卿、史凤鸣、李克泰等率军坚守，放火炮，发矢石，八旗兵死伤很多。铁岭兵民"一城皆忠义"，拼死守城。天命汗派兵竖起云梯，登城毁陴；同时，被收买的明"参将丁碧开门迎敌"。参将，用我们今天的话说，相当于少将。

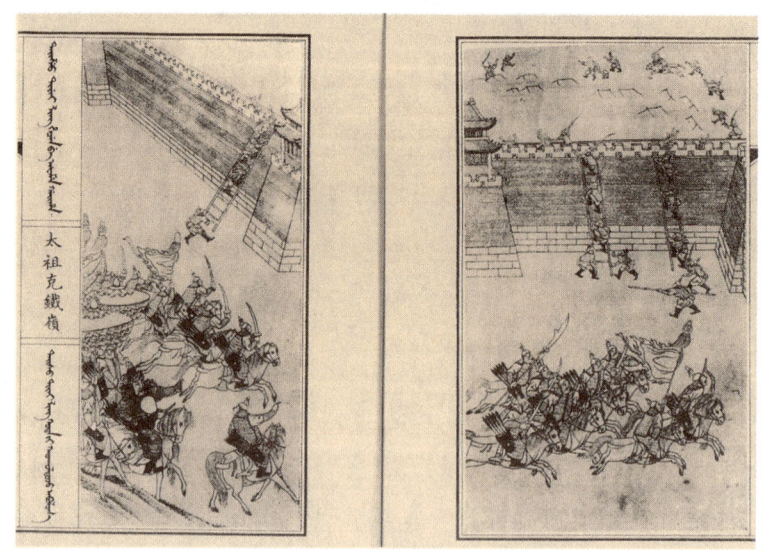

《太祖克铁岭》(《满洲实录》插图)

丁碧打开城门,后金军蜂拥而入。努尔哈赤打铁岭时虽然经过激战,但因为有内应,没有重大伤亡。明游击喻成名等因外无援兵,内有叛徒,城陷之后,力战阵亡。

铁岭失陷后,城中士卒遭到残酷的屠杀。后金屯兵三日,将所获人畜,论功分赏给三军。

天命汗努尔哈赤通过明军中的叛徒,从内部攻破堡垒,又智取了铁岭。铁岭附近的小堡,则被后金军横扫。

当时奉命守铁岭的为总兵官李如桢。李如桢为李成梁第三子,由父荫为指挥使,官至右都督,并在锦衣卫,曾掌南、北镇抚司。"如桢虽将家子,然未历行阵,不知兵。"《明史·李如桢传》京中一些官员因为其父李成梁的关系护着他,使得李如桢更加骄纵跋扈,成为典型的纨绔子弟。他有一次召集一班狐朋狗友喝酒,酒醉后放枪放炮玩闹,枪炮声惊动大内。后查出是李如桢,给他一个很轻的处分就过了关。他受命之后,借父亲权势,又以锦衣近臣自诩,未出山海关,就遣使与总督汪可受争相见礼仪,闹得朝议哗然。

到辽东后，经略杨镐以李如桢为铁岭人，派他守铁岭。铁岭是李氏宗族、坟墓所在。但在李如柏还京候勘时，其族党部曲、豪门大户皆随之而去，车载马驮，城中空虚，连游击陈维翰也将150两银锭运走。至于城中百姓，"妇女老幼，空国而逃"。李如桢领命后，未驻铁岭，而驻沈阳。我们想想看，总兵官跑到沈阳去享受荣华富贵，而让那些官兵留在铁岭给他卖命，大家能心服吗？后来参将丁碧开门迎敌，从气节来说当然要谴责，但是设身处地想，应当说这是明朝政治腐败的结果。

总兵官李如桢不仅躲在沈阳，而且在得到铁岭危急的战报后，未能立即驰援，也是明朝失去铁岭的重要原因。据山东巡按陈王庭参劾李如桢言："据七月二十四日酉时，署铁岭游击李克泰以虏入三岔儿堡，紧急夷情飞报李如桢矣。闻虏距边只十四五里，设使亲提一旅，衔枚疾趋，一夜可度铁岭。虏闻援至，自不得不解铁岭之围，何乃缩朒（nǜ）观望，延至二十五日申时，方抵新兴铺，俟贺镇守兵至方才合营，而铁岭于是日辰时陷矣。"（日本内阁文库本《明神宗实录》卷四十七）

据记载，铁岭陷后城内军丁死亡4 000余人，城乡男妇被杀掳万余人。但李如桢纵兵割后金死兵179颗首级报功而还。朝中言官交章论劾李如桢，经略熊廷弼疏论其罪。李如桢以拥兵不救、失陷铁岭罪，被罢任。后言官又攻其罪，李如桢被下狱论死。崇祯四年（1631年），李如桢被免死充军。杨镐先后以宁远伯、辽东总兵李成梁的三个儿子李如梅、李如柏、李如桢为总兵，他们——如梅败于朝鲜岛山之役；如柏贪淫跋扈，放情酒色，羞于萨尔浒之役，后引罪自杀；如桢虽将家子，却不知兵，则辱于铁岭之役，后下狱论死。《明史·李成梁传》论道："语曰'将门有将'，诸人得无愧乎？"

下面，我们简要总结一下开原—铁岭之战的经验与教训，从后金与明朝两方面看——努尔哈赤取胜的经验，主要有三：

一、选取最优方案。努尔哈赤进军时有几个方案可以选择，他选择了最优方案，即先打开原、铁岭。如果他先打辽阳，则至少要经过半年的准备，这时熊廷粥也到了，可能就会碰个硬钉子。所以军事指挥也好，平常工作也好，有许多方案可以选择，如何择最优方案，是很重要的。

二、选择最佳时机。努尔哈赤选择萨尔浒之战胜利、全军士气正旺，而明朝辽东经略熊廷弼尚未到任的当口，发动开铁之战，这个时机非常得宜。时间早了、晚了，都不会取得攻破开原、铁岭的战果。

三、选用内应智取。前面已经说过，这里不再重复。

明朝失败的教训，也主要有三：

一是朝廷决策滞缓。萨尔浒之战三个月后还拿不出对策来，对手已经兵临城下，这仗怎么打？

二是经略防御无方。经略杨镐，没有实施任何有效的措施进行防御，错过了积极防御的时机。

三是将领纨绔腐败。守开原的马林是败军之将，守铁岭的李如桢是纨绔之将，以之对付后金诸将——四大贝勒，无异于羊入虎口。

正当辽东战事吃紧之时，明朝朝廷也乱成一锅粥。万历皇帝死了，他的儿子泰昌帝立，登极仅一个月又死，万历的孙子天启皇帝再立。一月之内，皇宫里头办了两次国丧，一片哀戚。历史上著名的"明宫三案"，即梃击案、红丸案和移宫案，也在此时发生。这三案在一定程度上也影响了辽东战局。

第九讲 明宫三案

当明朝辽军在辽东战场上连遭败绩，形势异常严峻之时，紫禁城内也乱作一团，一月之间，两办国丧，一片哀戚。其实，万历皇帝的长期怠政，早已使得大明皇朝呈现出一片黑暗的末世景象，而"明宫三案"或可以看作这种末世景象在宫廷中的一个缩影。"明宫三案"影响到国务运作、朋党之争、辽东战局和以后袁崇焕的命运。具体言之，所谓"明宫三案"即"梃击案"、"红丸案"和"移宫案"。

一、梃击案

"梃击案"的"梃"就是木棍,"梃击"就是以木棍打人,因为打的这个人不是普通人,是皇太子,所以就成为一个案子。这个皇太子是万历皇帝的长子,叫朱常洛。万历帝皇后无子,妃嫔共生八个儿子,其中早死三人,实际竞争太子的只有两位:一位是宫人王氏所生皇长子常洛,另一位是郑贵妃所生皇三子常洵。万历帝长时间在立常洛与立常洵之间犹豫不决,形成朝廷大臣所谓的"国本之争"。这个梃击案,其实就是储位之争的极端表现。为更清楚地了解这件事的前因后果,有必要先把朱常洛其人简单介绍一下。皇长子朱常洛命运多舛,充满悲剧色彩,体现在三个方面:

第一,生母宫人。 朱常洛生母王氏,于万历六年(1578年)被选入慈宁宫,在万历母亲李太后身边做宫女。一天,被万历私幸,而怀下身孕。太后发现宫女王氏怀孕,问万历帝,万历帝不承认。太后命太监取出文书房内侍记录的《内起居注》,对万历帝语重心长地说:"吾老矣,犹未有孙。果男者,宗社福也!"也就是说,我已经老了,现在还没有孙子呢。如果这个宫女将来生个男孩的话,那是宗庙和社稷的福啊。话说得语重心长,万历帝就承认了。万历十年(1582年)八月,王氏生下一个男孩,就是朱常洛(泰昌帝)。朱常洛出生前五十天,大学士张居正逝世,万历帝独揽大权。后王氏被打入冷宫,连儿子也不能相见,抑郁成疾,双目失明。王氏于万历三十九年(1611年)病重时,子常洛请旨获允前往看望母亲,但"宫门犹闭,抉钥而入。妃目眚(shěng),手光宗衣而泣曰:'儿长大如此,我死何恨!'遂薨"(《明史·孝靖王太后传》)。万历帝既不喜欢王氏,由母及子,也不喜欢王氏所生的长子常洛。万历帝宠爱郑贵妃,子因母贵,也喜爱郑贵妃所生的儿子常洵,一直想立常洵为太子。后来,这位皇子被封为福王,明末被李自成军杀死,此是后话。万历帝想立宠爱的郑贵妃之子朱常洵为皇太子,既怕违反祖制,又受到朝臣的反对。所以,19年间迟迟不立皇太子。

明光宗朱常洛像

第二，不让入学。 皇子不同于百姓之子之处，至少有三条：一是正名位，二是延帝祚，三是受教育。后者就是到外廷读书，在讲官的辅导下学习，掌握治国的本领。万历帝5岁开始读书，但他一直不允许儿子朱常洛读书。谁建议让皇长子出阁读书，谁就被贬遭罚。朱常洛直到13岁时，才第一次出阁读书，然后长期辍读。19岁时又奉旨出阁读书，以后读书断断续续，长期被禁闭在宫中。所以，他没有受到良好的系统的文化教育。

第三，太子难熬。 明朝皇位继承，一般遵照以下原则：皇位继承，父死子继；有嫡立嫡，无嫡立长；帝无子嗣，兄终弟及。我解释一下，第一句话好懂，皇位继承，父亲死了儿子继承。第二句话，有嫡立嫡，无嫡立长。什么叫立嫡呢？就是皇帝的正妻皇后生的儿子，算嫡子，有嫡子的情况下，要立嫡子，没有嫡子，才可以立其他妃子生的儿子，原则是选择其中最年长的。第三句话，就是帝无子嗣，兄终弟及。皇帝要没有儿子怎么办？只好由他弟弟来继承。后来，崇祯皇帝就是继承了其兄的皇位。

万历帝皇后没有生子，宫人王氏生皇长子常洛，按理应当成为皇太子。但是，万历帝一直想立皇三子朱常洵为太子，所以朱常洛的太子之路艰难而漫长（19年）。万历自己是6岁被立为太子的，但是朱常洛直到万历二十九年（1601年）19岁时才被立为太子，住迎禧宫。朱常洛被立为太子后，还是长期笼罩在"更立"的阴影里，随时忧虑皇父会以三弟常洵取代他。从立皇太子到继位又是19年。在这19年里，朱常洛终日战战兢兢，胆小怯懦，唯恐被废。有人著《续忧危议》一书，署名"郑（隐喻郑贵妃）福（隐喻福王）成（隐喻更立太子成事）"，其书大意说：帝于东宫不得已而立，他日必易。其特用朱赓内阁者，实寓更易之义。直到朱常洛32岁时，他的弟弟福王朱常洵离开北京到洛阳封地，他才稍稍松口气，觉得太子的位子应该是稳坐了。

特殊的身世，坎坷的经历，使朱常洛养成了胆小怯懦的性格。他出阁读书时，正值寒冬，太监居然不给他生火取暖，他冻得浑身发抖，也不敢吭气，气得讲官郭正域训斥太监，太监们才给他生火。再举一个例子。在万历帝病重时，朱常洛带着儿子朱由校（后来的天启帝）等去探望，守门太监拦着不让进去，朱常洛不敢抗争，从早到晚一直等在门外，后来是兵科给事中杨涟、御史左光斗和东宫太监王安等周旋，他才见到父亲万历帝最后一面。

明　镂雕葵式玉杯

太子朱常洛既没有统兵征战沙场的历练，也没有协助皇父治理朝政的阅历，更没有苦读经书的学养，甚至几乎未出过皇城，又长期受到皇父的冷落，心情压抑，寂寞寡欢，无所事事，于是借酒色填补精神空虚，长期"惑于女宠"。朱常洛的妃子很多，太子妃郭氏、才人王氏（天启帝朱由校的母亲）、贤妃刘氏（崇祯帝朱由检的母亲）等。还有两位姓李的选侍，一称东李选侍（简称东李），另一称西李选侍（简称西李）。选侍就是侍候皇帝起居而未有封号的宫女。他最宠爱的西李后来还引发了一起"移宫案"，下面再讲。我们还是回过头来，说说"梃击案"。

万历四十三年（1615年）五月初四日，发生了梃击东宫太子朱常洛事件，这就是"梃击案"。这一年太子朱常洛33岁。

这天傍晚，蓟州男子张差，手持枣木棍，从东华门直奔内廷，打伤守门太监，闯进太子朱常洛居住的慈庆宫,直到前殿屋檐下才被捉拿。当时,慈庆宫第一道门只有两名太监守门,第二道门无人看守。事发后,朱常洛惊恐万状,而且"举朝惊骇"。万历帝下令审讯。负责审问的为"浙党"官吏,说张差是个疯癫病人,企图糊涂结案。而巴结郑贵妃的内阁首辅、"浙党"首领方从哲也不愿深究。东林党人、刑部提牢主事王之寀,通过单独提审和与刑部官员共审的方式,使张差供出:是郑贵妃手下太监庞保、刘成"令我打上宫门,打得小爷(指太子),有吃有穿"。朝中东林党人怀疑是郑贵妃欲谋害太子,坚决要求彻底追究。事情牵连郑贵妃,朝议汹汹。

《明史·郑贵妃传》记载,郑贵妃闻知后,对万历帝哭泣。万历帝说:"外廷语不易解,若须自求太子。"于是,郑贵妃就找到了皇太子朱常洛。史书记载,郑贵妃向太子号诉,也就是郑贵妃找到了皇太子朱常洛,号啕大哭,诉说事情的原委,请求太子宽恕。二人对话的过程是:贵妃拜,太子也拜,贵妃和太子是且泣且拜,一面哭一面拜。万历皇帝一看这事情闹大了,牵连到郑贵妃不好,又牵扯到太子——两头为难,怎么办呢?他决定亲自来处理这件事。万历帝在慈宁宫皇太后灵位几案前召见太子和百官,令太子降谕处理此案,禁止株连,也就是不要牵扯太多人。皇太子朱常洛既不愿意得罪他父皇,也不愿意得罪郑贵妃,不敢深究此事,也想大事化小,小事化了,息事宁人。万历帝因为都是他们家里头的事情,而且牵扯到郑贵妃,也不想深究此事。最后决定把张差处死,两个太监庞保和刘成在内廷秘密打死,草草了结这桩大案。负责此案审理的王之寀遭到反东林党一派官吏的攻击,万历帝将他削职为民。这就是"梃击案"。

大家注意,梃击案斗争的焦点,从表面上看是郑贵妃意欲谋害太子朱常洛而未得逞,好像是皇帝的家事,但实质上是国事,反映出朝廷中东林党与其他派系的政治斗争。尽管万历帝亲自处理结案,但这件事始终疑云重重。此后大臣们常以此为题目,"奏章累数千百……帝概置不问。由是门户之祸大起"(《明史·后妃传·郑贵妃传》)。

一波才平,一波又起。在"梃击案"之后,又发生了"红丸案"。

二、红丸案

万历四十八年(1620年)七月二十一日,万历皇帝病死。太子朱常洛继位,改年号为泰昌,所以习惯上把他叫作泰昌帝。八月初一日,泰昌帝在登极大典上,"玉履安和","冲粹无病容",就是行走、仪态正常,没有疾病的征象。泰昌帝在万历四十八年七月二十二日和二十四日,各发银100万两犒劳辽东等处边防将士,罢免矿税、榷税,撤回矿税使,增补阁臣,运转中枢,"朝野感动"。

本来以为新君继位,会有一番作为,不想登极大典后仅十天,也就是八月初十日,泰昌帝就一病不起。第二天的万寿节,也取消了庆典。《国榷》记载,郑

"红丸案""移宫案"的发生地——紫禁城乾清宫

寿山石"乾清宫封记"玺

贵妃"进侍姬八人,上疾始惫"。《罪惟录》也记载:"及登极,贵妃进美女侍帝。未十日,帝患病。"八月十四日,泰昌帝病重,召内官崔文升治病。服用崔文升开的药后,就开始腹泻,用今天的话来说可能是得了急性肠胃炎吧。一昼夜泻好多次,有的说一昼夜泻三四十次。八月二十九日,泰昌帝召见内阁大臣,问:"有鸿胪寺官进药何在?"首辅方从哲等回话:"鸿胪寺丞李可灼,自云有仙丹,臣等未敢轻信。"这里稍做解释。鸿胪寺是掌管朝会、宾客、礼仪等事的机构,鸿胪寺的正卿叫鸿胪寺卿,四品。他的副手是鸿胪寺少卿,五品。鸿胪寺丞又低一级,六品,大致相当于现在的处级干部。泰昌帝命身边太监速召李可灼进宫。李可灼诊视完毕,泰昌帝命快快进药。诸臣再三嘱咐李可灼慎重用药,泰昌帝则不断催促赶快和药。到日午,李可灼进一粒红丸。泰昌帝先饮汤,气直喘。待药入,即不喘。于是称赞李可灼为"忠臣"。大臣们都心怀不安,等候在宫门外。一位太监高兴地出来传话:皇上服了红丸后,"暖润舒畅,思进饮膳"(《明史·韩爌传》)。日晡(申时,下午3—5时),李可灼又进一丸。次日(九月初一)卯刻,泰昌帝驾崩。这时,他继承皇位整一个月。因"红丸"引发的宫廷案件,史称"红丸案"。

泰昌帝是八月初一继位,九月初一就驾崩了,这当然是大事情,朝野上下议论纷纷。有人说是服红丸而死,也有人说与红丸无关;有人说旧病未愈,有人说是劳累所致;有人说是惑于女宠,是郑贵妃有意加害;有人说是用药差误。有的大臣因李可灼进红丸功,议"赏钱";有的大臣以"李可灼罪不容诛",议"罚俸一年";有的大臣以"可灼非医官,且非知药知脉者"议上,将其遣戍;直到天启五年(1625年),魏忠贤上《三朝要典》,遂免可灼遣戍。李可灼这个案子,一直争吵了八年，成为天启朝党争的题目之一。

泰昌帝死后，天启帝继位。天启帝即位后面临的一个难题，就是年号问题。万历去世，泰昌即位，改明年为泰昌元年。泰昌去世，天启即位，又改明年为天启元年。这样，泰昌和天启两个年号就重叠了。后来想出一个办法，万历四十八年七月以前为万历四十八年，八月到十二月为泰昌元年，第二年为天启元年。

泰昌帝死后，尸骨未寒，又发生"移宫案"。

三、移宫案

万历、泰昌两朝，皇位的更迭，宫廷的谲变，对万历帝的长孙、泰昌帝的长子朱由校来说，简直就是一场噩梦。在明军大败于萨尔浒的当月，朱由校（天启）的母亲王才人病逝。王才人原来是在东宫伺候皇太子朱常洛的宫女，直到生下朱由校后才封为才人，因长期遭到朱常洛宠妃西李选侍的凌辱和朱常洛的冷落，抑郁而死。她曾说："我与西李有仇，负恨难伸。"第二年七月，朱由校的祖父万历帝驾崩。接着朱由校的父亲泰昌帝驾崩。朱由校接连失去三位亲人。特别是他的父亲泰昌帝即位一月即崩，举国上下，乱作一团。这一年，他16岁。

这时的朱由校，还没有被祖父万历帝立为皇太孙，也没有被父亲泰昌帝立为皇太子，更没有出阁读过书。万历帝在世时，他始终不肯立这位长孙为太孙，也不肯让长孙出阁读书。直到临死前才留下遗嘱：皇长孙宜即时册立、进学。几天以后，泰昌帝即位，册立朱由校的仪式自然应该从皇太孙变为皇太子。但是，泰昌帝并不热心册封太子，后来在大臣的一再请求下，才下旨："钦定册立东宫，日期择九月初九日。"（《明光宗实录》卷五）但人算不如天算，九月初一日，泰昌帝竟然驾崩。朱由校皇太孙未做成，皇太子还没来得及做，书本一天也没正式读，竟然要继承皇帝大位。这样的皇位继承者，有明一代，仅此一人。

那么，"移宫案"是怎么一回事呢？"移宫"，按照字面理解，就是从一个宫

北京宫城图

殿搬到另一个宫殿，现在看起来很简单，但在当时，却是朝廷大事。"移宫案"，包括"避宫"和"移宫"两个阶段。

先说"避宫"。话还是得从朱常洛说起。朱常洛有"东李"和"西李"两位选侍。大家知道，后宫里头有皇后、皇贵妃、贵妃、嫔等，选侍是比较低级的妃子。天启皇帝朱由校的母亲生下他之后不久就死了，朱由校及其同父异母五弟朱由检，被托付给西李选侍照管。西李为了控制朱由校，便要求他与自己同居一宫。后来天启帝说"选侍凌殴圣母，因致崩逝"，后"选侍侮慢凌虐，朕昼夜涕泣"《明史·李康妃传》。泰昌帝即位后，朱由校和西李随之移居乾清宫。西李得宠于泰昌帝，泰昌帝打算将她由选侍封为皇贵妃，但西李要求封为皇后。不久，泰昌帝驾崩，西李封后的梦想破灭了，便勾结心腹宦官魏忠贤，想利用朱由校年少，自己居乾清宫，觊觎垂帘，把持朝政。杨涟等到乾清宫哭祭，乾清宫门关着，大臣们排闼而进，阉宦挥梃乱打。诸臣强入，哭临之后，请见皇长子，皇长子被西李选侍阻于暖阁。大学士刘一燝、吏部尚书周嘉谟、兵科都给事中杨涟、御史左光斗等，疏请西李选侍不能与太子朱由校同住一宫，但西李选侍不肯移宫，甚至把朱由校禁闭在乾清宫。司礼监秉笔太监王安乘西李不备，将朱由校抢抱出，魏忠贤等太监追出来。朱由校的衣袍都被追赶的太监撕坏了。阁臣刘一燝掖左，勋臣张维贤掖右，共拥朱由校登舆，抬到文华殿。西李派人来请朱由校回乾清宫，大臣们又把朱由校安排到慈庆宫。朱由校就这样摆脱了西李等人的挟制，逃出乾清宫，住进慈庆宫。这件事情史称"避宫"。

再说"移宫"。朱由校避住在慈庆宫，西李却"居乾清宫自若"。而朱由校（天启）要登临大位，就必须回到乾清宫。为了让西李尽快"移宫"，兵科都给事中杨涟、御史左光斗等多次上奏，朱由校（天启）犹犹豫豫，反复无常，最后才于九月初五日下令："先帝选侍李氏等，着于仁寿宫居住，即日搬移。"西李选侍还是赖在乾清宫不搬。据《明史·方从哲传》记载："……于是，议移宫，争数日不决。……至登极前一日，（刘）一燝、（韩）爌邀从哲立宫门请，选侍移哕鸾宫（明代宫妃养老之地)。"而皇长子朱由校(天启)也从慈庆宫回到乾清宫。

这就是"移宫案"。

"明宫三案"——梃击案、红丸案、移宫案,牵涉到万历、泰昌、天启三代皇帝,但是以朱常洛为轴心人物。"梃击案"梃击的就是太子朱常洛,"红丸案"吃了红丸的也是朱常洛,"移宫案"则是朱常洛的宠妃西李选侍居占乾清宫。大家可能会说,这三个案子就是皇帝家里头的事啊!但是,皇宫无小事,这三桩案子的意义早已超越了"宫案"本身。因为:

其一,"明宫三案"影响朝廷决策。"三案"将朝廷注意力吸引到宫廷斗争。《明史·郑贵妃传》记载:"群臣争言立储事,章奏累数千百,皆指斥宫闱,攻击执政。"因之,朝廷不能将注意力集中到国家大政、要政上,诸如关外的辽事等,致使许多重大问题或束之高阁,或拖而不决,或决策草率,或决而不行。

其二,"明宫三案"加速宦官专权。《明史纪事本末》记载:"魏忠贤杀人则借三案,群小求富贵则借三案。"明末宦官魏忠贤专权,阉党跋扈,使本来腐败、黑暗的明末统治更加腐败、更加黑暗。

其三,"明宫三案"成为党争题目。明朝后期,有东林党、浙党、楚党、宣党、齐党等。这些党与我们今天意义上的政党不同,它们没有纲领,没有组织,是一些学人、官员组成的一个松散的群体。"明宫三案"就成为党争的题目,比如:李可灼进红丸这件事情,方从哲他们说李可灼没有罪,他给皇帝治病应当赏银;东林党人则说,泰昌帝的死主要就因为吃红丸,李可灼有不可推卸的责任。后面要讲到的熊廷弼,他的三上三下、传首九边,都同朝廷党争有着直接的关系。

明朝廷"宫廷三案"闹得乌烟瘴气之时,正是努尔哈赤建元、兴兵,下抚顺、清河,大战萨尔浒,又连下开原、铁岭的时期。努尔哈赤看准了时机,继续向明朝辽东重镇沈阳与辽东首府辽阳发动进攻。

第十讲 沈阳失陷

前面说过,"明宫三案"和朝廷党争密切相关,而朝廷党争直接影响辽东战事。换言之,我们要想深入认识辽东的战局,就必须从了解明末朝廷的党争开始。

一、朝廷党争

在江苏无锡的东林书院（今东林小学内）有一副著名的楹联：

风声雨声读书声，声声入耳；
家事国事天下事，事事关心。

据说，这副楹联的作者是明末东林党人著名领袖顾宪成。顾宪成这个名字，与明朝的党争紧紧联系在一起。

学术界一般认为，明末的党争开始于万历二十一年（1593年）。这一年，努尔哈赤在辽东经过十年征战，基本上统一了建州女真；在北京，明朝政府举行的"京察"，则引发了一场不小的风波，被多数学者认为是"党争"的开始。

什么叫"京察"？明朝考核官员分为"大计"和"京察"："大计"是考核外官（地方官）的制度，规定三年一次；"京察"是考察京官的制度，规定六年一次（清朝改为三年），按照一定标准，考核优劣，分别奖惩——该升的升，该迁的迁，该降的降，该免的免。这对官员们来说是至关重要的，因此朝廷里面不同的派别，不同的政治力量，就发生了激烈的冲突和斗争。这可以看作是明末党争的序幕。

这时，顾宪成任吏部文选

无锡东林书院旧址

司郎中，大体相当于现在的司局级干部。第二年，顾宪成因不满朝廷现状，直言进谏，从而触怒万历帝，被削职回乡。顾宪成与大学士王锡爵曾有一段对话——王说："当今所最怪者，庙堂之是非，天下必欲反之。"顾答："吾见天下之是非，庙堂必欲反之耳。"（《明史纪事本末》卷六十六）王锡爵认为，是天下人故意和朝廷过不去；顾宪成则认为，是朝廷上的决策者在同天下人作对。很显然，他的意思是：社稷问题，咎在朝廷。

顾宪成回到家乡无锡后，并没有忘怀时政，而是通过讲学活动，继续宣扬自己的政治主张。无锡恰好有一所旧书院，也就是现在无锡市东林小学的校址。在顾宪成的倡议下，于万历三十二年（1604年）修复，成为后来的东林书院。顾宪成会同顾允成、高攀龙、安希范、刘元珍、钱一本、薛敷教、叶茂才等人，时称"东林八君子"，发起东林大会，制定了《东林会约》，规定每年举行一到两次大会，每月举行一次小会。东林书院既讲学，又议政，

顾宪成像

高攀龙像

吸引有志之士，关心现实政治，关注政治腐败、民生苦痛诸社会问题。他们的态度和主张主要有：要求改变宦官专权乱政的局面，反对皇帝派遣矿监税使到各地横征暴敛，抨击科举舞弊，呼吁加强辽东防御等。一部分在朝任职的正直官吏，也同东林的讲学者遥相应和。这样，东林书院实际上成为当时的舆论中心。这里的人们逐渐由一个学术团体转化为一个政治派别，从而被反对者称为"东林党"。东林党经过了万历、泰昌、天启、崇祯四朝，前后大约50年的时间，成为一股重要的政治力量。东林盛时，"遥致朝政，倾动一时"。顾宪成讲学东林，"天下趣之"。《明史纪事本末》记载："今日之争，始于门户。门户始于东林，东林倡于顾宪成。"

当东林党逐渐聚合时，另一些官吏也逐渐形成按籍贯划分的"党"，如浙江人的"浙党"，山东人的"齐党"，湖北人的"楚党"，安徽宣城人的"宣党"，江苏昆山人的"昆党"等。浙党首领沈一贯、方从哲先后出任过内阁首辅，他们结党营私，依附勋戚，交结宦官，不断排斥清廉正直的官员；浙、齐、楚、宣、昆等党的重要人物以攻击东林党为首务，而东林党人则一再参劾对方的弊端，于是出现了历史上有名的明末朋党之争，通常叫作"党争"。后来又出现以魏忠贤为首的阉党。

东林党人中多正直之士。邹元标在张居正当政时，批评他父亲死后不回家守孝，被廷杖，遭远戍。张居正死后，他才得以调回京师。但他后来上疏，称颂张居正"功不可没"，力主为张居正平反。这说明他能以国家利益为重，不计较个人恩怨。另如高攀龙、杨涟、孙承宗等都属于东林，史称他们"真理学、真骨力、真气节、真情操、真吏治"。东林党人的这种品格，史学界给予了肯定的评价。凡是辽东疆场杰出的经略或督师，如熊廷弼、孙承宗、袁崇焕等，或属东林，或倾向东林；而高第、王化贞、毛文龙之流则属于阉党。所以，不了解明末党争，就不了解辽东的人事关系。

上面我讲过，"明宫三案"引发了复杂的政治斗争，东林党人在其中扮演了重要的角色。有一种意见认为：东林党与对立各派之争，"以立储为主脑，三案为余波",也就是说,各派相争的焦点是"立储"问题,即皇位继承人的问题,"三案"则是这种争斗的延续。明末的党争,闹得宫廷内外,朝野上下,相互争斗,乌烟瘴气。先是东林党与浙党、齐党、楚党等争斗,后来又是魏忠贤的阉党倾轧东林,把持朝政,专擅横行。党争导致执政集团内部厮杀,削弱自身力量。激烈残酷的党争,严重影响到辽东的战局,熊廷弼、孙承宗、袁崇焕都是深受其害者。《明史·光宗本纪》论曰:

> 论者谓:明之亡,实亡于神宗,岂不谅欤!……三案构争,党祸益炽,可哀也夫!

明末的激烈党争,加速了朝廷变局。

二、政治变局

前面说过,辽东战局不是孤立的,它的总根子在朝廷,所以必须了解朝廷的变局才能更深刻地了解辽东的军政局势。明朝与后金的政局,此时都发生了重大的变化。

先说明朝。影响辽东战局的,主要是四件事:

第一,皇位更迭。万历帝死,泰昌帝立。泰昌帝八月初一日登极,九月初一日驾崩。泰昌帝死,天启帝立。朝廷接连大办丧事,皇宫内外,乱乱哄哄。正常朝政,大受影响。

第二,"三案"纷起(前面讲过,从略)。

第三,党争激烈。新旧皇权连续更替,朋党利益重新组合。不同朋党,相互角逐,都想安排自己的人担任内阁要职,挤进六部七卿,控制六科言路,出任辽东经略。朋党之争,封疆议起。有的朝廷大臣,上奏疏评告、攻击正直人士,倾陷熊廷弼。熊廷弼先后五疏自辩,得不到君主的信任(以后要专讲熊廷弼)。

第四,罢熊任袁。熊廷弼任辽东经略一年,整顿部伍,严肃军纪,补充枪炮,请求粮饷。辽东局势,大为改观。但是,朝廷决定:以袁应泰代熊廷弼为辽东经略,薛国用为辽东巡抚。袁应泰受职后,杀白马祭神,发誓愿与辽事相始终,同时改变熊廷弼的部署。《明史·袁应泰传》记载:"用兵非所长,规画颇疏。"这样一个志大才疏的人接任辽东最高军政长官,无疑给了后金进一步扩大辽东战果的天赐良机。

再说后金。影响辽东战局的,主要是四件事:

第一,攻取开、铁。后金不仅在沈阳、辽阳的东面攻破抚顺、清河,而且在其北面夺占开原、铁岭。《东夷考略》评曰:"铁岭、开原,为辽重蔽,既并陷贼,则河东已在贼握中。"从而对沈阳、辽阳形成钳形夹攻之势。

第二,吞并叶赫。努尔哈赤不仅统一了建州女真,而且统一了海西女真扈伦

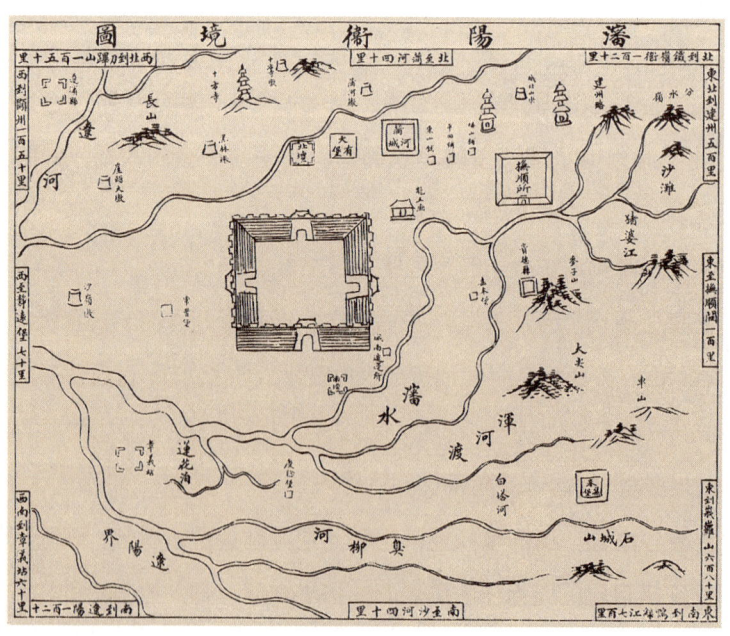

《沈阳卫境图》(《全辽志》插图)

四部中的哈达、辉发、乌拉，特别是在万历四十七年（1619年）吞并叶赫。这意味着女真实现统一，打破明朝与叶赫的联盟。女真实现统一，势力空前强大，军队近十万人。

第三，抚绥蒙古。后金打通开原、铁岭、叶赫这个通道，可以直接对西边蒙古各部进行绥服。积极推行对蒙古的联姻、笼络政策，逐步实现满蒙联盟，从而对沈阳、辽阳形成东、北、西三面包围的态势。如万历四十二年（1614年），努尔哈赤同蒙古联姻，娶蒙古科尔沁部明安贝勒之女为福晋。

第四，灾荒严重。后金遇到辽东大旱，赤地千里，米粮奇贵，一石粮米，值银四两，数以千计的女真人东乞西丐，四方讨饭。后金为摆脱经济困境，抢掠粮食，度过灾荒，需向辽河流域兴兵。

努尔哈赤因熊廷弼任经略，原拟进军辽、沈的计划推迟了一年多，现在则紧紧地抓住明朝皇位更替、党争激烈、经略易人、明宫三案、军心涣散及辽东大饥的有利时机，决定发动沈辽大战，首先把进攻的矛头指向辽河流域中心地带的军事重镇——沈阳。

三、沈阳陷落

沈阳，位于辽河平原的中心地带，因在沈水之阳（河的北岸）而得名，当时称沈阳中卫城，是明朝辽东的重镇。沈阳城防御非常坚固，因为它是辽阳最重要的军事屏障，打辽阳必先打沈阳。沈阳城城高池深，城外有"品"字形坑，内插尖桩，上覆薥（shǔ）秸，以土虚掩。内侧还有一道战壕，竖着栅木，部署火器。近城还有战壕两道，宽五丈、深二丈，皆有尖桩，内筑拦马墙一道，墙上留有炮眼，排列战车、枪炮，绕城部署，井然有序。城上也是这样，官兵防守，非常严密。明朝的总兵力七八万人。军事形势对明朝有利：一是坚城防守，二是以逸待劳，三是以静制动，四是备有火器。而对努尔哈赤是不利的：以劳制逸，以动制静,以骑攻城,以箭对炮。然而,努尔哈赤就是在这样的态势下举兵进攻沈阳的。

天启元年即天命六年(1621年)三月初十日,后金八旗大军带着板木、云梯、盾牌、战车,顺浑河而下,水陆并进,指向沈阳。

十三日辰时,后金军布云梯、战车,进攻沈阳城。八旗兵采用的战术是:避免城战,而用野战,诱敌出城,铁骑争锋,也就是将守城军队诱出,以骑兵野战而歼之。

清晨,努尔哈赤在沈阳城下,派骑兵挑战。

沈阳守将贺世贤,总兵官,行伍出身,作战凶猛,勇而寡谋,日夜饮酒。贺世贤中敌之计,决定亲率家丁千余人,出城迎击。他宣称,要杀尽敌兵,才会返回。有人良言谏止,但他贪功心切,贸然出击。后金军利用贺世贤的弱点,佯败退却,且退且诱。贺世贤乘锐轻进,愈进愈勇,突遭敌骑,四面合围。贺世贤虽经力战,但寡不敌众,招架不住,边战边退。退到永昌门,身已中四箭。此事,《明熹宗实录》记载:

> 世贤故嗜酒,次日(十三日),取酒引满,率家丁千余出城击奴,曰:"尽敌而反!"奴以羸卒诈败诱我,世贤乘锐轻进。奴精骑四合,世贤且战且却,至沈阳西门,身已中四矢。

有人劝贺世贤退向辽阳,但遭拒绝。贺世贤是条汉子,他说:

> 吾为大将,不能存城,何面目以见袁经略!

贺世贤锐意拼杀,但后金骑兵将他团团包围。又杀伤数十人,却身中十四矢,力竭伤重,落马而死。总兵贺世贤虽然忠勇可嘉,但是,历史是残酷无情的:力战者败,谋战者胜。副总兵尤世功见总兵贺世贤被围,出西门营救。但面对八旗劲旅，士卒哄散，尤世功马仆身死。

时努尔哈赤督兵用云梯、楯车攻城。八旗兵从城东北角挖土填濠，城上连发火炮，因发炮过多，炮身炽热，以至于装药即喷。八旗兵乘机蜂拥过濠，急攻东门。危急关头，沈阳城内，"降夷复叛，吊桥绳断"（《明熹宗实录》卷八），里应外合，八旗兵拥门而入，进占沈阳城。明兵民被杀死者，据说有7万人。

时总兵陈策率四川步兵渡河来援，在离城七里的地方，分两处安营。陈策军手持竹竿、长枪、大刀、利剑，穿戴绵盔、绵甲，与八旗军酣战。八旗军的后军拥兵相助，冲入明军营中，骑兵冲突，横杀乱砍，明军大败。八旗兵追杀至浑河，明败军尽溺死，总兵陈策等被杀。

在浑河南五里外，明有步兵1万，布置战车、枪炮、掘壕、安营，用蒭秸为障，以泥涂之。又有总兵李秉诚、朱万良、姜弼，领3万骑兵来援。努尔哈赤亲自领兵迎战，皇太极率兵疾进。明三总兵——李秉诚、朱万良、姜弼不能敌，遂惊走，兵溃散。八旗军追杀40里，沿途死者3 000余人，即收兵回营，将所获人畜分于八旗。沈阳攻守激战，后金取得全胜。

后金夺取沈阳的历史经验是什么呢？原因很多，其中一条，最重要的，就是时机。

在这里，我说一下"时机"。时机是非常重要的："机不可失，时不再来。"我讲过，努尔哈赤取得事业成功的重要因素是"四合"，就是天合、地合、人合、己合。这里的"天合"，主要是"天时"，就是时机。时机来了，要把握住，牢牢抓紧，不可丧失。努尔哈赤是怎样善于抓住时机的呢？我们从他进攻沈阳的时机选择上就可以看得出来。先是，努尔哈赤召集诸贝勒、大臣及李永芳等，商讨军事进取方略——有人提出：当先取辽阳，倾其根本；也有人提出：当先取沈阳，溃其藩篱；还有人提出：当先取叶赫，除去内患。努尔哈赤想先取沈阳和辽阳。但是，明朝降金的将领李永芳谏议说，不应当先进攻沈阳和辽阳，因为明朝派熊廷弼到辽东任经略。努尔哈赤说："辽东败坏至此，熊蛮子一人虽好，如何急忙整顿兵马？"

李永芳说:"凡事只在一人,如熊(廷弼)一人好,事事都好。"努尔哈赤说:"说得是,我意亦欲先取北关(叶赫),免我内顾,将来得用全力去败辽阳、沈阳。"努尔哈赤决策暂停兴师向西进攻沈阳和辽阳,而是先打开原、铁岭,再打叶赫,迟迟未敢向沈阳进攻。这次,努尔哈赤利用的重要时机就是明朝皇位更迭、明宫三案、党争激烈、经略易人。他抓住时机,夺取沈阳。

我们从努尔哈赤"四城一战"——抚顺城、清河城、开原城、铁岭城和萨尔浒之战的胜利,可以总结出历史的经验是:成大事者,善抓时机。事情千条万条,时机最为重要。

明刻本《通州志略·序》讲了"机"与"会",我把它做了改动,加上我的意思,送给大家,以供参考。那就是:做大事,本乎机;成大事,存乎会。古今中外,盖由于此。

这里,我解释一下。"机"字,《说文解字》"机"字释曰:"机,主发谓之机。从木,几声。"段玉裁注曰:"下文云:机持经者,机持纬者,则机谓织具也。机之用,主于发。故凡主发者,皆谓之机。""會"("会"的繁体)字,《说文解字》"会"字释曰:"会,合也。从亼,丛曾省。"段玉裁注曰:"会,为其上下相合也。……三合而增之。"可以做出新的解释,就是:"机"为时机,"会"为相合,也就是说,时机到了、会合有了,或者说时机具备了、条件成熟了,一定抓住,不可错过。

努尔哈赤攻陷沈阳后,马不停蹄,连续作战,八旗大军,指向辽阳。

第十一讲 辽阳陷落

沈阳失陷是在天启元年即天命六年（1621年）三月十三日，仅仅过了五天，努尔哈赤的八旗大军就兵临辽阳城下。辽阳，是辽东的首府，是辽东政治、经济、军事、文化和交通中心。辽阳是一座古城，在辽、金、元都是重镇。明朝把它作为整个辽东的首府。隆庆元年（1567年）以后，辽东总兵由广宁（今北宁）移驻辽阳。因此，辽阳是辽东的根本重地，谁占有辽阳，谁就能够统治辽东。因此，后金和明朝争夺辽阳是整个辽事的关键。

一、辽阳激战

辽阳城是明朝辽东的镇城，规制宏伟，守御严密，居东北诸城之首。城高地大，墙垣包砖，四隅有角楼，周围有城濠，沿濠排列火器枪炮，环城四面分兵把守。辽东经略袁应泰、巡按张铨部署兵力，登陴坚守，并命令放代子河（太子河）水于城濠（护城河），想用濠水抵御后金的军事进攻。

明天启元年即天命六年（1621年）三月十八日到二十一日，后金军与明辽军展开辽阳攻守战。

第一天（十八日）——兵临城下。 努尔哈赤率领6万大军扑向辽阳。明军哨探飞报：后金大军，"来攻辽阳，旌旗蔽日，弥山亘野，莫测首尾"（《清太祖高皇帝实录》卷七）！可见八旗兵军力之大、军威之盛。明朝方面也不敢怠慢，严密布防。努尔哈赤先派人到辽阳城外，想把护城河的水放干后填上土和草，以使骑兵通过。因为辽阳城大，后金军不愿分散兵力，所以没有四面围城，当天驻营城外，等待战机。

第二天（十九日）——城外激战。 日午，后金军进抵辽阳东南城外。辽东经略袁应泰乘后金军尚未全部过代子河（太子河）之时，急催总兵官侯世禄、李秉诚、姜弼、梁仲善、朱万良等，率兵五万，出城五里，扎营结阵，准备迎敌。袁应泰亲自出城督战。努尔哈赤面对明军阵势，十分清楚这将是一场决定生死的恶战。两军在厮杀交锋中，后金军死伤惨重。《朝鲜光海君日记》记载："老酋曰：'一步退时，我已死矣。你等须先杀我，后退去。'即匹马独进。"老酋，指的就是努尔哈赤。可见八旗军队形势严峻。皇太极引军，奋勇直前，驱骑向敌，奋力冲杀，进击明兵营左侧，明兵放炮接战。皇太极破明军营，杀入营内。时后金左翼四旗兵赶到，两面夹攻，明兵始退。明军第一道防线溃散，第二道防线又顶上来。双方激战，战况胶着。当夜，明兵在城外扎营，经略袁应泰宿营中；努尔哈赤也在城南七里地方营中过夜。

第三天（二十日）——两面攻城。 明步骑3万，安营城东门外，列枪炮三层，连发不已。后金军从外渡濠，大呼而进。袁应泰亲自督战，还派由家丁组成的"虎旅军"助阵。明军步兵在前，骑兵在后，火炮连射不止。两军交锋之初，明军火力势猛，后金军威受挫。努尔哈赤命令绵甲兵，推拥楯车，进战明兵。后金军擅长野战争锋，明军渐渐抵挡不住，总兵梁仲善、朱万良战死，步骑兵大溃，后金兵紧跟追击。明军人马蜂拥退向城内，许多官兵被挤入濠内，死者满积，濠水尽赤。袁应泰退入城内，与巡按御史张铨分责固守。当天夜里，城内明兵举着火把拒战，矢镞纷飞，直到天明。明道员牛维曜、高出、邢慎言、胡嘉栋，户部郎中傅国等，乘乱缒城逃跑。

第四天（二十一日）——辽阳陷落。努尔哈赤率领八旗军，悉尽精锐，发起总攻。袁应泰列楯大战，奋死守城。傍晚，后金派入城内的谍工放火骚扰。小西门火药库起火，城上各军窝铺、城内草场俱焚，守城军士溃乱，全城土崩瓦解，谍工巨族内应，后金夺门而入。史载："薄暮，谯楼火，大清兵从小西门入，城中大乱，民家多启扉张炬以待，妇女亦盛饰迎门，或言降夷导之也。"(《明史·袁应泰传》) 从这条记载可以看出，辽阳失落时的情形，与开、铁和沈阳有所不同，那时后金军入城后都遭到兵民的顽强抵抗，因而杀戮很多，据说攻破沈阳后兵民死 7 万人；有很多百姓看到守城无望，选择了自杀。有记载说，开原城破后，"木无空枝"。辽阳城内虽也不乏刚烈之士，但不少百姓对后金军是开门迎候，妇女甚至要打扮一番，可见此时辽东民心起了变化。

后金在辽阳之战中取胜，也是里应外合的结果。据载："李永芳儿女亲家马汝龙亲弟马应龙子马承林，于天启元年三月十六日，与柯汝栋为奴酋多带奸细进辽阳城，藏匿于家窖中。二十日，献城。"(《东江疏揭塘报节抄》) 因此，实际上仅作战三天，辽东首府辽阳城便陷落。

辽东经略袁应泰在城东北镇远楼上，见西面城楼火焰冲天，知城已陷，佩好剑印，自缢而死。其妻弟姚居秀同死。他的仆人唐世明伏尸恸哭，纵火焚楼而死。应当说，袁应泰还是忠于职守的，但作为辽东最高军事统帅，仅有忠心显然是不够的。比如在辽阳战前，有许多后金的人投降，别人劝他不要接纳，里面可能有奸细，他不听。结果投降的人里面藏了大量奸细，在后金攻城时里应外合，攻破辽阳。所以，袁应泰虽是忠臣，勇气可嘉，力竭而殉，但缺乏谋略，不听谏言，丢失辽阳——因而他并不是能够克敌制胜的大将之才，且负有陷城失地的历史责任。

辽东巡按御史张铨被俘。张铨，山西人，万历三十二年（1604年）进士。任辽东巡按御史，同袁应泰守城。城破被俘后，李永芳劝降，张铨不理他；天

《清太祖实录》中关于张铨拒降的记载

命汗诱以高爵，张铨山立而不跪，也就是像山一样挺立，拒绝跪降，并声言："我身为天子大臣，岂能屈膝！"后金贝勒举刀相逼，张铨引颈而待。问将他送回明朝如何？张铨说："力不能杀贼，无颜求归！"皇太极敬佩他的忠诚精神，引宋徽、钦二宗被大金天会帝所擒，屈膝叩见受封公侯的故事，劝他不必执迷不悟。张铨仍不为所动，只求速死。他说，我受朝廷厚恩，如降你们，遗臭万年。你们虽想让我活，我却只想一死。让我活着，这是你们做的好事；死去，则使我的美名流芳。最后，皇太极见张铨志不可夺，不得已，缢铨而葬之。但《明史》记载说他是自缢而死。《明史·张铨传》记载："守三日，城破，被执不屈，欲杀之，引颈待刃，乃送归署。铨衣冠向阙拜，又遥拜父母，遂自经。"明下诏为他在北京宣武门外建祠，称为"三忠祠"（纪念张铨与何廷魁及后来广宁失守自缢的高邦佐，三人都是山西人）。

后金军大获全胜。《清太祖高皇帝实录》记载，辽阳城民"阖城结彩焚香，以

黄纸书万岁牌",欢迎天命汗。当天正午,大张鼓吹,导引入城,官民俯伏,夹道山呼。昨日辽东经略的官署,今日成为天命大汗的衙门。

明朝接连失陷沈阳、辽阳,其河东大小七十余城官民,俱剃发投降。辽阳、沈阳及辽东、辽南广大地区被后金占领。努尔哈赤下令释放辽阳系狱的官民,凡夺职闲住之官,悉还其职。并设游击八员、都司二员,以管理日常事务。

二、迁都辽阳

后金攻占明朝辽东首府之后,决定将后金的都城从赫图阿拉迁到辽阳。这件事对明朝与后金都有重大的政治、军事、文化和民族影响。

天命汗夺占辽阳后,集贝勒诸臣议曰:"天既眷我,授以辽阳。今将移居此城耶,抑仍还我国耶?"是移居到辽阳呢,还是回到赫图阿拉。贝勒诸臣都说还是回去为好。努尔哈赤说:"国之所重,在土地人民;今还师,则辽阳一城,敌且复至,

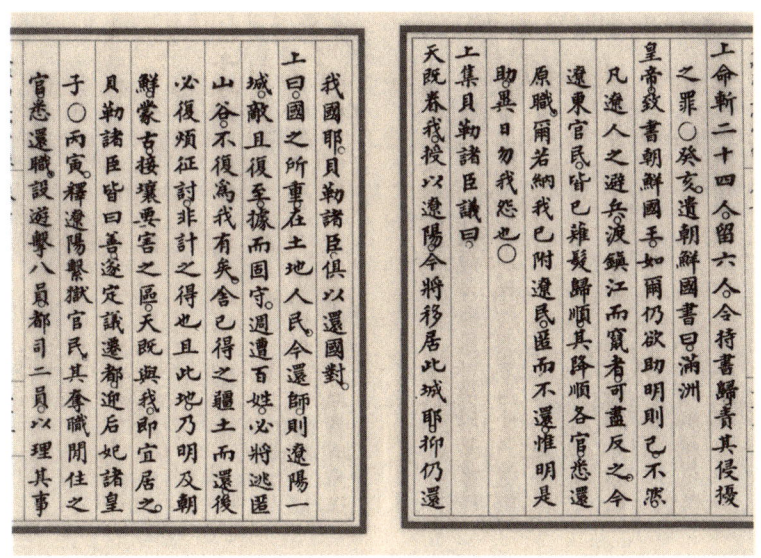

《清太祖实录》中关于迁都之议

据而固守。周遭百姓，必将逃匿山谷，不复为我有矣！舍已得之疆土而还，后必复烦征讨，非计之得也。且此地乃明及朝鲜、蒙古接壤要害之区，天既与我，即宜居之。"（《清太祖高皇帝实录》卷七）一撤军，明朝的军队必然卷土重来，那时土地人民不再为我所有，所以还是迁都辽阳为好。贝勒诸臣皆曰："善。"于是，定议都城从赫图阿拉迁到辽阳 [后于天启五年即天命十年（1625年）再迁都沈阳。从此，沈阳成为东北地区政治、经济、军事、文化和交通中心]。

后金迁都辽阳，意义重大：

第一，辽东统治易主。原来明朝辽东都司设在辽阳，辽阳是明朝在辽东甚至东北的统治中心。抚顺、清河、开原、铁岭、沈阳的失守，对明朝来说，丢掉的只不过是一座堡城、一座所城、两座卫城、一座路城，还没有动摇明朝辽东统治的根本。我在《成梁守辽》中讲过，明朝辽东都司掌控着107座堡城、127座所城、9座卫城、5座路城（其中两座与镇城同城）、2座镇城。现在不同了，明朝辽东的统治中心陷落。努尔哈赤此次迁都平原，标志着明朝在辽东统治的结束，也标志着后金—清朝在辽东统治的确立。从此，原来的明朝辽东政治与军事中心，变成后金—清朝与明朝争夺对中原统治权的基地。

第二，后金迁都平原。女真"多山城"，即其城多建在山上。赫图阿拉城、叶赫东城与西城、哈达城、辉发城等都是"山城"。今由"山城"迁都平原，标志着女真—满洲的文化，由牧猎文化向农耕文化的巨大转变。这在女真—满洲史上是一个划时代的事件。

第三，旗民分城居住。努尔哈赤迁都辽阳，在太子河畔兴建新城。旧城住汉人，新城住旗人。这是清朝旗民分城居住的开始。后来清军入关，占领北京，在北京实行旗民分城居住的政策，就是旗人住在内城（今二环路以内），民人住外城（今二环路以外）。在全国各重要城市如杭州、西安、成都、福州、广州等都建立"满城"，旗民分城居住。

第四，推行"六大弊政"。努尔哈赤占领辽东后，强迫推行剃发、圈地、占

努尔哈赤迁都辽阳时所建东京城天佑门

房、杀儒、投充、捕逃六大弊政。努尔哈赤攻占辽阳，下令汉民剃发，以示归顺。后金利用"自髡降奴"的通判黄衣，剃去头发，穿红蟒衣，骑着骡子，沿街游说。黄衣得到后金重用，后被派到广宁游说劝降。辽东巡抚薛国用发现黄衣，将其捉拿，当众枭首。努尔哈赤对汉人剃发易服的错误政策，后来被多尔衮移植到关内，强迫推行，有所谓"留头不留发，留发不留头"的民谣，造成一场大悲剧。

三、历史教训

后金占领辽阳及辽东地区，产生重大而深远的历史影响。这是明清兴亡史上的一个转折点。自万历四十四年即天命元年（1616年）以来，六年之间，辽东地区，接连发生五次影响中国近世历史进程的重大事件。第一件是建立后金，第二件是抚顺、清河堡之战，第三件是萨尔浒之战，第四件是开铁之战，第五件是沈辽之战。从此后金——清朝进入辽河流域汉族地区，并以辽东为根据地，发展壮大，开拓进取，后入北京，统一中原。

然而，自明朝与后金交战以来，仅仅四年之间，明朝死亡的总兵官就有14人——抚顺之战的张承胤，萨尔浒之战的杜松、王宣、赵梦麟、刘綎，还有兵败自裁的总兵李如柏，开原之战的马林，沈阳之战的贺世贤、尤世功、童仲揆、陈策，辽阳之战的杨宗业、梁仲善、朱万良。至于副总兵以下官兵则数以千百计。而后金的五大总兵、八大贝勒、八固山额真（都统）却无一阵亡。同时，明朝连失辽东六城——抚顺、清河、开原、铁岭、沈阳、辽阳，其中有一座镇城（辽阳）、一座路城（开原），两座卫城（沈阳、铁岭），多座所城（抚顺）和堡城。明朝在辽河以东的统治宣告结束。这是有明250余年来所未有的。

明朝和后金在冷兵器战争时代，在作战指挥、战略战术方面，有什么特点？概括说，有两点：

其一，弃能任庸。明朝丢失辽东的原因有很多，其中重要一条是能人不用。

比如,能干的、努尔哈赤独怕的"熊蛮子"——辽东经略熊廷弼,整顿辽军,颇见成效,他却遭排斥,免职回京。任用纸上谈兵、疏于谋略的袁应泰替代熊廷弼。总兵李成梁的三个儿子李如柏、李如桢、李如梅都是纨绔总兵。李如柏萨尔浒之战未与敌交火,自相践踏,死亡千人,受到弹劾,引罪自裁。李如桢,由父荫在锦衣卫,杨镐派他守铁岭,他却住在沈阳。后金攻城,拥兵不救,下狱论死。李如梅,在岛山战斗中,畏敌先逃,被弹劾罢官。名将麻贵三代为将,其侄子麻承勋,官总兵,"援辽东,屡退避,下狱当死,诏纳马八百匹免罪"(《明史·麻承恩传》)。杨镐不听建言,用李家纨绔将领,不顾大局,出于私心。

其二,舍长用短。用己所长,还是用己所短?重城战,还是重野战?城战是明军之所长,后金之所短;野战是后金之所长,明军之所短。其实,早在抚顺失陷、张承胤败死时,张铨就上疏指出:"突骑野战,敌所长,我所短。以短击长,以劳赴逸,以客当主,非计也。"(《明史·张铨传》)明军没有发挥凭坚城、用大炮的优势,而是骑兵出城,同八旗军野战争锋。后金则诱其出城,歼其精锐。结果是:明朝变己之长为短,变彼之短为长;后金则使彼之长为短,使己之短为长。明军是硬拼,后金是智取。抚顺、清河、开原、铁岭、沈阳、辽阳都是被后金"里应外合""用计行间"而智取的。

明军为什么战术僵化呢?为什么抚顺、清河、开原、铁岭、沈阳、辽阳的失

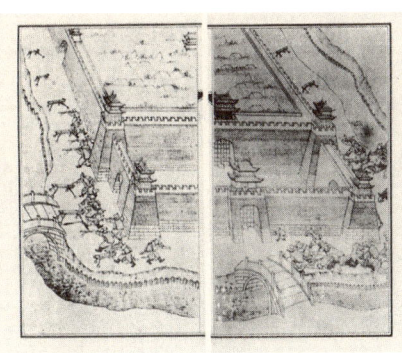

《太祖率兵克辽阳》(《满洲实录》插图)

守都犯了同样的错误呢？他们为什么仍用"骑兵出战"的兵略呢？我想：明初以来，明军在辽东主要是防御蒙古，蒙古骑兵到辽东掳掠，抢了就跑，不占城池；明军骑兵出城驱赶，蒙古骑兵奔逃，明军追赶中以斩获报功，或杀民冒功。可是，明朝对付后金，作战对象变了，作战策略变了，八旗野战争锋，满洲夺占城池，明朝没有改变战术。直到袁崇焕才改变了战术——"凭坚城、用大炮"。袁崇焕之前的抚顺、清河、开原、铁岭、沈阳、辽阳，以至于广宁、义州，仍然照用旧战术，结果是屡战屡败。

总之，沈阳、辽阳的相继陷落，标志着明朝在辽河以东的城池与土地，全部被后金占领。从此，明朝和后金之间大的争战，再也没有回到辽河以东。而后金在夺取了沈阳、辽阳以后，又向西渡过辽河，攻打明朝在辽西的镇城——广宁。

第十二讲 广宁迎降

明朝一失抚顺，二失清河，三失开原，四失铁岭，五失沈阳，六失辽阳，中间还有萨尔浒之战大败。明朝在辽河以东的统治破产，后来再也没能恢复。下文我们将讲到袁崇焕建功立业，但也都是在辽河以西，没有到辽河以东。沈阳和辽阳的陷落，标志着明朝与后金的争局由辽河以东转到辽河以西。广宁，于是成为后金与明朝争夺的焦点。广宁，即今辽宁省北镇市，它当时之所以成为后金与明朝所必争之地的原因在于：

在历史上——辽、金、元三代，广宁是辽河以西的首座重镇，到明朝又是辽东镇城、辽东总兵驻地。

在区位上——辽河以西到山海关的通道叫辽西走廊，广宁恰处于辽西走廊的咽喉之地。广宁城东隔辽河与辽阳对峙，西南界锦州，西、北、东北三面背靠医巫闾山，南临大海，"形势若盘，俗谓之盘城"（《读史方舆纪要》卷三十七）。

在军事上——开原、辽阳、广宁三大镇，鼎足而立，相互依托。现在开原已失，辽阳又失，三足之中失去两足，广宁的地位就越发突出，成为明朝辽东前茅要塞。

在政治上——广宁是明朝失陷辽东首府辽阳之后，辽东巡抚的驻地、辽东都司的镇城。收复辽东，必先保住广宁；守住辽西，必先保住广宁。

在战略上——清代学者顾祖禹在《读史方舆纪要》中记述，广宁"西卫榆关（山海关），东翼辽镇（辽阳），凭依山海，隔绝戎奚，地大物繁，屹然要会"。由于广宁特殊的战略地位，它不仅影响到辽西，而且直接影响到山海关和北京。如果广宁丢了，后金军队就可以长驱直入，叩打关门，威胁京师。

这时，对明朝而言，要保辽西，必守广宁，屏卫山海，确保京师；对后金而言，进军辽西，首个障碍就是广宁，志在必得。广宁大战，一触即发。在讲这场大战之前，我先要讲同广宁守御密切相关的一个大问题，即"经抚不和"。

一、经抚之争

辽阳失守，朝野惊恐。关于辽西的战守，明朝面临三个需要解决的问题：

第一，辽西要不要守？这本来不是个问题，当然应当固守，尺土必守，寸土必争。但是，从辽阳缒城逃出的监军道高出，主张放弃广宁，全力守御山海关。兵部尚书崔景荣则主张守卫广宁，他说："今辽左惟有辽西一块土耳，若不并力固守，何以遏其长驱！"辽西现在就这么一块土地了，你要不守广宁，后金军队长驱直入，你怎么阻挡？主张守辽西的意见在朝廷暂时占了上风。

第二，辽西派谁去守？明朝在失去辽阳后想起了原辽东经略熊廷弼。这时

广宁城遗址

他正"听勘回籍",也就是在老家等待调查定案处理。大学士刘一燝言:"熊廷弼守辽一年,奴酋未得大志,不知何故,首倡驱除。"(《明熹宗实录》卷八)天启帝也说:"熊廷弼守辽一载,未有大失;换过袁应泰,一败涂地。"(《明熹宗实录》卷九)于是,朝廷再次起用熊廷弼。朝廷任命熊廷弼为兵部尚书、辽东经略,驻山海关。但是,同时又派王化贞为广宁巡抚,驻广宁。通俗地说,经略是一把手,巡抚是二把手。但经略熊廷弼驻山海关,不掌握实际兵权;巡抚王化贞驻广宁,却掌握实际兵权。名义上巡抚受经略节制,实际上熊廷弼节制不了王化贞。因为王化贞有后台,当朝宰相叶向高是他的座主,兵部尚书张鹤鸣也支持他,王化贞又投靠阉党魏忠贤,所以他浪言自大,有恃无恐。比如部署在辽西的15万军队,受王化贞控制,而熊廷弼能直接指挥的军队只有5 000人。结果形成了经略与巡抚的错位局面,为以后的败局埋下了祸根。下面简单介绍一下王化贞。

王化贞,进士出身,由户部主事,后分守广宁。辽阳、沈阳失陷后,升为广宁巡抚。他为人"而愎",既是书呆子,又刚愎自用。不懂军事,却轻视强敌,好说大话。《明史·张鹤鸣传》说:"化贞本庸才,好大言。(张)鹤鸣主之,所奏请无不从,令无受廷弼节度。中外皆知经、抚不和,必误封疆。"这里"封疆"也就是"辽事",成为天启党争的一个重要题目。

第三,辽西应如何守?在这个重大战略方针上,经略熊廷弼和巡抚王化贞发生了严重分歧,引出了所谓经抚之争,也就是辽东经略熊廷弼的"三方布置策"与辽东巡抚王化贞的"一举荡平策"之间的争论。

经略熊廷弼的"三方布置策":一方是,以广宁为中心,集中主要兵力,沿河防御,坚守广宁——沿辽河西岸列筑堡垒,用步骑防守,从正面迎击后金的进攻;二方是,于天津、登州、莱州设舟师,袭扰后金辽东半岛沿海地区,从南面乘虚击其侧背;三方是,联合朝鲜,侧面配合,相倚声势。他驻镇山海关节制三方。

巡抚王化贞的"一举荡平策":实行内外夹攻,一举荡平后金。所谓"内",就是以投降后金的李永芳为"内应";所谓"外",就是借用蒙古察哈尔林丹汗兵40万，作为"外援"；明军做正面进攻，三种力量结合，一举取得胜利。王化贞提出：愿以6万进战，一举荡平后金；至仲秋八月，高枕而听捷音；然后——解戈释甲，归老山林。话说得愈高调、愈好听，朝廷就愈信任、愈喜欢。王化贞这番高谈阔论自然博得朝廷青睐。

本来，经略和巡抚两人对战守方略有不同的看法，是正常的。但是，熊、王之争根子在于朝廷，既是天启用人不专的悲剧，又是朝廷党争的恶果。

第一，皇帝用人不专。用人原则，本应是：用人不疑，疑人不用。朝廷以兵权属王化贞，统兵15万；又以尚方宝剑属熊廷弼，统兵仅5000人。王化贞握兵而不制令，熊廷弼制令而不握兵。王化贞以位居熊廷弼之下为耻，熊廷弼以王化贞有后台而忌。经抚争吵，乌烟瘴气。显然，经略巡抚不和，根源在于朝廷。

第二，阉党插手辽事。熊廷弼和王化贞不过是明朝政治傀儡戏台上两个互斗的木偶，其操纵者则隐伏在后台。正如熊廷弼所言："经抚不和，恃有言官；言官交攻，恃有枢部；枢部佐斗，恃有阁臣。"

不仅如此，阉党也是王化贞的重要后台。天启帝16岁登极，既喜"倡优声伎，狗马射猎"，又好"斧锯髹漆之事，积岁不倦"（《明史·魏忠贤传》）。天启帝喜欢木匠活儿，每当他引绳削墨时，魏忠贤等人总是奏事。皇帝不耐烦，就说："我知道了，你们看着办吧。"太监魏忠贤因此权力日盛，势炎日炽，擅作威福。廷臣如大学士顾秉谦、兵部尚书张鹤鸣，辽将如王化贞、毛文龙等一味阿附阉党。王化贞依恃兵部尚书张鹤鸣，张鹤鸣又属于阉党，所以，辽东兵略之议，由于阉党插手，而成为党争"封疆"，即"辽事"的题目。

天启帝命朝廷商议经略和巡抚的去留。天启二年即天命七年（1622年）正月十一日，在中府召集九卿科道会议，由兵部尚书张鹤鸣主持，讨论经抚去留。与会者八十一人，明确表示支持经略熊廷弼而将王化贞换到登莱者，仅徐扬先一人，其余或支持王化贞，或模棱两可不表态。这表明阉党已经掌控朝纲。时"任官之事，文归吏部，武归兵部，而吏部职掌尤重"（《明史·选举志三》）。也就是说，明朝的官员任命，文官归吏部，武官归兵部。吏部和兵部会合起来上奏，提出让王化贞留任，熊廷弼则"斟酌推用"。天启帝尚未旨决，后金发起进攻，广宁之战先从西平打响。

二、西平激战

努尔哈赤获悉熊廷弼重任辽东经略，又像上次一样，暂时收敛兵锋。在夺取辽阳和沈阳后的十个月间，探察明朝动静，未敢轻启干戈。这时，他通过李永芳与王化贞之间的谍工往来，探知辽东经抚不和，战守举棋不定，熊廷弼内外受困，王化贞浪言玩兵，广宁军备废弛，沿河防守单弱。努尔哈赤决计乘有利时机，西渡辽河，夺取广宁。

天启二年即天命七年（1622年）正月十八日，努尔哈赤亲率诸贝勒大臣、八旗大军，各带干粮并攻城车辆、钩梯及挖城铁锹等，离开辽阳，向西挺进，直指广宁。辽阳距广宁340里，但自牛庄到广宁200余里，一片沼泽，行旅难通。朝鲜使臣麟坪大君在《松溪集·燕途纪行》中写道："周回顾望，野天一色，四际无山，浩浩荡荡，恍如乘船大海中。"但时值隆冬，地面结冰，后金军5万人马，分作三路，踏着坚冰，横渡辽河。王化贞部署的防河官兵，见势不妙，掉头逃跑。

二十日，沿河防线全面溃败。广宁外第一道防线为三岔河，沿河呈"一"字形的天堑防线；第二道为镇武堡、西平堡和闾阳驿（距广

广宁前卫中前所瓮城遗址旧影

宁 50 里），呈"品"字形的城堡防线；第三道防线为广宁城的"国"字形城池防线。城堡之间，画地为守，相互应援，违者必诛。熊廷弼部署以上诸堡屏障广宁，阻击后金军进犯。令副总兵罗一贯（又作一贵）以 3 000 人守西平，总兵刘渠以 2 万人守镇武堡，总兵祁秉忠以万人守闾阳驿，王化贞守驻广宁，熊廷弼进驻右屯（距广宁 40 里）。王化贞督兵沿辽河一线，全面排开，布兵设防。西平堡最为凸出，兵力又比较薄弱。因此，努尔哈赤决定不直接进攻广宁，而先突破"一"字形防线，攻其前哨西平堡，引诱广宁及其诸堡兵东来，围城打援，野战争锋，以己之长，制敌之短，歼灭明军，进占广宁。

二十一日，西平城堡四面激战。明参将黑云鹤率兵出战失利，兵败还城，及至城门，追兵赶到，被歼而死（一说二十日死）。后金军进攻西平堡南门。副总兵罗一贯，坚壁固守，奋力抵抗，城上发炮还击，城下死伤很多。投降后金的原明抚顺游击李永芳派出使者，举着旗到城下，招降罗一贯，并遣使游说劝降。《明史纪事本末》记载罗一贯拒降，说："岂不知罗一贯是义士乎！"遂斩其来使。并针锋相对，在城上也竖起招降旗，因而遭到后金军更为猛烈的攻击。这时，其他各堡城守军，消极自保，不做援应；王化贞蜷缩广宁，不敢出击。熊廷弼急檄王化贞督战，并激之曰："平日之言安在？"王化贞遂命总兵官祁秉忠率闾阳驿兵，心腹骁将游击孙得功率广宁兵，熊廷弼又督总兵官刘渠率镇武兵，分作三路，驰援西平。天命汗努尔哈赤分一半军队围西平，以另一半军队迎击前来增援的三路明军。

二十二日，沙岭野战援军覆没。后金发现明军刘渠、祁秉忠、孙得功三路援兵后，整队迎战，发起攻击，两军交战于平阳桥至沙岭间。孙得功是王化贞最信任的中军游击，此前被王派去策反李永芳，反被李收买，已暗降后金。孙得功利用援西平之机，阴谋使明军失败，并想活捉王化贞作为降顺后金的见面礼。时孙得功分兵为左右翼，让刘渠、祁秉忠两部先出战。刘渠"前往迎敌，连攻打三阵，奴兵稍却"。本来已经稍占上风，但此时孙得功等故意上前一冲即退，于是各营俱退，以至大败。孙得功等大喊："兵败了！兵败了！"边喊边逃。明兵见主帅已逃，四面溃散。正在交战的刘渠，见阵大乱，拨马而走。后金兵乘势追杀，至沙岭地带，纵骑驰歼明兵。刘渠坐骑蹶倒，身翻落地，惨遭杀害。祁秉忠"扶病而战"，身中二刀三矢，被家丁救起，扶上马，破重围，行至途中，伤重而死。副总兵麻承宗战殁于沙岭。副将刘征中箭落马而死。明援兵3万余人，在沙岭全军覆没。

同日，西平城堡悲惨陷落。努尔哈赤击败明三路援军之后，集中八旗兵力，继续围攻西平堡。后金兵先发火炮，继拥楯车、竖云梯、挥铁钩攻城。罗一贯督率明军，凭城固守，在城上发炮，杀伤大量后金兵。后金军死伤累累，城下积尸，几与城平。西平之战，异常激烈。在激战中，一矢飞来，射中罗一贯眼睛，使之不能指挥。兵士们仍然坚持守城，但火药、矢石已用尽。后金兵看到城上轰击停止，便急速推着楯车，进至城下，竖起云梯登城。《明史·罗一贯传》记载，罗一贯决心殉国，望阙再拜，说："臣力竭矣！"遂自刎而死。都司陈尚仁、王崇信也同死之。

罗一贯以3 000人抵御后金军5万人的围攻，矢尽援绝，城陷身亡。剩余将士，继续抵抗——在城墙上，短兵相接；在巷子里，肉搏厮杀。三千明兵，全部战死，血肉横飞，尸积累累。后金军在西平堡下，损失极为惨重。《三朝辽事实录》记载，后金兵死伤六七千人。这个数字或有夸大，但实际伤亡数字的确是很大的。所以《满文老档》有关西平之战的记载颇为疏略，而对二十二日举行庆祝破西平之礼，并杀八牛祭纛之事特书一笔。

西平之战，明军被努尔哈赤围城打援，不仅丢失西平堡，而且牺牲了两位总兵（刘渠、祁秉忠）、三位副总兵（罗一贯、麻承宗、刘征）、一位参将（黑云鹤）、数千将士。精锐损失，军心大挫。西平悲剧，主要原因是：经抚指挥错误，朝廷政治腐败。而接下来则发生了更大的悲剧：广宁开门迎降。

三、广宁迎降

二十二日，王化贞得到西平失守败报后，督促将士登城戍守，众皆不应。而那个在援救西平时佯败先归的中军游击孙得功，依旧被王化贞委以守城重任。他刚"出衙门，即发炮，堵城门，封银库，封火药"（《熊襄愍公集》卷七），以待后金军入城。城中军民一片混乱，携带家眷夺门出逃。

王化贞正在衙署阅视军报，参将江朝栋未经报告，突然闯入他的卧室。王化贞大怒，厉声呵斥。江朝栋急忙拉着他的衣服说："了不得了，快走，快走！"王化贞顿时吓得不知所措。江朝栋边说边挟着王化贞，径直奔向马厩，但马被窃走，仅剩下两峰骆驼。王化贞带着四箱行李，用两峰骆驼装载，在江朝栋及二友二仆的陪护下赶到城门。此时城门已被叛兵把持，不让王化贞出城。叛兵要打开箱子检查，王化贞说："这些都是往来书信，并没有其他东西！"叛军破开箱子，果然没有发现其他东西，恼羞成怒，向王化贞打来，结果将其随行一人的脸打破。王化贞于混乱中在江朝栋等三人的护卫下，逃出广宁，狼狈不堪。监军牛维曜、邢慎言也随之逃走。

王化贞弃城逃跑后，广宁中军游击孙得功等，把守城门，控制广宁。

二十三日，孙得功等派七人前往天命汗驻地西平堡，跪请后金军进城。努尔哈赤虽赏给来人印信与银两，遣还他们，但对广宁得来之容易，却没有想到。努尔哈赤表示怀疑，是为一疑。二十四日，后金投明千总石天柱三兄弟（国柱、天柱、廷柱）都在广宁。石天柱从广宁出迎努尔哈赤，并报广宁守城官吏都已逃遁。努尔哈赤这时并不太相信。于是率贝勒大臣，统领大军，开赴广宁。自己不敢贸然进城，是为二疑。努尔哈赤来到广宁城东三里的望昌岗时，孙得功等带领降顺后金的官将、生员、士绅等，已经剃发，抬着龙亭，举旗子，张伞盖，吹喇叭，奏唢呐，俯伏道旁，焚香山呼，迎接天命汗统率后金军进城。努尔哈赤仍不大相信，是为三疑。移居广宁的女真人，也出门迎降。努尔哈赤仍半信半疑，是为四疑。努尔哈赤先令八旗诸贝勒与李永芳同至广宁，扎营教场，使人搜城，是为五疑。最后，努尔哈赤在确信广宁降顺后，才放心地骑马进城，至明巡抚衙门前下马。昨日辽东巡抚的衙门，成为今日后金国汗的行宫。至此，后金占领广宁。

努尔哈赤已经坐在广宁巡抚衙门办公,而王化贞此时却是狼狈异常。二十三日,王化贞一行逃至大凌河,同率领5 000援军的经略熊廷弼相遇。王化贞见了熊廷弼痛哭流涕,说是叛军叛将害了他,他们打开城门降了。熊廷弼冷笑道:"你说六万大军可以一举荡平,现在如何?"王化贞愧不作答。熊廷弼见状只好以言相劝。接着,王化贞建议熊廷弼收拾溃散之兵固守宁远。熊廷弼说:"晚矣!此时兵溃之势,谁与为守?惟护百万生灵入关,勿以资敌足矣!"于是,熊廷弼把自己所带的5 000兵留给王化贞作为殿后,引领溃散军民往山海关行进。其时,熊廷弼在右屯有兵万人亦逃,所过宁远、前屯诸堡,都纵火焚之。辽人相随逃入关内者有数十万之多。逃兵十余万至山海关下,王象乾以总督莅关,闭门不纳。熊廷弼赶到关下,按剑叱关吏开门,这才让众人入关。当时正是隆冬时节,数十万辽西难民,"携妻抱子,露宿霜眠,朝乏炊烟,暮无野火,前虞溃兵之劫掠,后忧塞虏之抢夺,啼哭之声,震动天地"(《三朝辽事实录》卷七十二)。明朝腐朽的统治,后金贵族的铁骑,给辽西人民造成多么悲惨的境况!

熊廷弼、王化贞等也先后进关。唯有兵备道参政高邦佐独赴松山,长叹道:"不能存广宁,何颜入关!"以身报国,自缢而死。

后金占领广宁后,休整十天,准备向山海关进军。八旗大军途经大凌河、小凌河、松山、杏山、塔山等镇堡,行至中左所,沿途百余里,满目荒凉,人烟断绝,几无所得,便返回锦州。这时广宁西的义州(今辽宁义州),地处冲要,尚在坚守。努尔哈赤派二子代善、八子皇太极领兵攻打义州。义州守将不听招抚,闭门拒降。代善与皇太极兄弟下令攻城,经过八个多小时的激战,城被攻破,斩首3 000级。义州是广宁失陷后整个辽西唯一抵抗的城堡。

后金占领广宁,并连陷义州等四十余城堡,将广宁等地数百万饷银、粮食、军器、火药、马牛、布帛等运回辽阳,并把辽河以西的人民驱赶到河东。以右屯卫为例,被驱赶的人口有14 728人,被掠走的牲畜为6 197头,被运走的粮食有503 681石。

二月，后金军放火烧毁广宁城。撤离广宁、义州等城，返回辽阳。

广宁之役，明朝从全国调募数以十万计的兵员，或成为鬼魂，或沦为溃兵；投入数以百万计的财富，或化为一堆灰烬，或转入后金之手！后金获得大量粮食、人口、牲畜、金银、物品等，进一步充实了其军事与经济实力。后金攻占广宁，进入辽西，威胁关门。明朝遭广宁之败，关外局势，更趋恶化，社会危机，更为深重。

明军失陷广宁，追究失事责任，熊廷弼自然要承担首要责任。接下来，就要讲到熊廷弼的命运。

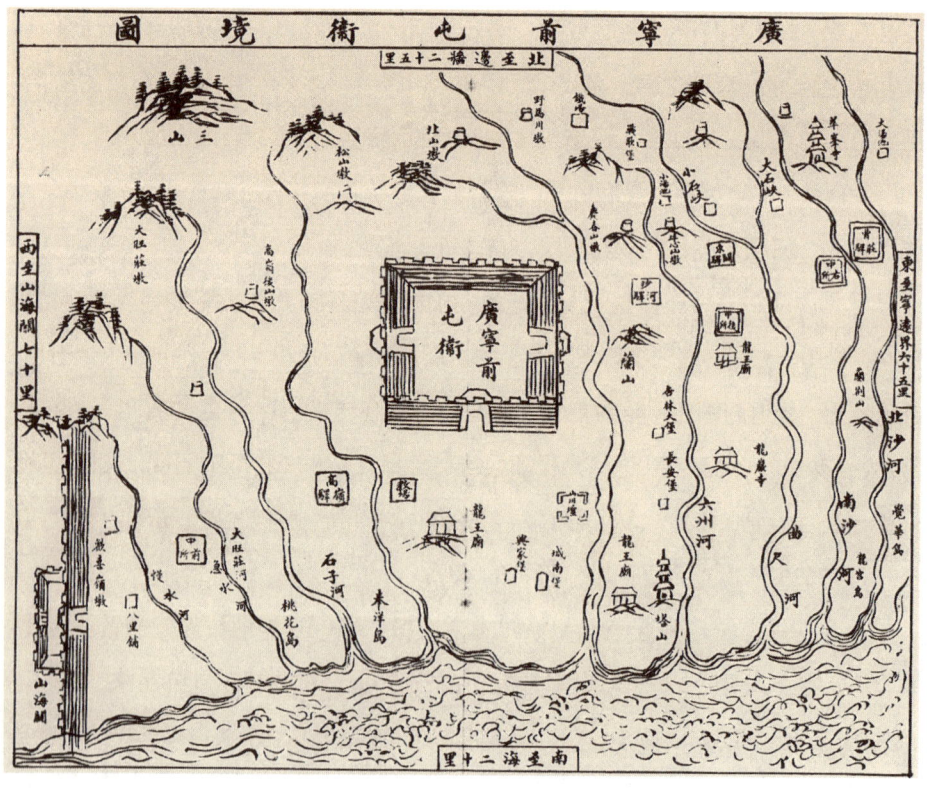

《广宁前屯卫境图》（《全辽志》插图）

第十三讲 传首九边

熊廷弼先后三次赴辽，又三次遭贬，最后被传首九边。熊廷弼在辽东这段人生，与袁崇焕有惊人的相似之处。

一、三次赴辽

熊廷弼（1569—1625），字飞百，明湖广江夏（今湖北省武汉市江夏区）人，比袁崇焕大15岁。万历二十五年（1597年）乡试第一。第二年考中进士，年30岁。后任御史。他身高七尺，满腹经纶，做事雷厉风行，刚正不阿，以严明著称；有兵略，擅武艺，能左右射；但是也有刚烈自负、好谩骂人、不为人下的弱点。

熊廷弼一生最重要的事情就是三次赴辽，从万历三十六年（1608年）到天启二年即天命七年（1622年）的十四年间，也就是熊廷弼从40岁到54岁，曾经先后三次赴辽，对当时辽东战局产生重大影响。可以说，熊廷弼同辽东结下不解之缘，其成在辽东，败也在辽东。

第一次赴辽：万历三十六年（1608年），熊廷弼为巡按辽东御史。都察院官员在内为御史，在外为巡按。官品不高（正七品），权却很大，代天子巡守，负责考察大臣、审录囚犯、查算钱粮、振刷风纪等。熊廷弼到了辽东，杜馈遗（杜绝馈赠送礼），核军实，察官吏，一时官场风气大为好转。《明史·熊廷弼传》记载了一个有趣的故事：有一年大旱，熊廷弼巡行金州，祝祷城隍神，约定七日内下雨，如不下雨，就毁其庙。后熊廷弼离开金州到了广宁，超出约定三天，还不见下雨，他大书一块白牌，封剑，派人前往金州斩城隍神。结果派去的人还没到，风雷大作，暴雨如注。这个记载未必属实，但活灵活现地反映出熊廷弼敢于斗争的性格和果断处事的作风，也说明辽东百姓对熊廷弼敬畏若神。后来，熊廷弼因督学时杖死生员而遭弹劾，离职回乡，等候调查。

第二次赴辽：万历四十七年即天命四年（1619年），明军萨尔浒大败之后，熊廷弼代杨镐为辽东经略，这年他整整50周岁。熊廷弼第二次赴辽是受命于危难之时，他在京师陛辞时，开原已失。他刚出山海关，铁岭又陷。辽东经略熊廷弼抵辽阳后，展现在他面前的是一片残破凋敝的景象——

官将：明自丧败以来，辽军总兵以下官将死者五六百员，降者百余员，辽将、

熊廷弼像

援将已是一扫净尽，残兵四散，皆无人统率；幸存者也是一天到晚提心吊胆，畏敌如虎。

兵士：辽军中残兵，身上没有甲胄，手中没有武器，平时在军营里混口饭吃，战时装死扮活，不肯出战；招募来的兵，多为无赖之徒，不习弓马；援兵，更为滥竽充数，弱体朽甲，不堪入目。

辽民：辽东人民在一年之间，或全城死，或全营死，或全寨死，或全家死。军散之日，辽、沈余民，放声大哭。人有百死，而无一生；日有千愁，而无一乐。家家抱怨，在在思逃。逃难的辽民，草根树皮吃尽，竟然父子相食。

军器：明自抚顺、清河失陷以来，百年所藏贮盔甲、弓箭、刀矛、枪炮等军器，一空如洗。军士所持，弓断弦，箭无镞，刀刃钝，枪柄朽。

粮饷：户部连续三个月不发给粮饷。熊廷弼说："岂军到今日尚不饿，马到今日尚不瘦不死，而边事到今日尚不急耶！军兵无粮，如何不卖袄裤什物，如何不夺民间粮窖，如何不夺马料养自己性命，马匹如何不瘦不死！"（《明通鉴》卷七十六）

战马：辽东原有战马数万匹，兵败之后，一朝而空。所余马匹，瘦弱不堪。除因短料缺草外，很多是军士故意给马断绝草料，设法致死，以使自己免于出战。甚至有无故用刀将马刺死者。

熊廷弼面对这一严重局面，采取措施，力挽狂澜。他上疏阐明辽东形势，力主坚守沈阳和辽阳。他采取整顿措施：第一，亲自巡视各地，斩杀贪官懦将；第二，筹措粮饷，招集流亡；第三，修整器械，缮治城池；第四，激励士气，任用辽官（就是提拔辽人做辽官）；第五，联合朝鲜，加强东翼；第六，

熊廷弼《按辽疏稿》

借助蒙古，策应西翼；第七，利用海上，适时侧击；第八，疏陈方略，布兵固守。这些守辽方针和策略，不仅在当时收到很好效果，而且给三年后袁崇焕守辽提供了经验（以后还会讲到）。

熊廷弼在当时做这些事非常困难，这里举一个例子。

熊廷弼初抵辽阳，派佥事韩原善往抚沈阳，韩害怕不敢去；无奈之下，又派佥事阎鸣泰去，阎鸣泰走到城外不远处的虎皮驿吓得恸哭而回。于是，熊廷弼亲自巡历，自虎皮驿抵沈阳，又乘雪夜到抚顺，勘视屯扎形势。总兵贺世贤以距离敌人太近，恐有不测为由，极力劝阻。熊廷弼说："像这样冰天雪地，敌人一定想不到明朝的经略会冒险去抚顺！"于是鸣着鼓角进了抚顺关，处理完事宜后又安全返回。后金得到明朝熊经略巡边的消息后，天命汗命令用树木石块堵住山口，以防明军袭击。从这件事情可以看出熊廷弼的胆略和正气。

熊廷弼镇辽一年，整顿了濒于溃散状态的军队，稳定了陷于混乱状态的前线，守备大固，功绩卓著。史评其事功曰："一时大臣，才气魄力，足以搘拄（zhī zhǔ）之者，唯熊司马一人耳。"（《明辽东经略熊公传》）正由于此，后金在一年之中没敢发动新的进攻。

正当熊廷弼整顿辽东已见成效的时候，朝廷却把辽东防务交给了袁应泰，熊廷弼又一次在激烈的党争中离职回乡，等候调查。结果袁应泰守辽，一败涂地，把沈阳、辽阳都丢了。在这种情况下，朝廷又想起了熊廷弼，所以命他第三次赴辽。

第三次赴辽：熊廷弼第三次赴辽，从天启元年（1621年）七月到二年二月，仅仅半年时间，上文我已经讲过，熊廷弼主要做了三件事：

第一件事，制定"三方布置策"。而广宁巡抚王化贞却不服从，两人异见，互不相让。王化贞因为在朝廷有靠山，兵部尚书张鹤鸣主持的九卿科道会议支持王化贞，对熊廷弼则"斟酌推用"。天启帝尚未做最后决定，因后金军已经发动进攻而作罢。所以"三方布置策"实际上并未落实到位。

第二件事，指挥西平之战。熊廷弼部署以西平堡、镇武堡、闾阳驿、镇宁堡等四堡屏障广宁，阻击后金军进犯。在西平堡被困时又调动军队增援，并亲自率领5 000援军前往增援。虽打得英勇，却丧尽精锐。此役败北，明失西平。

第三件事，弃守广宁而退。熊廷弼率领5 000援军增援广宁，碰到王化贞从广宁逃出。这时，广宁还未落到后金之手，被叛将孙得功把持。但是，熊廷弼未带援军进城抗敌，也未在辽西其他城堡组织抵抗，而是掩护数十万溃散军民，撤进山海关内。最后，广宁叛军开门迎降，明朝失去辽西镇城。

熊廷弼第一次赴辽，声名有嘉；第二次赴辽，整顿有方；第三次赴辽，有功有过——建言辽东布局，广宁指挥失误。最后结局，传首九边。

二、传首九边

广宁兵败，京师大震。经略熊廷弼、巡抚王化贞自然要承担广宁兵败的责任。熊廷弼与王化贞，作为天启帝最为信赖的辽东经略和巡抚，负责辽西之战守。庙堂付之于重托，朝野寄之于厚望。熊廷弼的才望，为人们所推重。朝廷认为他经略辽西，定会抵挡后金军进犯，使局势转危为安，甚至收复辽阳、沈阳，重新占有辽东。事实却完全相反，他们弃守广宁，带领军民溃退，将辽西土地、人民、城堡、粮食和财物，拱手让给后金。

按照明律，封疆失守，"情罪深重，国法难容"。然而，处理熊、王二人，又引发庙堂上不同政治派别、不同利益集团，纷纷登堂表演，党争更加激烈。熊廷弼先后被——

一是停职调查。

二是革职回家。

三是下狱听勘（就是把熊廷弼关在监狱里继续调查）。

四是审议论斩（"论斩"还不是杀，打个不太贴切的比方就是"死缓"，不是立即执行）。

五是传首九边（杀了头之后还要将其头颅传示九边）。

熊廷弼案的处理过程，从天启二年（1622年）二月到五年（1625年）八月，时间长达三年半，可以说是步步升级。

熊廷弼被"传首九边"是有党争背景的。这期间，正是阉党与东林党发生激烈党争之时。天启四年（1624年）六月，东林党左副都御史杨涟劾魏忠贤二十四大罪，左佥都御史左光斗草奏魏忠贤三十二斩罪，公开对抗权阉魏忠贤，并替熊廷弼申辩。魏忠贤吓得绕着天启皇帝御床哭诉申辩，结果年幼的天启皇帝袒护魏忠贤；五年（1625年）七月，魏忠贤等反咬一口，诬杨、左"纳熊廷弼贿"。事实上，熊廷弼"不取一文钱，不通一馈问"，阉党纯属诬陷。然而，杨、左被逮捕下诏狱。在捕左光斗时，《明史·左光斗传》记载："父老子弟拥马首号哭，声震原野，缇骑（tí qí）亦为雪涕。"他们惨遭酷刑而"夜毙"，不明不白地死去。杨、左虽冤死，"俸薄俭常足，官卑清自尊"（《罪惟录·左光斗传》）却成为后人的座右铭。在此前后，东林党首辅叶向高、大学士孙承宗和韩爌、左都御史赵南星等相继去职，东林党全面溃败，出现"一切大权，尽归忠贤"的宦官专权政局。熊廷弼就是在这样的背景下被"传首九边"的，后来袁崇焕也是在这种极端恶劣的局面下赴辽东任职的（以后要讲到）。

天启五年即天命十年（1625年）八月，辽东经略熊廷弼以"失陷广宁""纳贿贪赃"的罪名，被处以死刑，籍没家产，暴尸不葬，传首九边——即将其首级传到辽东、蓟州、宣府、太原、大同、延绥（榆林）、固原、宁夏、甘肃九个边镇，以儆效尤。熊廷弼死后被抄家，抄家时逼迫他的长子兆珪交出三十万两"赃银"，兆珪被迫自杀死，"兆珪母称冤"。女兆瑚呕血死。当地（江夏）知县王尔玉为向阉党讨好，竟命"去其两婢衣，挞之四十"，当地官员和百姓无不对王尔玉咬牙切齿。

王化贞虽得到阉党支持，也终未逃得一死。七年以后，崇祯五年（1632年），朝廷追论广宁失守之事，在众多廷臣的坚持下，崇祯帝命将王化贞斩于西市。

明代《九边图》之大同

熊廷弼之死，时人认为："廷弼不死于封疆，而死于局面；不死于法吏，而死于奸珰。"（《明史纪事本末》卷六十六）对于熊、王之死，计六奇在《明季北略》中评论说："广宁事，廷弼以控扼山海而罪其西奔，然王化贞一败实为首罪，廷弼但不能收散卒固守宁前耳。惟杀化贞而戍廷弼，始称平允，至于传首九边，过矣！"

刑章颠倒，明祚倾危。熊廷弼之死，不仅使明朝失去一位优秀的统帅，而且使后金少了一个刚毅的对手。然而，熊廷弼对失守广宁是否有责任呢？

三、廷弼之失

尽管熊廷弼做了党争的牺牲品，传首九边，蒙受大冤，但是，今天我们总结历史经验教训，不得不考量熊廷弼作为广宁之役明朝辽军的主帅，在兵略和指挥方面的失误。论者不能以怜悯熊廷弼个人悲剧的结局，而忽视对其失误做理性的评判。

第一，于"三方布置"，熊廷弼有三个疏忽。熊廷弼守辽战略方针的"三方布置策"，自明末、清代、民国以来，学者所论，多数赞成，认为是积极防御思想，可以实现，应当肯定。虽然熊廷弼较其前的袁应泰、其后的王在晋，对辽东军事上有一个总体的战略布局，但是，细加分析，熊经略"三方布置策"之失，至少可以列举三点：

其一，三方布局，不切实际。所谓的"三方布置"，只是停留在纸面上，不具有可操作性，没有达到实际的防御作用。

其二，海上舟师，望梅止渴。在中国古代军事史上，尚无天津、登州、莱州水师入辽败敌、收复失地的先例。虽津门为运道咽喉，疏请天津设立巡抚，却只能加强粮料补给；若水师渡海在辽南作战，必定遭后金骑兵围歼。

其三，借兵朝鲜，一厢情愿。朝鲜军在萨尔浒之役，兵没帅俘，剧痛犹新。熊廷弼企望朝鲜"尽发八道之师，连营江上，助我声势"（《明史·王化贞传》），不过是纸上谈兵,虚泛之见,不切实际。

由上可知,熊经略三赴辽东,其前功可奖,忠心可嘉,雄心可钦,冤死可悯;但其"三方布置策",未料彼己,浮泛不实,断难操作。如按其策行,即使没有王化贞掣肘,辽阳也肯定不能收复,广宁也难保不失。

第二,在广宁之战中,熊廷弼有三个失误。

其一,未能集中兵力,凭城固守。面对后金6万到8万八旗军队的进攻,熊廷弼应该采取什么策略?就应该是四个字:凭城固守。但事实上他没有这样做,先是沿河设了防线,结果后金骑兵踏冰而进。第二道防线是一个"品"字形布局,西平只有3000军队,根本抵挡不住后金军队的进攻。镇武和闾阳的3万多援军,恰好中了努尔哈赤的围城打援之计,与后金骑兵在平原野战争锋,结果全军覆没。熊廷弼在广宁之战中没有把这十几万军队收缩,集中来保卫广宁,而是把军队分散了。后金长于围城打援,明军已有多次血的教训——抚顺张承胤,开原马林,沈阳贺世贤,辽阳杨宗业等。而熊经略未能汲取这些血的教训,再次指挥明军与后金骑兵平原争锋,以短击长,导致失败。

其二,未能赴汤蹈火,坚守广宁。熊廷弼驻右屯,距广宁40里,有兵5000人。在广宁处境危险时,没有及早赴援,而是观望不前。以熊廷弼之声望、

明代绛纱袍

地位和权势，危难时机，坐镇广宁，可以稳定军心，不致军民溃乱。王化贞在弃守广宁之前，城内守军尚有16 000余人，"守御之具甚设，即贼至城下，未必可攻而入也"（《三朝辽事实录》卷七）。若熊廷弼不计党争恩怨，以所带5 000人共守全城，再调各堡兵马，可达3万以上，是可以抵挡一阵的。熊廷弼计不及此，是畏敌，还是要抓王化贞的笑柄？他的真实想法，是个历史之谜。当然，他率百万难民入关，缓和了拥溃，护卫了生灵！

其三，未能收拾散卒，御守宁前。当时虽然失去广宁，还有锦州、大凌河、小凌河、宁远、前屯、中后等多处要塞，只要稍加整顿，凭城固守，互相援应，是可以抵挡后金军攻势的。后来袁崇焕孤军坚守宁远，打退努尔哈赤进攻是一史例。熊廷弼还没见后金一兵一卒，居然闻风而退，不敢停留关外，轻率地做出决定，放弃河西大片土地，军民一体撤出关外。王化贞的错误是弃守广宁，熊廷弼的错误则是丢弃辽西。由此，将山海关暴露于后金面前，将京师置于极为危险的境地。

总之，熊廷弼为人刚正清廉，有胆有谋，为挽救辽东危局做出了贡献，是整个明末辽东主帅中少有的人才。但是，熊廷弼长于谋划布局，短于带兵实战；长于争言大计，短于肝胆气节。他在与敌人交锋时指挥失当，又身陷党争，做了明朝腐败政治的牺牲品。

有人说，广宁之失在于经抚不和。诚然，经抚不和是明朝丧失广宁的一个重要因素。但是，《尉缭子》曰："兵者，凶器也；将者，死官也！"将帅统兵与敌争战，胜则庙堂受赏，升官晋爵；败则降官受罚，甚至丧身。将者既为死官，则应预先把自己置于死地，而后方可不死。如熊经略临危出关，身守广宁，胜或功罪相抵，败或捐躯殉国——七尺之躯，死得壮烈，庙堂受谥，名垂千古！何至传首九边，罪连妻孥，殃及母子。

所以，熊廷弼一次赴辽，二次赴辽，胆略可嘉；三次赴辽，节气有亏。远的不说，就在这次广宁之战中，涌现出的节烈之士就很多。

第一，西平守将、副总兵罗一贯以3 000人守城，寡不敌众，城破，决心殉国，望阙再拜，曰："臣力竭矣！"遂自刎而死。

第二，兵备道参政高邦佐不退到山海关，而独赴松山，长叹道："不能存广宁，何颜入关！"以身报国，自缢而死。

第三，辽东巡按方震孺在任上为了辽东的防务日夜奔波，"居不庐、食不火者七月"（《明史·方震孺传》）。广宁之战时他任职期满了，要调任他职，途经宁远，见祖大寿退守到觉华岛，便渡海上岛对祖大寿说，你岛上有退兵，有粮饷，应该上岸抵抗，并且说："将军归，相保以富贵；不归，震孺请以颈血溅将军！"（《明史·方震孺传》）大寿泣，震孺亦泣，遂相携以归！

这是三条英雄好汉。还有刘渠、祁秉忠、刘征、黑云鹤。相比之下，熊廷弼缺乏赴汤蹈火、生死不顾和铁肩担道义、与城共存亡的气节！知荣止耻，廷弼为戒！《明史·范志完传》评曰："惜乎！廷弼以盖世之材，褊性取忌，功名显于辽，亦隳于辽。假使廷弼效死边城，义不反顾，岂不毅然节烈丈夫哉！"

后来的袁崇焕，在气节这一点上要胜过熊廷弼。

第十四讲 英雄家世

熊廷弼离开辽东后，在以后的辽事中，也可以说在明亡清兴历史上，起到关键作用的人物——袁崇焕，即将站到历史舞台的中央。认识袁崇焕，还要从他的家世和青少年时代谈起。

袁崇焕的青少年时代，主要的特点就是四个字——"读书励志"。如果从他6岁开始读书算，到36岁中进士，其间整整30年。袁崇焕的这30年，主要通过考秀才、考举人、考进士，走上了一条读书、修身、齐家、治国、平天下的道路。

一、少年传说

袁崇焕，字元素，号自如，生于万历十二年（1584年）。《东莞县志》记载他的生日是四月二十八日（公历6月6日）。袁崇焕出生的前一年，清太祖努尔哈赤以父、祖"十三副遗甲"起兵，拉开了明亡清兴历史的帷幕。努尔哈赤比袁崇焕年长25岁，但谁也没有想到：四十三年之后，袁崇焕竟然成了努尔哈赤的克星。

有关袁崇焕幼年的生活，当时的历史文献和历史档案没有留下记载。《明史·袁崇焕传》只记载了他的籍贯：

> 袁崇焕，字元素，东莞人。

据崇祯年间的《东莞县志》记载，袁崇焕的祖父袁世祥，父亲袁子鹏，世居广东东莞袁屋墩，即今广东省东莞市石碣镇水南村。石碣镇被誉为"东江明珠"，介于广州与深圳之间。袁崇焕的祖父袁世祥从广东东莞到广西梧州府（今梧州市）经商，主要经营木材、药材生意。后来，在广西梧州府藤县开店，盖房定居。袁宗焕的祖父母的坟墓都在藤县。他父亲继续经商，母亲叶氏，叫什么名字没有留下记载。袁崇焕兄弟三人。袁崇焕青少年时，经常随家人乘船往返于东莞和藤县，求学探亲，游览风光。

袁崇焕少年时代的生活，没有文献记载，却留下了传说。

第一个传说。近年当地集资在水南建了"袁崇焕纪念园"，园里重建了"袁崇焕故居"。故居里面有一口井，井旁种植莲花。传说袁崇焕的母亲从小教育他要学莲花，出淤泥而不染，因此这口井就叫"莲花井"。这是后人根据周敦颐《爱莲说》而附会的。

第二个传说。据说在袁崇焕上学的路上，有一座土地庙，庙里供着土地神。袁崇焕看到土地神不去关外守护国土，却在南国庙里坐享百姓香火，于是每当放学回家路经土地庙时，总要在庙前驻足，面对着土地神念念有词地说："土地公，土地公,为何不去守辽东!"这个传说说明袁崇焕小时候就关心国家大事,有为国报效的宏伟志向。

这两个故事大家不必当真,因为没有文献记载,只可作为了解袁崇焕少年时生活的参考。

然而,袁崇焕在青少年时代,的确受到了爱国精神的熏陶。在水南村旁东江边的铜岭上,至今矗立着一座"榴花塔",又叫"熊飞塔"。当年南宋首都临安(今杭州)失陷,文天祥等退守到广州。蒙古骑兵进攻东莞,乡民熊飞率领民众抵抗,激战于铜岭,壮烈而死。乡人在明万历年间建造"榴花塔",以纪念东莞英雄熊飞。袁崇焕青少年时期常到东江边,注目铜岭,仰望高塔,受到民族精神的教育。

袁崇焕有一番凌云之志,他的《咏独秀山》五言绝句云:

玉笋瑶簪里,兹山独出群。
南天撑一柱,其上有青云。

从这首诗可以看出来,袁崇焕青少年的时候,就立下一个宏大的志向,要为国做栋梁之材。

袁崇焕的家庭是亦农亦商,但他既不想种地务农,也不愿奔走行商,而有志于读书上进,求得功名,光宗耀祖,报效社稷。袁崇焕读书科考的过程,是当时知识分子共同的道路。他一面学习儒家传统文化,一面领会爱国亲民理念。"四书"中的《大学》曰:"一家仁,一国兴仁;一家让,一国兴让。"意思是一个家庭讲"仁义"的话,全国都兴仁义;一个家庭讲"谦让"的话,全国就兴谦让。强调国家的风气是从一个个家庭开始的。这样,袁崇焕就受到三种文化的熏陶:农民的勤劳质朴、商人的灵活机变和儒家的修身治国。这三种文化,成为他后来报效国家、建立功业的文化基础。下面,我们就看看袁崇焕是怎样在这三种文化的滋养下,一步步走上报国为民之路的。

二、考取举人

明朝科举，先考秀才。考秀才之前，报名要填写籍贯、三代履历、同考五人联保，还要请一位廪生作保。秀才的考试要经过三道关：第一是县考，知县主持；第二是府考，知府主持；第三是院考，省学政主持。考中者为秀才。袁崇焕学习非常刻苦，他于万历二十五年（1597年）补为弟子员，时年14岁。也就是说，袁崇焕在14岁那年，已经取得秀才的资格或身份。这在当时很不容易，很多人年过花甲还没有考取秀才。不要说明朝，就算我小的时候，也知道秀才很难考。当时我所在的那个村子，有一位老先生，已经儿孙满堂、胡子很长了还没有考取秀才。而他是周围几个村子文化最高的，各家办红白喜事都要请这位老先生去。袁崇焕14岁就考取了秀才，说明他既聪明又用功。我经常跟学生说，要想做出成绩，一要聪明，二要用功，你光聪明不用功不行，你光用功不开窍儿也不行。现在许多小孩很聪明，但就是贪玩，那不行，中国人聪明的多的是。

袁崇焕考取秀才之后，入藤县的县学读书。此间有一首《游雁洲》诗，诗中写道：

雁信连宵至，洲边与往还。
阵遥鹏欲化，队整鹭同班。
烟水家何在？风云影未闲。
登科闻有兆，愧我独缘悭。

这首诗出自清朝广西学政（相当于今省教育厅厅长）梁章钜编纂的《三管英灵集》。原诗有一条小注："予居平南，初应童子试，被人讦告，今改籍藤县，故云。"这下问题就来了，袁崇焕早年上学究竟是在藤县还是在平南？为了这件事情，1980年，我曾经实地去考察了一次。当时我们院长批给我300块钱，从北京到广西平南、藤县、梧州，又到广东东莞，整个跑了一下，回来剩了三块钱。在明代，广西藤县属于梧州府，平南县属于浔州府，这两个府相邻，平南县和藤县这两个县又相邻，两县之间隔了一条河叫白马江，白马江的两岸都有村子，都叫白马村。那袁崇焕这个学是在哪边上的啊？平南人说他是平南的，藤县人说他是藤县的。

学界对这个问题也有争议：

第一，《游雁洲》这首诗，是否为袁崇焕所作？否者，其理由是《袁督师事迹》里没有收录这首诗。当然，仅以《袁督师事迹》没有收录这首诗为理由，断定这首诗不是袁崇焕作的，显然理由不充分。是者，其理由是《三管英灵集》里收录了这首诗。当然，以梁章钜收录此诗为依据，显然理由也不充分。所以，到现在为止，还无法科学而可信地确定这首诗是不是袁崇焕所写。

第二，袁崇焕的学籍，是平南，还是藤县？平南的学者认为：袁崇焕本来是平南籍，因被人讦告，而改藤县籍。藤县的学者则认为：袁崇焕学籍在藤县，他听说平南那儿当年有吉兆，考学命中率高，所以才到平南那儿上学去了。后来平南有人发现他占了名额，告发了，他就又回来了。从《游雁洲》的内容分析，似乎后一种解释更合乎诗的原意。所以，袁崇焕的县学，主要是在藤县上的。

与此有关的就是袁崇焕的籍贯问题。李济深先生撰《重修明督师袁崇焕祠墓碑》说："督师为广东东莞人，而以广西藤县通籍。两粤人士，感今怀古，用纪其事于石，以谂来者。"有诗云："县志至今传两地，田园犹在不须争。"就是说，袁崇焕原籍是广东东莞，后落籍广西藤县，两广都是他的故乡，大家不用争了。我说袁崇焕是我们中华民族共同的英雄，广东人尊重他，广西人也尊重他，非两广的各省人也尊重他。

现在回过头来说袁崇焕的读书和科考。生员（秀才）有严格的纪律：奸盗、冒籍、宿娼等罚充膳夫，期满为民，追回廪米。还有严格的考试制度，每年要举行岁考，岁考分六等，考到第四等要受到责罚，考到第五等要降等，考了第六等就要除名。袁崇焕在上学的时候始终是学习优秀，名列前茅。这样他就要参加举人的考试，也就是乡试。

乡试每三年一次，秋天举行，也称"秋闱"，在省城考试，由主考官主持，考试三场，每场三天，一共考九天，考中为举人。万历三十四年（1606年），袁崇焕在广西桂林丙午科乡试中，考中举人。这年他23岁。对当时的全国生员来说，考中举人是一件大事。举人每科名额，各省数量不同，人数不多，读书之人，皓首穷经，很难得中。《儒林外史》中的范进，因考中举人，高兴得发了疯。清朝《聊斋志异》作者蒲松龄，19岁中秀才后，参加乡试，屡试屡败，"三年复三年，所望尽虚悬"，到老也没有考中举人。袁崇焕23岁中举，年龄不算太大，是比较早地得到了举人的功名。袁崇焕考中举人很高兴，他的心情可从《秋闱赏月》诗中得到反映：

战罢文场笔阵收，客途不觉遇中秋。
月明银汉三千里，歌碎金风十二楼。
竹叶喜添豪士志，桂花香插少年头。
嫦娥必定知人意，不钥蟾宫任我游。

因为考中举人，觉得似乎嫦娥都很高兴，不锁宫门，任自己去蟾宫折桂，这首诗表现出袁崇焕中举后的由衷喜悦之情。

袁崇焕考中举人之后，当然接着就要考进士，下面我们讲他怎么样刻苦学习，不怕挫折，考中进士。

三、金榜题名

明朝非常重视科举考试，做官通过科举考试为正途出身，会得到社会各方面的尊重。《明史·选举志》说，天顺以后，"非进士不入翰林，非翰林不入内阁"。所以当时的知识分子，几乎都把考中进士、金榜题名作为人生读书科考追求的目标。

考进士分两次，第一次叫会试，第二次叫殿试。会试由礼部主持，考试的地

北京贡院旧影

点在贡院,就是今北京火车站马路北面,现在地名还叫贡院胡同,大约有9 000间号舍,考试分三场,每场三天。贡院的号舍很小,仅容一个人,里面有上下两块板,下面的板做凳子用,上面的板做书桌用,晚上把上面那个板撤下来,两块板拼到一起,做一个简单的床。考生进去之后,要把门锁上,每一间号舍门口有一个大兵看守,防止作弊。

袁崇焕考进士,像其他举子一样,要先参加会试。会试,在乡试的第二年春天举行,也称"春闱"。袁崇焕参加会试很不顺利,从23岁中了举人之后就开始考进士,一直考到36岁才得中。中间共有五次机会,就是他可能有四次没有考中。袁崇焕也有过落第的苦恼,其《下第》诗云:

> 遇主人多易,逢时我独难。
> 八千怜客路,三十尚儒冠。
> 出岫云应懒,还枝鸟亦安。
> 故园泉石好,归去把渔竿。

从诗中看，他有一点灰心了，不想考了，想回去持竿钓鱼了。但是，经过思想斗争，袁崇焕又下定决心，更加努力，参加科考。

明朝人董其昌的《画禅室随笔》里面讲过一句话，大家都很熟悉了，叫"读万卷书，行万里路"。袁崇焕从南方到北京来参加考试，往返应当是五次，在这个过程中，了解山川地理、风土民情、社会习俗，磨炼性格意志，增长人生智慧。他说："十四公车，强半在外，足迹几遍宇内。"意思是说，从14岁参加科举考试以来，他大半时间都在外游历，足迹几乎遍及全国。他喜欢同好朋友谈天说地，纵论山川形胜、兵戈战阵之事。所以，袁崇焕是一位既读万卷书，又行万里路的知识分子。

"苦心人，天不负。"袁崇焕会试考中，成为贡士。接着，他又参加最高一级的科举考试——殿试。

明朝制度，会试在二月初九日开始，十五日结束。三月初一日殿试，也称廷试。万历四十七年（1619年），袁崇焕在北京通过会试和殿试（廷试），考中万历己未科第三甲第四十名进士，时年36岁。这一科的状元是庄际昌，所以万历己未科进士又称"庄际昌榜"进士。榜眼是孔贞运，探花是陈子壮。今北京孔庙进士题名碑还刻着袁崇焕的名字。此碑第三甲第四十名进士镌刻着："袁崇焕，广西藤县籍。"袁崇焕考中进士，这是很不容易的。查《藤县志》，整个有明一代共276年，广西藤县只有五人中进士，平均55年才出一名进士，也就是说，全县大约两代人才出一名进士。可见袁崇焕由藤县籍考中进士，是多么不容易，多么艰难。

袁崇焕中进士的这一年、这一月，也就是万历四十七年（1619年）三月，明朝遭遇萨尔浒惨败。萨尔浒大战，从某种意义上说，既决定了明皇朝的历史命运，也决定了袁崇焕的个人命运。袁崇焕这个向来关心国事、边事的新科进士那时在北京，一定会听到不少辽东战事的消息。他亦喜亦忧——喜的是高中进士、金榜题名，忧的是明军大败，局势严重，心情一定很复杂。

第十五讲 单骑阅塞

前面我讲了袁崇焕高中进士之时,正是明军在萨尔浒大败之期。

命运似乎已悄悄地将袁崇焕与辽东战事拉在了一起。但是,这次袁崇焕与辽事只是擦肩而过,当时谁也没有想到这位新科进士会和辽事有什么联系,包括他自己也不会想到。

袁崇焕考中进士后,没有立即被朝廷分派做官。等待了一段时间,第二年有了知县的缺,他受朝廷委任,为福建邵武知县。下面先简要介绍一下袁崇焕为官邵武时的情形。

一、邵武知县

邵武，即今福建省邵武市，位于福建西北部，武夷山南麓，濒临闽江支流富屯溪，位置重要，为"八闽屏障"。

万历四十八年（1620年），37岁的袁崇焕被朝廷任命为福建邵武知县。这是他平生第一次做官，在任上规规矩矩，敬敬慎慎。其《初至邵武》诗表现了他初次为官时的心态：

> 为政原非易，亲民慎厥初。
> 山川今若此，风俗更何如。
> 讼少容调鹤，身闲即读书。
> 催科与抚字，二者我安居。

邵武和平镇街巷

直到天启二年即天命七年（1622年），袁崇焕一直在邵武县令任上。虽然为官只有短短的三年时间，却清廉有声，尽心为民。

具体言之，袁崇焕在邵武知县任上，做了五件重要的事情：

第一，为民救火。乾隆《邵武府志》记载，袁崇焕"素趫（qiáo）捷有力，尝出救火，著靴上墙屋，如履平地"。这说明身为县令的袁崇焕，不摆官架子，不搞特殊化，视同布衣，亲民爱民。在皇朝时代，作为一县的父母官，能亲自上房，为百姓救火，这确实是难能可贵的。同时，这段资料还让我们看到了一位身手矫捷的县令袁崇焕。

第二，平反冤狱。袁崇焕到任之后，有县民到县衙申诉冤屈。袁崇焕接到诉状后，仔细查证，秉公办事，折狱公断，为民申冤。为此，乾隆《邵武府志》记载："明决有胆略，尽心民事，冤抑无不伸。"袁崇焕这种"明决有胆略"的特质，后来在辽东表现得淋漓尽致。

第三，关心辽事。袁崇焕中进士那年，明军在萨尔浒之战中四路大军两双败北，接着丢失开原、铁岭；任邵武县令时，明军又丢掉辽东重镇沈阳和辽东首府辽阳，后金都城迁到辽阳。其时，明廷朝野震惊，京师九门紧闭。明朝辽军败退消息，不断传到福建邵武。袁崇焕虽身在"八闽"，却心系辽东。他在公务之暇，了解边事。夏允彝《幸存录》记载："为闽中县令，分校闱中，日呼一老兵习辽事者，与之谈兵，绝不阅卷。"袁崇焕了解辽东边事，为后来军旅生涯做了初步准备。

第四，聚会奎英。袁崇焕企盼做一番大事业，就要联络、组织志同道合者，为共同理想而奋斗。他在走上仕途的第一站——邵武知县任上，便为而后要迈越的征途铺垫基石。如袁崇焕在邵武招纳的军人罗立，后在固守宁远之战中发挥了很大作用。天启六年即天命十一年（1626年）正月二十三日，天命汗努尔哈赤率军首攻宁远城，袁崇焕命罗立等向城北后金军大营燃放西洋大炮，一炮发中，"歼虏数百"。这个勇士炮手罗立，就是袁崇焕从闽北邵武招募的，彼此结为心腹，

邵武聚奎塔

辗转跟到宁远，参与宁远之战，立下极大战功。

第五，题词高塔。袁崇焕在邵武为民救火、平反冤狱、关心辽事、聚会奎英的文物标志，是他题写"聚奎塔"。在邵

袁崇焕题写的"聚奎塔"匾额（拓片）

武城西南 42 公里处的和平里（今邵武市和平镇）西南 1.5 公里处有座天符山，聚奎塔就建在天符山上，为六角五层高塔，建于天启元年即天命六年（1621 年）。塔为砖木石混合结构，底层塔门镶嵌黑砚石门额，上面书写"聚奎塔"三个大字。其上款题为："天启元年秋月　吉旦"；下款题为："赐进士第知邵武县事袁崇焕立"。塔额中题"聚奎塔"三个字，阴文、颜体、行楷，舒朗、苍劲、刚挺、圆浑、流畅（见影印拓片）。这方题刻，字迹清晰，完好无损，是至今袁崇焕留下唯一可信的极为珍贵的墨迹与文物。

邵武知县袁崇焕任职三年期满，按惯例朝觐到北京，并趁机到塞外，巡查边防。

二、单骑阅塞

天启二年即天命七年（1622 年）正月，明军广宁兵败，北京大震。关外局势，更趋恶化，社会危机，更为深重。京师朝野官员，可谓谈敌色变。天启帝惊慌失措，抓住首辅叶向高"衣袂而泣"。京师的官宦们，借差出京，望眼欲穿，"苟出春明一步，即为放生之场"。在这里，"春明"是指京城。也就是说，只要迈出京城一步，即是逃生活命之地。会试的举子们："上公车者，但得马首回南，胜似春风得意；点闱中者，一闻燕台选骥，不觉泣对牛衣。"（《三朝辽事实录》卷九）在这里，"上公车者"即是赴京科试者，"点闱中者"是指金榜题名者，"牛衣"原指"编草使暖，以被

牛体"的给牛御寒之物，这里喻指举子的旧衣。也就是说，赴京应试举子，但愿掉转马头南回乡里，比金榜题名更春风得意；侥幸考中进士，一听被选在京师做官，还不如回家披草衣过穷日子。自后金攻陷抚顺以来，明朝在辽东的总兵官，阵亡者共15人，加上因辽事而死的李如柏，共16人。明朝定制全国总兵官只有20人，已经很难往辽东战场派出优秀的将领。

此时，袁崇焕遵照朝廷的规定，从福建邵武来到京师朝觐。这里，我把"朝觐"解释一下。在明朝，朝觐就是京外的地方官员，每三年由布政使率其府、州、县正官到北京，接受朝廷考核。来京的官员一般是各衙门正官，路费自理。朝觐官员于上年十二月初十日前到北京郊外择地而居，二十五日进入京城。要造"事文册"和"纪功图册"，就是述职报告和政绩文书，先报布政司、按察院，再报吏部、都察院。先由布政使和按察使在城外找一座寺观，集中官员，初步考核，并且进行答辩；来年正月分地区考核。袁崇焕所在的福建排在正月初三日，以府为单位，逐个点名召唤，正式进行考核。按照八法——（1）称职，（2）平常，（3）老疾，

明中期《皇都积胜图》

（4）罢软，（5）贪酷，（6）才力不及，（7）素行不谨，（8）浮躁浅露；分五类，区别对待——（1）称职者晋升，（2）平常者复任，（3）老疾罢软无功者闲住，（4）浮躁和才力不及者调离，（5）贪酷者为民。这里我讲一个故事：洪武十一年（1378年），朱元璋对朝觐的官员分三等对待：上等称职无过者赐给坐宴，中等称职有过者赐给立宴，下等有过不称职者站立门旁、不赐宴、宴会散后方许离开。

袁崇焕这次考核的成绩现在已经不得而知，但在此期间发生了一件重要的事情：御史侯恂提请皇帝破格任用袁崇焕。侯恂是东林党人。《明熹宗实录》记载，侯恂上奏："见在朝觐邵武县知县袁崇焕，英风伟略，不妨破格留用。"天启帝采纳侯恂等的建议，授袁崇焕为兵部职方司主事（正六品）。明朝官制，兵部下设武选、职方、车驾、武库四个司。"武选司"管卫所官员的升迁、赏罚等事；"车驾司"管卤簿、仪仗等事；"武库司"管兵械、器仗等事；"职方司"管舆图存报、招募兵员、屯田调饷、修浚城池、整饬军纪、赏功罚过等。职方司有郎中（正五品）一人、员外郎（从五品）一人、主事（正六品）二人。通过这次朝觐，袁崇焕不仅由外官调为京官，而且由正七品升为正六品。

但袁崇焕无心升官发财，只念社稷安危。他在北京的居所里，食不甘味，夜不安寝，要到塞外，了解边情。袁崇焕新任兵部职方司主事不久，没有和任何人打招呼，即"单骑阅塞"，也就是一个人骑马到山海关内外查阅形势。兵部中少了一位袁主事，大家都感到奇怪，他的家丁也不知其所往。不久，袁崇焕还朝，详细介绍山海关的形势，曰："予我军马钱谷，我一人足守此！"

这里说明一下，关于袁崇焕单骑出阅山海关内外的时间，学术界有两种意见：一说是在他朝觐时等待职务变动期间，另一说是他在任兵部职方司主事之后。我认为是在任兵部职方司主事之后。

当时京师文武各官，皆心情畏缩，不敢出关担任辽职。熊廷弼罢官后，朝廷要重新任命一个辽东经略，但谁也不愿意去。当时的兵部尚书张鹤鸣，觉得在自己任上把广宁、义州和关外大片土地都丢了，自请兼任辽东经略，但又迟迟不就职，不久又提出来不做了；于是改派解经邦做辽东巡抚，他借故推托不去。天启帝一怒之下将其免职；接下来派王在晋去，王在晋本不想去，但怕天子降罪，只得硬着头皮出任辽东经略。与此相反，袁崇焕不畏困难，主动请战。袁崇焕请一人守关的豪言壮语，对收拾珍宝准备南逃的大臣，是一剂安神良药。张岱在《石匮书后集》中说："时广宁失守，王化贞与熊廷弼逃归，画山海关为守。京师各官，言及辽事，皆缩朒不敢任。崇焕独攘臂请行。"这件事表现出袁崇焕对国家强烈的责任感。他敢于冒险，敢挑重担，的确胆略过人。同时，这件事也表现出他做事情不按常规出牌，有几分狂气。同僚们赞叹他的勇敢与胆略。

朝廷破格提拔袁崇焕为山东按察司佥事（正五品）、山海监军。发给他帑金20万，用以招募兵士。

袁崇焕任新职后，上《擢佥事监军奏方略疏》。他在奏疏中一扫文臣武将中普遍存在的悲观恐惧情绪，力请练兵选将，整械造船，固守山海，远图恢复。他疏言："不但巩固山海，即已失之封疆，行将复之。"

这里特别要讲到的是，天启二年（1622年）袁崇焕赴任辽东前，往见革职听勘在京的熊廷弼。廷弼问："操何策以往？"崇焕曰："主守而后战。"熊廷弼听后很是高兴。袁、熊二人为图恢复辽东方略，诚恳交谈，商酌竟日。

不久，袁崇焕出关就职。他在《边中送别》诗中抒发出京赴辽的雄心与抱负：

> 五载离家别路悠，送君寒浸宝刀头。
> 欲知肺腑同生死，何用安危问去留。
> 杖策只因图雪耻，横戈原不为封侯。
> 故园亲侣如相问，愧我边尘尚未收。

后来，袁崇焕在辽东听到熊廷弼的死讯，作诗《哭熊经略》悼念：

记得相逢一笑迎，亲承指授夜谈兵。
才兼文武无余子，功到雄奇即罪名。
慷慨裂眦须欲动，模糊热血面如生。
背人痛极为私祭，洒泪深宵哭失声。

这时，袁崇焕万万没有想到，自己也将遭到和熊廷弼同样的悲剧命运！

三、无局之局

袁崇焕登上辽东军政舞台，面临的却是一个辽东经略王在晋认为"无局可守"的局面。是不是无局可守？我们看一下辽东当时的军事形势地图。这时，明朝辽东的两座镇城——辽阳、广宁，完全丧失；五座路城——东路路城辽阳、北路路城开原、西路路城义州、中路路城广宁、南路路城前屯，丢失四座，只剩下一座前屯；九座独立卫城——辽东铁岭、沈阳、辽南金州、复州、海州、盖州、辽西右屯、锦州、宁远，全部丢失；至于所城和堡城，则不足论矣。这就展现出一幅袁崇焕登上辽东军政舞台前的大历史地图与大时代背景。具体说来，情状如下：

其一，就辽西而言，广宁是辽西的重镇。沈阳、辽阳失陷，明朝还有一个辽西可守。广宁在，辽西完整，恢复辽东，似乎有望；广宁不在，辽西破碎，复辽希望渺茫，且强敌威胁关门。

其二，就朝廷而言，比战情更为严重的是，朝廷阉党势力日炽，天启帝逐渐成为魏忠贤的傀儡，朝纲颠倒，政治腐败，党争如虎，门户相斗。这种政治的腐败，直接影响到辽东的决策、任帅、后勤和战略。

其三，就经济而言，连年战争使明朝在经济上不堪重负。此次全国增援广宁，"调兵十数万，转饷二百万，发帑数百万，器械、火药、盔甲、鞍马、头畜、刍料数十万，尽付于奴酋！而四方驱车驰马，海运陆输，臣等目不交睫，手不停批者，皆以助狂夷之毒焰"。明朝从全国调募十万计的兵员，或成为鬼魂，或沦为溃兵；明朝投入数以百万计的财富，或化为一堆灰烬，或转入后金之手！

其四，就军事而言，明军广宁之败，明清争局之地，由辽东转移到辽西。此后，在二十二年之间，于山海关、宁远城、锦州城狭窄地带，明朝与后金—清朝双方集结二十余万军队，进行了中国古代辽东历史上最激烈、最残酷、最集中、最精彩的争战。争局双方，运用智慧，纵横捭阖，施展谋略，极尽聪明才智之能事。

明朝遭到广宁之败，关外局势更趋恶化，社会危机更为深重，辽东形势为之一变。明兵部尚书、辽东经略王在晋在《三朝辽事实录》中分析道：

> 东事离披，一坏于清、抚，再坏于开、铁，三坏于辽、沈，四坏于广宁。初坏为危局，再坏为败局，三坏为残局，至于四坏——捐弃全辽，则无局之可布矣。逐步退缩之于山海，此后再无一步可退。

王在晋的意思是，明朝一失抚顺、清河，二失开原、铁岭，三陷沈阳、辽阳，四陷广宁、义州，无异于丢弃全辽，到了无局可守的境地，只能退缩到山海关。王在晋的分析，一方面道出了明朝失守广宁后的严峻形势，另一方面也代表了明朝官兵中普遍存在的悲观情绪。然而，辽西真的无局可守吗？袁崇焕并不这样认为，后来事实证明也并非如此。袁崇焕就是在这种严峻的形势下，毅然请缨，奔赴辽东战场。

总之，袁崇焕不同意王在晋所说的"无局可布"，而认为"有局可布"——在辽西军事棋盘上，还可以"作眼"，可以布局。这个"作眼"就是营筑宁远城。

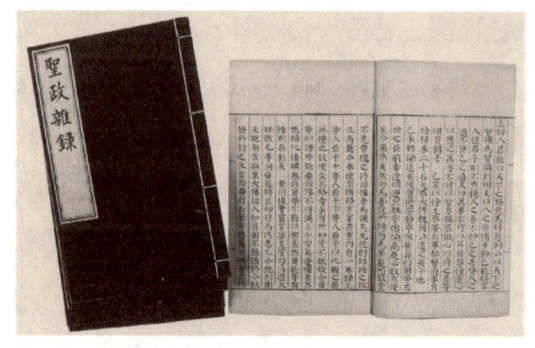

明抄本《圣政杂录》

第十六讲 营筑宁远

袁崇焕从天启二年即天命七年（1622年）到天启七年即天聪元年（1627年），在辽东近六年。这是他第一次赴辽。他从38岁到43岁的盛年，由一介书生，成为能文能武、有勇有谋的军事统帅；由官阶较低的知县（正七品）、主事（正六品）、佥事（正五品）、副使（正四品），升为辽东巡抚（正三品）、蓟辽督师（正二品）。袁崇焕最先军事起步的地方，就是宁远；立下奇功而引起举朝注目的地方，也是宁远。但是，袁崇焕为营建宁远城，却经过了非常艰苦而复杂的斗争。

一、越级奏告

袁崇焕赴任后，先驻山海关。当时山海关外广大地域，为漠南蒙古哈剌慎等部占据，袁崇焕便驻守关内。朝廷采纳蓟辽总督王象乾的奏议，对边外蒙古部落实行"抚赏"政策，即颁发赏银，争取他们同明朝结盟，共同抵御后金。一些蒙古部落首领接受了"抚赏"。辽东经略王在晋令袁崇焕移到山海关外中前所（今辽宁绥中县前所镇），令其往前屯（今辽宁绥中县前屯镇）安置流亡辽民。袁崇焕受命之后，不顾丛林荒野，虎豹出没，连夜赶路，天明入城，将士都赞叹他的勇气与胆量。王在晋更加信任、器重袁崇焕，于同年七月初，奏请任命他为宁前兵备佥事（正五品），为按察司属下，管刑名考核。

但是，就在此时，袁崇焕与王在晋在守辽方略上发生分歧。

王在晋，江苏太仓人，万历二十年（1592年）进士，初授中书舍人，历官江西布政使、山东巡抚、兵部侍郎、兵部尚书。广宁丢失后，王在晋代熊廷弼为兵部尚书兼经略辽东、蓟镇、天津、登、莱军务。从后来的事实看，他在辽东并无大的建树，但是他所著《三朝辽事实录》，却留下许多辽东战事的珍贵史料。

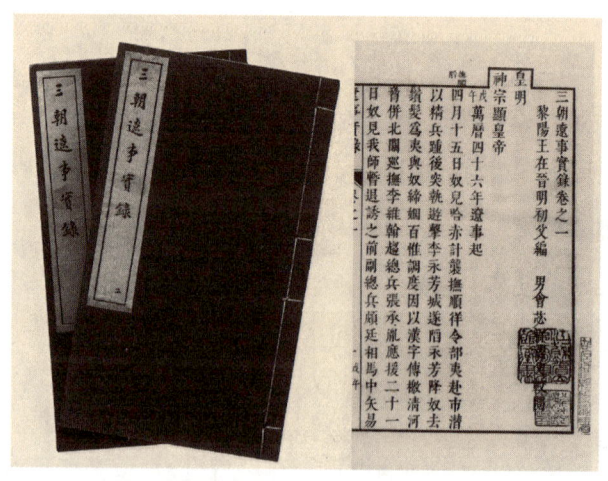

王在晋著《三朝辽事实录》

上文已经说过，王在晋任辽东经略，是迫不得已的。广宁之战后急需选任得力经略，速往前线，主持军政，收拾残局。兵部尚书张鹤鸣深恐因袒护巡抚王化贞获罪，便自请行边，督师山海关。天启帝为张鹤鸣加太子太保、赐尚方剑。张鹤鸣心里害怕，逗留十七日，始抵山海关。抵关数月，无所作为，以病为由，辞职归里。天启帝又升宣府巡抚解经邦为兵部右侍郎、辽东经略。解为苟全性命，三次上疏，力辞重任。天启帝将其"革职为民，永不叙用"。随即中府会推王在晋为辽东经略。王在晋不愿就任，请求辞职。天启帝不准，令其"刻期就道"。有鉴于解经邦的教训，他不敢再辞，便走马上任，到山海关就职。

自从辽阳失陷以后，辽东经略驻地就在山海关。山海关城建于明洪武十五年（1382年），而后增修，愈加坚固。山海关是东北出入华北的陆上咽喉关隘，被誉为"两京锁钥无双地，万里长城第一关"。其军事地理地位是"内拱神京，外捍夷房"，成为蒙古、女真—满洲难以逾越的铜墙铁关。明朝自从失去广宁，自大凌河、小凌河、锦州、宁远、前屯、中后等地，整个狭长的辽西走廊，广大兵民，尽撤入关，山海关外，几断烟火，山海关便直接暴露在后金军事进攻面前。所以，山海关之门，系天下安危。明朝抵御后金，保卫京师，其当务之最急，在于严守山海关。于是，明朝调集秦、晋、川、湖、齐、燕、赵等处军兵驻扎山海关，到天启五年即天命十年（1625年），已达官兵117 086人，马59 500匹。

然而，如何防守山海关？却发生了一场大的争论。主要有两种意见：

第一种意见：在山海关外八里处的八里铺，再筑一座重城，护卫山海关，保卫北京城。其代表人物就是王在晋。他在《题关门形势疏》中言"画地筑墙，建台结寨，造营房，设公馆，分兵列燧，守望相助"，估算用银93万两。王在晋列举了兴筑八里铺重城的12条好处，说是可以使"钟簴不惊，宸居永奠"，辽事"最急莫尚于此"！天启帝谕准，先发帑金20万两。

第二种意见：在山海关外200里的宁远（今辽宁兴城）筑城坚守，护卫严关，屏障关内，捍卫京师，积蓄力量，以图大举。宁前兵备金事袁崇焕、主事沈棨（qǐ）、

山海关

赞画孙元化等人反对王在晋的意见，而力主兴筑宁远城。

袁崇焕虽深受王在晋倚重，但他在事关全局的重大决策面前，不媚上，不屈从，不隐瞒，不含糊，直陈自己的意见。他认为在关外八里铺筑重城为非策，但因人微言轻，未被采纳。

按说，袁崇焕当时只不过刚到辽东半年，是官位很低的佥事，守御辽东的大政方针本不该是他这个职位的人要考虑的问题。再者，王在晋的方针已经得到皇帝的旨准，并已开始实施。按照一般人看来，所谓"不在其位，不谋其政"，"成事不谏"，"上司不抗"，是为官的"官箴"。袁崇焕却不然，他不仅明确反对王在晋的意见，提出自己的见解，而且想方设法阻止这个错误决定的实施，曾先后两次直接将意见越级奏告首辅叶向高。这件事表现出袁崇焕的责任感和胆略，也表现出他执着冒险的处事风格。

叶向高看到袁崇焕的奏告后，不能肯定哪种意见正确。他同大学士、天启帝的老师孙承宗商量，孙承宗自请巡边，以了解边情，决策方略。孙承宗的请求获得批准。

孙承宗到山海关后，召集将吏讨论防守山海关的策略。监军阎鸣泰主守觉华岛（今辽宁省兴城市菊花岛乡），佥事袁崇焕主守宁远城。王在晋对两者都反对。孙承宗以事关重大，意见分歧，没有立即做出决断，便带着袁崇焕等人，策骑出关，察看形势。王在晋哭求孙承宗不要冒险出关，怕出意外。孙承宗重任在身，还是坚持前往关外巡视。

巡视回来，孙承宗决意支持袁崇焕筑守宁远的意见，希望王在晋能赞成袁崇焕的建议，但王在晋"终不应"，也就是不同意。孙承宗对王在晋"推心告语，凡七昼夜"，王在晋仍是冥顽不化，固执己见。孙承宗回京后，向叶向高通报情况并取得其支持；又借给天启帝讲课的机会，委婉奏告，奏经旨准，免在晋职，自任督师。

天启二年即天命七年（1622年）八月，孙承宗以原官督山海关及蓟、辽、天

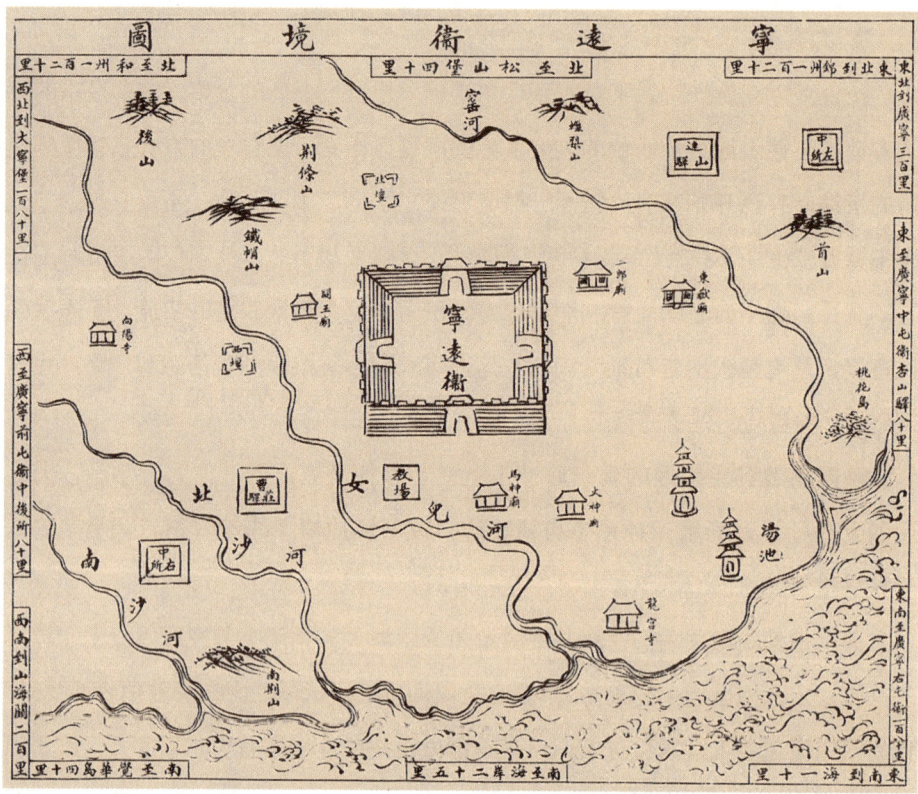

《宁远卫境图》(《全辽志》插图)

津、登、莱诸处军务。他上任后，采纳袁崇焕等建议，修筑宁远城，着手在辽西建立关宁防线，阻遏后金军渡河西进，卫守关门，以固京师。

二、营筑宁远

宁远，在山海关外 200 里处，现在是个县级市。袁崇焕当时为什么要坚持营筑宁远城呢？这是因为，他看到了宁远在整个辽西战略地位的重要。具体言之，原因有五：

其一，历史传统：宣德三年（1428 年），置宁远卫；宣德五年（1430 年），始修卫城。内城周长六里八步，高二丈五尺；池深一丈，宽二丈，周长七里八步。呈方形，有四门——东为春和门、南为延辉门、西为永宁门、北为威远门。经实测外城遗址，周长为 4 319 米。其城门——东为安远门、南为永清门、西为迎恩门、北为大定门。景泰中，指挥韩斌重修。嘉靖四十三年（1564 年），副使陈绛再修。可见，在宁远修城有基础，不是平地上新建一个城，比起在八里铺新建一座城可以省力、省银、省时一些。

其二，地理位置：位于山海关外 200 里，居辽西走廊中部，在锦州与山海关之间，三面环山，东临大海，天设一道关城，扼辽西走廊咽喉之地。

其三，形势险要："内拱严关，南临大海，居表里之间，屹为形胜。"（顾祖禹《读史方舆纪要》卷三十七）宁远城南面为大海，东面为首山（以形似"人首"而得名），西面为螺峰山（窟窿山），两山相对，中间的通道仅有 100 米宽，后金从辽阳、沈阳沿着辽西走廊要进山海关，必须由此经过。恰在山口与大海之间建立宁远城，天设人造，易守难攻。

其四，海岛基地：觉华岛，距离宁远 15 里，这个岛筑有坚城，可以储存粮料、器械。为什么将物资储存在海岛呢？因为后金骑兵不能过海，相对安全，而且离宁远很近，便于补给，同时可以和宁远城互为掎角之势，彼此援应。觉华岛同芝麻湾（止锚湾）、笔架山俱为明朝辽东海上储存器械、粮料的基地。

其五，战略地位：宁远城背山面海，居山海要冲，扼边关锁钥。在榆关、宁远、锦州之间，恰在关（山海关）—宁（宁远）—锦（锦州）防线的中坚地位。锦州为前茅，榆关为后劲，宁远为中坚，护卫山海关，御守北京城。在明朝前期，辽西军政重点为广宁；明朝后期失陷沈阳、辽阳、广宁，宁远处于关宁防线的前茅。后金攻破广宁后，山海关成为明朝阻挡后金进军的关门，宁远的战略地位才尤为凸显。但此时明朝战略家们没有认识到宁远的重要战略地位。随着明朝与后金的形势变化，其重要地位才开始为具有远见卓识的战略家们所认识。袁崇焕首先发现了宁远的战略价值，展现出其卓越的军事谋略。

天启二年即天命七年（1622年）九月初二日，孙承宗到山海关正式"视事"，调整指挥系统，命将任职：以总兵官江应诏定兵制，监军袁崇焕修营房，总兵官李秉诚练火器，广宁道万有孚主采木，司务孙元化筑炮台，游击祖大寿驻觉华岛并负责粮饷与器械。

天启三年即天命八年（1623年）春，袁崇焕受孙承宗命，往抚蒙古喀喇沁部。先是，明失广宁后，宁远以西五城七十二堡尽为喀喇沁诸部占据。明军前哨不出关外八里铺。袁崇焕亲抚喀喇沁诸部，收复自八里铺至宁远200里的地域；又抚循军民，整饬边备，成绩卓著。

九月，孙承宗采纳袁崇焕的建议，决计守御宁远，命游击祖大寿兴工营筑，袁崇焕与满桂驻守，这是袁崇焕领军守城的开始。祖大寿，在广宁之战时是游击，他带领一部分军队和难民撤退到觉华岛，岛上大约有20万石粮食。祖大寿认为朝廷不能长期坚守，在筑城上便草率从事，工程疏略单薄，仅筑十分之一。袁崇焕认为不可，亲自制定规制：墙高三丈二尺，雉高六尺，址广三丈，上二丈四尺。让祖大寿与参将高见、贺谦分工督促。

在督领筑城的过程中，袁崇焕做事扎实细致，勤于职守，又善于团结将士，工程进展迅速。

一年后，天启四年即天命九年（1624年）九月，宁远城完工，高大坚固，成为关外一座重镇。袁崇焕与满桂戮力同心，招集流亡，垦荒种地，经商贸易，使一座荒凉的战后废城变为百姓向往的乐土。《明史·袁崇焕传》评述："（满）桂，良将，而崇焕勤职，誓与城存亡；又善抚，将士乐为尽力。由是商旅辐辏，流移骈集，远近望为乐土。"

孙承宗部署防御兵力，开始初建关（山海关）宁（宁远）防线。明朝关宁防线的后劲为山海关，前锋则为宁远城，中间有中前所、前屯卫、中后所等，相连成串，互为呼应。这道关宁防线，在此后二十年间，基本上稳定了辽西走廊的局势，使山海关免受攻击。后金无论是努尔哈赤还是皇太极，始终没能打破关宁防线，直至明朝覆亡。袁崇焕在孙承宗的支持下，为建立关宁防线，发挥了重大作用，建立了重要功勋。

宁远城竣工后，孙承宗派总兵马世龙"偕巡抚喻安性及袁崇焕东巡广宁"，水陆马步军12 000人，经过十三山、右屯，又由水路抵三岔河，以都司杨朝文探盖州，察访虚实，训练士卒。为此，袁崇焕写下《偕诸将游海岛》，诗曰：

> 战守逶迤不自由，偏因胜地重深愁。
> 荣华我已知庄梦，忠愤人将谓杞忧。
> 边衅久开终是定，室戈方操几时休。
> 片云孤月应肠断，椿树凋零又一秋。

金庸先生认为，袁崇焕《偕诸将游海岛》一诗，不说率诸将而说偕诸将，不说巡海岛而说游海岛，颇有儒将的雅量高致。诗中抒发袁崇焕的忧虑："边衅久开终是定，室戈方操几时休。"也就是说，边事的纷争总能平定，但朝廷的斗争不知几时能休。

孙承宗督师以来，为建关宁防线，定军制，建营垒，备火器，治军储，缮甲仗，筑炮台，买马匹，练骑卒，汰逃将，"层层布置，节节安排，边亭有相望之旌旗，岛屿有相连之舸舰，分合俱备，水陆兼施"（《督师纪略》）。由是，辽东形势，为之一变。不久，袁崇焕晋升为兵备副使（正四品），又被吏部列为预储（后备）巡抚（正三品）。在构建关宁防线的过程中，袁崇焕雷厉风行，纪律严肃，但是又做了一件出格的事。他发现一名校官虚报兵额，吞没粮饷，就大发脾气，越权将他杀了。孙承宗以其越权擅杀而大怒，对袁崇焕提出严厉批评。袁崇焕叩头谢罪。

天启五年即天命十年（1625年）夏，孙承宗与袁崇焕计议，遣将分据锦州、松山、杏山、右屯及大凌河、小凌河各城，修缮城郭，派军驻守。自宁远向前，推进200里，宁远则成为"内地"。宁远至山海关200里，宁远至锦州又200里，共为400里，形成了以宁远为中心的关宁锦防御体系。《三朝野记》记载："自承宗出镇，关门息警，中朝宴然，不复以边事为虑矣。"

袁崇焕赴辽做的第一件重要事情是修城，第二件事情就是设炮。

三、红夷大炮

本来在明朝，"中国长技，火炮为上"。据统计，从万历四十六年（1618年）至天启元年（1621年）的三年之间，明朝发往广宁前线的将军炮、灭虏炮、虎蹲炮、旋风炮、威远炮、佛朗机等共有22 144位（门），数量之多，实属惊人。但明军火炮在对后金军作战中，没有发挥其应有威力。这一是因为明军火炮的射程近、威力弱，二是因为火炮没有同城墙有效结合。此前明军同后金军作战，以出城布阵，野地争锋为主，火器列前，步骑在后。双方交战之时，明兵先放火炮，有时候第一炮打出去，第二炮还没发出，后金铁骑就已经如潮涌来，阵线就被破坏了。所以明朝的火炮对付后金基本上用处不大。明军与努尔哈赤交战五年的实践证明，明辽军原有的火器，无法抵挡满洲铁骑。于是，明少詹事徐光启等廷臣，便将寻求新式武器的目光转向海外。

到万历末、天启初，明军从海外购进了红夷大炮，即西洋大炮。先是，16世纪中叶，欧洲科学技术迅速发展，火炮技术也得到创新。英国、法国、西班牙、葡萄牙先后制造出新式铁铸前装滑膛炮，使中国的火炮相形见绌。中国火器领先世界之势，在受到佛郎机的冲击后，而让位于西方先进国家。万历年间耶稣会传教士利玛窦等先后来到中国传教，随之将欧洲先进的火炮科技信息带入中国。泰昌元年（1620年），与利玛窦交往甚密的徐光启和李之藻，率先派人到澳门，购买了4门葡萄牙制造的新式火炮，称其为"红夷大炮"或"西洋大炮"。天启三年至五年间，明廷又从澳门购进26门红夷大炮。以上30门红夷大炮，"调往山海者十一门，炸者一门，则都城当有十八门"。

由孙承宗调往山海关的这11门红夷大炮，被袁崇焕设置在宁远城上。面对从未用过的新式武器，袁崇焕做了三件事：

第一，用红夷大炮守城。 由西洋引进的红夷大炮，与中国传统火炮相比，有以下优长：

一是，设计优。红夷大炮"不以尺

利玛窦像

徐光启像

寸为则，只以铳口空径为则"，即炮身各部位的尺寸，如炮管长度、管壁厚度等，均与炮管口径成一定比例。

二是，瞄得准。红夷大炮要架于炮架或炮台上，不装准星、照门，而用铳规确定发射仰角。铳规"以铜为之，其状如覆矩，阔四分，厚一分，股长一尺，勾长一寸五分，以勾股所交为心，用四分规之一，规分十二度，中垂权线以取准"（《火攻挈要》）。用铳规瞄准，改目测为仪器瞄准，更加准确和简便。

三是，射程远。因整体设计先进，炮身长，而弹道低伸。

四是，威力大。口径较粗，装药量大，因而杀伤力巨大。一炮射数里远，对方骑兵尚未靠近，已经遭到炮弹轰击。

毫无疑问，具备上述优点的红夷大炮，对满洲骑兵而言具有重大的杀伤力。

第二，架红夷大炮于城上。袁崇焕接受兵器专家茅元仪和王喇嘛等人的意见，决定在城墙之上建台，制作炮车，将原来架在宁远城外的这11门西洋大炮，架设在宁远城上，成为袁崇焕凭城、用炮、退敌的强大武器。

第三，请专家训练炮手。袁崇焕派在京营中受过葡萄牙人训练的孙元化、彭簪古等官员，在宁远培训炮手，加以使用。

当时，中国谁都没有在实战中用过红夷大炮，根本不能确切地知道这种新式武器到底有何等威力；也没有人用红夷大炮守过城池，更没有人把红夷大炮架到城墙之上守城。而袁崇焕却敢于这样想，敢于这样做。他虚心向茅元仪、王喇嘛、孙元化、彭簪古等专家学习，相信他们，依靠他们，精于细节，敢于创新。

袁崇焕带兵守御的宁远城，既有坚城深池，又有红夷大炮，这为以后在宁远大战中克敌制胜提供了保障。然而，袁崇焕之所以能放开手脚大干一场，全赖一个人的支持，这个人就是：帝师孙承宗。

第十七讲 帝师督辽

这里所说的"帝师",就是天启帝老师、大学士孙承宗;"督辽"就是孙承宗督率军民守御辽东。为什么要讲"帝师督辽"呢?因为自有辽事以来,明朝辽东军政首脑对辽东之事胸中有局者,只有熊廷弼、孙承宗、袁崇焕三人。孙承宗在熊廷弼与袁崇焕之间,是一位承上启下的关键人物。对袁崇焕而言,孙承宗亦师亦长。具体说来,他们两个人有三重关系:第一是袁崇焕初到辽东,受到孙承宗的培养、支持和提携;第二是袁崇焕后来的守辽方略继承和发展了孙承宗的兵略;第三是袁崇焕惨遭杀害之后,又是孙承宗收拢和指挥袁崇焕的部下继续守辽。因此,袁崇焕与孙承宗有着一种极为特殊的关系,也可以说二人有不解之缘。我们要了解袁崇焕,就不能不了解孙承宗。

一、帝师其人

孙承宗,直隶高阳(今河北省高阳县)人,嘉靖四十二年(1563年)生,崇祯十一年(1638年)死,享年76岁。他相貌奇伟,声音洪亮,喜欢谈兵,晓畅边事。孙承宗60岁才开始到辽东任职,60岁之前的经历大体可以分作三段:

孙承宗像

第一段:从秀才到举人。 孙承宗于万历六年(1578年)16岁成为秀才,32岁中举,其间这16年,可以用一句话概括——"半工半读",就是边教书、边科考。万历十八年(1590年),大理寺右丞姜璧请孙承宗到京师,给他的孩子当家庭教师。这个经历很重要,使他开始接触京城官员。两年后,即万历二十年(1592年),兵备道房守士也请孙承宗给自己的孩子当老师。万历二十一年(1593年),孙承宗入国子监就读。国子监是明代最高学府,在京师和南京各有一座,分别称为北监、南监。万历二十二年(1594年),孙承宗考中举人,年32岁。

第二段:从举人到进士。 孙承宗从32岁到42岁,其间10年,也是半工半读,边教书、边科考。万历二十七年(1599年),孙承宗到大同,为房守士教授子弟,时房官大同巡抚。这一年,努尔哈赤创制满文。大同是明朝北部的九边之一,军事地位非常重要。在大同这段经历对孙承宗而言太重要了,他与边将一起周行边关,从大同,经宣府,历蓟门,访榆关,跋山涉水,仗剑塞下,解裘系马,酣酒畅谈,查访官兵,通晓边事。既做考察,又读兵书。后来发生了大同兵变索饷事件,闹事官兵围堵巡抚衙门,阖署上下手足无措。孙承宗让人张榜公布说,向某道领饷，讹者斩。鼓噪兵士，轰然而散。事定后房守士拉着孙承宗的手称赞说："非吾所及也。"孙承宗边教书、边巡历、边读书，于万历三十二年（1604年），殿试考中第一甲第二名（榜眼），赐进士及第，时年42岁。他说，"自成进士，释褐而归，念此身已不为己有"（《方苞集·高阳孙文正公逸事》），故食粗饭，忍饥劳，克己省身，忧民体国。

第三段：从进士到帝师。孙承宗进士及第后，进了翰林院为编修（正七品）。这个经历对孙承宗以后的发展很重要，所谓："非进士不入翰林，非翰林不入内阁。"（《明史·选举二》）孙承宗中进士、入翰林，为他以后为帝师、兼尚书、居内阁，奠定了基础，使他走上一条官员高端发展的道路。明代翰林院掌制诰、史册、经筵日讲、纂修实录、史志诸书等事。设学士一人（正五品），侍读学士、侍讲学士（并从五品）各二人，还有侍读、侍讲（并正六品）、修撰（从六品）、编修（正七品）、检讨（从七品）等。修撰与编修同为史官，《明史·职官志二》说："史官掌修国史，凡天文、地理、宗潢、礼、乐、兵、刑诸大政，及诏、敕、书、檄，批答王言，皆籍而记之，以备实录。国家有纂修著作之书，则分掌考辑撰述之事。经筵充展卷官，乡试充考试官，会试充同考官，殿试充收卷官。"可见其地位的重要。

孙承宗在翰林院十年，碰到了新的机遇。万历四十二年（1614年），52岁的孙承宗升为詹事府中允（正六品），不久又升任谕德（从五品）、洗（xiǎn）马（管经史图书之事）。詹事府是辅导太子的机构，赴文华殿向太子讲读经史。当年张居正就是由于曾经在詹事府任职，因而当太子登极后升迁为内阁重臣的。万历四十八年即天命五年（1620年），万历帝死，孙承宗受大学士方从哲之命，起草遗诏，写发帑金百万充边饷等内容。这时，太子朱常洛（泰昌帝）即位，一个月后吃红丸而死，他的儿子朱由校继位，即天启帝。孙承宗升任日讲官。因为孙承宗常年当教师，很会讲课，也了解儿童的心理，所以他的讲课很受天启皇帝的欢迎。天启帝每听孙承宗讲授，就说"心开"，对他格外眷注。辽阳失陷后，孙承宗被加兵部侍郎，负责辽东事务。广宁失陷后，拜孙承宗为兵部尚书兼东阁大学士。

当时"虽居内阁,官必以尚书为尊"(《明史·职官志·内阁》),也就是说,虽然做大学士,还必须兼一个尚书才尊贵。用今天的话来说,孙承宗有地位,有职务,还有实权。他同时具备帝师、大学士、兵部尚书三重身份,可见受到天启帝的倚重。由于地位的提高,其影响也不断扩大,此时他已是颇有名望的东林党人。同年,孙承宗到山海关巡察,和袁崇焕结下不解之缘。

二、巡关督辽

孙承宗比袁崇焕年长22岁,又早15年中进士。孙承宗在辽东的活动同袁崇焕关系密切的有两件大事:一是巡关,二是督辽。

巡关就是孙承宗以大学士兼兵部尚书身份,巡视山海关。他为什么要巡关呢?前面我们讲到,袁崇焕曾因为与辽东经略王在晋的守辽策略有严重分歧直接奏告首辅叶向高,叶向高不能定夺,遂与大学士兼兵部尚书孙承宗商议,孙承宗说还是亲自到实地考察一下再决定。天启皇帝也支持,于是孙承宗到了山海关。

天启皇帝像

可以说,越级奏告事件拉近了袁崇焕与孙承宗的关系。但在此之前,袁崇焕等人的才干已经引起孙承宗的注意。孙承宗任兵部尚书刚十天,就将兵部职方司主事(正六品)袁崇焕破格提拔为山东按察司佥事(正五品)、山海关监军。袁崇焕上任后,上《天启二年擢佥事监军奏方略疏》,孙承宗批道:"崇焕、(袁)玉佩、(林)翔凤既饶有结纳之素,且称沿途约法井井,似非漫无师律者……异日破房先登,未必不出于此也。"(《明熹宗实录》卷二十一)

孙承宗巡察边关形势后，就关城防御问题，同辽东经略王在晋进行了辩论。《明史·孙承宗传》记载这场辩论如下：

孙问："新城建成后，是调旧城四万军队驻守吗？"

王答："不，要另设新兵。"

孙问："旧城外为新城，旧城外的品字坑地雷为敌人设，还是为自己设？新城如守不住，四万新兵怎么办？"

王答："将在山上建三个寨，以待溃卒！"

孙问："兵未溃而筑寨以待之，不是教他们溃败吗？"

孙说："现在不想着恢复大计，而将山海关外的屏障都撤掉，躲在关内图一时安逸，那辽东岂不都被敌人控制，哪有宁宇？"

王在晋虽无言以对，却坚持在关外八里铺修筑重城的主张。于是，孙承宗召集将吏讨论防守山海关的策略。监军阎鸣泰主守觉华岛，金事袁崇焕主守宁远卫。孙承宗以事关重大为由，没有立即做出决断，便带着袁崇焕等人，策骑出关，察看形势。时山海关至宁远之间200里的五座重要城堡——中前所、前屯卫、中后所、中右所（沙后所）和宁远卫，都已经被破坏，而且经常有蒙古势力出没。孙承宗等到中前所，城内仅存两间破屋，满目所见，一片凄凉，不禁潸然泪下。他登上城楼，向东北眺望，遥见宁远形势，"天设重关，以护神京"；又见宁远东南，"觉华孤峙海中，与宁远如左右腋，可扼敌之用"。他认为宁远是山海关的天然"重关"，宁远与觉华"必不可不守"。

这次出关巡察回来，孙承宗支持袁崇焕主守宁远、阎鸣泰主守觉华岛的意见，和王在晋推心置腹地谈了七昼夜，王在晋却硬是不同意。

孙承宗回京后上奏疏，主张重筑宁远城与守卫觉华岛，互为犄角之势，彼此应援。几天后，他趁给天启帝侍讲的机会，面奏王在晋不能重用。天启帝遂命免去王在晋辽东经略，改任南京兵部尚书。八里铺修筑重城之议，随王在晋去职而作罢。

孙承宗这次巡视山海关，不因袁崇焕等人官阶低而忽视他们的意见，而是统观全局，支持袁崇焕等人的正确意见。回京以后，他又夸赞袁崇焕"英发贴实，绰有担当"，不仅给袁崇焕创造了建功立业的机会，提高了袁崇焕的声望，也为明朝守卫辽西争取了机会。

天启二年即天命七年（1622年）八月，王在晋离职后，孙承宗自请督师，获得批准。天启帝赐孙承宗尚方剑；孙启行时，阁臣送出崇文门外。

孙承宗督辽三年，做了很多事情，最主要的有两件：一是筹建关（山海关）宁（宁远）防线，二是选拔得力将领。

其一，建关宁防线。前面说过，所谓关宁防线，就是从山海关到宁远这条军事防线，纵深200里，其后劲为山海关，前锋为宁远城，中间有中前所、前屯卫、中后所、中右所，相连成串，互为呼应。王在晋的防线共8里纵深，而孙承宗的防线纵深200里，真正起到了防守关门的作用。孙承宗为构筑关宁防线，整整奋斗了四年，主要采取以下措施：选将，修城，调炮（红夷大炮），练兵（提出以辽人

孙承宗督辽时撰写的《车阵扣答合编》

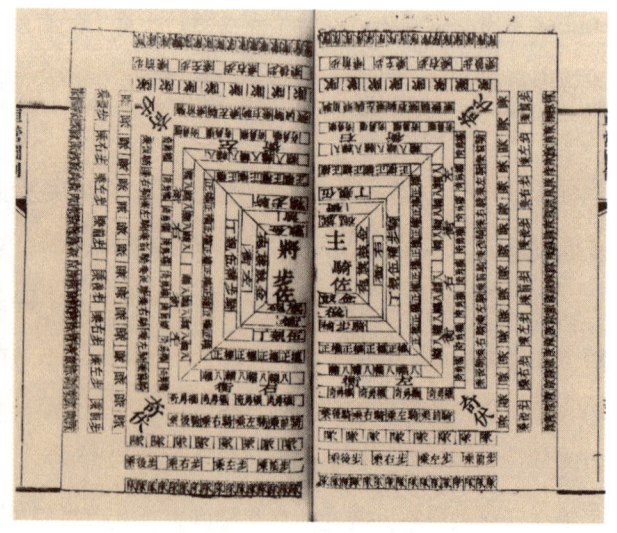

《骑兵配合车阵图》（《车阵扣答合编》插图）

守辽土的策略），组练车营，经济（以辽土养辽人）——通过屯田、煮盐、铸钱、贸易等经济活动，缓解严重的军需困难。

其二，选将与任将。明朝在辽东战场上与后金作战，不仅丢城失地，而且损兵折将，明朝到这时候，关外的总兵基本上死光了，因为辽事，明朝建制 20 个总兵，此时已经死了 16 个。辽东前线，谁来统兵？所以当时最紧迫的事情就是选将。孙承宗在督辽期间选任的一批将领，在明朝辽东最后二十多年的防守争战中，发挥了重要作用。他们主要有：

寿山石"亲贤保国"玺

袁崇焕 孙承宗刚到山海关，就"益倚崇焕。崇焕内拊军民，外饬边备，劳绩大著"（《明史·袁崇焕传》）。孙承宗赞赏和器重袁崇焕，说他"深心远略，气意发扬，故知无不为，为无不透。至其论事，不顾同侪（chái），不顾上官，其忔忔（yì）乎欲杀贼也，不顾身而识地明茂"（《督师奏议》卷十）。因而让袁到关外任宁前监军道，以发挥更大的作用。后来又晋升袁崇焕为宁前兵备副使（正五品）、山东右参政（正四品），吏部也把他列为预储（后备）巡抚（正三品）。在提拔和重用袁崇焕的同时，孙承宗对袁崇焕过于急躁、意气用事的缺点也给予严厉批评，"欲练崇焕之气而大用之"。驻山海关外台头营副总兵杜应魁，被人弹劾虚伍冒饷。辽东巡抚阎鸣泰令袁崇焕去核查。袁崇焕查实后，竟当场手刃杜应魁，险些激起兵变。孙承宗严厉斥责袁崇焕："未杀不以请，既杀不以闻，其有无激变帖服不以告。迄今不知杀者何人，杀以何事？徒曰：奉抚院之令也。监军既可奉抚院之令而专杀，督师又何烦尚方之剑乎？"鉴于当时的情况，孙承宗并未处分袁崇焕。

袁崇焕非常敬重孙承宗，坚决支持孙承宗提出的战守方略，二人在很多问题上的看法都一致。孙承宗注意培养锻炼袁崇焕，三次巡察都安排他前往：第一次是天启二年（1622年）六月，孙承宗带领袁崇焕等出山海关巡察，只走到山海关外40里的中前所；第二次是天启三年（1623年）二月，孙承宗同阎鸣泰、袁崇焕出关巡察，一直到关外200里的宁远首山；第三次是天启四年（1624年）九月，孙承宗派巡抚喻安性、马世龙、袁崇焕等，率水陆马步兵12 000人，出关400里，"东巡广宁，谒北镇祠，历十三山，抵右屯，遂由水道泛三岔河而还"（《明史·袁崇焕传》），显示了新辽军的军威。袁崇焕在实践中成长，后成为当时辽东最杰出的将帅。

马世龙 宁夏人，武举人、武进士出身，官永平副总兵。孙承宗欣赏其才华，荐授为三屯营总兵官。承宗出镇，荐为山海总兵。天启三年（1623年）正月赐尚方剑。承宗为其筑坛拜大将，军马钱谷尽属之。不久之后让马世龙驻前屯卫路城。马世龙感激孙承宗知己，与孙承宗同心协力定计出守关外诸城。天启四年（1624年）九月，马世龙偕喻安性、袁崇焕等冬巡广宁，又与袁崇焕等航海抵盖州，相度形势而还。孙承宗这时任用的主帅是马世龙。后马世龙在袁崇焕被下狱后，跟随孙承宗收复失地，防守辽东，起了重要作用。

满桂 满桂是蒙古族人，他很小的时候家住在宣府。史书记载，满桂勇力绝伦，不好声色，与士卒同甘苦。当时有一个规定，斩获敌军一颗首级官升一级，如不愿升级可以获得赏银50两。满桂作战非常勇敢，不愿升级，而要银子，所以他的官品升得很慢，但是银子很多。壮年以后，满桂才逐步做到总旗、百户、守备、游击、参将。天启二年（1622年），孙承宗巡边，见满桂，壮其貌，与谈兵，大奇之。出镇山海，即擢副总兵，领中军事。天启三年（1623年），孙承宗拟出关修复宁远，问谁可做守将？袁崇焕、茅元仪建议说："满桂可。"满桂慨然请行。孙承宗即日置酒，亲自为之饯行。满桂到宁远后，与袁崇焕协力筑城，使宁远屹然成重镇。满桂后来升为总兵，宁远之战时立了大功，最后战死在北京的永定门外，以身殉明朝的江山社稷。

赵率教　陕西人，官延绥参将，屡建战功，后因被弹劾免官。正赶上辽东危急，朝廷下诏允许免官的武将带家丁到军前立功，赵率教来到辽东前线。袁应泰提拔他为副总兵，典中军事。天启元年（1621年），辽阳失陷，赵率教潜逃，犯了死罪，但得以免罪。天启二年（1622年），广宁又失陷，关外军民都撤到关内。赵率教请求经略王在晋让他戴罪立功，愿率家丁38人收复前屯。后来，赵率教招抚流亡至五六万人，选择其中身强体壮者从军，加以训练。余下者让他们屯田，自己亲自督促。后来，孙承宗出关阅视，大喜，把自己乘的车送给他。招抚佥事万有孚与赵率教有矛盾，就把赵率教兵败潜逃等事告发到总督王象乾那里。王象乾又告诉兵部尚书董汉儒，董汉儒将治赵率教的死罪，多亏孙承宗求情，赵率教才得不死。孙承宗令赵率教仍驻前屯。天启四年（1624年）九月，孙承宗向朝廷奏报赵率教之功，遂加衔总兵。

祖大寿　祖大寿是宁远人，在广宁做官。前面说过，广宁迎降，巡抚王化贞逃跑，祖大寿当时是广宁的游击，摆在他面前有两条道路，一条是率军到前线跟后金军厮杀，再一条就是往南撤退。祖大寿率领军队和一部分百姓跑到了觉华岛，按说这也犯了死罪，孙承宗了解这个情况，没有追究，让他戴罪立功。后来，祖大寿和袁崇焕守宁远立下大功。

以上所列举的袁崇焕、马世龙、满桂、赵率教、祖大寿等，都是得益于孙承宗的发现、重用和推荐，才得以在辽东战场上建立功勋，成为明末少有的杰出将帅。孙承宗用人既用功又用过，有过错的人给他改正的机会，结果往往能立下功勋。

《明史·孙承宗传》记载："承宗在关四年，前后修复大城九、堡四十五，练兵十一万，立车营十二、水营五、火营二、前锋后劲营八，造甲胄、器械、弓矢、炮石、渠答（铁蒺藜）、卤楯之具合数百万，拓地四百里，开屯五千顷，岁入十五万（石）。"

关宁防线初步建成后，天启五年即天命十年（1625年）夏，孙承宗与袁崇焕计议，遣将分据锦州、松山、杏山、右屯及大凌河、小凌河各城，修缮城郭，派军驻守，形成了以宁远为中心的关宁锦防御体系。这条防线，不仅保卫山海关免受后金攻击，并且在此后20年间，基本上稳定了辽西走廊的局势。后金天命汗努尔哈赤与崇德帝皇太极父子两代，始终没能打破这条防线。袁崇焕建功立业，大起大落，也是在这条防线上。

由于孙承宗守辽，后金暂时停止向明朝进攻，观察动向，等待时机。但是，朝中政局发生变化。明朝高层内部的党争，直接牵系着辽东的军事形势，也影响到孙承宗的命运。

三、遭劾离职

大太监魏忠贤自窃夺权柄之后，内结宫闱以图自固，外纳朝臣而施淫威，贬斥东林，控制阁部，提督东厂，广布特务，恣意拷掠，杀害忠良，祸及封疆，败坏辽事。天启帝则成了他们的傀儡。他们安插率先屈节投靠的顾秉谦和魏广微等入阁，又将东林党人的阁臣、六部尚书和卿贰以及科道逐步罢黜。天启四年即天命九年（1624年）六月，正当孙承宗、袁崇焕营筑宁远、日复辽土的时候，左副都御史杨涟上了一道弹劾魏忠贤的疏奏。阉党群起报复，中官聚围首辅叶向高府第。东林党首辅叶向高、次辅韩爌等先后罢去。阉党顾秉谦、魏广微把持朝政。魏忠贤夺取了朝廷内外大权。

魏忠贤专权后，因孙承宗功高权重，声誉满朝野，不敢对他轻易下手，所以派太监刘应坤等送金银，设法拉拢。孙承宗刚直不阿，"不与交一言"，坚决拒之。杨涟疏劾魏忠贤二十四大罪，孙承宗诗赞其"大心杨副宪，抗志万言书"。魏忠贤因此怀恨在心。十一月，魏忠贤尽逐左副都御史杨涟、吏部尚书赵南星、左都御史高攀龙、左佥都御史左光斗等。孙承宗正西巡蓟、昌，请以十四日入朝"贺圣寿"，想面见天启皇帝，揭发魏忠贤等人之罪。魏广微得报，奔告魏忠贤："承宗拥兵数万，将清君侧，兵部侍郎李邦华为内主，公立齑粉矣！"（《明史·孙承宗传》）

说孙承宗要率大军回朝除掉魏忠贤。魏忠贤非常害怕，绕着天启帝的御床痛哭。天启帝为之心动，命内阁拟旨阻止孙承宗入朝。次辅顾秉谦奋笔书曰："无旨离汛地，非祖宗法，违者不宥！"午夜，开大明门，召兵部尚书入，命以三道飞骑，阻止孙承宗入觐。又矫旨命守九门宦官："承宗若至齐化门（朝阳门），反接以入！"（《明史·孙承宗传》）也就是见到孙承宗就立即逮捕。孙承宗抵通州后，闻命而返，回山海关。孙承宗在《高阳集》中记载请入觐不果时写道："要人欲并杀予，曰杨、左辈将以谋清君侧。"

天启五年即天命十年（1625年）五月，高第为兵部尚书，阉党控制枢部。七月，魏忠贤诬杀杨涟、左光斗等于狱。时东林"累累相接，骈首就诛"。正值魏忠贤要借机削夺孙承宗兵权时，九月，发生了马世龙柳河之败。其时，孙承宗统士马十余万。马世龙自信势强，遣前锋副将鲁之甲、参将李承先，率小股军队，从娘娘宫渡口过河，夜袭后金耀州（今辽宁省营口市岳州村），败于柳河，鲁、李战殁，死士400人，丢马670匹，弃甲600余副。言官交章劾奏，抨劾马世龙，并及孙承宗，参劾章疏，达数十道。圣旨严厉切责，令其戴罪图功。承宗气急，连上二疏，进行自辩，并请罢官。魏忠贤拟由阉党高第代孙承宗。高第性情懦弱，不敢接受，"叩头乞免"。忠贤不听。十月，孙承宗不安其位而去，告老还乡。明以阉党分子兵部尚书高第代为辽东经略。孙离职前，袁崇焕深感"边事不可为"，见承宗时，痛哭流涕。辽东形势，急剧逆转。

有明一代，出将入相者第一人是洪武朝的徐达，曾以右丞相率师北征。第二人是嘉靖朝杨一清，曾以大学士总制三边军务。第三人就是孙承宗，以大学士、兵部尚书督理蓟、辽军务。从天启二年到五年，孙承宗在辽四年，受命于危难之际，整顿关门防务，处理蒙古问题，建立关宁防线，辽东局势，为之改观，迫使后金在四年间未敢发动进攻。孙承宗作为天启帝的老师和内阁大学士，在60岁以后，曾三次赴辽，两次督师，最后以76岁高龄带领全家牺牲在保卫家乡的战斗中（见后文）。

天启帝不信用贤臣、廉臣、名臣、能臣、功臣孙承宗,而信任佞臣、懦臣、庸臣、昏臣、废臣高第,这就给后金军进攻宁远提供了机会。天命汗努尔哈赤探知明朝经略易人,便准备亲率大军,西渡辽河,进攻宁远。

徐达像

第十八讲 宁远大捷

宁远大捷是明朝自有辽事以来,明辽军对后金军的第一个大胜仗,明人称之为"宁远大捷"。同时,这次战役的胜利,也铸就了袁崇焕军旅人生中的第一个辉煌。这是因为,能取得这样的胜利,实在是太难太难了。

一、独卧孤城

宁远大战之前,形势对袁崇焕极为不利。

从后金方面看,努尔哈赤夺取广宁已经有四年时间。在这四年里,他做的一件大事就是迁都,即从辽阳迁到沈阳。后金都城的西移,表明努尔哈赤要进一步巩固在辽沈地区的统治,进而对明朝做出更大的举动。其间,天命汗虽派兵攻夺旅顺,但并未大举进攻明朝。为什么拖了四年未攻?这固然因天命汗忙于巩固其对辽沈地区的治理——整顿内部,移民运粮,实行社会改革,镇压汉民反抗,同时,更由于孙承宗、袁崇焕等关(山海关)宁(宁远)锦(锦州)防务工作井然有序,无懈可击,使他不敢妄动。

从明朝方面看,天启五年即天命十年(1625年)十月,在孙承宗去职后,以高第为兵部尚书,经略蓟、辽,驻山海关。高第,字登之,滦州人,万历十七年(1589年)中进士,此后在仕途上不太惹人注目,直到天启三年(1623年)才做到兵部侍郎,翌年致仕(退休)。他素不知兵,胆怯无能,却以谄附阉党得受封疆重任。高第曾力扼孙承宗守关外以捍关内、先固守以图恢复的积极防御方略。他到达山海关之后,借柳河兵败为由,实行一个"撤"字:孙承宗原来那条防线全撤,从右屯、大凌河城、锦州城、小凌河城、松山、杏山、塔山、连山、宁远、宁前,一直撤到山海关。第一撤军;第二撤民;第三撤枪械,所有武器、弹药全撤;第四撤粮料。他的撤与熊廷弼、王化贞的撤不一样,熊、王二人是因为打了败仗;与王在晋撤守山海关也不一样,王在晋是因为关外没有地方了。虽然熊廷弼、王化贞、王在晋他

明代竹节铁火炮

们的撤守是消极防御，但情有可原，而高第是放弃了经营多年的军事防线，将已经恢复的关外400里土地又拱手让给后金。

一些官员对高第的盲目撤退不满，纷纷上疏抗争。袁崇焕力争：兵不可撤，城不可弃，民不可移，田不可荒。他向辽东经略高第具揭道：

> 兵法有进无退。三城已复，安可轻撤？锦、右动摇，则宁、前震惊，关门亦失保障，今但择良将守之，必无他虑。（《明史·袁崇焕传》）

经略高第凭借御赐尚方剑，又有阉党做后台，不但执意要撤锦州、右屯、大凌河三城，而且传檄全撤宁（远）前（屯）路防备。宁前道袁崇焕决心身卧宁远，保卫孤城，他斩钉截铁地表示：

> 宁前道当与宁、前为存亡！如撤宁、前兵，宁前道必不入，独卧孤城，以当虏耳！

袁崇焕只是一个"宁前道"的小官，朝中被阉党把持，他的座师、大学士韩爌辞职，首辅叶向高也辞职，没有可以依靠的后台。在这种不利的局面下，帝师、大学士、兵部尚书兼蓟辽督师孙承宗都顶不住压力而去职，袁崇焕居然敢于违抗兵部尚书、蓟辽经略高第意旨，实在是难能可贵！

高第见袁崇焕态度坚决，无可奈何，只撤锦州、右屯、大凌河及松山、杏山、塔山守具，尽驱屯兵、屯民入关，抛弃粮谷十余万石。这次不战而退，闹得军心不振，民怨沸腾，背井离乡，死亡塞路，哭声震野。

宁前道袁崇焕在关外城堡撤防、兵民入关的极为不利的情势下，率领一万余名官兵孤守宁远，以抵御后金军的进犯。

努尔哈赤善于待机而动，曾值熊廷弼下台之机，夺占沈、辽；又值明辽东经抚不和之机，占领广宁；这次再值孙承宗罢去、高第撤军向关内、宁远孤守之机，决定兵锋直指孤城宁远。

天启六年即天命十一年（1626年）正月十四日，努尔哈赤统领6万大军，号称20万，连陷右屯、大凌河、锦州、小凌河、松山、杏山、塔山、连山等八座城堡，因为明军已撤关内，后金兵未遇抵抗，扑向宁远。

后金兵渡辽河，警报驰传明朝，举国汹汹，人心惶惶。明经略高第和总兵杨麒，闻警丧胆，计无所出，龟缩山海，拥兵不救。袁崇焕在宁远紧急关头，后无援军，前临强敌，"关门援兵，并无一至"。但城中兵民，"死中求生，必生无死"，誓与城共存亡。他采纳诸将的议请，做了如下守城准备：

努尔哈赤的盔甲

第一，凭城固守，分城负责。袁崇焕前临强敌，后无援兵，东翼朝鲜无助，西翼蒙古不力，独守孤城宁远，艰难可想而知。袁崇焕守卫宁远的要略是一个"守"字：孤守、固守、坚守、死守。他汲取抚（顺）、清（河）、开（原）、铁（岭）、沈（阳）、辽（阳）、广（宁）、义（州）失守的惨痛教训，不出城外野战，决意凭城固守。敌诱不出城，敌激不出战。袁崇焕部署官兵，分城防守：总兵满桂守东面，副将左辅守西面，参将祖大寿守南面，副总兵朱梅守北面；满桂提督全城，分将画守，相互援应。袁崇焕则坐镇于城中鼓楼，统领全局。袁崇焕"刺血为书，激以忠义，为之下拜，将士咸请效死"，同军民誓死守御宁远。

第二，布设大炮，城炮结合。袁崇焕部署城炮结合，守御宁远，"以台护铳，以铳护城，以城护民"（《明熹宗实录》卷十）。他在宁远城设置红夷大炮，制作炮车，备足弹药,由在京营中受过葡萄牙人训练的孙元化、彭簪古等官员,培训炮手,准备迎敌。

第三,坚壁清野,严防奸细。袁崇焕令尽焚城外房舍、草料,转移城厢商民入城,转运粮料藏觉华岛。又以同知程维楧率员稽查奸细,"纵街民搜奸细,片时而尽"(《明熹宗实录》卷七十二);派诸生巡守街巷路口。先是,在辽东的抚顺、清河、开原、铁岭、沈阳、辽阳、广宁,都是由于"里应外合"失陷的,而"宁远独无夺门之叛民,内应之奸细"(《明熹宗实录》卷六十八)。

第四,兵民联防,重金赏勇。袁崇焕令通判金启倧巡视城的四面,编派民夫,做饭送水,供给守城将士饮食。又派卫官裴国珍带领城内商民,运矢石,送弹药。他一向重视对官兵的奖赏,特别在战况紧急之时,命将库银11 100余两,取出放在城上。袁崇焕宣布:官兵有能中敌与不避艰险者,即时赏银一锭,奖励勇敢退敌者。在宁远城的防卫过程中,袁崇焕能军民一体,相互合作,共命运,同生死,共同守卫宁远,抗御后金进犯。

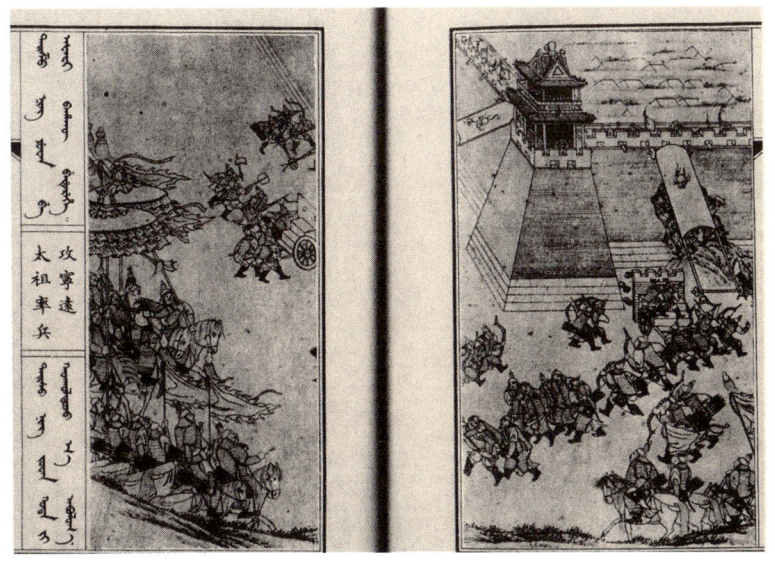

《太祖率兵攻宁远》(《满洲实录》插图)

袁崇焕在防御孤城宁远，天命汗则在驱骑奔向宁远——宁远大战一触即发。

二、宁远激战

努尔哈赤率八旗军西渡辽河之后，士气英发，长驱直入，指向四面无援的孤城宁远。

正月二十三日，袁崇焕守城部署刚就绪。他与幕僚至鼓楼，同朝鲜使臣翻译韩瑗等谈古论今，镇静如常。这时，八旗军穿过宁远城东五里处首山与螺峰山（窟窿山）之间隘口，兵临宁远城郊。努尔哈赤命离城五里，横截山海大路，安营布阵，并在城北扎设统帅大营。努尔哈赤在发起攻城之前，释放被虏汉人回宁远城，传汗旨，劝投降，但遭到袁崇焕的严词拒绝。《清太祖武皇帝实录》记载：

> 捉获汉人入宁远往告："吾以二十万兵攻此城，破之必矣！尔众官若降，即封以高爵。"宁远道袁崇焕答曰："汗何故遽加兵耶？宁、锦二城，乃汗所弃之地，吾恢复之，义当死守，岂有降理！乃谓来兵二十万，虚也，吾已知十三万，岂其以尔为寡乎！"

袁崇焕断然拒绝努尔哈赤诱降之后，命罗立等向城北后金军大营，施放西洋大炮，"遂一炮歼虏数百"。后金军不敢留此驻营，将大营移到城西。努尔哈赤见袁崇焕既拒不投降，又发炮轰击大营，命准备战具，次日再攻城。

二十四日，后金兵推楯车，运钩梯，步骑蜂拥进攻，万矢齐射城上。明军凭坚城护卫，既不怕城下骑兵猛冲，又能够躲避箭矢射击。后金集中兵力，攻打城西南角。左辅领兵坚守，祖大寿率军应援。明军用矢石、铁铳和西洋大炮还击。后金兵死伤累累，又移攻南城。后金军在城门角两台间火力薄弱处凿城。守城军"则门角两台，攒对横击"。都司金书彭簪古指挥东、北二面发红夷大炮，罗立指

铁佛郎机子铳

挥西、南二面发红夷大炮,"从城上击,周而不停,每炮所中,糜烂可数里"(《明季北略》卷二)。后金兵顶着炮火,用楯车攻城;冒着严寒,用大斧凿城。明军发矢镞,掷礌石,飞火球,投药罐;后金兵前仆后继,冒死不退,前锋挖凿冻土城,凿开高二丈余的大洞三四处。袁崇焕在危急关头,身先士卒,不幸负伤,"自裂战袍,裹左伤处,战益力;将卒愧,厉奋争先,相翼蔽城"。袁崇焕命官兵用芦花、棉被装裹火药,号"万人敌";又以"缚柴浇油,并掺火药,用铁绳系下烧之",用棉花火药等物烧杀挖城墙的后金兵勇士——"火星所及,无不糜烂"。据明方塘报记载:"贼遂凿城高二丈余者三四处,于是火球、火把争乱发下,更以铁索垂火烧之,牌始焚,穴城之人始毙,贼稍却。而金通判手放大炮,竟以此殒。城下贼尸堆积。"(《明熹宗实录》卷七十)自清晨至深夜,后金军尸积城下,有进无退,几乎陷城。

二十五日,后金兵再倾力攻城。城上施放炮火,后金兵惧怕利炮,畏葸(xǐ)不前,"其酋长持刀驱兵,仅至城下而返"(《明熹宗实录》卷七十)。后金兵士一面抢走城下尸体运到城外砖窑焚化,一面继续攻城。但攻不能克,乃下令收兵。后金军两日攻城,共死亡军官二员、兵五百,攻具焚弃,丧失殆尽。努尔哈赤被迫停止攻城,退到西南离城五里龙宫寺扎营。

二十六日,后金兵继续围城,明兵不断发射西洋大炮轰击。努尔哈赤无计可施,便改变进攻策略,命武讷格率军履冰渡海,进攻明军储存粮料基地——觉华岛(见下讲)。

袁崇焕刚击退后金军进攻,便派景松和马有功疾驰山海关,向经略高第报告战况。高第派人疾驰向朝廷报捷。

宁远之役,后金某重要人物为明炮弹击伤。现征引各书记载如下:

经略高第奏报:

奴贼攻宁远,炮毙一大头目,用红布包裹,众贼抬去。

张岱在《石匮书后集》中记载:

炮过处,打死北骑无算,并及黄龙幕,伤一裨王。北骑谓出兵不利,以皮革裹尸,号哭奔去。

朝鲜李星龄在《春坡堂日月录》中载述宁远之役,现抄录于后:

我国译官韩瑗,随使命入朝。适见崇焕,崇焕悦之,请借于使臣,带入其镇,瑗目见其战。军事节制,虽不可知,而军中甚静,崇焕与数幕僚,相与闲谈而已。及贼报至,崇焕轿到敌楼,又与瑗等论古谈文,略无忧色。俄顷放一炮,声动天地,瑗怕不能举头。崇焕笑曰:"贼至矣!"乃开窗,俯见贼兵,满野而进,城中了无人声。是夜,贼入外城,盖崇焕预空外城,以为诱入之地矣。贼因并力(攻)城,又放大炮,城上一时举火,明烛天地,矢石俱下。战方酣,自城中每于堞间,推出木柜子,甚大且长,半在堞内,半出城外,中实伏甲士,立于柜上,俯下矢石。如是层(屡)次,自城上投枯草油物及棉花,堞堞无数。须臾,地炮大发，自城外，遍内外，土石俱扬，火光中见胡人俱人马腾空，乱堕者无数，贼大挫而退。翌朝，见贼拥聚于大野一边，状若一叶。崇焕即送一使，备物谢曰："老将横行天下久矣，日见败于小子，岂其数耶！"奴儿哈赤先已重伤，及是具礼物及名马回谢，请借再战之期，因懑恚而毙云。

明朝与后金的宁远之战，以明朝的胜利和后金的失败而结束。明朝由"宁远被围，举国汹汹"，到闻报宁远捷音，京师士庶，空巷相庆。宁远大捷是明朝从抚顺失陷以来的第一个大胜仗；是自"辽左发难，各城望风奔溃，八年来贼始一挫"的一个大胜仗；也是"遏十余万之强虏，振八九年之积颓"的一个大胜仗。明天启帝旨称："此七八年来所绝无，深足为封疆吐气！"（《明熹宗实录》卷六十八）因之，宁远大捷对于明朝有着特殊意义：宁远，为山海之藩篱，关京师之安危，系天下之存亡。宁远之战明军获得大捷，兵部尚书王永光向皇帝盛赞袁崇焕的功绩言：

> 辽左发难，各城望风奔溃，八年来贼始一挫，乃知中国有人矣！盖缘道臣袁崇焕平日之恩威有以慑之维之也！不然，何宁远独无夺门之叛民、内应之奸细乎？本官智勇兼全，宜优其职级，一切关外事权，悉以委之。（《明熹宗实录》卷六十八）

与明相反，努尔哈赤原议师略宁远城，夺取山海关，不料败在袁崇焕手下。时袁崇焕43岁，初历战阵；努尔哈赤已68岁，久经沙场。努尔哈赤在宁远遭到用兵四十四年来最严重的惨败。宁远之战对天命大汗、军事统帅努尔哈赤而言，最大的痛苦莫过于指挥失败。《清太祖武皇帝实录》记载努尔哈赤宁远之败时说："帝自二十五岁征伐以来，战无不胜，攻无不克，惟宁远一城不下，遂大怀忿恨而回。"

三、兵略分析

宁远之战，明朝获胜，后金失败，其原因很多而又错综复杂。

于思想，袁崇焕有胆略与决心，他在临战前表示："宁前道当与宁、前为存亡！如撤宁、前兵，宁前道必不入，独卧孤城，以当虏耳。"袁崇焕有谋略与信心，他上疏说："本道身在前冲，奋其智力，自料可以当奴。"后金军虽居于优势，努尔哈赤却思想僵化，骄傲轻敌——既没有认识到明军统帅袁崇焕坚守宁远的决心与胆略，也没有认识到袁崇焕"凭坚城、用大炮"的守城战术，更没有认识到宁远运用新式武器红夷大炮。后金军队蜂拥攻城，遭到城上红夷大炮轰击，屡冲屡败，死伤惨重。后金在军事上犯了以己之短、攻彼之长的错误。后金刘学成在奏陈中分析道："汗自取广宁以来，马步之兵，三年未战，主将怠惰，兵无战心也，兼之车梯、藤牌朽坏，器械无锋，及汗视宁远甚易，故天降劳苦于汗也。"（《满文老档·太祖》）努尔哈赤犯了骄兵必败的错误。明军则如天启帝所言："袁崇焕血书誓众，将士协心，运筹师中，调度有法；满桂等捍御孤城，矢心奋勇"，故能"首挫凶锋"（《明熹宗实录》卷六十七）。

于军事，袁崇焕在宁远之战中，一是凭城，二是用炮，三是查奸。后金攻明在坚城深堑之前，炮火矢石之下，多以诱敌出城、铁骑驰突，里应外合而获胜。明军于沈阳和辽阳的失陷，都是犯了上述三个同样的错误。这次袁崇焕坚壁清野、婴城固守、使用大炮、搜查奸细，所以唯独宁远"无夺门之叛民，内应之奸细"。努尔哈赤以劳赴逸，以主为客，以骑攻城，以箭制炮，引诱而明军不出城，派谍而城中不内应，以短击长，终至败北。

于武器，明军已然使用最新式的武器——红夷大炮，八旗兵仍袭用弓箭刀戈。两军争战，人的因素固然重要，武器的因素也很重要。在一定条件下，武器成为两军决战胜负的关键因素。袁崇焕说："虏利野战，惟有凭坚城以用大炮一著。"（《明熹宗实录》卷六十八）宁远获捷，使红夷火炮声名大噪。明廷封一门红夷大炮为"安国全军平辽靖虏大将军"。

炮，本作"砲"，初为抛石机，故名"砲"。《新唐书·李密传》："以机发石，为攻城械，号将军砲。"宋以后开始用火炮。《宋史·兵志》："火箭火炮，不能侵。"所以，用炮守城，宋已有之。用红夷炮守城，自袁崇焕为始。这是袁崇焕对中国军事史的一个贡献。

于指挥，天命汗在宁远的对手已然不是庸拙无能的统帅杨镐，也不是纸上谈兵的经略袁应泰，更不是浪言求宠的巡抚王化贞，而是杰出的将领袁崇焕。袁崇焕在宁远之役中，"委任专，事权一"，调度得体，指挥有方，确实胜过努尔哈赤一等。

明军获得宁远大捷，以上四项因素，都是相当重要的，但最关键的因素有两条——指挥正确与武器先进。这个先进武器就是红夷大炮。红夷大炮是中国军事史上出现的最新武器，也是明军

红夷大炮

装备中的最新因素。明军首次在宁远之战中使用红夷大炮，并获得成功。明军宁远之战的胜利，是袁崇焕"凭坚城、用大炮"的胜利。这里有两个因素：一是用红夷大炮，二是使城炮结合。他从抚、清、开、铁、沈、辽、广、义等诸城失陷中认识到：旷野厮杀，明军所短；凭城用炮，明军所长。所以，"凭坚城、用大炮"是明军以长击短、克敌制胜的法宝。

宁远大捷具有重大的意义：

其一，在政治上，打破后金军不可战胜的"神话"，对明朝官心、军心和民心有巨大的振奋作用。

其二，在军事上，使刚建立的关（山海关）宁（宁远）防线经受住了考验，而后继续发挥重大作用。

其三，在战术上，证明"凭坚城、用大炮"，城炮结合，兵民联防，是阻止后金军强大攻势的有效手段。

其四，在用人上，选将应具备"智、信、仁、勇、严"五项条件。《孙子》曰："将者，智、信、仁、勇、严也。"梅尧臣注曰："智能发谋，信能赏罚，仁能附众，勇能果断，严能立威。"袁崇焕符合上述为将的条件。

综上，袁崇焕取得宁远大捷的主要原因是三句话、十二个字：指挥若定、武器先进、凭城用炮。

在这里让我们回顾一下，自万历四十六年即天命三年（1618年）四月后金向明朝宣战以来，双方在辽河以东经历了七次大战：抚顺、清河、开原、铁岭、沈阳、辽阳和萨尔浒之战，都是金胜明败，明朝不仅失去辽东的土地人民，而且失去了辽东的统治中心。之后，明朝与后金继续在辽西争局，共有五局：广宁之战、宁远之战、宁锦之战、大凌河之战和松锦之战，只有袁崇焕指挥的宁远之战与宁锦之战获胜。也就是说，明清在关外的十二仗，败了十仗，胜了两仗，这两个胜仗都是袁崇焕指挥的。至于关外的宁锦、大凌、松锦三局，其结果呢？这些历史疑问，以后都要讲到。

宁远之战的主战场在宁远城获胜，那么在分战场觉华岛又怎样呢？接下来我要讲明军觉华岛兵败。

第十九讲 觉华兵败

明朝与后金进行的宁远之战，其主战场在宁远城，分战场则在觉华岛。天命汗努尔哈赤兵败于宁远城下，便转攻海上的觉华岛。岛上明军猝不及防，结果大败。觉华岛之役是明清交替之际，明朝与后金的一次剧烈的军事碰撞，产生了重要的影响。

一、兵家要地

觉华岛由于有重要的价值，既为明辽军所必守，也为后金军所必争。

第一，觉华岛位置冲要。觉华岛悬于渤海辽东湾中，距宁远30里，与宁远城互为犄角之势，居东西海陆中逵，扼辽西水陆要津。觉华岛早在唐代已经开发，为著名港口，其北边海港称为靺鞨口，为出入海岛咽喉。辽、金时代，岛上更为发达，住户日多，且有名刹。这时，岛上有一位高僧，法名觉华，后来以他的名字作为岛名，称觉华岛。金亡元兴，塞外拓疆，辽西走廊，更为重要。明初北元势力强大，朱棣几次率军北征，关外地区，屡动干戈。后蒙古势力犯扰掠夺辽东，明军就把军用粮料储藏在海岛，觉华岛成为明军囤积粮料的重要基地之一。满洲崛起后，觉华岛的特殊战略地位日益受到重视。天启二年（1622年），明朝失陷辽西重镇广宁后，辽东明军主力收缩于山海关。此间，对明军的山海关外防线如何布局存在争议，经略王在晋议守八里铺，佥事袁崇焕议守宁远城，监军阎鸣泰主守觉华岛。天启三年（1623年）九月初八日，大学士孙承宗出关巡阅，此行视察了觉华岛。据孙承宗巡觉华岛的奏报称：

> 又次日（十三日），向觉华岛，岛去岸十八里。而近过龙宫寺，地濒海而肥，可屯登岸之兵。次日（十四日），遍历洲屿，则西南望榆关在襟佩间，独金冠之水兵与运艘在。土人附夹山之沟而居，合十五沟，可五十余家。而田可耕者六百余顷，居人种可十之三。盖东西中逵，水陆要津。因水风之力，用无方之威，固智者所必争也。其旧城遗址，可屯兵二万，臣未出关，即令龙、武两营，分哨觉华。而特于山巅为台，树赤帜，时眺望。（《明熹宗实录》卷四十）

由上述孙承宗奏报，可见觉华岛成为明军必守之地：一是岛在辽东湾中，控四方水陆要津；二是岛距岸 18 里，严冬冰封，既便于冰上运输粮料，又可凿冰为濠御守；三是岛距宁远城 30 里，互为犄角之势，互为援应；四是岛上有旧城址，有耕田、民居、淡水，可囤粮驻兵；五是岛北岸有天然港口——靺鞨口，可泊运艘，亦可驻舟师；六是岛上山巅树赤帜、立烽堠，便联络、通信息；七是海岛安全，可做新招辽兵训练之地；八是岛港便于停靠从旅顺、登莱、天津驶来的运艘。孙承宗奏报说："失辽左必不能守榆关，失觉华、宁远，必不能守辽左。"其奏报得到旨允。于是，孙承宗既经营宁远城之筑城与戍守，又经营觉华岛之囤粮与舟师。

第二，觉华岛囤积粮料。先是，明在辽东防务布有重兵。其兵粮马料、军兵器械，为防备蒙古与女真骑兵抢掠，或置于坚城，或储于海岛。芝麻湾（止锚湾）、笔架山、觉华岛为明军海上囤积粮料的重要基地。明广宁失陷后，御守重点在宁远城，粮料储存则重点在觉华岛。觉华岛有一主岛和三小岛——今称磨盘岛、张山岛、阎山岛，共 13.5 平方公里，其中主岛 12.5 平方公里。主岛"呈两头宽，中间狭，不规则的葫芦状，孤悬海中"。又犹如龙形，"龙身"为山岭，穿过狭窄的"龙脖"迤北，便是"龙头"。"龙头"三面临海，地势平坦，北端有天然码头——靺鞨口，可以停泊船只。在"龙头"的开阔地上，筑起一座囤积粮料之城。这座囤粮城，依据踏勘，简述如下：

觉华岛明囤粮城，今存遗址，清晰可见。城呈矩形，南北长约 500 米，东西宽约 250 米，墙高约 10 米，底宽约 6 米。北墙设一门，通城外港口，是为粮料、器械运输之道；南墙设二门，与"龙脖"相通，便于岛上往来；东、西墙无门，利于防守。城中有粮囤、料堆及守城官兵营房遗迹，还有一条纵贯南北的排水沟。

觉华岛囤储的粮料，既有来自天津的漕运米，又有征自辽西的屯田粮。岛上的储粮，天启二年（1622 年）二月初一日，据杨嗣昌具疏入告称：

照得：连日广宁警报频叠，臣部心切忧惧。盖为辽兵将平日贪冒，折色不肯运粮，以致右屯卫见积粮料八十余万石，觉华岛见积粮料二十余万石……今边烽过河，我兵不利，百万粮料，诚恐委弃于敌，则此中原百万膏髓涂地，饷臣百万心血东流。（《杨文弱先生集》卷四）

此时，辽左形势陡变，明军危在旦夕。杨嗣昌上疏时，明朝已经失陷广宁。占领广宁的后金军，乘胜连陷义州、锦州、右屯卫等40余座城堡，并从右屯卫运走粮食503 681石8斗7升，余皆焚毁。但是，觉华岛囤储之20万石粮料，因在海岛，得以保存。因为明朝储粮于海岛，后金没有舟师，难以攻取。然而，囤积大量粮料的觉华岛，对缺乏粮食的后金而言，虽没有一支舟师，却必为死争之地。

第三，觉华岛设置水师。明朝于觉华岛，在广宁失陷前，只有游击金冠率领少量水兵屯驻。后来，经略孙承宗采纳阎鸣泰之议，以"觉华岛孤峙海中，与宁远如左右腋，可扼敌之用"，便命游击祖大寿驻觉华岛。祖大寿的任务有三：一为抚练新归辽人，以辽人守辽土；二为护卫岛上囤储的粮料、器械；三为相机牵制南犯的后金军。后因宁远事关重大，采纳袁崇焕的建议，将祖大寿调至宁远。明觉华岛的水师，仍由游击金冠统领，宁远战前有七千官兵、七千商民。其作用是：一则守卫岛上之粮料、器械；二则配合陆师进图恢复；三则策应宁远城的防守。

由上，觉华岛以其地位重要、囤积粮料和设置水师，而成为明辽军与后金军的必据必争之地。随着努尔哈赤兵败宁远，这里就成为明军与后金争夺的焦点。

二、觉华之败

努尔哈赤一向刚毅自恃，屡战屡胜，难以忍受宁远兵折之耻，决心以攻泄愤，以焚消恨，以胜掩败，以戮立威。这正如明蓟辽总督王之臣分析的那样："此番奴氛甚恶，攻宁远不下，始迁戮于觉华。"（《明熹宗实录》卷七十）努尔哈赤攻宁远城不下，见官兵死伤惨重，便决定攻觉华岛。

二十五日夜，后金一面派军队彻夜攻城，一面将主力转移至城西南五里龙宫寺一带扎营。其目的：一则龙宫寺距觉华岛最近，便于登岛；二则龙宫寺囤储粮料，佯装劫粮。此计确实迷惑了明军，经略高第塘报可以为证："今奴贼见在西南上离城五里龙官（宫）寺一带扎营，约有五万余骑。其龙官（宫）寺收贮粮囤好米，俱运至觉华岛，遗下烂米，俱行烧毁。讫近岛海岸，冰俱凿开，达贼不能过海。"（《明熹宗实录》卷六十七）

但是，实际情形并不像高第奏报的那样后金军不能过海。因为当时正是隆冬，海面结冰，从岸边踏冰可直达岛上。那个时候，气温比现在低，现在三九、四九天海水还不冻，特冷的季节，海冻也就那么一二里，因为冰很薄，人还不敢在上面走。明末的时候，隆冬时节那个地方的气温总在零下30摄氏度还要多一点，所以从岸上到觉华岛，海水整个是冻的。觉华岛明参将姚与贤为加强防御，命军兵沿岛凿开一道长达15里的冰濠，以阻挡后金骑兵的突入。然而，天气严寒，冰濠穿而复合。明守军"日夜穿冰，兵皆堕指"（王在晋《三朝辽事实录》）。

二十六日，后金一面派少部分兵力继续攻打宁远城；一面命大部分骑兵突攻觉华岛。后金军由骁将武讷格率领蒙古骑兵及满洲骑兵，共数万人，由冰上驰攻觉华岛。后金军涉冰近岛，明都司王锡斧、季士登、吴国勋、姚与贤统率官兵，营于冰上，列阵车楯，进行防卫。辰时，武讷格统领的后金骑兵，分列12队，武讷格居中，扑向位于岛"龙头"上的囤粮城。岛上明军，"凿冰寒苦，既无盔甲、兵械，又系水手，不能耐战，且以寡不敌众"（王在晋《三朝辽事实录》）；更为严重的是，天降大雪，冰濠重新冻合。后金军迅速从鞑鞡口登岸，攻入囤粮城北门，攻进城中。后金骑兵驰突乱砍，岛上水兵乱了阵脚。后金军火焚城中囤积粮料，浓烟蔽岛，火光冲天。旋即后金军转攻东山，万骑驰冲；巳时，并攻西山，一路涌杀。后金军的驰突攻杀，受到明守岛官兵的拼死抵抗。这里面有一个动人的故事，觉华岛明朝游击金冠在大战前去世，他的儿子金世林是个武举人，到北京去参加会试，听说父亲去世，就带了300人到觉华岛，要把老人的尸体运回老家安葬。此时正赶上觉华岛大战，金世林一面护卫父亲的棺木牌位，一面指挥那300人同后金军作战。结果同来的300位义士无一生还者。

觉华岛争战的结局是明军覆没而后金军全胜。此役，明朝损失极为惨重，四份资料可为力证：

其一，经略高第塘报：觉华岛"四营尽溃，都司王锡斧、季士登、吴国勋、姚与贤，艞总王朝臣、张士奇、吴惟进及前、左、后营艞百总，俱已阵亡"（王在晋《三朝辽事实录》）。

其二，总督王之臣查报："贼计无施，见觉华岛有烟火，而冰坚可渡，遂率众攻觉华，兵将俱死以殉。粮料八万二千余及营房、民舍俱被焚……觉华岛兵之丧者七千有余，商民男妇杀戮最惨。"（《明熹宗实录》卷七十）

其三，同知程维楧奏报："虏骑既至，逢人立碎，可怜七八千之将卒，七八千之商民，无一不颠越靡烂者。王鳌，新到之将，骨碎身分；金冠，既死之榇（chèn），俱经剖割。囤积粮料，实已尽焚。"（《三朝辽事实录》）

其四，《清太祖高皇帝实录》载："我军夺濠口入，击之，遂败其兵，尽斩之。又有二营兵，立岛中山巅。我军冲入，败其兵，亦尽歼之。焚其船二千余；并所积粮刍，高与屋等者千余所。"

此役，觉华岛上明军7 000余人和商民7 000余丁口俱被杀戮；粮料八万余石和船2 000余艘俱被焚烧；主岛作为明关外后勤基地亦被摧毁。同时，后金军也付出代价，明统计其死亡269人。

三、胜败兵略

明朝与后金在宁远城和觉华岛的争战，结果是双方各一胜一败。其胜其败，兵略得失，均有短长。

天命汗努尔哈赤虽在宁远城失败，却在觉华岛获胜。在觉华岛之役中，明军恰恰没有凭坚城、用大炮；后金军则发挥了骑兵争锋、野战驰突的优长。

觉华岛之役是古代战争史上因势而变、避实击虚的典型范例。仅就后金军之得与明辽军之失，略述如下：

第一，天命汗释坚攻脆。 从已见史料可知，努尔哈赤此次用兵，亲率倾国之师，长驱驰突，围攻宁远，志在必克。然而，事与愿违，围城强攻，兵败城下。天命汗蒙受四十四年戎马生涯中最惨重的失败，最惨痛的悲苦。然而，他能在极端不利的困境里，在极度恼怒的情绪下，因敌情势，察机决断，释坚攻脆，避实击虚。《孙子兵法》云：

> 夫兵形象水，水之形，避高而趋下；兵之形，避实而击虚。水因地而制流，兵因敌而制胜。故兵无常势，无常形。能因敌变化而取胜者，谓之神。

努尔哈赤从多年戎马经历中，深知《孙子兵法》中的上述用兵之道：水流必避高趋下，兵胜要避实击虚；水因地之倾仄而制其流，兵因敌之虚懈而取其胜；水无常形，兵无常势，临敌变化，方能取胜。努尔哈赤其时面临着两个可供选择的攻击点：一个是宁远城，另一个是觉华岛。宁远城明军城坚、炮利、死守，觉华岛明军则兵寡、械差、虚懈。于是，天命汗努尔哈赤在宁远城攻坚失利的情势下，临机决断，避其固守之宁远城，捣其虚懈之觉华岛。他以少部分兵力佯攻宁远城，以迷惑守城之敌；而以大部分兵力攻觉华岛，突然驰击，以猛捣虚懈之敌。后来明人才发觉：后金军"共扎七营，以缀我师，不知其渡海也"。甚至袁崇焕当时也做出"近岛海岸，冰俱凿开，贼不能过海"的疏忽判断。后金统帅努尔哈赤利用严冬冰封的天时，又利用海岛近岸的地利，复利用官兵愤恨的士气，再利用骑兵驰突的长技，乘觉华岛明军防守虚懈、孤立无援之机，出其不意，乘其之隙，围城袭岛，避实攻虚，集中兵力，驰骑冲击，速战速决，大获全胜。觉华岛之胜，可谓释坚攻脆，乘瑕则神。这是战争史上避实击虚的战例典范。

第二，明水师攻守错位。 明失广宁后，议攻守之策，应以守为主，无论城池，抑或岛屿，均应主守，而后谈攻。明廷赋予觉华岛水师的使命，着眼于攻，攻未用上，守亦未成。觉华岛明军应当主守，是其时关外双方军力对比与岛上水师特质所决定的。以后者来说，岛上明朝水师登岸，不能对抗后金骑兵。登岸之水兵，舍舟船，无辎重，失去依恃，弃长就短；陆上之骑兵，速度快，极迅猛，机动灵活，冲击力大——登岸之明朝水兵对抗陆上之后金骑兵，是注定要失败的。但是，明廷重要官员对此缺乏认识。先是，大学士孙承宗采纳阎鸣泰主守觉华之议后，言"边防大计"为"曰守、曰款、曰恢复"，其"进图恢复，则水师合东，陆师合北，水师〔陆〕之间，奇一正一，出没无间"，赋予觉华岛水师以进图恢复的水上重任。他认为：后金骑兵不会从水上攻岛，岛上水师又负重任，故应加强岛之地位："而又于岛之背设台，以向其外，则水道可绝。盖大海汪洋，虽可四达，而辽舟非傍屿不行。虏固不以水至，即以水亦望此心折。且三门之势，若吸之应呼，无论贼不能从水旁击，即由陆亦多顾盼也。"（《明熹宗实录》卷四十）孙承宗断言后金不以舟师从水上攻觉华岛，却未料后金会以骑师从冰上攻觉华岛。觉华岛驻兵只可御水中之军，不能遏陆路之兵。

时至天启六年即天命十一年（1626年）正月二十三日，署协理京营戎政兵部右侍郎阎鸣泰仍谏言宁远制敌之策："制敌之策，须以固守宁远为主，但出首山一步即为败道。而首山左近如笔架、皂隶等山险隘之处，俱宜暗伏精兵、火炮，以待贼来，慎勿遽撄（yīng）其锋，惟从旁以火器冲其胁，以精兵截其尾；而觉华岛又出船兵遥为之势，乘其乱而击之，此必胜之著也。"（《明熹宗实录》卷六十七）阎鸣泰此策，得旨"俱依拟著实举行"。此策如果实行，明朝关外孤城宁远必为后金据有，萨尔浒之役杜松吉林崖兵败和刘綎阿布达里冈兵殁，沈辽之役沈阳贺世贤和辽阳袁应泰出城迎敌失其精锐而城破身亡，都是例证。而觉华出水师以击敌，说明这并非必胜之策。此策着眼于攻，疏失于守，攻守错位，攻未出师，守亦败没。

第三，觉华岛防守虚懈。觉华岛之功能，主要是作为明军关外囤储粮料、器械的后勤基地，应以此作为重点，而进行防御部署。先是，广宁之役，频传警报，前车之鉴，应引为教训。杨嗣昌疏稿称："昨接户科抄出户科都给事中周希令一疏，内言觉华等岛粮食，宜勒兵护民，令其自取无算，余者尽付水火。未出关小车与天津海运，不可不日夜预料速备等因。奉圣旨：该部作速议行。"上引疏稿为天启二年即天命七年（1622年）二月初六日，而后金军已于上月二十三日占领广宁，但兵锋未至觉华岛。同年十二月，岛上游击金冠水兵1 276员，参将祖大寿辽兵875员，共2 151员。后祖大寿及其辽兵调出，又增加水兵，达7 000余员。此时的水师官员，各地方镇守官分总兵、副将、参将、游击、守备、把总等，宁远城有一总兵、二副将、一参将，觉华岛却都没有，可见对其防御不够重视。如将觉华岛作为水师基地，应时出击，或做策应，则不现实。因为觉华岛不具备水师基地的地理条件；且岛上水兵用于对付后金骑兵，不宜登陆作战，即使登陆绕击，失去所长，暴露所短，以短制长，兵家所忌。觉华岛的水师应重于防守，却防守疏漏。例如囤粮城守军集于岛上山巅——东山与西山，距离囤粮城较远。驻兵虽可居高临下，却不利于急救囤粮城之危。这就使得囤粮城防守虚懈，难以抵御后金军的突击。后金骑兵骤至，守军营于冰上，凿冰为濠，摆车列阵，布设官兵，以作防卫。但时逢隆冬，所凿冰濠，开而复封。致使后金骑兵横行无阻，直捣囤粮城。明军既侥幸于广宁之役觉华岛免遭兵火，又迷信于宁远之役觉华岛天设之险。然而，宁远不是广宁，历史不再重演。后金骑兵避宁远之实，而击觉华之虚。觉华岛明军全部覆灭，吞下防守虚懈之苦果。

第四，明庙堂以胜掩败。明朝觉华岛兵败，胜败乃兵家常事；但吃一堑，需长一智。明觉华岛兵败之后，蓟辽总督王之臣疏报称："此番奴氛甚恶，攻宁远不下，始迁戮于觉华。倘宁城不保，势且长驱，何有于一岛哉！且岛中诸将，金冠先死，而姚与贤等皆力战而死，视前此奔溃逃窜之夫，尚有生气。"（《明熹宗实录》卷七十）诚然，奏报明军固守宁远之功绩，褒扬觉华死难官兵之英烈，昭于史册，完全应当。但是，胜败功过，理宜分明，既不能以胜掩败，也不能以功遮过。王之臣身为蓟辽总督，对觉华岛之败，未做一点自责。大臣搪塞，朝廷则敷衍。朝廷旨准兵部尚书王永光疏奏："皇上深嘉清野坚壁之伟伐，酬报于前；而姑免失粮弃岛之深求，策励于后。"（《明熹宗实录》卷七十）于是，满朝被宁远大捷胜利气氛所笼罩，有功将卒，加官晋爵；伤亡军丁，照例抚恤；内外文武，论功升赏。但是，于明军觉华岛之败，皇帝、内阁、兵部、总督、经略、巡抚以至总兵、副将、参将，未从整体上进行反思，亦未从战略上加以总结，汲取教训，鉴戒未来。对待失败的态度，是吸收殷鉴，还是掩盖搪塞，这是一个王朝兴盛与衰落的重要标志。明廷失辽（阳）、沈（阳），陷广（宁）、义（州），杀熊廷弼，逮王化贞，只做个案处置，并未深刻反省。因而，旧辙复蹈，悲剧重演，一城失一城，一节败一节。结果，江山易主，社稷倾覆。

觉华岛之役，明朝军变宁远之胜为觉华惨败，后金军化宁远之败为觉华全胜，实为历史的偶然。但是，偶然之中，蕴含必然。这一偶然的觉华岛之役，应是明朝与后金多年争斗结局的历史征兆。

事后，袁崇焕作了《祭觉华岛阵亡兵将文》，文曰：

> 沍寒之月，冰结舟胶。窖尔之所长，乌得不及于难。说者谓谋之不臧。不臧固不臧矣，然排山倒海之势，以十八万而临数千之水卒，即臧可奈何？而尔等计无复之，愤然以死，略无芥蒂，视当年之弃曳倒奔者加一等也。人之罪，至死而免；人之品，至死而定。今将略尔罪而嘉乃忠，请命于天子，谅为之恤，所以不没汝等者，良有在也。
>
> 吁嗟！巨浪茫茫，空山寂寂，皆汝等忠灵之所洒荡也。望故乡以何日，即转劫而无期。莘莘游魂，何不相结为厉，歼仇泄愤？在生之志，藉死以伸，则虽死之日，犹生之年也。尔其勉之！不腆之奠，涕与俱之。尚飨！

上述祭文，声泪俱下，感动天地，激奋人心。"莘莘游魂，何不相结为厉，歼仇泄愤？在生之志，藉死以伸，则虽死之日，犹生之年也。"生死同忾，虽死犹生，歼仇泄愤，忠魂永奠！

第二十讲 巡抚辽东

袁崇焕在天启六年即天命十一年（1626年）正月，取得宁远大捷；三月，升任辽东巡抚，加兵部右侍郎。袁崇焕的官品，由正七品知县、正六品主事、正五品佥事、正四品兵备道至正三品巡抚。天启六年至七年，袁崇焕做了近两年辽东巡抚，全面主持辽东战守，开始展现他的胆略智谋和军事才华。在这段时间，他需要处理三方面的关系：第一，与后金的关系。袁崇焕采取了一边和谈，一边备战的两手策略，在讲和的过程中，抓紧营建关锦防线。第二，与朝廷的关系。朝廷这时候有个大的变化，就是派太监来做监军。袁崇焕也是采取两手，既疏议反对太监监军，又在监军来了之后尽力与之合作。第三，与同僚的关系。此间与同僚既产生新的矛盾，又设法沟通调和。

总之，在袁崇焕巡抚辽东这段时间里，后金和明朝都出现了一些新的变化，袁崇焕正是根据这些新的形势来调整对外和对内的策略。

一、后金变局

宁远之战结束以后,明朝和后金双方都在争取喘息的机会,以准备新一轮的争战。这样一段相对平静的时间,共一年零四个月,也就是从天启六年即天命十一年(1626年)正月到天启七年(1627年)四月。在这段时间里,后金发生了三件军政大事:第一件是努尔哈赤去世,第二件是皇太极继位,第三件是用兵朝鲜。

第一件事,努尔哈赤病死。努尔哈赤于宁远兵败,遭受起兵以来最重大的挫折。他心情沮丧,悒悒不自得,郁郁思往事。《满洲实录》记载他的引咎之言:

> 吾筹虑之事甚多,意者朕或倦勤而不留心于治道欤?国势安危民情甘苦而不省察欤?功勋正直之人有所颠倒欤?再思吾子嗣中果有效吾尽心为国者否?大臣等果俱勤谨于政事否?

他在昼夜殚思,反省治策失措,国势的安危,民情的甘苦,忠奸的倒衡,臣吏的怠绌,子嗣的继任等问题。但百思不得其解,陷于苦闷之中。久经疆场、攻无不克的天命汗,竟会输给一名初历战阵、婴城孤守的书生袁崇焕!努尔哈赤思索、惭赧、痛苦、焦躁,食不甘味,寝不安眠,肝郁不舒,积愤成疾。努尔哈赤创伤未愈,痈疽突发。他于七月二十三日往清河汤泉沐养,八月初一日,派二贝勒阿敏杀牛烧纸,祈祷神佑,但毫无效果,病势危重,不久乘船顺太子河回沈阳。

天启六年即天命十一年(1626年)八月十一日,天命汗努尔哈赤在由清河返回途中,至离沈阳东40里的瑗鸡堡死去。天命汗的死因是什么?三个"实录"都没有交代。《清太祖高皇帝实录》只是简略记载:"庚戌(十一日),未刻,上崩,在位凡十一年,年六十有八。"其他材料提到努尔哈赤死因的还可举出三种:

(1)明东江疏报:"(耿仲明)八月初二日,急归报臣:老奴背生恶疮,带兵三千，见在威宁堡狗儿岭汤泉洗疮……"

（2）明辽东督师王之臣、辽东巡抚袁崇焕疏报："奴酋耻宁远之败，遂蓄愠患疽，死于八月初十日（按应作十一日）。"（《明熹宗实录》卷七十六）

（3）朝鲜《李朝仁祖大王实录》记载：努尔哈赤于"七月间得肉毒病，沐浴于辽东温井（泉），而病势渐重，回向沈阳之际，中路而毙，立其第四子（按：应为四贝勒）"。

这三个记载，都说天命汗是因病而死的。那么他的死是否与宁远之败有关？或者说，宁远之战中那个被明军炮火击中的"大头目"是不是努尔哈赤？现在学术界有两种对立的意见，一种意见认为被炮打伤者就是努尔哈赤，另一种意见认为努尔哈赤没有被炮打伤。主张没有被炮打伤的理由就是一条：没有文献直接记载。清朝人没有记载，也不能记载。明朝人也没有明确记载说把努尔哈赤打伤了，因为在城上打炮，底下到底哪个被打伤，不可能辨认出来。但是明朝人记载说，一炮打下之后，后金有一个大头目受伤，拿个大红毯子包着，众贝勒痛哭而退。而这个大头目是谁？可能是努尔哈赤，也可能是众大贝勒中的一位。但是我查了一下，宁远之战中后金的大贝勒们没有一个受伤的，而如果是一般的额真、勇士受伤，不会有这么大的动静，所以有可能那个受伤者就是努尔哈赤。

有一个旁证：朝鲜人李星龄在他的《春坡堂日月录》中说，他在鼓楼上看到，一炮打下去，努尔哈赤受伤了。这个材料可供参考，他的眼睛未必就能看得那么准。

还有一个旁证材料：在觉华岛之战中，统兵的将军不是努尔哈赤，也不是四大贝勒中的一位，甚至不是旗主贝勒，连个固山额真都不是。领兵者武讷格，官职很低。从这种情况来看，努尔哈赤在宁远城下可能受炮伤，被众贝勒簇拥而退。当时的消炎药效果不是很好，到了七八月份天气炎热的时候伤口容易化脓、败血，他又到汤泉洗温泉澡，这样病情就加重，结果不及返回沈阳，就在瑷鸡堡与世长辞。

第二件事，皇太极继位。努尔哈赤尸骨未寒，后金内部就发生汗位继嗣之争。

时四大贝勒为代善、阿敏、莽古尔泰、皇太极,四小贝勒为阿济格、多尔衮、多铎、济尔哈朗。阿敏和济尔哈朗为舒尔哈齐子,属于旁支,不能争位。莽古尔泰性鲁钝,或言曾弑其母继妃富察氏,也不能争位。承嗣汗位角逐者主要是皇太极、代善和大福晋乌拉那拉氏阿巴亥所生的多尔衮。

大福晋乌拉那拉氏阿巴亥是努尔哈赤晚年的宠妃,为阿济格、多尔衮和多铎的生母。诸王告诉她努尔哈赤留下遗言要她殉葬,阿巴亥支吾不从。诸王曰:"先帝有命,虽欲不从,不可得也。"阿巴亥遂穿礼服,饰珠宝,哀谓诸王曰:"吾自十二岁事先帝,丰衣美食,已二十六年。吾不忍离,故相从于地下。吾二幼子多

天聪汗皇太极朝服像

尔哄（多尔衮）、多躲（多铎），当恩养之。"（《清太祖武皇帝实录》卷四）诸王泣而对曰："二幼弟吾等若不恩养，是忘父也。"十二日，自尽（或言被勒死），年仅37岁。遂与努尔哈赤同葬。

上述文字载于《清太祖武皇帝实录》，而《清太祖高皇帝实录》则删去此段记载，仅言大妃殉身，没有写原因。《北游录·纪闻下》载：大妃"被宗室大臣勒令自尽"。就这样，大福晋乌拉那拉氏阿巴亥成为后金汗位争夺的政治牺牲品。同时殉葬的还有两位庶妃阿济根和德因泽。

阿巴亥死后，多尔衮与多铎年少，失去依恃，无力争夺汗位。汗位的争继主要在皇太极与代善二人之间角逐。代善虽为大贝勒，但性情"宽柔"，先已失宠，并被削夺一旗，无力与皇太极抗争。四贝勒皇太极兼领二旗，得众心，官兵精，智勇俱全，战功独多，又得到其兄正红旗旗主贝勒代善的推让，以及侄子等拥戴，于是继嗣父汗登上大位。天启六年即天命十一年（1626年）九月初一日，代善、阿敏、莽古尔泰三大贝勒及诸贝勒大臣等，聚于笃恭殿（大政殿）前，为皇太极举行登极大典，以明年为天聪元年。

但是，最初汗权的执行形式是四大贝勒共同听政，他们并坐议政，实行贵族共治，暂未形成君主专制，所以有的书叫作"四尊佛"。在这个时候，皇太极需要用战功进一步巩固自己的权位，他把目光瞄准了朝鲜。

第三件事，与朝鲜结"兄弟之盟"。天启七年即天聪元年（1627年）正月初八日，皇太极命二大贝勒阿敏等人率军出师朝鲜。二月，阿敏率军过鸭绿江，下义州、占平壤。朝鲜国王李倧逃出王

朝鲜平壤古城门

京，避居江华岛，后与后金二大贝勒阿敏订立"兄弟之盟"。天聪汗皇太极此举，一石四鸟：巩固汗权，降伏朝鲜，获取粮布，孤立东江（毛文龙）——解除攻明后顾之忧。正如袁崇焕所分析："我欲合西虏而厚其与，彼即攻西虏而伐我之交；我藉鲜为牵，彼即攻鲜而空我之据。"（《明熹宗实录》卷八十四）也就是说，后金西在蒙古、东在朝鲜两面，破坏明的左右两翼，形成对明朝夹击的局面。

二、双方议和

后金和明朝都需要以议和"自固"，因为：后金方面皇位更迭，明朝方面需要修城。皇太极之目的，在于巩固汗位，集中兵力，进攻朝鲜。袁崇焕之目的，在于修缮关外八城，整顿军事，加强防御。因此，双方开始议和试探。

袁崇焕巡抚辽东，着力于重建关宁锦防线，以防守辽西，进图辽东。为了争取时间，袁崇焕抓住后金汗位更替的机会，主动与后金"议和"。

袁崇焕得到努尔哈赤死讯后，立即奏报朝廷，并经旨准，于十月间派都司傅有爵、田成及李喇嘛等三十四人，到沈阳为努尔哈赤吊丧，并祝贺新汗皇太极即位。这个惊人的举动，令人们感到意外。这是明朝官员第一次正式到后金都城进行政治活动。从此，拉开了明朝与后金议和的帷幕。

议和同战争一样，都是政治斗争的一种形式。为达到政治目的，既可用刀剑，也可用笔舌，或兼而用之。虽然战争已把明朝这个重病躯体拼命地往下拖，但它仍自诩为"天朝"，而视后金为"东夷"，不愿同后金议和。然而，袁崇焕能体察形势，不泥成见，疏陈把议和作为明廷对后金的一种策略。他说："守为正著，战为奇著，款为旁著。"（《明熹宗实录》卷八十一）款即议和。袁崇焕把守、战、款，作为三种策略，在同后金斗争中，守攻相济，款战并用。但是，袁崇焕议和，冒着政治风险，"南朝之君，深鉴宋室之覆辙"。文武官员不敢轻言议和。后袁崇焕落狱殒身，此为一大原因。

天聪汗皇太极也心中有数。他明白袁崇焕的意图，便将计就计，顺水推舟。皇太极对从宁远来的明方使臣，盛情款待，表现大度。这时正好大贝勒代善出征蒙古扎鲁特部凯旋，皇太极想借此机会显示一下自己的军威，就带着这三十四人的使团出城15里迎接凯旋的大军。还赏给李喇嘛1峰骆驼、5匹马、28只羊。傅有爵、李喇嘛等一行在沈阳驻留将近一个月，临走时，皇太极派方吉纳、温塔石带领七个人，随同明使去宁远，并向袁崇焕献参、貂、玄狐皮、雕鞍等礼物。皇太极致袁崇焕书，明确表示：两国和好之事，父汗往宁远时，曾致书明廷，要求转奉，但至今未复。你们真要和好，做出回应，我将答复。

后金遣使到宁远，袁崇焕立即奏报朝廷："奴遣方吉纳、温塔石二夷，奉书至臣，恭敬和顺，三步一叩，如辽东受赏时。"又奏言："自宁远败后，旋报（努尔哈赤）死亡，只据回乡之口，未敢遽信。……奴死的耗，与奴子情形，我已备得，尚复何求？不谓其慑服皇上天威，遣使谢吊。我既先往以为间，其来也正可因而间之。此则臣从同事诸臣之后定不遗余力者。谨以一往一还情形上闻。"得旨："据奏，喇嘛僧往还，奴中情形甚悉。……夷情坐得，朕甚嘉焉。夷使同来，正烦筹策，抗则速遣之，驯则徐间之。无厌之求，慎无轻许；有备之迹，须使明知。严婉互用，操纵兼施。勿挑其怒，勿堕其狡。夷在，无急款以失中国之体；夷去，无弛防以启窥伺之端。战守在我，叛服听之。"(《明熹宗实录》卷七十九）袁崇焕据此旨意，就将方吉纳等遣还，也不接受皇太极来书。其理由是，来书封面书写"大金"与"大明"字样并列，有失"天朝"尊严，无法向朝廷转奉。袁崇焕没有拆封，就让方吉纳等将原书带回，既不复信，也未派使者随同其往沈阳。袁崇焕的收获是得到努尔哈赤死亡及皇太极继位的实情。明朝与后金第一次和议使臣往返活动，至此结束。

袁崇焕将遣使、议和之事，及时奏报朝廷。据《明熹宗实录》记载，先后于天启六年（1626年）的九月二十九日、十月十三日、十二月十三日和二十二日、十二月二十七日，还有天启七年（1627年）的正月十二日和二十六日、二月初二日，八次疏报朝廷。旨称：可以同后金议和，并允其便宜行事。《明史·袁崇焕传》称

"崇焕初议和，中朝不知"。此言失实。后来，袁崇焕自己也辩白道："若臣向以侦谕用间，何尝许一'款'字？前后章，俱在御前。有谓以款误，臣不受也！"（《明熹宗实录》卷八十四）

但是，明廷对同后金议和的政策，朝臣分歧，摇摆不定。辽东督师王之臣在奏疏中认为："天朝之大，有泰山四维之势，可恃以无恐耳。……何必曲为之和，以酿无穷之衅乎！"因谕："边疆以防御为正，款事不可轻议。这本说亦是。"（《明熹宗实录》卷七十九）

皇太极命达海、库尔缠与三大贝勒代善、阿敏、莽古尔泰等，共同会议，草拟复书。一个月后，天启七年即天聪元年（1627年）正月初八日，皇太极命方吉纳、温塔石等九人再去宁远，致书明辽东巡抚袁崇焕。书中再申"七大恨"，并提出和好的具体条件，从而开始天聪朝的议和。皇太极要求明朝必须拿出大批金银财物给后金，否则后金将继续以兵戈从事，对明朝发动军事进攻。

三月，袁崇焕派杜明忠为使，随同方吉纳等去沈阳，带去给皇太极的回书。袁崇焕在回书中，驳斥了皇太极的"七大恨"，断然拒绝皇太极的贪婪要求，并要皇太极将辽东土地、人民归还明朝。这些要求，皇太极显然不能接受。

四月初八日，皇太极遣明使杜明忠返回，携带其致袁崇焕答书一封。在致袁崇焕书中，皇太极逐条驳斥了袁崇焕上封信中的论点，坚持"两国是非晓然，以修和好"，即将先弄清是非，作为议和的先决条件。皇太极在回书中也做了一些让步：其一，愿意在书写格式上，把自己名字低明朝皇帝一字书写，但不得与明臣并列。其二，将礼物数目减半，规定明朝出"初和之礼"黄金5万两、银50万两、缎50万匹、绫布500万匹。后金以东珠10颗、黑狐皮2张、元狐皮10张、貂鼠皮2 000张、人参1 000斤作为回报。和好之后，明朝每年送后金黄金1万两、银10万两、缎10万匹、绫布30万匹。后金给明朝东珠10颗、人参1 000斤、貂皮500张。皇太极致袁崇焕书缮写完毕，刚要遣使前往时，得报：明军正在抢修塔山、大凌河、锦州等城。皇太极命再附书袁崇焕，指责他诈称和好，修葺城垣，乘机备战，不守信义。他提出，如果真心议和，应先划定疆界。皇太极决定不再遣使往宁远，而让杜明忠将信带回去。后袁崇焕不满后金入侵朝鲜，停遣使，罢和议。他对皇太极所提要求，不予理睬。因此，双方议和，便告中止。

袁崇焕不予回书，自有苦衷。先是，他主持议和，是以议和为缓兵之计，争取时间，加紧修缮城垣。他曾将议和之事奏报朝廷，天启帝旨允。但很多朝臣反对议和，认为这是重蹈宋金议和覆辙。袁崇焕坚持议和，反复说明其策略。当皇太极进兵朝鲜时，群臣纷纷弹劾袁崇焕，说后金敢于入侵朝鲜，是"和议所致"。袁崇焕不服，遂上书辩解："关外四城虽延袤二百里，北负山，南阻海，广四十里尔。今屯兵六万，商民数十万，地隘人稠，安所得食？锦州、中左、大凌三城，修筑必不可已。业移商民，广开屯种。倘城不完而敌至，势必撤还，是弃垂成功也。故乘敌有事江东，姑以和之说缓之。敌知，则三城已完，战守又在关门四百里外，金汤益固矣。"（《明史·袁崇焕传》）这说明了袁崇焕议和的真实意图。

经过此番申辩，天启帝表示谅解。但随后，天启帝又改变主意，不准议和，屡下谕旨："狡奴变诈叵测，款不足信。"不难看出，明朝方面，进行议和，毫无诚意。袁崇焕对后金所提议和条件，或是敷衍，或是拖延。皇太极议和赍书都被袁崇焕扣压，不上奏朝廷。

袁崇焕进行议和活动主要得到两点好处：其一，了解到后金皇权更迭的实际情况；其二，争取时间重建关锦防线。他后来为此也付出了惨重的代价，成为其屈死的原因之一。

三、关锦防线

明军建立的关宁锦防线，是一个复杂的辽西军事防御系统。先是，明朝在辽东陆路设镇、路、卫、所、堡防御体系。明朝辽东都司共设有两个镇，辽河以东为辽阳镇，辽河以西为广宁镇。明失陷辽阳镇和广宁镇之后，其陆路防御体系被后金军打破。王在晋认为已经无局可守。孙承宗提出，在辽西走廊建立一道从山海关到宁远的防御系统，纵深200里；后来，袁崇焕建议孙承宗将防线再从宁远往北经松山、锦州至大凌河，扩大纵深又200里。这就是关（山海关）宁（宁远）锦（锦州）防线。

宁远之战以前，明辽东经略高第主动放弃关外诸城，只剩下宁远因袁崇焕坚持而保留下来，使关宁锦防线遭到破坏。天启六年即天命十一年（1626年）四月，袁崇焕指挥明军开始重建关宁锦防线。关宁锦防线是以山海关为后盾总枢、宁远为中坚关城、锦州为先锋要塞，诸城堡台成为联防据点的串珠式防线。在关宁锦防线这盘围棋上，袁崇焕做了两个眼：一个眼是宁远，另一个眼是锦州。这两个眼加上400里的纵深防御，就把明朝辽西防御之局——无局变成了有局，死局变成了活局。

为抢时间，关宁锦防线南北两段，同时用工，分别进行。

关宁锦防线南段四城——榆关、前屯、中后、中右，袁崇焕在疏陈战守布置大略中，奏报修缮山海四城，分作两期整修。第一期，为同年四月至七月中，刚缮修之城，被暴雨冲毁："淫雨为灾，山海关内外，城垣倒塌，兵马压伤。宁远、前屯、中后等城修筑者，既成复坏。"（《明熹宗实录》卷七十三）于是又进行第二期修缮，自雨季过后至同年年末，山海四城，缮筑完工。

关宁锦防线北段四城——宁远、中左、锦州、大凌河，自同年九月进行酝酿。自天启七年（1627年）正月至五月，宁远、锦州两城，修缮基本完工。其他大凌河城、小凌河城等及诸堡城多未修完。袁崇焕在修城的同时，又遣将、派军、治械、练兵、备粮、屯民，进行备战。经过紧张而有序的部署，重建的关宁锦防线北段——以宁远为后劲、锦州为中坚、大凌河城为前茅的防线基本完成。

关宁锦防线以宁远为中坚，榆关为后盾，锦州为前茅，其间中前、前屯、中后、中右、中左、右屯、大凌河、小凌河诸城，又以所城、台堡作为联络，负山阻海，势踞险要；配以步营、骑营、车营、锋营、劲营、水营诸兵种，置以红夷大炮、诸火炮等守具，备以粮饷、马料、兵械、火药；并屯田聚民，亦屯亦筑，且守且战，相机进取。各城堡形同肩臂，势如联珠，从而形成沿关外辽西走廊上，纵深400里的一道军事防御体系，遏制后金军南进，保卫辽西，驻防宁远，御守关门，以固京师。

关宁锦防线的内涵，主要包括以下几个方面：第一，指挥；第二，筑城；第三，整军；第四，治械；第五，屯田。在这里，我重点讲指挥。

明获宁远大捷后，辽西指挥，发生变动。天启六年即天命十一年（1626年）三月初四日，天启帝特命内臣（太监）做监军镇守：设镇守山海关太监一员——司礼监秉笔太监兼掌御马监印务刘应坤；左右镇守太监二员，乾清宫管事提督、御马监太监陶文、纪用；分守中军太监三员，乾清宫打卯牌子、御马监太监孙茂霖、武俊、王莅朝，仍俱在山海关驻扎。魏忠贤用意在于：内监出镇，收揽兵柄。闻旨，内外百官，纷上驳疏。兵部尚书王永光疏称："当事者且议裁经略、裁总兵，专任袁崇焕，以一事权。而随以六内臣拥聚斗大一关，事权不愈棼乎？"又上疏："此六臣者，与崇焕等为同乎，为异乎？将为同，则无用往也；使为异，则害有不可言者！"（《明熹宗实录》卷六十九）意思是说，在战时事权唯恐不能统一，正准备专任袁崇焕，可是却给他派去六名监军，这不是要影响他的决策和指挥吗？袁崇焕也具疏言："兵，阴谋而诡道也，从来无数人谈兵之理。臣故疏裁总兵，心苦矣。战守之总兵且恐其多，况内臣而六员乎！"其结果是：君命难违，圣旨必遵。袁崇焕抗疏不允，便尽力协调同内监的关系，曾同内臣刘应坤、纪用及总兵赵率教，并马巡历锦州、右屯地带，所见各城，灰烬之余，颓垣剩栋，白骨遍野，残冢依稀，"内臣见所未见，感倍于臣。遂邀镇臣与祝于北镇山神，誓图所以恢复者"（《明熹宗实录》卷七十六）。袁巡抚同监军太监周旋，得到了他们的一些理解。镇守内监奏报袁崇焕重建的宁锦防线，城势更高，堡垒更固，设备更严，军力更强，"著著皆实，毫无粉饰"。

袁崇焕在极力协调与内监关系的同时，还调整同督师、将领的关系。明获宁远大捷后，督师王之臣、巡抚袁崇焕、大将满桂之间，产生"廉蔺之隙"，也就是像战国时廉颇与蔺相如那种同僚之间的矛盾。先是守卫宁远的大将满桂和赵率教闹矛盾。满桂指责赵率教在宁远紧急时不来救援。赵率教称，没有上方军令怎能轻动？二将闹得不可开交。袁崇焕想把满桂的工作调动一下，王之臣不同意。这样，袁崇焕和王之臣之间又产生摩擦。他们或相互参劾，或上疏求去。朝廷拟将满桂调离宁远，回任京师。王之臣疏求把满桂留下，调到山海关。但袁崇焕不同意，奏请"乞休"。王之臣也疏请"引避"。庙堂谕言："始因文、武不和，而河东沦于腥膻；继因经、抚不和，而河西鞠为蓁莽——覆亡之辙，炯然可鉴。"（《明熹宗实录》卷八十一）朝廷要他们勿重蹈不和的覆辙，而要以大局为重，和衷共济。经过廷议，袁崇焕、王之臣留任，但袁管关外防务、王管关内防务，分辖信地，同功同罪。袁崇焕毕竟是个光明磊落的大丈夫，冷静下来先反省自己，从大局出发，上奏请再用满桂，同意将满桂留任，并愿与之和好。天启六年（1626年）七月，令满桂为征虏将军，驻山海关，兼管四路。

明军辽西诸城官将做出调整，遣将分守。当后金兵渡辽河的警报传来时，明朝迅速调整各将防地，重新部署兵力：蓟辽总督阎鸣泰移镇山海关，满桂移镇前屯，总兵赵率教与副将左辅、朱梅，监军太监纪用等"婴城固守"锦州，袁崇焕奉命驻宁远，"居中调度，战守兼筹"。这些将领久历沙场，作战勇敢，富有经验，如满桂、赵率教、左辅、祖大寿等都经历宁远血战，立下军功。天启帝称赞道："左辅、祖大寿、朱梅俱久在塞垣，将略素著，兵民倚赖。"（《明熹宗实录》卷八十四）

诸将所守之城，战则一城援一城，守则一节顶一节。袁崇焕将老母亲和妻子从南国接到宁远，赵率教也把自己妻儿迁来居住。他们誓言："土地破，则家与之俱亡！"

与之同时，皇太极也在加紧备战。时后金发生饥荒，谷一斗银八两，甚至有人食人者。天聪汗皇太极准备进攻明朝，向辽西夺粮，转移社会矛盾，缓解社会危机，巩固自己权位。

明朝与后金之间的宁锦大战，如箭在弦，一触即发。

第二十一讲 宁锦大捷（上）

宁锦大捷指的是，皇太极率大军进攻锦州和宁远，袁崇焕率军民保卫宁远和锦州并取得胜利，明朝方面称作"宁锦大捷"。宁锦这一仗很复杂，持续时间也很长，打了25天，我想分为上、下两部分加以介绍，主要讲六个题目：第一，箭在弦上；第二，锦州被围；第三，宁远激战；第四，锦州再战；第五，后金之败；第六，明军之胜。

一、箭在弦上

宁锦之战是天聪汗皇太极发动的。皇太极为什么要发动宁锦之战呢？当然可以从政治、经济、军事、民族等方面去分析。但我想换一个角度，从五个方面做分析，那就是"五气"——英气、锐气、勇气、怨气、怒气。

一说"英气"。前面我讲过，明天启六年即天命十一年（1626年），宁远之战爆发，结果努尔哈赤战败。在激战中，努尔哈赤可能受了炮伤，到当年的八月十一日便郁郁而终。皇太极继承大位，正值35岁的英年，进取之心正盛！同时，他新得到的皇位也需要用一场大战的胜利来进一步巩固。他瞄准了明朝的宁远和锦州。

二说"锐气"。天聪元年即天启七年（1627年）正月，皇太极派二大贝勒阿敏率大军过鸭绿江一直打到平壤，和朝鲜国王李倧定下了"兄弟之盟"。阿敏大军胜利回到沈阳，锐气正盛，这股锐气要进一步发挥，最好的办法是把它引向新的战争。皇太极希望靠全军的这股锐气取得大战的胜利。

三说"勇气"。八旗官兵长于弓马，勇于征战，需要不停的战争。战争崇尚的是一种勇敢精神。史书记载，八旗官兵出战的时候，家属送行，妇女儿童欢欣雀跃，希望出征的家人多多掳获财富、人口和牲畜。所以，八旗官兵有着作战的勇气。

四说"怨气"。这个时候，辽东、辽西地区发生大的天灾，几乎颗粒无收。据《清太宗实录》记载，当时一斗粮食要八两银子，甚至发生人吃人的现象。八两银子是个什么概念呢？当时一亩地的价值大概是一至二两银子，也就是相当于平时四亩地换一斗粮食。而明朝的情况要好很多，因为其关内腹地很大，能以丰补歉，可以从其他地区调集粮食运到关外补充军饷和粮料。在边疆少数民族地区，大灾之年，往往发生民族纠纷或者战争。后金的老百姓没有饭吃，普遍存在怨气。皇太极却将这社会不稳定的因素引向战争，号召军民到辽西地区抢夺粮食。这股怨气于是成为令明辽军胆寒的利剑。

五说"怒气"。可以肯定地说，努尔哈赤的死和宁远之败有直接关系。皇太极也亲历了宁远之败，丧父之痛与兵败之耻，使得他怒气难纾，不吐不快。

天聪汗皇太极借新登大汗宝座的英气，凭远征朝鲜得胜的锐气，用八旗官兵征战的勇气，以民众不满的怨气，还有宁远之败的怒气，准备进攻宁远和锦州，向辽西抢粮食，转移社会矛盾，缓和社会危机，巩固自己的权位。

明朝与后金之间这场宁锦大战，其首攻点选在哪里？选在锦州。

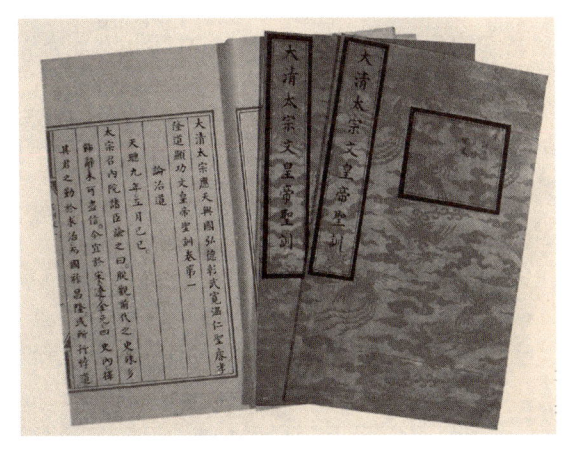

《大清太宗文皇帝圣训》

锦州，即广宁中屯卫城，位于大凌河与小凌河之间，北依红螺山，南临辽东湾，地处险要，势踞形胜。洪武二十四年（1391年），指挥曹奉修筑。城周围五里一百二十步，高二丈五尺。成化十二年（1476年），都指挥王锴增广南北四十五丈、东西九十五丈。弘治十七年（1504年），参将胡忠、备御管升并城南关，周围六里一十三步，池深一丈二尺，宽三丈五尺，周围七里五百七十三步。城门为四：东宁远，南永安，西广顺，北镇北。

皇太极为什么要首先打锦州？前面我讲过，这个时候，辽河以东的地区完全归皇太极所有，辽河以西的地区首先是广宁被后金占领，广宁以南，就是锦州。锦州是明朝关宁锦防线的前锋要塞，要突破这条防线，首先就要拿下锦州。宁远之战后，袁崇焕利用和谈，抓紧时间重修锦州城。锦州城刚刚修好，皇太极的军队就来了。

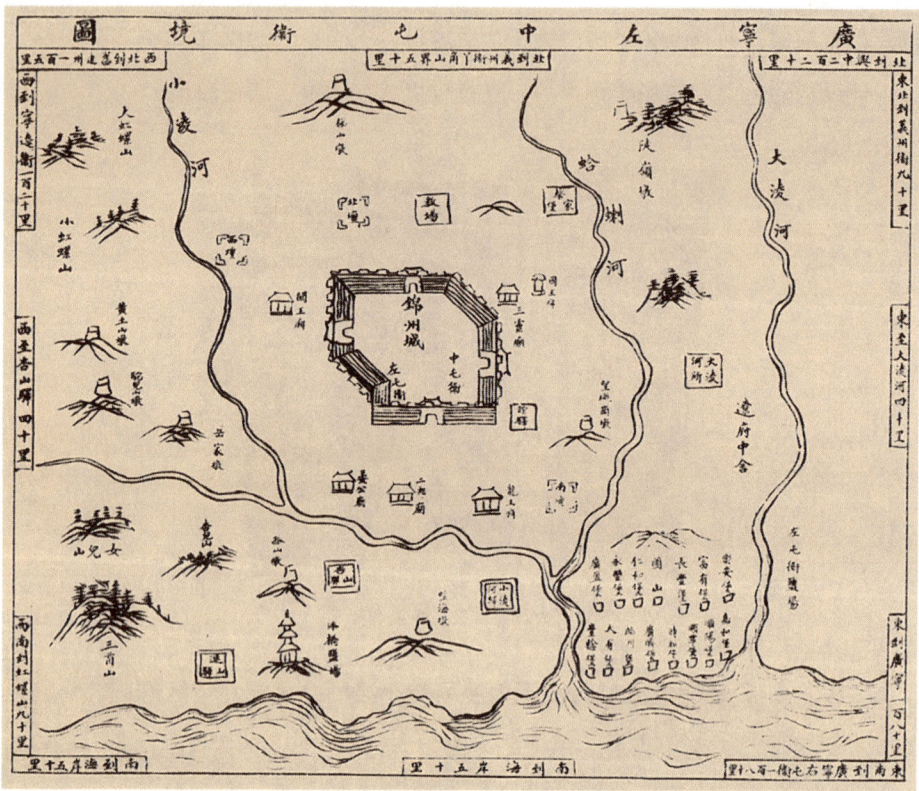

《广宁左中屯卫境图》(《全辽志》插图)

天启七年即天聪元年（1627年）五月十一日至六月初五日，明朝与后金争战于锦州和宁远，明军在袁崇焕的指挥下取得胜利，时称宁锦大捷。这是明军继宁远大捷之后，在辽东战场战胜后金军的第二次大胜仗。这一仗，用实战验证了孙承宗和袁崇焕营建关宁锦防线的成功，也再一次表现出袁崇焕杰出的军事指挥才能。宁锦大捷对辽东战局产生了重大而深远的影响。此战分作锦州—宁远—锦州三个阶段进行。

二、锦州被围

天启七年即天聪元年（1627年）五月初六日，后金天聪汗皇太极谒堂子，出沈阳，举兵向西，进攻锦州。这是皇太极即位后第一次指挥后金军与明军作战。

袁崇焕得到后金兵过辽河的哨报后，立即部署加强山海关防守：孙祖寿移驻山海关，黑云龙移驻一片石（今辽宁绥中县九门口），满桂移驻前屯。而锦州的防务：以平辽总兵赵率教偕镇守太监纪用居中调度，副总兵左辅为左翼，副总兵朱梅为右翼，贾胜领奇兵东西策应，守城明军及修城班军、民夫等共有三万人。辽东巡抚袁崇焕偕内镇太监刘应坤驻守宁远，严密御守。

十一日，皇太极自率六万大军，以两黄旗和两白旗兵为中路，跃过大凌河；大贝勒代善、二大贝勒阿敏等，率两红旗和镶蓝旗兵为右翼，直趋锦州城；三大贝勒莽古尔泰率正蓝旗兵为左翼，直取右屯卫。同日，三路大军，会师锦州，距城一里，四面扎营，将锦州城严密包围。后金将降卒400人纵还锦州，但赵率教"惩浑河、沈阳之事，不纳溃兵"，也就是拒绝接纳这些人，以防奸细混入城内。

明朝方面对后金军来犯，既在意料之中，又在预料之外。说是意料之中，就是明朝方面知道与后金必有一战，因此缮城整军，治械储粮；所谓预料之外，就是没有料到敌军会选择夏季来犯。袁崇焕在锦州被围九天之前，疏称："夹河沮洳，夏水方积，未可深入，而夷且聚兵以俟也；水潦既退，禾稼将登，况锦州诸城一筑，又东虏之必争。"（《明熹宗实录》卷八十四）即认为后金必定来攻，但约在秋稼登场、水潦退后的秋冬季。后金军突然围城，明辽军准备不足。因此，纪用和赵率教决定先与皇太极议和，以拖延时间，探听虚实，并待援军。

十二日，纪用和赵率教派出守备一员、千总一员，缒城而下，到后金大营，谈判讲和。皇太极对锦州来使强硬地表示："尔欲降则降，欲战则战！"并给纪用、赵率教写了回书，称："今或以城降，或以礼议和。"信带回后，迟不见复。皇太极下令攻城，锦州激战，终于爆发。

当天中午，后金军分兵两路，马步轮番进攻，重点打击西、北两面。当时攻城主要依靠两种器械：一种叫云梯。后金的云梯叫筒梯，就是云梯上面蒙上好几层牛皮，呈筒状，人往上爬，有牛皮保护，可防箭射，小的滚木礌石砸上也不怕。还有一种是楯车，有两个轱辘，前头是很厚很厚的木板，上面钉了牛皮，人在板子后面。盾车前面有坚硬的铁器，可以撞城，把城墙撞开豁口后再挖城。赵率教同副总兵左辅、朱梅，身披甲胄，亲临战阵，冒着矢石，力督各营将领并力射打。炮火矢石，交下如雨，敌军尸体，填塞原野。至亥时，后金兵拖着阵亡官兵的尸体到窑中烧毁后，退兵五里，西南下营。《清太宗实录》记载："午刻，攻锦州城西隅。垂克，明三面守城兵来援，火炮、矢石齐下。我军遂退五里而营。遣官调取沈阳兵。"皇太极初战锦州失利，派人到沈阳搬兵增援。

从十三日到二十五日，后金军一直团团包围锦州，双方在激烈争战的同时，使者频繁往返，赵率教以议和来拖延时间，等待援军；皇太极则以议和来劝降，也等待援军。

十三日，后金以骑兵围城，环城而行，因怕明军大炮轰击，而不敢靠近城垣。皇太极三次派遣使者到城下说降，都被赵率教拒之。赵率教站立城上，对城下后金使者说："城可攻，不可说也！"皇太极得报后，传令攻城。后金兵攻城，除增加伤亡，别无所获。皇太极再发劝降书，用箭射到城里，连射数封信，城里无回应。

十五日，皇太极"遣使至明锦州太监纪用处，往返议和者三"（《清太宗实录》卷三）。

太监纪用亦遣使随往，提出后金派使臣到城中面议。皇太极命绥占、刘兴治往议，但锦州城闭门不纳。

十六日，纪用遣守备一员、千总一员，又到皇太极帐下，言"昨因夜晦，未便开城延入，今日可于日间来议"。皇太极再遣前二人，随明使臣，回锦州城，但明军仍闭城不纳。且赵率教凭城堞高喊："汝若退兵，我国自有赏赉！"又令二使臣随同绥占、刘兴治赴皇太极大营。皇太极令明使者带回书曰：

> 若尔果勇猛，何不出城决战，乃如野獾入穴，藏匿首尾，狂嗥自得，以为莫能谁何！不知猎人锹镢一加，如探囊中物耳。想尔闻有援兵之信，故出此矜夸之言。夫援兵之来，岂惟尔等知之，我亦闻之矣。我今驻军于此，岂仅为围此一城？正欲俟尔国救援兵众齐集，我可聚而歼之，不烦再举耳！今与尔约，尔出千人，我以十人敌之，我与尔凭轼而观，孰胜孰负，须臾可决。尔若自审力不能支，则当弃城而去，城内人民，我悉纵还，不戮一人；不然，则悉出所有金帛、牲畜，饷我军士，我即敛兵以退。（《清太宗实录》卷三）

皇太极此书用意明显，一是激怒纪太监和赵总兵，派军出城野战，以决雌雄；二是打消他们等待援兵解围的希望；三是进而劝其弃城而去；四是以解围撤军诱使明军罄城中财物给后金。城中纪太监、赵总兵，断然予以拒绝。

十七日，皇太极收缩对锦州城的包围，聚兵于城西二里处结营，以防明朝援兵。

十八日，皇太极急不可耐，"命系书于矢，射入锦州城中"，再次劝降。锦州城中的纪太监和赵总兵仍旧不予理睬。

十九日至二十五日，后金军继续围困锦州城。

锦州被围期间，在近200里之外宁远城的辽东巡抚袁崇焕，先后采取三项行动，来增援锦州。

第一项，锦州刚刚被围时，袁崇焕便派遣总兵满桂，率援兵从前屯出发增援锦州。满桂援军于十六日行至笊篱山，同后金护卫运粮的偏师相遇，被围。满桂等拼力冲杀，突破包围。两军交锋，各有死伤。满桂援军只得掉头进到宁远城中，后来在守卫宁远的作战中发挥了重要作用。

第二项，以书信诓骗皇太极，给以震慑。十六日，袁崇焕派人送给纪用、赵率教的书信被后金兵截获，内称"调集水师援兵六七万，将至山海，蓟州、宣府兵亦至前屯，沙河、中后所兵俱至宁远。各处蒙古兵，已至台楼山"（《清太宗实录》卷三）云云。此信，当是袁崇焕的诓骗信，皇太极却信以为真。

第三项，袁崇焕派出奇兵，进逼扰敌。他说："宁远四城，为山海藩篱，若宁远不固，则山海必震，此天下安危所系，故不敢撤四城之守卒而远救，只发奇兵逼之。"（《明熹宗实录》卷八十四）十九日，袁崇焕设奇兵四支援锦：一是，募死士200人，令其直冲敌营；二是，募川、浙死卒，带铳炮夜惊敌营；三是，令傅以昭率舟师东出而抄敌后；四是，令王喇嘛往谕蒙古贵英恰等从北面入援，牵制敌人。但是以上诸路奇兵，未见实效。

二十五日，后金援兵从沈阳来到锦州。经过休整之后于二十七日，一部继续留驻锦州，在锦州城外凿三道壕，加以包围；另一部由皇太极率领官兵数万，往攻宁远。

从五月十一日至二十七日，后金军已征战十七天。其间：以军事手段攻城，不克；以政治手段劝降，不降；诱其出城野战，不出；部署奇兵打援，不获。后金的八旗官兵，时值初暑，暴露荒野，粮料奇缺，士气低落。

三、宁远激战

在锦州守战之时，辽东巡抚袁崇焕偕内镇太监刘应坤，督率将士驻守宁远城，登陴防守，严阵以待。袁崇焕此次固守宁远，除"凭坚城、用大炮"外，还布兵列阵城外，同后金骑兵争锋。他遣车营都司李春华，率领车营步兵1 200人，在城外布列车营，前掘深濠，作为屏障，明兵都撤到濠内侧安营。总兵孙祖寿率军在西面，总兵满桂，副将祖大寿、尤世威等率军在东面，余在四周，分守信地，整备火器，准备迎战。宁远城坚、池深、炮精、械利，诚谓"宁城三万五千人，人人精而器器实"。

二十八日黎明，后金兵出现在宁远城北岗，于灰山、窟窿山、首山、连山、南海，分为九营，形成对宁远的包围态势。

总兵满桂、副将尤世威和祖大寿等率精锐之师，出宁远城东二里结营，背倚城垣，排列枪炮，士气高涨，严阵待敌。

皇太极见满桂军靠近城垣，难以驰骋纵击，便命军队退依山冈，以观察明军动向。天聪汗皇太极欲驰进掩击，贝勒阿济格也欲进战；大贝勒代善、二大贝勒阿敏、三大贝勒莽古尔泰鉴于前次攻宁远失败的教训，"皆以距城近不可攻，劝上勿进，甚力"。天聪汗皇太极对于三位大贝勒的谏止，怒道：

昔皇考太祖攻宁远，不克；今我攻锦州，又未克。似此野战之兵，尚不能胜，其何以张我国威耶！（《清太宗实录》卷三）

言毕，皇太极亲率贝勒阿济格与诸将、侍卫、护军，向明军疾驰进击，冲车阵，攻步骑。代善、阿敏、莽古尔泰等诸贝勒来不及披甲戴胄，仓促而从。满桂、尤世威率军迎战，两支骑兵在宁远城下展开激战，矢镞纷飞，马颈相交。

明军骑兵战于城下，炮兵则发威于城上。袁崇焕亲临城堞指挥，凭堞大呼，激励将士，并命从城上以"红夷大炮""木龙虎炮""灭虏炮"等火器，齐力攻打。参将彭簪古以红夷大炮击碎八旗军营的大帐房一座，其他大炮则将"东山坡上奴贼大营打开"。激战之中，后金兵与明官兵横尸城外，尸填濠堑。从早晨到中午，明兵死战不退，后金军伤亡重大。明朝军报称："打死贼夷，约有数千，尸横满地。"后金档案记载："瞬间攻破其营阵，而尽杀之。"明总兵满桂身中数箭、坐骑被创，尤世威的坐骑也被射伤；后金贝勒济尔哈朗、大贝勒代善第三子萨哈廉和第四子瓦克达俱受重伤，游击觉罗拜山、备御巴希等被射死。蒙古正白旗牛录额真博博图等也战死。

宁远比锦州，城池更坚深，兵马更精壮，火炮更猛烈，指挥更高明，尤有袁崇焕坐镇指挥，满桂、祖大寿、尤世威等猛将在城外搏击。后金兵无法靠近城池，甚至没有攻到城下。

皇太极亲见袁巡抚麾下炮猛兵勇，八旗官兵伤亡惨重，至午，命令停止进攻，撤退到双树铺。后金将死者尸体，也运到这里焚烧。

当后金兵在宁远城下激战之时，锦州的明兵趁后金军主力西进、势单力弱之机，突然大开城门，蜂拥冲杀出来，攻向后金大营，予敌一定杀伤。稍获初胜之后，迅即撤退回城。锦州战报送到皇太极手里，他感到宁、锦前后，腹背受敌，不得不迅速从宁远撤军。

二十九日，皇太极率军撤离宁远，又转攻锦州。

宁远城钟鼓楼

第二十二讲 宁锦大捷（下）

上一讲我讲了宁锦大战第一阶段"锦州被围"和第二阶段"宁远激战"，下面讲第三阶段"锦州再战"，并分析金败、明胜的原因。

四、锦州再战

皇太极在宁远城下失利之后，率军回到锦州，再次攻打锦州。

三十日，皇太极率军回到锦州城外，与原来围困锦州的军队会合。为张军威，他命官兵向城举炮、鸣角。骑兵一面绕着锦州城走，一面呐喊示威。但是，皇太极的军队只敢在距城五里之外虚张声势，害怕明军的炮火打过来。以后几天，后金军继续围困锦州城。白天，以重兵切断城里与城外的交通；夜晚，遍举薪火，示警干扰。

六月初四日凌晨，皇太极设大营于城东南二里的教场，命数万官兵攻打锦州城南隅，其他三面，列军佯攻，牵制明军。皇太极这次回头打锦州，还使用老办法，命令军队强攻。明军也是以不变应万变，还是那六个字：凭坚城，用大炮。从城上用火炮、火罐与矢石下击，后金军死伤众多。后金兵冒死运车梯，强渡城濠。濠深且宽，一时不能渡过，于是拥挤濠外，遭炮轰击，纷纷倒毙，尸积如山。明军凭借坚城深濠，从城上发射火器，使后金兵难以靠近城墙。皇太极不顾军兵惨死，不肯撤兵，必欲夺城。到中午的时候，后金军伤亡更为惨重。直到傍晚，皇太极看明军火力依然强大，加上气候炎热，己方士气低落，攻城不下，遂下令撤军回营。

关于此役后金军的损失，明总兵赵率教疏报：后金兵伤亡"不下二三千"。明镇守太监纪用奏报："初四日，奴贼数万，蜂拥以战。我兵用火炮、火坛与矢石，打死奴贼数千，中伤数千，败回贼营，大放悲声。"（王在晋《三朝辽事实录》）

初五日，凌晨，天聪汗皇太极开始从锦州撤军。初六日，至大凌河城，毁坏城墙，然后东去。《清太宗实录》记载："攻锦州城南隅，因城濠深阔，难以骤拔。时值溽暑，天气炎蒸，上悯念士卒，乃引军还。"这里把撤军理由说得比较体面，说是因为皇太极怜悯士卒而下令撤军。实际上，到六月初六日，皇太极率大军在

清人绘《一千七百人征战图》

锦州和宁远城下已经二十五天。马断草，兵缺粮，而且正值盛夏，白天骄阳似火，晚上蚊虫叮咬，仗又打不赢，死伤每日增多。皇太极无可奈何，只得下令撤军。《旧满洲档》较少讳饰："此次攻打时，兵士死亡很多，大军遂还。"

初六日，明辽东巡抚袁崇焕上《锦州报捷疏》言：此役大小数十战，后金解围而去，诚数十年未有之战功也！宁锦大捷，赵率教在锦州，满桂在宁远，英勇作战，立有大功。袁崇焕在报功的奏章中，力称功劳最大的是满桂。可见其大公无私，光明磊落。

宁锦之战，后金军攻城，明辽军坚守，持续二十五天，宁远与锦州以全城结局。明人谓之"宁锦大捷"，载入中国战争史册。那么，宁锦大捷在当时产生怎样的影响？又留给后人怎样的启迪？下面我先分析后金军之败。

五、后金之败

攻城者，以不克为下；守城者，以全城为上。是战，"锦州四面被围，大战三次三捷；小战二十五次，无日不战，且克。……大小数十战，解围而去，诚数十年未有之武功也！"（袁崇焕《天启七年六月初六日锦州报捷疏》）宁远一战，明军背城而阵，凭城用炮，以车营拒敌，以骑兵野战，以大炮守城，打退敌军，终于获胜。辽东巡抚袁崇焕欣喜地奏道："十年来，尽天下之兵，未尝敢与奴战，合马交锋。今始一刀一枪拼命，不知有夷之凶狠骠悍。"（王在晋《三朝辽事实录》卷十七）可见，后金军是失败了！

宁锦之战，袁崇焕胜利，皇太极失败。皇太极失败的原因，主要是天地人己四个因素不合。

先说天。后金出征朝鲜大军四月二十日才回到沈阳，五月初六日又发兵攻宁锦，中间只有十五天，人马没得休息，武器没有补充，粮秣也没有充分准备，时间上非常仓促。而且又已入夏，以疲惫之师冒酷暑进行征伐，可谓天时不合。

次说地。后金此前兵败于宁远，但没有总结失败教训，没有找到破解明军"凭坚城，用大炮"战术的法门，依旧用老办法，以短击长，强行攻城，不得地利。而明军方面此时已经重建了关宁锦防线，城池强固，主帅英武，皇太极恰好碰在钉子上。可谓地利不合。

再说人。举一个例子，皇太极要强攻宁远，连大贝勒代善、二大贝勒阿敏、三大贝勒莽古尔泰等都反对，就更不要说其他官兵了，但他一意孤行。我们再想想看，从朝鲜前线回来的那些官兵，十五天后又开赴新的战场，没有得到休整，他们能高兴吗？再加上战场形势不利，官兵的怨气就更大了，可谓人气不合。

后说己。皇太极打锦州没有充分准备，我们在上文已经说过。锦州攻不下来，又转而打宁远，宁远不克，再回头打锦州，这样忽北忽南，顾此失彼，患得患失，分散兵力，可谓自乱方寸，指挥失当。皇太极以前虽然身经百战，但都是在他父亲的指挥下打的。宁锦之战是皇太极登上大汗宝座之后第一次亲自指挥的重大战役，他个人独立指挥战争的经验不足，结果战败，可谓己也不合。

相反，天启七年即天聪元年（1627年）五、六两月袁崇焕指挥辽军取得宁锦大捷，展示出他杰出的军事指挥才能，立下大功。宁锦大捷之后，明朝上下，举国相庆，封功论赏。宁锦之战，袁崇焕为什么胜利？我同大家一起来思考这个问题。

六、明军之胜

明军在袁崇焕之前是连战连败，抚顺败、清河败、开原败、铁岭败、沈阳败、辽阳败、广宁败、义州败，还有一个萨尔浒大败，直到天启六年（1626年），也就是天命十一年，袁崇焕取得宁远大捷，明军才算第一次扬眉吐气。我们总结袁崇焕成功守卫宁远的经验就是六个字：凭坚城，用大炮。宁锦之战的胜利除了坚持这六字方针之外，值得总结的经验至少还有两条：

第一，关锦防线，成果斐然。

当年努尔哈赤打的抚顺、清河、开原、铁岭等等都是孤城，而这次皇太极打的锦州和宁远不是孤城，是一条防线，是一个整体。你打宁远后头还有锦州，有腹背受敌的危险。宁锦大捷的结果是，关宁锦防线不仅经受住战火的考验，而且得到了朝廷的认可。

孙承宗、袁崇焕苦心经营这条关宁锦防线，朝廷曾有很多人反对。后来由于宁远之战的胜利，从山海关到宁远这道防线没有争议了，但是当要修筑宁远到锦州这条防线时，朝廷中又有不少人反对，认为那样耗费大量帑银而无实际用处。大家想想看，如果不把锦州修起来，宁远就等于是一座孤城，终究还是难以守住。所以，孙承宗、袁崇焕坚持把关宁锦防线筑起来，形成一个纵深的防线，以求互相应援。这一仗证明修筑宁锦防线是正确的，朝中反对之声也渐渐平息。袁崇焕凭借关宁锦防线，先后堵御后金军八年之久，使其不得逾越南进，特别是山海关到宁远的防线坚持了22年，袁崇焕死后祖大寿还坚守在那里，一直到明朝灭亡，后金也没有攻下宁远。因此，袁崇焕的一个重大贡献就是他和孙承宗坚持修筑并守卫了这条关宁锦防线。后来乾隆帝论道：

> 山海关，京东天险，明代重兵守此，以防我朝。而大军每从喜峰、居庸间道内袭，如入无人之境。然终有山海关控扼其间，则内外声势不接；即入其他口，而彼得挠我后路。故贝勒阿敏弃滦、永、遵、迁四城而归，太宗虽怒谴之，而自此遂不亲统大军入口。所克山东、直隶郡邑，辄不守而去，皆由山海关阻隔之故。（魏源《圣武记》卷一）

从乾隆皇帝的评论中，可以更清楚地看出袁崇焕建立关宁锦防线的重大军事价值与政治价值。明清之际的历史表明，袁崇焕建立关宁锦防御体系，先后夺取宁远大捷和宁锦大捷，丰富了兵坛经验，建树了历史功勋。

第二，战守款援，灵活运用。

明朝取得宁锦大捷，关宁锦防线是一个原因，守、战、款、援兵略灵活运用则是另一个原因。

明军之胜，胜在兵略。袁崇焕于天启七年（1627年）二月二十四日宁锦之战前，就提出"守为正著，战为奇著，款为旁著"的兵略。宁锦之战前夕，他于五月十五日奏报兵略谓："臣念海宇十年，疲于东役，征调生乱，转输告窘。不得已而用一简静精密之法。如曰：守为正著，战为奇著，款为旁著；以实不以虚，以渐不以骤。"（《明熹宗实录》卷八十四）袁崇焕在指挥宁锦之战中，主要处理战、守、款、援四个方面的关系：守为正著，战为奇著，款为旁著，援为险著。战、守、款、援是袁崇焕取得宁锦大捷的制胜兵略法宝。

守为正著 所谓守，就是在彼强己弱的态势下，凭城用炮，坚守城池。袁崇焕守、战、款、援的兵略，其核心是"守"。这在明末之时，辽西之地，以明朝疲弱之军，对后金累胜之师，是正确的兵略，明智的谋略。但是，袁崇焕所说的"守"，是积极的防守，它"有别于马林之守而不防，袁应泰之守而不固，熊廷弼之守而不成，王在晋之守而不当，孙承宗之守而不稳；更不同于李永芳之通敌失守，李如桢之玩忽于守，贺世贤之出城疏守，王化贞之攻而拒守，高第之弃而不守"。在宁锦之战中，袁崇焕坚持"守为正著"的兵略，任凭天聪汗皇太极的激将、叫阵、辱骂、引诱，不肯出城浪战，而坚持"守为正著""凭城用炮"的铁则。其大将赵率教在守锦州时，也是贯彻并坚持"守为正著"的铁则。

袁崇焕的"守为正著"，汲取了明军萨尔浒之败以来的战争历史教训。袁崇焕的"守"，就是"凭坚城以用大炮"，一是"凭坚城"，二是"用大炮"，以城护炮，以炮卫城。袁崇焕坚持"守为正著"，固守宁远、锦州，以城相守，以炮相守，以军相守，以谋相守，岿然不动，终得全城。

明以辽西关宁锦防线对抗后金军队进攻，不仅"守"，而且"战"，将"守"与"战"结合。

战为奇著 所谓战，就是野战争锋。袁崇焕以守为正，以战为奇，避锐击惰，相机拼杀。宁锦之战，辽军背依坚城深池，施放红夷大炮，面对后金骑兵，运用奇战争锋。宁远与锦州，两城皆出战，马颈相交，刀来枪去，拼力厮杀，获得胜利。两城之间，各自坚守，互通音讯，遥相援应。此战"奇著"，有三个突出的战例。

第一个战例：是在笊篱山麓。五月十六日，明山海总兵满桂、总兵尤世禄率关门援兵，北上驰救锦州，同后金护卫运粮骑兵在笊篱山相遇。满桂、尤世禄率军，奋勇而前，拼力冲杀。史载他们"奋勇力战，虏死甚众"。明军突破包围，撤到宁远。

第二个战例：是在宁远城外。五月二十八日，后金军与明辽军在宁远城外，展开激烈的攻守战。明总兵满桂、副将尤世威和祖大寿等率精锐之师，出城结营，背倚城垣，排列枪炮，严阵待敌。皇太极亲率八旗军，向明满桂军疾驰进击。两军矢镞纷飞，马颈相交。明军城上与城下，骑兵与车营，不畏强敌，相机攻战。

从早到午,死战不退,给后金军以重大杀伤。

第三个战例:是在锦州城外。五月二十八日,总兵赵率教一改敌军围城叫阵不出的固守原则,趁后金军主帅皇太极远离锦州到宁远、围城敌军势力薄弱的有利时机,突然大开城门,攻向后金大营,给予一定杀伤。稍获初胜之后,迅即撤退回城。此战,迫使皇太极从宁远撤军,减轻了宁远所受的军事压力。

在宁锦之战中三用"奇著"表明,"战为奇著"在争战中有新的创造,就是凭城用炮与野战交锋相结合,挫敌之锐气,获取了胜利。

款为旁著 所谓款,就是谈判议和。在宁锦之战中,战中议和,和中作战,边战边款,亦款亦战。袁崇焕等将守、战、款三者,分明正奇,掌握主动,巧妙议和,运用灵活,是为明军在宁锦之战中的一个明显特征。在后金军围困锦州的二十五天期间,纪用、赵率教同皇太极多次派官员往返,以请款拖延时间,疲彼而待援,终于守住关宁锦防线的前锋堡垒——锦州城。

援为险著 所谓援,就是增援解围。在宁锦之战中,从总的兵力来说,明军处于优势。后金以6万精兵围困锦州,而明军关外兵8万,加上满桂援兵1万余人,达到9万人左右。这在数量上已超过后金军。明军由关门出援,以动制静,以客攻主,处于不利局面。但明总兵满桂等不惧危险,野战争锋,敢打敢拼,虽然有所死伤,却予敌以重创。这着险棋,是自辽事以来明军野战争锋的第一盘胜局。

明辽东巡抚袁崇焕将"守""战""款""援"四者,灵活运用,巧妙结合,主次明确,机动灵活,继夺取宁远大捷之后,又夺取宁锦大捷,立下大功。

《老子》说:"福兮,祸之所伏。"袁崇焕虽然打了大胜仗,却招来更多的忌恨与谗言,后来不得不遗憾地离开了他凝聚心血的宁远城。

第二十三讲　阉党专权

袁崇焕在辽东为明朝立下大功，但他不仅没有得到应有的褒扬和奖励，反而遭到阉党的排挤和打击。这其中的重要原因，就是阉党专权。阉党是一个以太监魏忠贤为首的腐朽政治集团。他们依靠天启皇帝，魏忠贤、乳保客氏与朝廷奸臣相互勾结，形成了朝廷中的"铁三角"利益共同体。这个"铁三角"权力的核心是天启皇帝。辽东战场之胜败得失，实际同朝廷密切相关。因此，讲阉党专权，先要从天启帝讲起。

一、天启庸顽

天启皇帝朱由校，是明朝第十五位皇帝，也是倒数第二位皇帝。他的祖父是朱翊钧，就是二十几年不理朝政的万历皇帝；他的父亲是朱常洛，就是登极刚一个月吞了红丸而死去的泰昌皇帝。朱由校16岁登极，23岁病死。他在位的7年里，后金在辽东战场步步紧逼，农民起义在陕北日日酝酿，泱泱大明皇朝，走到穷途末路。

这位天启皇帝在明朝皇帝中至少有六项奇特之最：

第一，年寿最短。他是明朝最短命的皇帝。天启帝的母亲王氏，顺天（今北京市）人，初为东宫选侍，天启登极之前，因遭凌殴而死。天启帝生于万历三十三年（1605年），崩于天启七年（1627年），只活了23岁，是一位短命的皇帝。

第二，文化最低。他少时未受到良好教育。朱由校没有受到"皇太子"或"皇太孙"全面系统的儒家教育。朱由校在其父亲泰昌帝因服红丸突然驾崩之后，未及准备，仓促继位。他的文化程度不高，几乎是个文盲皇帝。孟森先生说他是"至愚至昧之蒙童"。有学者说他"一字不识，不知国事"。其文化程度之低下，其帝王谋略之粗疏，在明朝诸帝中是仅见的，在汉族皇帝中是少有的。

第三，玩心最重。他是一个痴心玩的木匠。斧锯刨凿，件件在行；泥瓦漆雕，样样喜爱。太监刘若愚《酌中志》记载："好驰马，好看武戏，又极好作水戏。……又好盖房，凡自操斧锯凿削，即巧工不能及也。"他唯独对治理社稷国家不感兴趣，也没有能力。可以说，他是一位不理政事、痴迷木工的工匠皇帝。

第四，魏阉最信。他专宠大宦官魏忠贤。天启帝信任、支持、庇护魏忠贤，而魏忠贤结成阉党，朝廷清洗东林党，使得天启朝宦官擅权，朝政黑暗，小人当道，君子倒霉。可以说天启帝是一位荒唐皇帝。

第五，客氏最宠。他特别宠信乳保客氏。

第六，后妃最惨。他不能保护自己的后妃，使得后宫秩序紊乱，纲纪败坏。

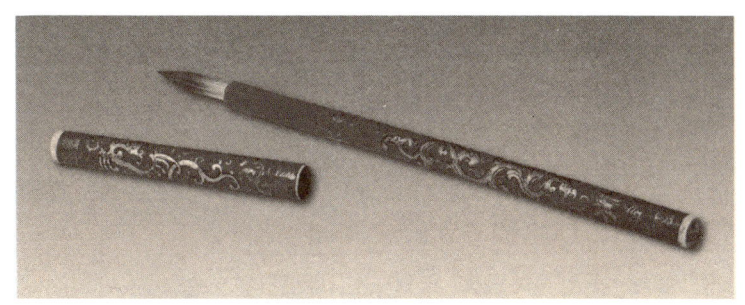

明　朱漆描金夔凤管紫毫笔

后妃怀孕堕胎，皇帝子嗣断绝。

天启帝少年时性格不健康。比如，他亲眼见到自己父亲长期受压抑的痛苦，也看到母亲被折磨致死的悲剧。《明史·后妃传》记载："熹宗即位，降敕暴选侍（西李选侍）凌殴圣母，因致崩逝。"所以，天启帝有变态心理，又有恋母情结。他没有用功读书，而是整天玩。后宫殿失火，瓦木遍地，玉石成灰，他对木匠产生兴趣。这对他后来醉心木工活，重用客、魏，又对兴修宫殿感兴趣产生重大影响。

天启帝贪玩，天启五年即天命十年（1625年）的端午节这天，他来到西苑坐龙舟，亲自划船，几个太监陪着。突然刮了一阵风，将龙舟打翻，天启皇帝和几个太监落水。两个太监被淹死，天启皇帝呛了几口水，最终被救了出来。《天启宫词》说："须臾一片欢声动，捧出真龙水面来。"说的就是天启帝这次落水被救的狼狈相。

如果是一个普通人，爱玩也无可厚非，但天启帝，是皇帝，朝政怎么办？他主要依靠阉党来处理朝政，最信任的是三个人：一是他的乳保客氏，二是大太监魏忠贤，三是内阁大学士魏广微等。这就形成天启朝后宫、内廷、外朝之间三角形政治势力及其勾结专权的政治局面。

二、三股势力

第一股势力：乳保客氏。什么叫乳保？就是天启皇帝的奶妈兼保姆。客氏

(1581—1628)，北直隶定兴县（今河北定兴）人。她身材苗条，颇有姿色，性情放荡，又粗通文字，18岁入宫，给朱由校当"乳保"。客氏的丈夫侯二，长相丑陋，身材矮小，是个老实的农民。客氏入宫两年后，丈夫侯二去世，她成了寡妇。朱由校从小就因为父亲朱常洛不得宠而受到冷落，只有客氏对他好，喂他奶、带他玩、照料他，所以他喜欢和信任客氏，也离不开客氏。他少年丧母，对客氏有一种恋母情结。天启帝于泰昌元年即天命五年（1620年）九月初六日刚即位，二十日就封乳保客氏为奉圣夫人，并封客氏的儿子为官。天启元年即天命六年（1621年）十月，御史周宗建请出客氏于宫外，不听。言官倪思辉、朱钦相等相继再请出客氏于宫外，天启帝将他们谪为外任，即把他们发到京师以外的地方去做官。客氏得到天启帝的宠爱，自己又当上了奉圣夫人，就开始飞扬跋扈，为祸后宫。

　　这里顺便补充一点，明朝后宫斗争，既黑暗卑鄙，又残酷龌龊。讲一个真实的历史故事。明宪宗成化帝（朱见深）时，宫女纪氏在内廷，偶被幸，怀有身孕。当时受宠的万贵妃（比明宪宗大19岁）得知这个消息后，又恨又气，命令宫女用钩子让纪氏堕胎。宫女没有给纪氏堕胎，回来报告说那是一个怪胎，称是"病痞"。于是，纪氏被打入冷宫安乐堂，后生下明孝宗（朱祐樘）。万贵妃命太监张敏将小皇子溺死，张敏没有这样做，而是将小皇子藏于密室，用粉蜜喂养。万贵妃搜寻无所得。当时吴皇后被废，谪居西内，离安乐堂很近，知道此事，往来哺养。明宪宗不知道，这在当时是绝对保密的。孩子长到6岁，从来没有剃过发，头发拖着地。成化十一年（1475年）的一天，明宪宗让太监张敏梳头，对镜子照后感叹道："老将至而无子。"张敏跪地道："死罪，万岁已有子也！"问："安在？"答道："万岁当为皇子做主。"宪宗应允。张敏道："皇子潜养在西内，今已六岁矣！匿不敢闻。"明宪宗大喜，即向西内，往迎皇子。这时，纪氏抱着皇子哭泣道："儿去，娘不得生。儿见穿黄袍、留胡须的，就是你父也！"小皇子穿小绯袍，乘小舆，到阶下，头发披地，走投帝怀抱。明宪宗将小皇子抱在膝上，又悲又喜地说："我子也，类我！"第二天，颁诏天下。万贵妃日夜哭泣，说："群小骗我！"不久，

第二十三讲 阉党专权

紫禁城鸟瞰

纪氏暴死，有人认为是万贵妃害死的。张敏害怕，也吞金死。这时，周太后（宪宗生母）住在仁寿宫，抚养小太子。一天，万贵妃叫小太子过去吃饭，太后就嘱咐小太子，说让你吃饭你千万不能吃，饭里头有毒。万贵妃端着点心给小皇子吃，小皇子说我吃饱了；又端着羹让小皇子喝，小皇子又说怕有毒，不喝。万贵妃既生气又害怕，后来就得病而死。这个小皇子后来继承皇位，就是明孝宗（弘治皇帝）。这个故事说明明朝后宫的肮脏与黑暗。到了天启朝，后宫依旧是这个样子。

《明史·魏忠贤传》记载："客氏居宫中，胁持皇后，残虐宫嫔。偶出归私第，驺从赫奕照衢路，望若卤簿。忠贤故驵，无他长，其党日夜教之，客氏为内主，群凶煽虐，以是毒痡（pū）海内。"客氏在宫里的地位非常显赫，连皇后都受她挟持，其他宫嫔自然更不在话下。她一出动，像皇帝出行，成群结队的太监喊老祖太太千岁，皇太后也享受不了这种礼遇。可以说，天启朝后宫对客氏的这种追捧，达到了无以复加的程度。客氏与魏忠贤"私为夫妇"，沆瀣一气，内外联手，做尽坏事。他们竟然在天启帝的眼皮底下，设计堕张皇后之胎，幽禁怀孕的裕妃、成妃，掩杀冯贵人。天启帝的三子二女都夭亡，因而只能传位给皇五弟朱由检。天启帝是一位连自己后妃都不能保护的昏聩庸懦的皇帝。后宫内乱是明天启朝腐败的一个缩影。

第二股势力：魏阉忠贤。魏忠贤（1568—1627），北直隶肃宁县（今河北肃宁）人。原名魏进忠，娶妻冯氏，生有一女。他少年无赖，目不识丁，好逸恶劳，吃喝嫖赌，打架斗殴。他很会玩，善于骑射，歌曲弦索，弹棋蹴鞠，事事胜人。他21岁时赌博输尽，欠债被打，只好让妻子改嫁，抛下父母女儿，自行阉割，入宫做太监，改继父姓李，叫李进忠。

魏忠贤这个名字，是天启帝所赐，结果他却是不忠不贤。进宫以后，魏忠贤几经周折谋到了典膳这个差事，给皇长孙朱由校的生母王氏操办膳食。魏忠贤借机带朱由校玩，送他新鲜瓜果和花卉。同时，巴结大太监王安，又结交了客氏。

历史巧合，天遂人愿。朱由校16岁就登上了皇帝宝座，客氏和魏忠贤也就随着鸡犬升天。两人一个是"淫而狠"，另一个是"阴而毒"，两人情感交融，结成客魏集团。在天启专宠下，魏忠贤、客氏等很快就发展成为天启朝阉党，并控制了朝政。

天启帝继位不久，就将魏忠贤升为司礼监秉笔太监。

这里，先将明朝内廷的情况简要介绍一下。所谓内廷，是指皇宫以内的地方，是帝后居住的重地，封建朝廷的心脏。负责管理内廷的机构，是宦官十二监、四司、八局，即所谓"二十四衙门"——十二监：司礼监、内官监、御用监、司设监、御马监、神宫监、尚膳监、尚宝监、印绶监、

白石"御前之宝"

直殿监、尚衣监、都知监；四司：惜薪司、钟鼓司、宝钞司、混堂司；八局：兵仗局、银作局、浣衣局、巾帽局、针工局、内织染局、酒醋面局、司苑局。

司礼监为十二监之首，设有提督太监一员，掌印太监一员，秉笔太监等若干员。秉笔太监"掌章奏文书，照阁票批朱"。换言之，内阁大臣拟票（拟写的批示草稿），为天子代言，批答章奏；秉笔太监照阁票批朱（用红笔批示），实际上是代天子裁断定夺。"忠贤不识字，例不当入司礼，以客氏故，得之。"（《明史·魏忠贤传》）魏忠贤总是乘天启帝玩木匠活起劲的时候奏报，"帝厌之，谬曰'朕已悉矣，汝辈好为之'"。魏忠贤就乘机假传圣旨。有一首《天启宫词》写道："盘盂珠翠未休工，何处封章渎圣聪。六局印官承应惯，略宣数语付批红。"

天启三年即天命八年（1623年）十二月，魏忠贤提督东厂（在今王府井东厂胡同）。先是，明太祖朱元璋设立锦衣卫，明成祖朱棣设东厂，明宪宗又设西厂，

明武宗再设内行厂。这四个机构并称为"厂卫",而东厂地位在锦衣卫之上,是负责侦缉和刑狱的特务机构,直接受皇帝指挥。魏忠贤提督东厂,权力日盛。于是,魏忠贤的名字,在圣旨中变成了"厂臣""元臣""心膂重臣",在朝臣的称呼中变成了"千岁""九千岁"。魏忠贤所受到的荣宠,继明英宗大太监王振、武宗大太监刘瑾后,达到明末太监"权擅天下、威福任情"的高峰。

魏忠贤残酷镇压反对派,独揽朝政,豢养一批心腹,当时称作"五虎""五彪"、"十狗""十孩儿""四十孙"等。"五虎"是指朝中给他出谋划策的五位文官,"五彪"是指替他屠杀异己的五位武官,"十狗"是指充当他门下走狗的十位官员,"十孩儿"是指拜他为干爹的十位官员,"四十孙"是指拜他为干爷爷的官员之子。他又练内操,派监军,掌控一个太监集团。

黄宗羲在《明夷待访录》中说:"阉宦之祸,历汉、唐、宋而相寻不已,然未有若有明之为烈也。"魏忠贤为什么讨天启帝喜欢呢?因为:一是投皇帝所好——"日引帝为倡优声伎,狗马射猎"。他想皇帝之所想,说皇帝想说之言,做皇帝想做之事。皇帝喜欢木匠活,也喜欢盖宫殿,魏忠贤就顺着皇帝兴趣来。二是客氏为内主。除此之外,魏忠贤之所以有那么大的能量和杀伤力,还因为同奸佞朝臣勾结。

第三股势力:奸佞朝臣。魏忠贤不过一人,没有外廷诸臣附丽,是成不了气候的。所以《明史·阉党传》评论道:"明代阉宦之祸酷矣,然非诸党人附丽之、羽翼之,张其势而助之攻,虐焰不若是其烈也。"阿附魏忠贤的朝廷大臣主要有魏广微、顾秉谦等。魏广微进士出身,官南京礼部侍郎,为人阴险狡猾。他和魏忠贤同乡、同姓,暗里勾结,私通书信,称"内阁家报"。魏广微很快官拜礼部尚书、大学士。魏忠贤不是有什么雄才大略,而是有一伙朝臣疆吏、文臣武将为取得和维护既得利益而要他做自己的后台。后来惩办逆案官员列名者:内阁大学士、六部尚书与侍郎、巡抚等211人,还有魏忠贤亲戚、宦官等50余人,共260余人。

魏忠贤既以皇帝为靠山,又得"客氏为内主",再得"内阁为羽翼",因而权力膨胀，威势嚣张。以魏忠贤为中心的后宫、宦官、朝臣三种势力结合，并得到天启帝的支持和袒护，从而出现阉党专权的局面。

三、历史评说

天启朝有两件大事：

第一，取得宁远、宁锦大捷。当然，此事的功劳不能算在天启帝和魏忠贤的头上。在袁崇焕的指挥下，明朝取得宁远、宁锦大捷，遏止了后金军南下的步伐。这算是天启朝的一件大事。

第二，兴修紫禁城的三大殿。先是，北京皇宫三大殿——奉天殿、华盖殿、谨身殿修竣后，永乐十九年（1421年）一焚，正统五年（1440年）二修；嘉靖三十六年（1557年）二焚，嘉靖四十一年（1562年）三修，改名为皇极殿、中极殿、建极殿；万历二十五年（1597年）三焚，天启七年（1627年）四修。天启年间修的皇宫三大殿，具有重大历史与文物价值。如果天启朝不修三大殿，崇祯年间不大可能重修三大殿，那么清军入关后，北京紫禁城将是另一番境况。

那么，对天启帝、魏忠贤怎样评价呢？《明史·熹宗本纪》论曰："明自世宗（嘉靖）而后，纲纪日以陵夷，神宗（万历）末年，废坏极矣。虽有刚明英武之君，已难复振。而重以帝之庸懦，妇寺窃柄，滥赏淫刑，忠良惨祸，亿兆离心，虽欲不亡，何可得哉！"明熹宗在位的七年，可以说是"内忧外患"的七年。

所谓"内忧"，就是在山海关内，社会矛盾激化，四川、云南、山东都有民变发生，甚至于一度失陷重庆。这是全国大规模民变的信号。他死后第二年，陕北爆发农民起义。

所谓"外患"，就是在山海关外，民族矛盾激化，满洲势力兴起。天启朝七年间，明朝同后金打了四场大仗，其中：沈辽之战，明朝输了；广宁之战，明朝也输了——京师戒严。另外两场大仗——宁远之战和宁锦之战，前已专讲，在此略过。

这种局面，与天启帝信任魏忠贤，并由阉党把持朝政有关。对于宦官，《明史·宦官传》说他们虽间有贤者，然利一而害百也！当然，太监中也有做出贡献者，如郑和率领船队下西洋，阮安修建北京城及皇宫三大殿等。客观地说，大部分太监是宫廷的服役者，少部分是太监贵族，只有极少数蠹国殃民，是害群之马，如王振、刘瑾、魏忠贤之流。

在阉党专权、天启愚骀（tái）、东林失败、朝政日非的局面下，袁崇焕的命运怎样？明朝的命运又怎样？接下来就要讲到。

第二十四讲 遭讦辞职

　　天启七年即天聪元年（1627年）五、六月，袁崇焕指挥辽军取得宁锦大捷，展示出他杰出的军事指挥才能，立下大功。明朝上下，举国相庆，封功论赏。但是，最大的功臣袁崇焕不仅没有得到应有的表彰和尊崇，反而遭排挤和打击。袁崇焕愤而辞职，黯然回乡。为什么会出现这样的情况？我们还要从阉党乱政谈起。

一、阉党乱政

天启朝阉党乱政，宦官、奸相、乳保三股政治势力相结合，背靠天启，相互勾结，做了很多坏事。

第一，祸乱后宫。上文曾经提到，明朝后宫很肮脏。明宪宗成化帝的万贵妃、明神宗万历帝的郑贵妃都是后宫混乱的根源，天启朝则不然，乱首不是贵妃，而是乳保客氏。对后妃而言，最重要的或者说她们主要争的其实就是两件事：一是争宠，即争取皇帝的宠爱；二是争子，即争取生个儿子，将来母以子贵。客氏同魏忠贤勾结，围绕着后妃争宠、争子而施展复杂的阴谋诡计。

皇后张氏，是一位正直、厚道的皇后，因为看不惯魏忠贤、客氏的横行霸道，经常在天启皇帝面前数说这两个人的过失。还曾经把客氏召到面前，严厉申斥，甚至要对她绳之以法。魏忠贤和客氏衔恨在心，后来得知皇后怀孕，就千方百计驱逐皇后身边的宫女，换成自己的心腹，并设计使皇后堕胎。于是，天启皇帝失去了元子，即嫡出的第一个儿子。后来，天启皇帝因为无子才传位给他的皇五弟由检（崇祯帝）。

裕妃张氏，以有喜得封，但不附魏忠贤，被魏忠贤和客氏囚于冷宫，不给饮食。刚好下雨，裕妃口渴难耐，匍匐喝屋檐上滴下的水，中毒而死。

成妃李氏，为人比较正直，因为慧妃范氏受到不公正待遇，在侍寝天启帝时，替其乞怜。客、魏知道后大怒，将李氏幽禁于别宫，断绝饮食半月。幸亏李妃身边藏有食物，才未饿死，后被贬为宫人。

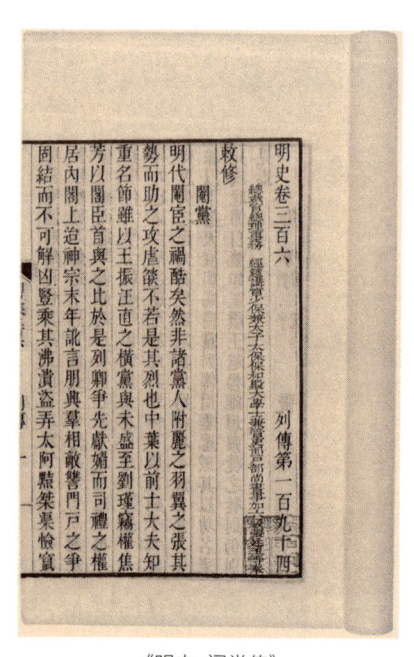

《明史·阉党传》

冯贵人，劝熹宗皇帝停止内操（太监在皇宫内练兵），魏忠贤和客氏就假传圣旨，说她犯了诽谤罪，迫使她自杀。

天启的后妃先后有五个怀孕的，但因为魏、客陷害，都没有生育子女。大家一定会问：魏忠贤和客氏为什么要残害那些后妃，尤其是那些怀孕的后妃呢？《明史·魏忠贤传》记载："客氏之籍也，于其家得宫女八人，盖将效吕不韦所为，人尤疾之。"也就是说，后来抄客氏家的时候，从她家中查出八名宫女，有的已经怀有身孕。这使人不由得想起历史上的一件事情：战国时大商人吕不韦先与赵姬私通而使其怀孕，然后将赵姬送给秦庄襄王，后生下一个男孩，就是后来的秦王嬴政。吕不韦为相国，封文信侯。人们不禁要问：他们是不是要重演当年吕不韦的那一幕？这成为一桩历史疑案。

第二，有辱斯文。随着魏忠贤加官封荫，从天启六年即天命十一年（1626年）八月开始，刮起了为魏忠贤建立生祠（活着建纪念祠堂）的邪风。浙江巡抚潘汝桢奏请给魏忠贤建生祠。《明熹宗实录》卷八十四记载，监生陆万龄疏请在国子监西侧建魏忠贤生祠，比照孔子祀礼，春秋二季祭祀，并"以魏忠贤配孔子"。大家知道，大儒董仲舒、朱熹、二程等才有资格配祀孔子，一个目不识丁的流氓无赖太监，竟然要配祀孔子，真是空前绝后，斯文扫地。更为荒唐的是，朱由校竟然批准了陆万龄的请求。从浙江开始，各地官员纷纷上奏请求建祠，朱由校旨准，并赐额赐名。就连辽东巡抚袁崇焕也迫于无奈，不得不跟风建了一座。

第三，创立内操。魏忠贤时不仅特务（先后有锦衣卫及"三厂"——东厂、西厂、内行厂）横行，而且违反不蓄内兵的祖制，创立内操万人，即武装起太监上万人，进行操练，呼喊口号，声震殿堂，皇宫里外，盔甲出入，恣为威虐。后来，康熙帝听明太监说，明宫太监10万人、宫女9 000人，饮食供不上，日有饿死者。这个数字可能有所夸大，但说明当时太监、宫女数量很大。这其中就包括武装的太监万人。

第四，扰乱辽事。魏忠贤矫诏派太监刘应坤、纪用、陶文等到山海关、宁远、

北京国子监辟雍

锦州监军，收揽兵权。辽东、蓟州、山西、宣府、大同等要害地，也由太监及其同类把持。这些原来养马的、传膳的、打卯的太监，一不识字，二不懂军事，三不懂粮饷，四不明地理，五不会武艺，却在那里发号施令、作威作福，堂堂总兵、巡抚，甚至经略、督师，都要听命于这些目不识丁的太监。一些总兵如东江总兵毛文龙等给魏忠贤送名马、珍玩、金银，阿谀奉迎，不顾名节。纲纪紊乱，是非颠倒，明朝不亡，才是怪事。

魏忠贤出行，据记载："辄坐文轩，羽幢青盖，四马若飞，铙鼓鸣镝之声，轰隐黄埃中。锦衣玉带靴袴握刀者，夹左右驰，厨传、优伶、百戏、舆隶相随，属以万数。百司章奏，置急足驰白乃下。所过，士大夫遮道拜伏，至呼九千岁，忠贤顾盼未尝及也。"而客氏也不逊色："客氏盛服靓妆，乘舆由嘉德门经月华门，至乾清宫前亦不下舆。出西下马门，呼殿、侍从之盛，远过圣驾，灯炬簇拥，荧然白昼，衣服鲜华，俨若神仙，都人士所罕见也。其到私宅，升厅事，自管事至近侍，挨次叩头，老祖太太千岁之声，喧阗震天，各以银币犒答之，钦赐金币无算。"（《明史纪事本末》卷七十一）魏忠贤、客氏，其阵势不亚于帝后，各种随从前呼后拥，士大夫望尘而拜，"九千岁"之声不绝于耳，而魏忠贤、客氏对这些人连正眼都不看一下，可见其煊赫声势与嚣张气焰。明朝此时出现"内外大权，一归忠贤"的阉党专权局面。

二、东林惨败

前面讲过，从明万历中叶开始，廷臣盛行结党之风，先后出现了东林党、浙党、齐党、楚党等。到天启初，出现"众正齐登，君子进用"的政治局面。但是，以魏忠贤为代表的阉党势力迅速膨胀，各党派力量重新整合，形成东林党与阉党的对立。

在天启朝，阉党和东林党的斗争，主要围绕维护与反对宦官专权、辽东战守方略等题目。东林党坚决反对宦官专权，以魏忠贤为代表的阉党疯狂打击东林党。阉党和东林党的斗争经历了以下回合：

第一个阶段，正臣登朝。就是众多正直大臣入朝做官，东林党在朝中得势。天启初，由于东林党扶立光宗、熹宗有功，朱由校即位之初重用东林党人。东林党人叶向高任首辅，韩爌、刘一燝、孙承宗为内阁大学士，赵南星为吏部尚书，孙慎行为礼部尚书，孙承宗为兵部尚书，邹元标为左都御史。东林独盛，对辽东战局产生重大的积极影响。熊廷弼经略辽东，是刘一燝所荐。东林党一派的内阁大学士孙承宗自请巡关督辽，支持袁崇焕守宁远。袁崇焕考取进士的座师韩爌是东林党人，举荐他到兵部任职方司主事的侯恂也是东林党人。到了辽东以后，袁崇焕又曾经给东林党人首辅叶向高写信，还得到孙承宗的重用和培养。虽然袁崇焕并不是东林党人，但他倾向于东林党，阉党也把他划到东林党一边。

第二个阶段，邪正较量。东林党奏劾阉党。天启四年即天命九年（1624年）六月，东林党人左副都御史杨涟奏劾魏忠贤二十四大罪状，要求严惩魏忠贤，以正国法，把客氏迁出宫外，以消隐忧。随后左佥都御史左光斗也奏劾魏忠贤三十六当斩，就是有三十六条应当杀头之罪。其他许多东林党人也纷纷上疏，有七十多名朝臣弹劾魏忠贤。魏忠贤大难临头，忧心如焚，赶紧到天启皇帝面前哭诉，客氏也为他极力辩解。结果，天启帝下了一道谕旨说："朕在襁褓时，便靠魏忠贤护卫，至圣母去世后，朕饱尝忧患，平时的服食起居，多亏了魏忠贤伺候。当皇考弥留之际，曾说宦官中忠心正直、不避行迹的，只有魏忠贤一人。现在居然被杨涟一再诬告，而大小臣工又随声附和，不断来打扰朕。天下大事，事事都是朕亲自裁断的，魏忠贤有何专擅？有何疑忌？……朕追念往事，何忍忘忠贤今昔之劳，动不动就听信浮言，拿忠贤问罪！"

在天启皇帝这张大保护伞下，魏忠贤打击报复奏劾者，把东林党人逐个驱出朝廷。叶向高、韩爌辞官，孙承宗等削职为民。这样，东林党人基本上失去了参与朝政的权力。

第三个阶段，阉党专权。阉党向东林党挥起屠刀。郎中万燝因上疏说魏忠贤"口衔天宪，手握王爵……一切生杀予夺之权尽为忠贤所窃"（《明史·万燝传》），而在午门前被廷杖一百打死。天启五年即天命十年（1625年）三月，魏忠贤假造罪名，逮捕东林党人杨涟、左光斗等六人，时称"六君子"。杨涟被钢刷上刑，皮肉碎如丝；被铜锤敲打，筋骨寸断；被土囊压身，铁钉贯耳；最后被大铁钉钉入头脑，始终不屈，悲惨而死。死前写下："大笑、大笑、还大笑，刀砍东风，于我何有哉！"左光斗也惨遭酷刑而死在狱中。

天启六年即天命十一年（1626年）二月，魏忠贤对已罢官的高攀龙、黄尊素等"七君子"，诬以贪赃罪逮捕，高攀龙投湖自尽，其余六人全部死在狱中。

魏忠贤炮制《东林点将录》，榜示108人姓名，后增加到309名。他们大多生者削职为民，死者追夺官爵。东林党在朝中全面失败。袁崇焕是在这样艰难的形势下，取得宁锦大捷后愤然辞职的。

三、愤然辞职

宁锦之战刚结束，皇太极还没有回到沈阳，七月初一日，辽东巡抚袁崇焕便上了一道《乞休疏》，以病为由，请辞归里。天启帝立即旨批：袁崇焕"拮据封疆，劳勋可念。疏称抱病，情词恳切，准其回籍调理。叙功之日，另行优录"（《袁督师事迹》）。

又旨批："近日宁锦危急，赖厂臣调度，以奏奇功。说得是。袁崇焕暮气难鼓，物议滋至，已准其引疾求去。"（《明熹宗实录》卷八十六）

那么，人们不禁要问：袁崇焕立下如此大功，为什么要急着辞职？真的是因为身体的原因吗？让我们分析一下。

第一，有功不赏。宁锦大捷后，兵部议叙：魏忠贤以"筹边胜算，功以帷幄"获头功；刘应坤、纪用等太监以"拮据战守，绩著疆场"而位列其次；内臣（就是太监）孙成等十人位列又其次；阉党崔呈秀等若干人位列复其次。甚至魏忠贤的从孙鹏翼（3岁）被封为安平伯、良栋（4岁）被封为东安侯，时"鹏翼、良栋皆在襁褓中，未能行步也"。而宁锦大捷的总指挥、辽东巡抚袁崇焕仅位列第86名。

八月初二日，兵部叙宁锦大捷功并获准，自厂臣魏忠贤以下共列5 957人，袁崇焕仅获"加衔一级，赏银三十两、大红纻丝二表里"。

这时，有人为袁崇焕抱不平。初九日，兵部署部事霍维华奏："抚臣袁崇焕置身危疆六载于兹，老母妻子委为孤注，劳苦功高，应照例荫录。前枢臣王之臣出都之日，面语微臣，从优拟叙。臣谨照往例酌之。与督臣、镇臣一体拟升荫赏，以听圣裁。"并提出："以畀微臣之世荫，量加一级，以还崇焕。"天启帝旨批道："霍维华何得移荫市德，好生不谙事体。"（《明熹宗实录》卷八十七）

第二，遭到讦告。宁锦大捷后，御史李应荐讦奏"袁崇焕假吊修款，设策太奇。顷因狓房东西交讧，不急援锦州，此似不可为该抚解"（《明熹宗实录》卷八十六）云云。御史李应荐讦奏袁崇焕两项"罪名"：一是同后金"修款"，二是不急援锦州。

"修款"就是议和。前面讲过，袁崇焕"假吊修款"，一是借给努尔哈赤吊丧为名，派人到沈阳打探后金虚实；二是为重建宁锦防线争取时间，这已经得到宁锦大捷的验证；三是奏报后得到朝廷允许的。但袁崇焕的确是"设策太奇"，太大胆，也太离奇，被小人当作攻讦的口实。

不急援锦州，成为袁崇焕"暮气"的一大表现。这是不实之诬词。因为：

其一，当锦州围危，崇焕驰疏："宁远四城，为山海藩篱，若宁远不固，则山海必震，此天下安危所系，故不敢撤四城之守卒而远救，只发奇兵逼之。"（《明熹宗实录》卷八十四）袁崇焕不从宁远抽调援兵，获得朝廷的旨允。

其二，袁崇焕请亲率"三万五千人以殉敌，则敌无不克"。但此议受到总督和兵部的疏止。得旨："援锦之役，责成三帅，宁抚只宜在镇，居中调度，战守兼筹，不必身在行间。"

其三，袁崇焕曾调发满桂、尤世禄、祖大寿率军北援锦州。并拟派四支奇

明　织锦方补

兵——舟师抄后、蒙古西援、死士袭营和勇卒惊扰，以援助锦州。

由上三点，可以看出：所谓"袁崇焕不援锦州为暮气"，为不实之诬词。

第三，事不可为。宁锦大捷之日，正是阉党猖獗之时。天启腐败政治，至此达于极点。阉党得势，颠倒黑白。袁崇焕中进士的座师韩爌，提携他的大学士孙承宗，保荐他的御史侯恂等都是东林党的巨头，他虽然并不是东林党，但已被阉党看作东林党的一边。这时，袁崇焕已经感到辽事不可为。袁崇焕非常正直廉洁，不肯克扣军饷去阿谀、"孝敬"魏忠贤。袁崇焕也不同意魏忠贤派太监监军，具疏奏言："兵，阴谋而诡道也，从来无数人谈兵之理。战守之总兵，且恐其多，况内臣而六员乎！"他虽为了大目标也违心地为魏忠贤建生祠，但魏忠贤仍对他不满意。

其实，早在宁远大捷后，袁崇焕的处境已经很困难。他在天启六年即天命十一年（1626年）八月丁巳（十八日）的《奏疏》中说：

> 凡勇猛图敌，敌必仇；振刷立功，众必忌。况任劳之必任怨，蒙罪始可有功。怨不深，劳不厚；罪不大，功不成。谤书盈箧，毁言日至，从来如此。惟皇上与廷臣始终之。（《明熹宗实录》卷七十五）

天启帝的态度是，在表面上并没有追究袁崇焕的过错，但是不信任、不喜欢袁崇焕的态度昭然若揭。袁崇焕刚刚请辞，他立即批准，随即任命王之臣兼任袁崇焕的职务。之后，又忍不住指责袁崇焕不援锦州为暮气，不予奖励，实在说不过去了，才给了很低的奖励，并训斥为袁崇焕请功的官员。这时，天启帝已经病入膏肓，无药可救。

辽东巡抚袁崇焕在宁锦大捷中应为首功，功高不赏，反遭排挤。袁崇焕看到宦官专权，东林失败，朝政黑暗，事不可为，遭到诬告，心情郁闷，黯然辞职，离开辽东，取道京师，返回老家。他以后的生活，又发生了很多故事，明、清的政局，也发生了很大的变化。明亡清兴这段历史，愈演愈悲壮，愈演愈动人。

第二十五讲 崇祯登极

正当魏忠贤权力达到顶峰、袁崇焕命运陷于低谷的时候，朝廷发生了重大的政治变局：天启帝病故，崇祯帝继位。这个重大朝廷变局，不仅给魏忠贤的命运带来灭顶之灾，而且给袁崇焕的事业带来新的转机。

本讲分作三个题目：一、天启病故；二、崇祯继位；三、中兴之梦。

一、天启病故

天启皇帝朱由校16岁登极，做了七年皇帝，于天启七年即天聪元年（1627年）八月二十二日，在紫禁城乾清宫死去，年仅23岁。他一生的所为，很像木匠，不像皇帝。天启皇帝之死，对明朝、对后金都是重大的政治事件。

那么，天启皇帝为什么会在23岁就过早地死去呢？关于天启帝的死因，有以下两种说法：

一说是落水受惊吓后得病而死。我在前面曾经讲过，天启五年即天命十年（1625年）端午节，天启帝在西苑（今中南海、北海）乘龙舟划船，突然风起船翻，两名太监溺水而死，天启皇帝虽被太监们救出，逃过一场灭顶之灾，却呛了水，受了惊，因此患病，使他原本病弱的身体更加衰弱。

一说是因生活荒淫无度而死。明朝皇帝有许多荒唐的故事。如正德九年（1514年）正月，乾清宫柱壁悬挂奇巧宫灯，宫人太监纵情欢乐。宫中屋檐毡氀（mú）里包裹火药，突发大火，乾清宫一片火海。这时，正德帝正在去往豹房的路上，回头望见皇宫光焰烛天，戏谓左右曰："是好一棚大烟火也！"（《日下旧闻考》卷三十四）乾清宫殿化为灰烬。

天启帝同样是荒淫无度，他迷恋木工活儿到了废寝忘食的地步，而对国家大政却毫不关心，正因如此，以魏忠贤为首的阉党才得以把持权柄。这里讲一个真实的故事：乾清宫月台前丹陛下开辟了一条东西通道，俗称"老虎洞"，至今保存完好。洞为拱形，高1.8米，宽1.1米，用石头砌成，两侧有门，可通往来。《天启宫词注》记载："帝（天启）尝于月夕，率内侍赌迷藏，潜匿其内。"陈悰诗云："石梁深处夜迷藏，雾露溟濛护月光。捉得御衣旋放手，名花飞出袖中香。"清朝大学士于敏中等评论道："宫前丹陛下洞道，盖侍从之人，藉以左右往来者。而明之末叶，乃用为嬉娱之地。其兴居无节，政令不修，甚矣！国祚岂能久乎！"（《日下旧闻考》卷三十四）也就是说，那个老虎洞本来是为了方便宫内侍从通过的，后来竟

明熹宗的德陵

然也成为天启皇帝胡闹的地方。作为一国君主,如此嬉游无度,不能自重,自然是自戕身体,自短国祚。

总之,天启帝在位这七年,更像个木匠,像个顽童,而不像个皇帝。他死之后皇位怎么办?按照明帝的家法,应当是父死子继。天启皇帝有三个儿子:

皇长子朱慈然,因早产而夭殇。关于这个皇子的生母有不同的说法,《明史·诸王传》说"不详其所生母";《明史·后妃传》却说:"(天启)三年,后有娠,客、魏尽逐宫人异己者,而以其私人承奉,竟损元子。""元子"就是皇长子。这条材料说明这个孩子的生母是正宫张皇后。谈迁的《国榷》也记载说:"皇长子慈然生,旋殇(中宫出)。"杨涟疏劾魏忠贤二十四大罪之一是:"中宫有庆,已经成男……传闻忠贤与奉圣夫人(客氏)实有谋焉。是陛下且不能保其子矣!"(《明史·杨涟传》)也就是说,皇后因受客、魏陷害早产,生一男孩,不久夭殇。以上三证可见,皇后是皇长子的生母。

皇次子朱慈焴，生母为慧妃范氏，比长子晚生十天，出生不到一年，又死去。

皇三子朱慈炅，生母为容妃任氏。任氏因诞育皇三子而被册封为皇贵妃。天启帝连丧两子之后，对皇三子寄予厚望。但皇三子仅出生八个月，也早殇。

所以，天启帝虽有三个儿子，可到他死的时候，已然绝嗣。无法"父死子继"，那就只有"兄终弟及"，也就是由天启皇帝的弟弟来继承皇位。下面我们看一下天启帝的兄弟，也就是明光宗（泰昌帝）有几个儿子。泰昌皇帝有七个儿子：

皇长子朱由校，就是天启帝。

皇次子朱由㰒，4岁殇，生母王氏，与天启帝同母，追封谥简怀王。

皇三子朱由楫，8岁殇，生母王选侍，追封谥齐思王。

皇四子朱由模，5岁殇，生母李选侍，追封谥怀惠王。

皇五子朱由检，生母刘氏，下面讲。

皇六子朱由栩，早殇，生母定懿妃，追封谥湘怀王。

皇七子朱由橏，早殇，生母敬妃，追封谥惠昭王。

光宗七个儿子，其中五个儿子早殇，都是在8岁之前夭折的。长大成人的只有两个：一个是朱由校，就是天启帝；另一个是朱由检，就是后来的崇祯帝。因此，天启皇位继承别无选择，只有传位给皇五弟朱由检。

二、崇祯继位

崇祯皇帝，名由检，生于万历三十八年十二月二十四日（1611年2月6日）。他比长兄由校（天启帝）小5岁。朱由检的生母刘氏，初入太子宫时是淑女（低于才人、选侍），生朱由检后不久，失宠被谴，郁闷而死，才23岁。太子朱常洛怕父皇（万历帝）知道，告诫身边近侍不得泄露此事，命将刘氏悄悄地葬于西山。这时朱由检5岁。

万历四十四年即天命元年（1616年），朱由检6岁，清太祖努尔哈赤建立后金。

他比努尔哈赤小 52 岁。

天启二年即天命七年（1622 年）八月二十三日，朱由检 12 岁，被册封为信王，仍住在大内勖勤宫，其生母刘氏被追封为贤妃。这一年，明朝失去广宁。

天启六年即天命十一年（1626 年），朱由检 16 岁，搬出皇宫，居信王藩邸。这一年，明军在袁崇焕的指挥下，取得宁远大捷。这年袁崇焕 43 岁，朱由检比袁崇焕小 27 岁，比皇太极小 19 岁。

天启七年即天聪元年（1627 年）二月，17 岁的信王举行婚礼，选城南兵马司副指挥周奎之女为信王妃。

六月，袁崇焕又指挥明军获得宁锦大捷。

八月十一日，天启帝病危，单独召见了朱由检。朱由检这次奉召进入乾清宫，向皇兄请安后，皇兄对他说："来！吾弟当为尧舜。"这句话暗示要他入继大统。朱由检一听，顿感惶恐，回奏道："臣死罪！陛下为此言，臣应万死！"天启帝已深思熟虑，慰勉再三，叮嘱他入继大统后，应注意两件事：一是"善待皇后"，二是"委用忠贤"。

十二日，天启帝再次召见内阁首辅黄立极等大臣，说："昨召见信王，朕心甚悦，体觉稍安。"（《明代宦官史料长编》卷十）暗示由信王入继大统。

在天启帝病危的时候，皇位的争夺非常之激烈，特别是大宦官**魏忠贤**，还想继续把持朝政，他显然不愿意由自己无法掌控的信王入承大统。关于**魏忠贤**觊觎朝政的野心，野记传闻，多有载述。例如：

其一，**魏忠贤**企图摄政。就是想立一个傀儡小皇帝，他自己来摄政。**魏忠贤**与大臣密议由他摄政之事，内阁辅臣施凤来明确表示反对，说"居摄远不可考，且学他不得"（《明季北略》卷三）。**魏忠贤**虽然很不高兴，但是没有办法，只好打消了这个念头。

其二，阉党中有人向**魏忠贤**献计，诡称皇后怀孕，暗中以**魏良卿**之子抱入，企图"狸猫换太子"，然后由**魏忠贤**辅佐，仿效王莽以辅佐孺子婴的方式进而篡位。

其三，天启帝对皇后说，魏忠贤告诉我，后宫有二人怀孕，他日生下男孩就作为你的儿子立为皇帝。皇后以为不可。

其四，《明史·魏忠贤传》记载："客氏之籍也，于其家得宫女八人，盖将效吕不韦所为，人尤疾之。"也就是说，客氏和魏忠贤想让宫女怀孕产子后，将孩子抱入宫中继承皇位。

其五，魏忠贤策划政变。天启帝刚断气，停灵在乾清宫。群臣哭哀，气氛悲凉。魏忠贤单独在殿内接见阉党骨干、兵部尚书崔呈秀，说要发动政变。崔呈秀以天时不备谏止，此事遂作罢。

崇祯皇帝像

其时，皇后张氏坚定支持信王继位，对加速魏忠贤阴谋的破产起到了十分关键的作用。据说魏忠贤曾派人向皇后暗示，希望她能阻止信王继位。皇后表示，从命是死，不从命也是死，一样是死，不从命可以见二祖列宗在天之灵。皇后拒绝与魏忠贤之辈同流合污，密劝天启帝尽快召立信王。天启帝召见信王，要他接受遗命，信王欲推辞，忽见皇后淡妆从屏风后走出，对信王说，皇叔义不容辞，而且事情紧急，恐怕发生变故。信王这才拜受遗命。天启帝指着皇后对皇弟相托说："中宫配朕七年，常正言匡谏，获益颇多。今后年少寡居，良可怜悯，望吾弟善待。"

（《虞初广志》卷一）

二十二日，天启帝死于乾清宫，年仅23岁。皇后立即传遗诏，命英国公张惟贤等迎立信王。魏忠贤无可奈何，不得不在天启帝驾崩次日，向外宣告皇后懿旨："召信王入继大统！"

所以《明史·后妃传》说："及熹宗大渐，折忠贤逆谋，传位信王者，后力也！"

天启遗诏说："皇五弟信王，聪明夙著，仁孝性成，爰奉祖训兄终弟及之文，丕绍伦序，即皇帝位。"（《明熹宗实录》卷八十七）从此，朱由检成为明朝第十六任皇帝，年号崇祯。他也是明朝最末一位皇帝。

那么，崇祯皇帝朱由检是个什么样的人呢？

崇祯皇帝经历过磨难，他的童年有三大不幸：

第一，生母早逝。朱由检的生母贤妃刘氏，海州（今江苏连云港市）人，后为北京宛平籍。初入宫，为淑女。前面讲过，刘氏在朱由检5岁的时候就去世了，所以他对母亲几乎没有什么印象。朱由检幼时常常思念生母，询问近侍太监："西山有刘娘娘坟吗？"近侍答："有。"他就悄悄地吩咐近侍前去祭祀。他即位后，追封生母为孝纯皇太后；命画师根据宫中人回忆生母贤妃刘氏的相貌，画像供奉。画像完成之后，从正阳门抬着进皇宫，备了法驾，仪仗非常隆重。崇祯皇帝跪在午门迎接，看到母亲的画像后，"帝雨泣，六宫皆泣"（《明史·后妃传》）。也就是说，崇祯皇帝的眼泪像下雨一样，其他的人也跟着哭泣，情景非常之动人。

第二，西李薄情相待。泰昌帝朱常洛登极之后，宠爱两个姓李的选侍，为区分，人称"东李""西李"。小由检丧母之后，就由西李选侍抚育。当时，西李选侍已经抚养朱由校，又被指定抚养朱由检。她自然明白由校是皇长子，将来可能继承皇位，对待他们兄弟，因此亲疏有别。所以，小由检不仅遭受丧母之痛，而且遭遇养母薄情。后西李选侍生了一个女儿，于是小由检改由东李选侍抚养。

第三，东李抑郁病死。东李选侍对朱由检很好，使他已经受到伤害的心灵得到某些平复。然而，东李选侍在残酷的后宫争斗中，长期抑郁，心情很坏，久郁成疾，不治而死。这对朱由检幼小的心灵又是一个沉重的打击。

这么一个小孩子，亲生母亲死了，第一个养母对他不好，第二个养母虽对他慈爱，但不久病死，打击一个接着一个，可以说崇祯帝的幼年是很悲凉、很凄苦的。这样的童年经历对崇祯帝性格的形成有很大影响，他的工于心计、孤僻、刚愎、多疑等性格特点，都可以从这些经历中找到原因。

朱由检颇有心计。《崇祯长编》)记载："帝（指朱由检）初虑不为忠贤所容，深自韬晦，常称病不朝。"也就是说，在信王府邸时，为了躲开魏忠贤的注意，他经常装出身体有病、与世无争的样子，尽量不去上朝。他常"六不"——"衣冠不整，不见内侍，坐不倚侧，目不旁视，不疾言，不苟笑"（郑达《野史无文》卷三）。天启皇帝病危，朱由检担惊受怕，忧心忡忡。他进宫时带着干粮、炒米，不吃宫中一粒米，不喝宫中一口水，对宫中的一切保持高度警惕。夜晚，他秉烛独坐，警戒不测。

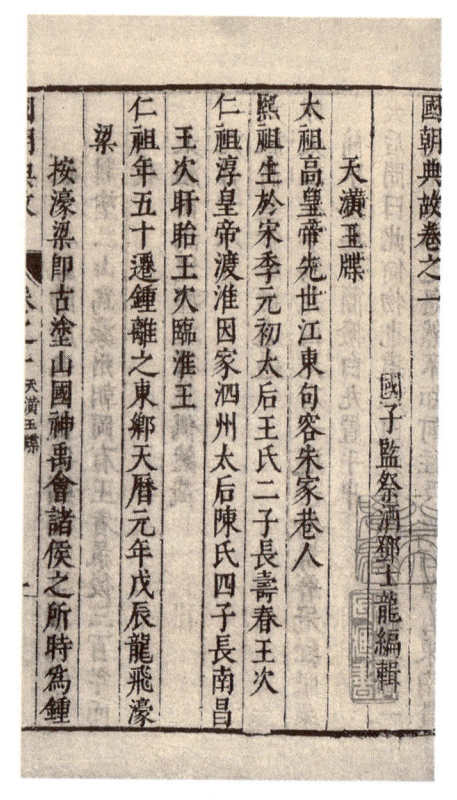

明刻本《国朝典故》

朱由检长期韬光养晦，最终躲过了魏忠贤的明枪暗箭，在皇兄授命、皇嫂支持的情况下，终于继承了皇位。

崇祯帝继位，他不知道也不可能知道自己已经身处末世，相反，他常常做着大明皇朝中兴的美梦。他虽然年龄不大，却经历三次朝廷重大变故：亲眼看到祖父万历皇帝死，看到父亲泰昌皇帝死，也看到皇兄天启皇帝死；又亲眼看到祖父万历皇帝怠政，看到父亲泰昌皇帝赍志而殁，也看到皇兄天启皇帝时阉党乱政——所以，他要振奋精神，整顿朝纲，实现大明皇朝中兴之梦。

三、中兴之梦

崇祯皇帝一上台,为实现中兴之梦,在内廷与外朝,做了三件大事。

第一,惩治阉党。天启七年即天聪元年(1627年)八月二十四日,朱由检即皇帝位。接着办丧事,办了三九二十七天。

十一月初一日,崇祯帝刚办完皇兄的丧事,就安置魏忠贤于安徽凤阳。有人说了,清朝嘉庆皇帝是在他父亲乾隆帝刚死就惩治和珅,比崇祯帝快啊。大家注意,崇祯帝和嘉庆帝不一样,因为嘉庆帝到他父亲死的时候已经做了三年零三天的皇帝了,他

白石"大明天子之宝"

可以居高临下地惩治和珅。崇祯帝不同,他在没有准备的情况下得到了皇位,继位之后马上面临一个大丧,要处理他哥哥天启皇帝的丧事,丧事刚办完,就立即惩治魏忠贤,应当说是果断、迅速。

怎么惩治?嘉兴贡生钱嘉征劾魏忠贤十大罪:"一并帝,二蔑后,三弄兵,四无二祖列宗,五克削藩封,六无圣,七滥爵,八掩边功,九朘(juān)民,十通关节。"(《明史·魏忠贤传》)并帝,就是魏忠贤和皇帝并称。蔑后,就是轻蔑皇后。弄兵,就是操纵兵权,还练内操。这里边每一条都够上杀头大罪。崇祯皇帝得到这封奏疏之后,通知魏忠贤前来,让内侍读给他听。魏忠贤吓得魂不附体,不知所措。崇祯皇帝命魏忠贤到凤阳祖陵去烧香,就把他打发走了。

初五日,崇祯帝命令将魏忠贤派到各边的镇守太监全部撤回。

初六日,魏忠贤缢死。此前,魏忠贤曾以重金贿赂原来在信王府邸跟随崇祯皇帝的太监徐应元,希望能疏通关节,结果不仅未能奏效,而且惹怒崇祯皇帝,下令逮捕魏忠贤,徐应元也因此遭斥。魏忠贤得到这个消息时刚走到直隶阜城(今

河北阜城），他知道死期将至，就上吊死了（也有人说他是被勒死的），年60岁。崇祯皇帝命磔其尸，悬首河间。接着，客氏也被处死。嚣张一时的魏忠贤和客氏就这样归于覆灭。

同日，魏、客的亲属魏良卿、侯国兴、客光先等并弃市，籍其家。

初十日，免天启时魏忠贤逮死诸臣的"赃银"，并释放其家属。

二十日，大学士黄立极（阉党）致仕。

崇祯二年即天聪三年（1629年）三月，崇祯帝颁诏书，示天下：

首逆凌迟者二人：魏忠贤、客氏。

首逆同谋，决不待时者六人：呈秀及魏良卿、客氏子都督侯国兴、太监李永贞、李朝钦、刘若愚。

交结近侍，秋后处决者十九人：刘志选、梁梦环、倪文焕、田吉、刘诏、薛贞、吴淳夫、李夔龙、曹钦程、大理寺正许志吉、顺天府通判孙如洌、国子监生陆万龄、丰城侯李承祚、都督田尔耕、许显纯、崔应元、杨寰、孙云鹤、张体乾。

结交近侍，次等充军者十一人：魏广微、周应秋、阎鸣泰、霍维华、徐大化、潘汝祯、李鲁生、杨维垣、张讷，都督郭钦，孝陵卫指挥李之才。

交结近侍，又次等论徒三年、输赎为民者：大学士顾秉谦、冯铨、张瑞图、来宗道，尚书王绍徽、郭允厚、张我续、曹尔祯、孟绍虞、冯嘉会、李春晔、邵辅忠、吕纯如、徐兆魁、薛凤翔、孙杰、杨梦衮、李养德、刘廷元、曹思诚，南京尚书范济世、张朴，总督尚书黄运泰、郭尚友、李从心，巡抚尚书李精白等一百二十九人。

交结近侍，减等革职闲住者，黄立极四十四人。

忠贤亲属及内官党附者又五十余人。（《明史·阉党传》）

以上总计260余人。

魏忠贤得势也皇权，失势也皇权。皇权是皇朝社会一切权力的核心。像魏忠贤这样不可一世的"九千岁"，一旦失去皇权支持，就变得一文不值，狗屎一堆。

第二，重新组阁。原来那个内阁，基本上是阉党的，六部尚书、侍郎等也大都是阉党分子或附和者，这就需要朝廷对内阁进行一个大的改组，清除阉党余孽，换成一批新人。

天启晚期，内阁大学士七人：顾秉谦、黄立极、丁绍轼、冯铨、施凤来、张瑞图、李国。崇祯帝继位一年，全部换掉。同时，调任杨景辰、周道登、李标、钱龙锡、刘鸿训、韩爌、来宗道等新贤七人，组成内阁，预机务。他们多是东林党人，或是倾向于东林党的人。同时，对七卿——六部尚书加左都御史，也做了调整。曾经甚嚣尘上的阉党就这样遭到致命打击，明朝出现了一个短暂的东林党执政时期，朝野为之一振。

那么，崇祯执政初期这个新内阁是怎么产生的呢？在这里，我讲一个"枚卜

北京社稷坛

阁臣"的故事。"枚卜"就是"占卜",语出《尚书·大禹谟》:"禹曰:'枚卜功臣,惟吉之从。'""阁臣"就是内阁大臣。《崇祯长编》记载,天启七年即天聪元年(1627年)十二月丙辰(二十三日),崇祯帝要朝廷大臣推举内阁大臣,大家共推举出十位候选人,然后从中确定七位。怎样确定呢?崇祯帝采取"枚卜阁臣"的办法。具体做法是:崇祯帝在乾清宫召集大臣,先拜天,然后在小桌上摆设笔砚和十张红纸,将廷推大臣的名字分别写在红纸上,每张纸写一人姓名做阄,团成纸丸,置于几案上小金瓶里,用箸(筷子)夹取纸丸,每夹得一丸,展开遍示众臣,举笔点之就算选中。先夹得钱龙锡、李标、来宗道、杨景辰四人,又夹得周道登、刘鸿训二人,另一人的字条夹得后被风吹走找不到了。这样就确定了六人。后来加上韩爌,组成七人内阁。事后发现找不到的那张字条落到施凤来衣服的后面,上面写的是王祚远的名字。孙承泽的《春明梦余录》中记载了此事。这些新内阁成员多在乡里,既经认定,立即通知他们到京赴任。这件事,有人认为是儿戏,有人认为是谋术,有人认为是虚应故事,也有人认为是集思广益。这里面说明一个问题:崇祯皇帝没有做过皇太子,他对朝政大臣内阁的情况了解得不是非常清楚,所以他很难做一个决断。总之,新内阁总算产生了,这个内阁可以说是"新东林内阁"。

第三,注重辽事。十一月十九日,崇祯皇帝起用袁崇焕为都察院右都御史、兵部添注右侍郎事。崇祯元年即天聪二年(1628年)四月初三日,命袁崇焕为兵部尚书兼右副都御史,总督蓟、辽、登、莱、天津等处军务,移驻山海关。罢蓟辽督师王之臣职。七月十四日,平台召对袁督师。

这时,袁崇焕在广东。他接到任命后,赶到北京,在紫禁城平台接受崇祯皇帝的召对。平台召对的情形,下一讲我要讲到。

第二十六讲 平台奏对

崇祯帝登极后，惩治阉党、重组内阁、起用袁崇焕，任命他为兵部尚书兼蓟辽督师。袁崇焕离开广东回到北京，在紫禁城平台接受崇祯皇帝的召对。因此，本讲分作三个题目：一、督辽饯别；二、平台奏对；三、五年复辽。

一、督辽饯别

前面讲过，辽东巡抚袁崇焕取得宁锦大捷后，不仅没有得到应有的奖赏，反遭阉党评告，他愤懑难纾，于是以身体不好为由辞职。得到批准后，遂于天启七年即天聪元年（1627年）七月初二日，离开宁远，经山海关，路过北京，回到老家广东东莞，重温乡情和亲情。

从万历四十六年（1618年）袁崇焕离家到北京参加科考算起，至今已经十年没有回过老家了。这十年中，他的长兄袁崇灿、堂兄袁崇茂、亲叔袁子腾、父亲袁子鹏先后病故。按照明朝礼制，官员遭父母之丧，称"丁忧"（"丁忧"一语出自《尚书·说命上》），要回家"守制"，即为父母守孝。前面讲过，袁崇焕得到父丧讣函时，离任奔丧，刚到丰润，就接到圣旨："东事殷殷，宁前重地，袁崇焕不准守制，著照旧供职。"袁崇焕先后上《初乞终制疏》《再乞守制疏》《三乞给假疏》，都没有获准。所以他父亲袁子鹏病故，他也未能回家守丧。后来，他派人把母、妻接到关外，居住于宁远，共同守城。

此番袁崇焕辞职回乡，会亲友，游山水，难得清闲，可以享受久违的亲情和友情。袁崇焕写了《约同人游拾翠洲》诗：

春风十里五羊城，拾翠洲前绿草生。
君若来时须并马，一樽同去听流莺。

他的心情轻松而愉快。他还倡议募修广东罗浮山名胜，重修三界庙。后来回忆说："去冬，余告归。方谓筑室其中，为终焉之计。"（《募修罗浮诸名胜疏》）这说明袁崇焕当时对官场有些心灰意冷，打算退出是非窝，在家乡悠然隐居。

然而，人算不如天算。袁崇焕离职后整整50天，就是八月二十二日，朝廷发生重大变故：天启帝病死，崇祯帝继位。粗算一下，宁远到广州约5 000里，按照当时的行程每日以80里计，袁崇焕大概需要两个月时间才能到达广州，也就是说，袁崇焕还没到家，天启皇帝已经死了。崇祯帝办理完皇兄天启帝的丧事后，从十一月初一日起，着手惩治阉党。十九日，起用袁崇焕为都察院右都御史、兵部添注右侍郎事。十二月，崇祯帝命已被贬黜的东林党人钱龙锡、李标、刘鸿训等为大学士、尚书要职。后又起复并任命东林党人韩爌为内阁首辅。袁崇焕在朝中的奥援者，逐渐恢复或晋升了官职。

崇祯元年即天聪二年（1628年）四月初三日，崇祯帝任命袁崇焕为兵部尚书兼右副都御史，督师蓟、辽、登、莱、天津军务。袁崇焕的官职，兵部尚书是正二品；右副都御史是虚衔；督师是实职，管辖蓟（州）、辽（东）、登（州）、莱（州）、天津军务。因蓟州、天津、登莱等地另有巡抚专责，所以袁崇焕实际上主要管辖山海关外辽东地区的军政事务。按照当时的军制与官制，在外带兵的文臣，最高官衔是督师，通常以大学士兼任；其次是总督或经略，由兵部尚书或侍郎兼任；再次是巡抚，由侍郎兼任；巡抚之下才是武官中最高的总兵官。袁崇焕原来不是大学士，也不是尚书，却有了大学士方能得到的辽东最高官衔——督师。这时，距他做七品知县只有六年。

朝廷为什么会重新起用袁崇焕呢？根据《崇祯长编》元年四月丙午的记载，推荐袁崇焕的理由其实就是十个字："不怕死""不爱钱""曾经打过"。前六个字好懂，"曾经打过"这四个字不好懂。《崇祯长编》是崇祯帝死了之后修的，这时候已经是清朝，清人把这句话做了删改，说全了应该是"曾经与奴打过"六个字，就是说曾经与努尔哈赤和他儿子皇太极打过，并且取胜了。因为这个原因，朝中一些大臣建议崇祯皇帝重用袁崇焕。

朝廷敦促袁崇焕尽快到北京就职，催促使者，络绎道路。

得知袁崇焕升任蓟辽督师并马上到京赴任的消息后，20位粤籍名士相聚在广州名刹光孝寺，为他赋诗绘图，宴会送别。这成为广东文坛史上的一段佳话。席间，赵焞夫作山水画一幅，诸友题诗，袁崇焕也题了诗，图诗名《肤公雅奏》。《肤公雅奏》这个典故出自《诗经·小雅·六月》："薄伐狁狁，以奏肤公。"毛传："肤，大；公，功也。"就是向朝廷奏报大功。这幅《肤公雅奏》图诗当由袁崇焕珍藏，他蒙难后，被民间辗转收藏。清光绪四年（1878年），王鹏运在北京给《肤公雅奏》作题跋。1921年江翰携其到天津，罗振玉认为是真迹并作跋。1935年东莞籍学者伦明、张仲锐、容庚三人集资，以《东莞袁崇焕督辽饯别图诗》为名，影印50本，分送各大图书馆。1958年，原件曾在香港举行的广东历代名家书画展览会上展出，现收藏在港澳民间。

明　紫檀木雕会昌九老图笔筒

今人汪宗衍、颜广文等对《东莞袁崇焕督辽饯别图诗》的题咏者做了考证，从中可以了解到袁崇焕在广东所交的朋友和所受到的影响。

这21位人士可分为五类。

第一类，赵焞夫。画家。这幅《肤公雅奏》图，充满了诗情画意。画中有蓝天、碧水、青山、绿树、丽亭、小舟，小舟寓意给袁督师送行。

第二类，袁崇焕和陈子壮。陈子壮，广东南海人，和袁崇焕同科进士，陈为第一甲第三名，是探花。陈子壮在做浙江主考官时出题讽刺魏忠贤，因而被罢官。袁崇焕起复后陈也起复，官至礼部侍郎。后陈在广东起兵抗清，战败被俘，不屈而死。

第三类，黎密、欧必元、韩暖、区怀年、邝瑞露等。他们出身于广东名门望族，以名流自居，以诗社为聚，或议论朝政，或游历山水，期待着为朝廷重用，一展宏愿。其中，黎密，番禺人，明末清初与万元吉等守赣州，城破殉死。欧必元,顺德人,崇祯末以乡荐任广东巡抚,旋受排挤,还乡修志。其两个儿子后来都死在抗清战场上。韩暖,博罗人,后做过县令,清军南下,"扶义捐躯"。邝瑞露,南海人,出身富家,少年神童,成年后经历坎坷,著书作诗。他在一首诗序中写道:其兄"有扶风越石之志,以骠骑从袁督师,死于边"(《六莹堂二集》)。区怀年,高明人,与父、叔三人皆负诗名,清初归隐故里。

第四类,邓桢、梁稷、傅于亮等。他们出身平民,熟习经史,粗通武略,投身袁崇焕麾下为幕客。其中,邓桢,袁崇焕做辽东巡抚时即为幕客,后再次追随袁崇焕到辽东,曾受袁托返粤募修罗浮名胜。梁稷,后出塞为袁崇焕幕客,袁死后参与复社活动,与黄宗羲结为至交。傅于亮,也做过袁崇焕幕客。

第五类,释通炯(光孝寺住持)、释通岸、释超逸,均为广州光孝寺高僧。他们虽身为禅师,却积极参与世俗事务,主动结交广州官绅,使光孝寺成为晚明广东士子名流吟唱和议论国事的重要场所,也成为广东士人抗清失败后,避世入佛的重要寺庙。

物以类聚,人以群分。朋友是自己的镜子。在光孝寺为袁崇焕饯行的都是他的同乡、朋友,都受到他浩然正气与爱国精神的感染。他们与袁崇焕有许多的共同点:都有热血报国的激情,也都有知识分子的自豪与轻狂。从他们身上折射出袁崇焕的影子。

《东莞袁崇焕督辽饯别图诗》上的题诗,其主旨是:

第一,望他建功立业。以陈子壮"此去中兴麟阁待,燕然新勒更何辞"、释通炯"勋业曾归萧相后,壮图应占祖生先"为代表。

第二,咏他豪爽性格。陈子壮说他"高谈",傅于亮说他"笑谈",邝瑞露说他"谈锋",都道出袁崇焕的豪爽性格。

第三,劝他知进知退。诗中有6人11次提到黄石公、赤松子、素书等,如邝瑞露的"行矣莫忘黄石语,麒麟回首即江湖"的隐诫。这个典故是说张良功成隐退,才避免被刘邦所杀。他们预见朝政昏暗、党争激烈,而对袁督师劝以良言。

在这次饯行宴会上,袁崇焕慷慨赋诗:"四十年来过半身,望中衹树隔红尘。如今着足空王地,多悔从前学杀人。"

袁崇焕辞别饯送的文友、法师等,乘舟登车,急奔北京。

二、平台奏对

崇祯元年即天聪二年(1628年)七月,袁崇焕到达北京。十四日,崇祯帝在北京紫禁城平台,召对朝廷大臣和蓟辽督师袁崇焕。

有的书或电视剧说平台是一座依宫而建、半边向阳的阁台,凭栏处日可观花看景,夜可邀风赏月云云。这都是艺术家们的想象。我们在前面曾经讲到过,皇宫建极殿(今保和殿)以北居中为云台门,其两侧为云台左右门,又名平台。这里没有一泓池水,也没有可赏之花。明朝皇帝"召对"群臣的制度,从万历中期怠政便中断。泰昌、天启两朝,没有进行"平台召对"。崇祯帝继位以后,崇祯元年(1628年)正月到八月,崇祯帝在平台频繁召对群臣,商讨国事。因在平台召对廷臣,所以叫"平台召对"。而袁崇焕是在平台召见时,"奏对"崇祯帝,所以我称作"平台奏对"。

七月十四日,崇祯帝在北京紫禁城平台,召对大学士刘鸿训、李标、钱龙锡等和蓟辽督师袁崇焕。崇祯帝这时登极还不到一年,就在平台召见袁崇焕,可见他对辽东战局和袁崇焕本人的重视。

袁崇焕的"平台奏对"展现了他的豪情和悲慨。《崇祯长编》记载:召廷臣及督师袁崇焕于平台。帝慰劳崇焕甚至。崇焕锐然以五年复辽成功自许,慷慨请兵械、转饷,凡吏部用人、兵部指挥、户部措饷、言路持论,俱与边臣相呼应,始可成功。帝是之。命即出关,纾辽民之望。《明史·袁崇焕传》也记载,袁崇焕向崇祯皇帝表态说:"方略已具疏中。臣受陛下特眷,愿假以便宜,计五年,全辽可复。"而且具体阐述了复辽的策略:"恢复之计,不外臣昔年以辽人守辽土,

紫禁城保和殿后，这里是明朝的平台

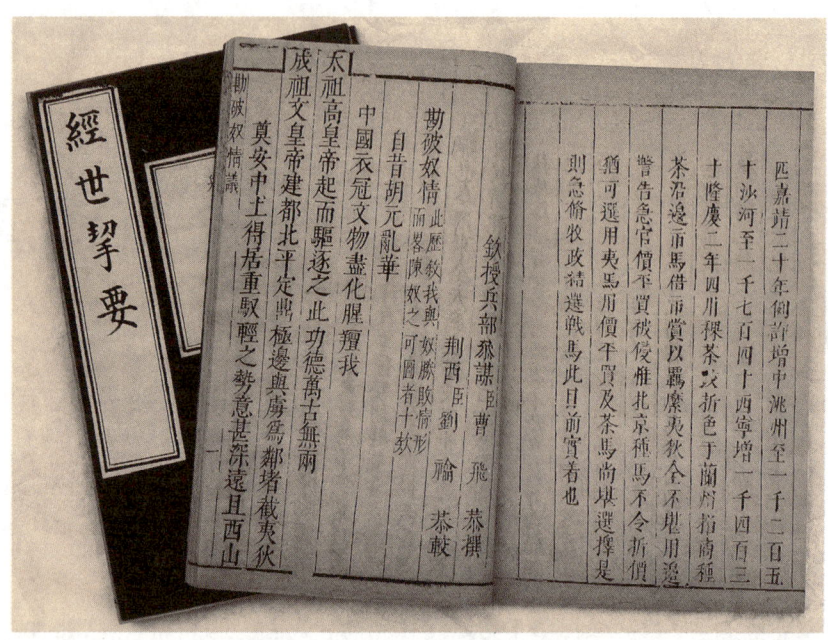

《钦授兵部恭谋》（崇祯刻本《经世挈要》插图）

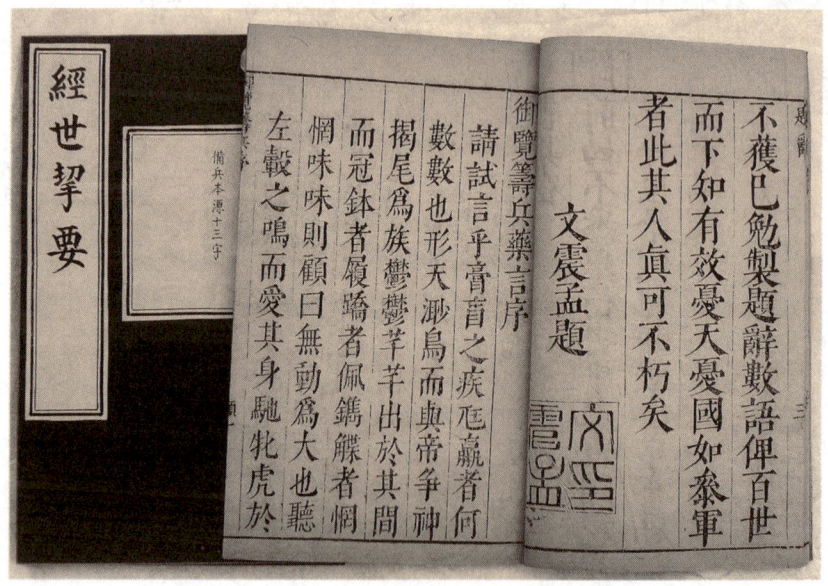

《御览筹兵药言序》（《经世挈要》插图）

以辽土养辽人，守为正著，战为奇著，和为旁著之说。法在渐不在骤，在实不在虚。"

崇祯帝谕曰："复辽，朕不吝封侯赏。卿努力解天下倒悬，卿子孙亦受其福。"

崇祯帝同袁崇焕对答完之后，稍事休息。

休息之后，崇祯帝又回到平台，继续议事。袁督师即再奏言："东事本不易竣。陛下既委臣，臣安敢辞难。但五年内，户部转军饷、工部给器械、吏部用人、兵部调兵选将，须中外事事相应，方克有济。"也就是说，辽东的事情很难，实现五年复辽的目标，需要户部、工部、吏部、兵部给予支持和配合。崇祯帝当即"饬四部臣，如其言"，即当即指示户、工、吏、兵四部，在粮饷、器械、用人、兵将方面，都要事事给予支持。

袁崇焕又提出："以臣之力，制全辽有余，调众口不足。一出国门，便成万里。忌能妒功，夫岂无人？即不以权力掣臣肘，亦能以意见乱臣谋。"也就是说，他担心有人进谗言，从中掣肘。

崇祯帝倾听了袁崇焕的讲话。然后，谕袁崇焕曰："卿无疑虑，朕自有主持。"崇祯帝优诏慰答袁崇焕。(《明史·袁崇焕传》)

这次崇祯帝平台召见袁督师，主要内容是：

第一，崇祯帝对袁崇焕示慰劳之意，赐尚方宝剑，以示重用。

第二，袁崇焕向崇祯帝表示：五年时间，恢复辽东。

第三，袁崇焕为五年复辽，提出五项具体请求——户部粮饷、工部器械、吏部用人、兵部调兵、言官舆论，特别是兵械与粮饷方面，要给予支持、配合。崇祯帝答应了袁督师的上述请求。

兵部尚书、蓟辽督师袁崇焕，受命后带着尚方宝剑，乘骑出关。其《再出关》诗云："马自趋风去，戈应指日挥。臣心期报国，誓唱凯歌归。"

从袁崇焕的"平台奏对"可以看出，他有舍身报国、恢复辽东的豪情，也有忧谗畏讥的顾虑，豪迈中带着悲慨。而对袁崇焕提出的"五年复辽"的规划，历来存在争议,下面简要分析。

三、五年复辽

袁崇焕的"五年复辽"四个字,是否大话、空话?是否失言、诶言?从当时到现在,有不同声音、不同评说,下面简要分析。

有人认为袁崇焕"五年复辽"是"漫对",是"自失",是袁崇焕"聊以是相慰"崇祯皇帝的"焦虑圣心"。这段话出自《明史·袁崇焕传》记载:"帝退少憩,给事中许誉卿叩以五年之略。崇焕言:'圣心焦劳,聊以是相慰耳!'誉卿曰:'上英明,安可漫对!异日按期责效,奈何?'崇焕怃然自失。"怎样看待这段记载与论断?有加以考据与分析的必要。

第一,仔细一查,事有出入。《崇祯长编》《今史》都没有记载这件事,《明史·袁崇焕传》说事情发生在"召对"休息时间,《崇祯实录》又说此事是在"召对"后袁崇焕出了午门发生的对话。因此,这段记载是实是虚,值得再考证。

第二,事属推论,证据不足。有人认为,"事已到此,还有话说"云云。袁崇焕的前任熊廷弼、孙承宗都遭到朝廷小人、奸人、阉人、庸人的嫉妒、排斥与陷害,而不得竟其志,甚至被杀害。于是,袁崇焕再上言:"至用人之人,与为人用之人,皆至尊司其钥。何以任而勿贰,信而勿疑?盖驭边臣与廷臣异,军中可惊可疑者殊多,但当论成败之大局,不必摘一言一行之微瑕。"《崇祯长编》将此事记于"平台召对"后的两天,即十六日,而不是奏对的当日。

第三,时差两天,移花接木。有人认为袁崇焕奏对时又沉重地说:"事任既重,为怨实多。诸有利于封疆者,皆不利于此身者也。况图敌之急,敌亦从而间之,是以为边臣甚难。陛下爱臣知臣,臣何必过疑惧,但中有所危,不敢不告。"(《明史·袁崇焕传》)这条也是七月十六日的上疏,而不是平台召对的话。《明史·袁崇焕传》却将这件事记载于"平台召对"。这或有"移花接木"之嫌,需要进一步考证。

第四，早有准备，态度认真。其实，袁崇焕的"平台奏对"，态度应当是认真的，酝酿应当是很久的，设想应当是慎重的，计划应当是可行的。崇祯元年即天聪二年（1628年）四月初三日他受命为兵部尚书兼督师蓟辽，到七月十四日"平台奏对"，中间98天，三个多月的时间。特别是在来北京的路上，他想得最多的是"复辽"的问题。袁崇焕受召后，扶病兼程，疏陈方略。初七日，行至阜城，看到邸报中崇祯帝对自己奏疏的批示。我认为，"五年复辽"不是"漫对"，也不是"失言"，更不是"相慰"崇祯皇帝的"焦虑圣心"，而是基于他对当时形势的分析与判断。

第五，五年复辽，为其追求。正如后来袁崇焕在杀毛文龙奏疏中所说："臣五年不能平奴，求皇上亦以诛文龙者诛臣。"至于后来"五年复辽"的事实成为泡影，于是有"事后诸葛亮"者以"失败"来推论"当初"。

应当指出：当时的明朝人对辽东形势有悲观派和乐观派两种分析。悲观派如王在晋，主张在山海关外八里铺再修一座城护卫关城；乐观派如袁崇焕主张"五年复辽"。袁崇焕对"彼"与"己"的分析是：

对"己"——

（1）皇帝英睿（对他超乎寻常地信任）；

（2）内阁成员为东林官员；

（3）七卿（六部尚书和左都御史）主要是东林党人；

（4）统帅——自任兵部尚书兼蓟辽督师；

（5）户部供应粮饷；

（6）工部供应器械；

（7）吏部遴选官员；

（8）兵部作战协调；

（9）言官不乱弹劾；

（10）兵略有宁远、宁锦两次大捷的经验。

对"彼"——

（1）老汗努尔哈赤败死在自己手下；

（2）后金汗位交替，内部不稳；

（3）皇太极在宁锦也曾败在自己手下；

（4）辽民对后金普遍不满与反抗。

对"友"——

（1）蒙古林丹汗有盟约支持明朝；

（2）朝鲜李朝国王李倧也对后金不满。

以上16个因素，如果最佳组合，"五年复辽"是可能的。认为袁崇焕"五年复辽"是"斗胆在君前'戏言'"的论断，缺乏史据，值得商榷。然而，袁崇焕的悲剧在于，他对"己""彼""友"关系的变数考虑不周，对明朝痼疾认识不够，对后金新政估计不足，对政治与军事全局判断失误，从而留下隙缺——皇太极的"天聪新政"出了一个奇招，就是"出其不意，攻其心脏"——突然袭击，攻打北京。于是，整个一盘棋全被搅局了，酿成了袁崇焕"五年复辽"化作泡影的悲剧。

第二十七讲 天聪新政

在明朝与后金对弈的棋盘上，明朝政局发生了巨变，主要是崇祯帝采取重大措施，强化皇权；后金政局也发生了巨变，主要是天聪汗皇太极调整治国政策，固本鼎新——这些对袁崇焕督师蓟辽既有正面影响，也有负面影响。因为袁崇焕的主要对手是皇太极，而皇太极又是袁崇焕的克星，所以要进一步了解袁崇焕，必须了解皇太极，而了解皇太极要从其人其政入手。

一、天聪其人

天聪汗皇太极是努尔哈赤的第八子。努尔哈赤共有 16 个儿子，其中杰出的有：长子褚英、次子代善、五子莽古尔泰、八子皇太极、十四子多尔衮，还有两个侄子（舒尔哈齐之子）——阿敏和济尔哈朗也较出色。天启六年即天命十一年（1626 年）八月十一日，清太祖努尔哈赤死。努尔哈赤的死和天启皇帝的死，只差一年；同样，崇祯帝继位和天聪汗继位，也只差一年。

努尔哈赤死后的汗位继承，实行的是八和硕贝勒共议推举新汗的制度。在努尔哈赤的子侄中，褚英已死，多尔衮太小，以四大贝勒权势最大，最有希望继承汗位。他们是：大贝勒代善、二贝勒阿敏、三贝勒莽古尔泰和四贝勒皇太极。但阿敏的父亲舒尔哈齐因罪被圈禁至死，他本身也犯过大错，实际已经没有资格争夺汗位。三贝勒莽古尔泰的生母富察氏，因夫君战死而改嫁给努尔哈赤。富察氏有过错，莽古尔泰便亲手杀死了他的生身母亲。这件事虽博得他父亲的信任，但使他在兄弟、大臣中威望下降。所以，莽古尔泰在汗位争夺中也没有什么竞争力。

最有希望继承汗位的大贝勒代善，在汗位争夺中，也败给了皇太极。《满文老档》记载，天命五年即万历四十八年（1620 年）三月，努尔哈赤小福晋德因泽告发代善与继母大福晋关系暧昧："大福晋曾二次备办饭食，送与大贝勒，大贝勒受而食之。又一次送饭食与四贝勒，四贝勒受而未食。且大福晋一日二三次差人至大贝勒家，如此往来，谅有同谋也！福晋自身深夜外出亦已二三次之多。"（《满文老档·天命五年正月至三月》）德因泽又讦告，每当诸贝勒大臣在汗的家里宴会时，大福晋饰金佩珠、锦缎装扮，倾视大贝勒，彼此眉来眼去。努尔哈赤派大臣去调查，后查明告发属实。努尔哈赤对大贝勒同大福晋的暧昧关系极为愤慨，但他既不愿加罪于儿子，又不愿家丑外扬，便借口大福晋窃藏金帛，勒令离弃。小福晋德因泽因告讦有功，被荣升与努尔哈赤同桌吃饭。有学者认为，大福晋送皇太极饭食而皇太极未吃，德因泽身在深宫何以晓得？可见德因泽告讦之谋出自皇太极。皇

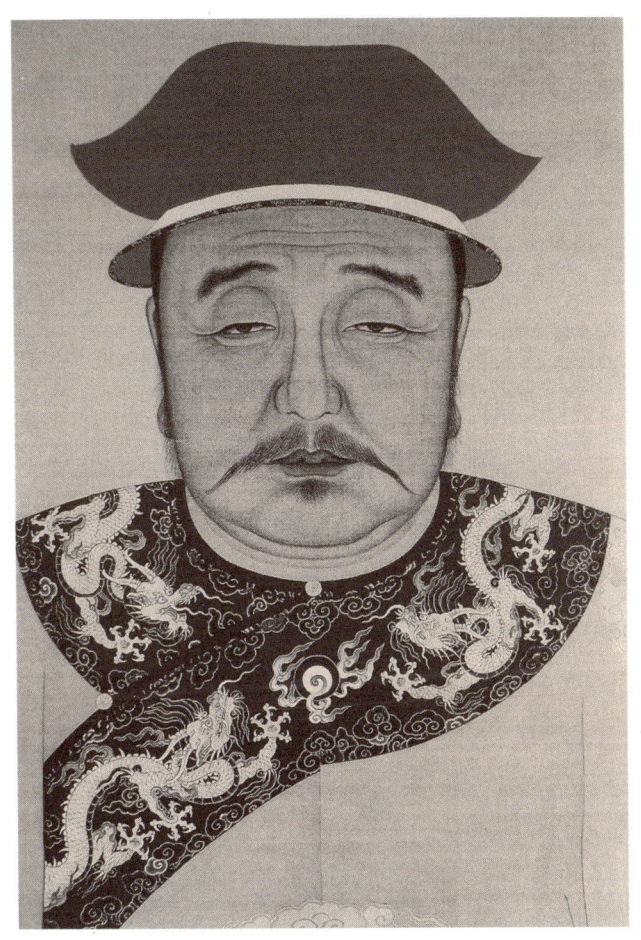

天聪汗皇太极像

太极借此施一箭双雕之计：既使大福晋被废，又使大贝勒声名狼藉，从而为自己继位准备了重要条件。

皇太极又伙同代善等逼着多尔衮的母亲大妃阿巴亥为努尔哈赤殉葬。多尔衮与多铎兄弟年龄幼小，母亲又殉葬死，彻底失去继承汗位的可能。

皇太极经过15年的厮杀、争夺，最后取得大位。可以说，皇太极是在后金的猛将如云、战火拼搏中脱颖而出的，是历史的选择、时代的选择。皇太极的父汗努尔哈赤的特点是"开创"与"坚忍",而皇太极的特点则是"文治"与"谋略"。

皇太极继承大位之后,气魄很大,雄心勃勃,对内要"固本维新",对外要"断翼攻心"——实现统一中原的霸业。

二、实施新政

皇太极比努尔哈赤高明之处,在于他既继承父汗的基业,又看到父汗的弊政,从而固本维新,进行改革。

第一,固本维新。天聪汗政策的基本点是"固本",即巩固后金社会与军政制度的根本,同时又进行维新。有人可能会说,"维新"这个词是不是太现代化了?皇太极那会儿怎么还能维新呢?其实,"维新"一词最早见于《诗经·大雅·文王之什》:"周虽旧邦,其命维新。"也就是变旧法而行新政的意思。皇太极的"固本维新",既固本,又维新,维新是为了固本,固本必须维新。

皇太极的固本维新,采取了政治、军事、经济、民族、八旗、外事等多方面的措施,这里主要介绍他调整对汉人的政策——汉民、汉官、汉军、汉儒、汉制的"固本维新"之策。

汉民 努尔哈赤时期对汉民有一系列错误政策。譬如,将辽西的汉民一律迁到辽东,没有房子住,没有地可耕,没有耕牛用,没有粮食吃,怎么办?他采取一个措施,让辽西的汉民到辽东之后,和辽东汉人房同住,地同耕,牛同用,饭同吃。这不是社会秩序大乱吗?你住上三天两天还行,常年住下去怎么可以?还有一些汉民被编到满洲人的庄子里面去,受满洲贵族的奴役,成为"阿哈",也就是农奴。

有些汉人不堪忍受这种奴役就逃跑了,一旦被抓回来,就要杀头!周围的邻里还要连坐。这种残酷的统治,并没有带来社会安定,相反,激起一些汉民更强烈的反抗,他们往井里投毒,在猪肉里放毒,袭击零散出来的满洲人。那个时候,满汉矛盾十分尖锐。

盛京皇宫大政殿

皇太极提出"治国之要,莫先安民",强调满洲、蒙古、汉人之间的关系"譬诸五味,调剂贵得其宜"。他决定:汉人壮丁,分屯别居;汉族降人,编为民户;攻陷城池,不杀降民;善待逃人,放宽惩治——"民皆大悦,逃者皆止"。

汉官 汉官原从属满洲大臣,自己的马不能骑,畜不能用,田不能耕;官员病故,妻子要给贝勒家为奴。皇太极优礼汉官,以此作为笼络汉族上层人物的一项重要政策。对归降的汉官给予田地,分配马匹,进行赏赐,委任官职。皇太极重用汉官,以范文程为例。"太宗即位,召直左右。"入对时,"必漏下数十刻始出;或未及食息,复召入"。每议事,总是问:"范章京知否?"如有未当,说:"何不与范章京议之?"(《清史稿·范文程传》)有一次,范文程在皇宫里进食,看着满桌佳肴美味,想起老父亲,停筷不食。皇太极明白他的心思,立即派人把这桌酒席快马送到范文程家里。后来,范文程做到内秘书院大学士,这是清朝汉人任相之始。

大政殿内宝座

汉军 皇太极逐步设立八旗汉军，创建重军。宁远之战、宁锦之战失败后，皇太极明白了一个道理：战败的重要原因是没有最新式武器——红夷大炮。此炮为西洋人制造，满洲忌讳"夷"字而谐音为"衣"，称作"红衣大炮"。天聪五年（1631年）正月，后金仿制的第一批红衣大炮在沈阳造成，定名为"天佑助威大将军"。这是八旗兵器史上划时代的大事件，也是八旗军事史上的一座里程碑。皇太极在八旗军设置新营"重军"，就是以火炮等火器装备的新兵种。从此，清军有的强大骑兵明军没有，明军有的红夷大炮清军也开始拥有。

汉儒 努尔哈赤对明朝生员屠杀过多，对所谓通明者"尽行处死"，其中"隐匿得免者"约有300人，都沦为八旗包衣下奴仆。皇太极下令对这些为奴生员进行考试，各家主人不得阻挠。这是后金科举考试的开端，结果得中者共200人。他们从原来为奴的身份，尽被"拔出"，获得自由，得到奖赏。后又举行汉人生员考试，取中228人，从中录取举人，加以重用。这项举措，反响强烈，"仁声远播"。"士为秀民，士心得，则民心得矣"（《清史稿·范文程传》），谁占有更多的优秀人才，并发挥其才能，谁就能战胜对手。大明人才济济，却不能用；大顺没有鸿儒俊彦，牛金星不过是个举人；而决定大清能否在这场龙虎斗中取胜的关键，则在于能否大量地占有人才——皇太极重视人才是其取胜的一个法宝。

汉制 皇太极对后金的政权架构，仿效明制，设立内三院（内国史院、内秘书院、内弘文院）、六部（吏、户、礼、兵、刑、工）、两衙门（都察院、理藩院），形成所谓"三院六部二衙门"的政府架构，基本完善了政府组织的体制和架构。

范文程墓残存石狮

这样，皇太极的新政纠正了他的父亲晚年犯下的错误，使得后金军政事业有了新的发展。通过固本维新的多项政策和措施，皇太极初步完成满洲从牧猎文化向农耕文化的过渡。

第二，断翼攻心。皇太极先断明朝的右翼朝鲜和左翼蒙古，再攻明朝的腹心——京师与中原。

断明右翼朝鲜　天启七年即天聪元年（1627年）正月，皇太极命二大贝勒阿敏等率军东征朝鲜。阿敏统率大军，过鸭绿江，占领平壤。三月，双方在江华岛杀白马、黑牛，焚香盟誓，订下"兄弟之盟"。崇祯九年即崇德元年（1636年）皇太极称帝大典时，朝鲜使臣拒不跪拜，双方撕扯，仍不屈服。皇太极认为，这是朝鲜国王效忠明朝、对清不从的表现。十二月，皇太极以此为借口，亲自统率清军渡鸭绿江，前锋直指王京汉城（今首尔）。朝鲜国王李倧逃到南汉山城。皇太极也率军到南汉山城驻营。第二年正月，李倧请降，奉清朝正朔，向清帝朝贡。于是，皇太极在汉江东岸三田渡设坛，举行受降仪式，确立了清同朝鲜的"君臣之盟"。皇太极用兵朝鲜，割断明朝的右翼，解除了进攻明朝的东顾之忧。

断明左翼蒙古　漠南蒙古即内蒙古，漠北蒙古即外蒙古，漠西蒙古即厄鲁特蒙古。漠南蒙古位于明朝和后金之间，其察哈尔部同明朝订有共同抵御后金的盟约。漠南蒙古察哈尔部林丹汗，是元太祖成吉思汗的后裔。他势力强大，自称是全蒙古的大汗。明廷每年给林丹汗大量"岁赏"，使其同后金对抗。察哈尔部成为漠南蒙古诸部对抗努尔哈赤父子的坚强堡垒。皇太极即位后，西向三次用兵，其主要目标是察哈尔部的林丹汗。经过征讨，察哈尔部众叛亲离，土崩瓦解。林丹汗逃至青海打草滩，出痘病死。林丹汗的儿子额哲率部民千户归降，并献上传国玉玺。据说，这颗印玺，从汉朝传到元朝，元顺帝北逃时还带在身边。他死之后，玉玺失落。200年后，一个牧羊人见一只羊三天不吃草，而用蹄子不停地跑（páo）地。牧羊人好奇，挖地竟得到宝玺。后来宝玺到了林丹汗手中。皇太极得到"一统万年之瑞"的宝玺，如同自己的统治地位得到上天的认可，自然大喜过望。他亲自拜天，并告祭太祖福陵。昔日为敌 20 余年的察哈尔举部投降，广阔的漠南蒙古归于清朝，从而割断明朝的左翼，解除了进攻明朝的西顾之忧。

捣明心脏京师　皇太极连遭宁远、宁锦之败后，不敢直接攻打袁崇焕守御的宁远城，也不敢进攻袁崇焕防守的关宁锦防线，而采取奇招：攻打明朝的政治心脏——北京。崇祯二年即天聪三年（1629 年），皇太极亲自带领大军，绕道蒙古地区，攻破大安口和龙井关，下遵化，过顺义，围攻北京城。皇太极的这一步棋，是明朝上下官员谁也没有想到的。袁崇焕虽然曾上疏说遵化防御薄弱，八旗军可能突入，但他没有想到皇太极会亲自率领大军攻打北京。之后，八旗军又五次破塞入内，掳掠中原。例如，一次多罗郡王阿济格等率军入关，到延庆，入居庸，取昌平，逼京师。接着，阿济格统军下房山，破顺义，陷平谷，占密云，围绕明都，蹂躏京畿。此役，清军阿济格奏报：凡 56 战皆捷，共克 16 城，俘获人畜 17 万。他们凯旋时，"艳服乘骑，奏乐凯归"，还砍木书写"各官免送"四个大字，以戏藐大明皇朝。另一次多尔衮率军入关，兵锋直到济南。在长达半年的时间里，多尔衮转战 2 000 余里，攻克济南府城暨 3 州、55 县，获人、畜 46 万。皇太极六次大规模入塞，攻打北京，掳掠中原，陷落济南，皇太极之气魄、之胆识、之睿智、之谋略的确是雄奇的。

明朝左右两翼都被皇太极折断，其政治心脏又遭到皇太极的沉重打击。这里，我们对朱由检与皇太极两位皇帝加以比较。

三、两帝比较

崇祯帝与天聪汗是在同一时代军事政治舞台上的两位主角，下面对这两位主角做一比较。

崇祯帝与天聪汗相同方面：

第一，幼年丧母（朱由检 5 岁丧母，皇太极 12 岁丧母）。

第二，同时在位（前后相差一年）。

第三，都在位17年。

第四，都怀有抱负（崇祯帝做"中兴祖业之梦"，天聪汗做"迁都北京之梦"）。

崇祯帝与天聪汗不同方面：

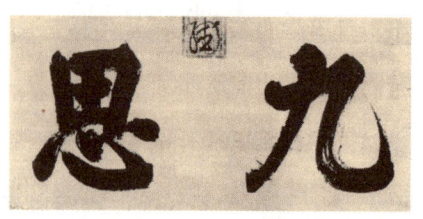
崇祯皇帝手书"九思"

第一，论年龄：崇祯帝继位时18岁，尚未成熟；天聪汗继位时35岁，正当盛年。

第二，论阅历：崇祯帝生长在宫中，周围是宫女、太监；天聪汗成长在疆场，战马驰骋，纵横厮杀，经历人生最残酷的锻炼。

第三，论文化：崇祯帝受过儒家文化的教育；天聪汗通晓满文，且极力吸收汉文化。

第四，论登极：崇祯帝是兄终弟及，自然接替；天聪汗则兄弟争夺，优中选优。

第五，论体制：明朝官僚体制相互掣肘，彼此矛盾；后金军政一元化，大汗直接掌控。

第六，论将领：崇祯帝残杀忠臣良将，天聪汗珍惜爱将勇士。

崇祯皇帝的御押

第七，论谋略：崇祯帝之愚——变友为敌，天聪汗之聪——化敌为友。

第八，论朝廷：崇祯朝党争激烈，自我消耗，缺乏整体行动；天聪朝没有党争，决策迅速，执行果断。

最后，产生两种截然相反的结果——明亡清兴。

袁崇焕就是在这样的大背景下，走上督师蓟辽战场的。

第二十八讲 宁远兵变

　　袁崇焕重新得到朝廷信任,被任命为兵部尚书兼总督蓟、辽、登、莱、天津等处军务,此时他正当45岁盛年,可以说是走上了命运的一个高峰。平台奏对后,袁崇焕带着"五年复辽"的梦想,乘骑出关,豪情满怀,赋《再出关》诗云:

重整旧戎衣,行途赋采薇。

山河今尚是,城郭已全非。

马自趋风去,戈应指日挥。

臣心期报国,誓唱凯歌归。

　　从这首诗可以看出袁督师充满信心、情绪乐观。然而,和一年以前袁崇焕离开宁远时相比,辽东局势更加严重,他一到山海关,便被迎头浇上一盆冷水——宁远发生兵变。

一、官逼兵反

宁远对袁崇焕而言具有非同一般的意义,他在这里先后取得过宁远大捷和宁锦大捷,可以说,宁远是袁崇焕崛起的地方。这里的军队本来是训练有素、纪律严明、具有很强战斗力的,为什么竟然会发生兵变?宁远兵变是各方面矛盾逐渐积聚的结果,因此事情还要从头讲起。

在袁崇焕离开宁远的一年多时间里,辽东防务由王之臣负责。王之臣属阉党,他的经历前面曾经介绍过,他是明万历二十三年(1595年)三甲第一百一十一名进士,陕西潼关人。袁崇焕做辽东巡抚时,王之臣是辽东经略,二人因事不合,闹到朝廷。朝廷遂让袁崇焕负责关外,王之臣负责关内,不久又把王之臣调任兵部尚书,而以袁崇焕尽掌关内外事务。王之臣任兵部尚书时为天启七年(1627年)正月,正是魏忠贤阉党猖獗之时。同年七月初二日,袁崇焕被批准回籍养病。初三日,兵部尚书王之臣便任蓟辽督师兼辽东巡抚,再次执掌辽东军政事务。不久,辽东巡抚改由毕自肃担任。崇祯元年即天聪二年(1628年)三月十一日,因为朝廷要重新起用袁崇焕,遂命王之臣回籍待用。四月初三日,袁崇焕以兵部尚书兼督师蓟辽,移驻山海关。

在此期间,辽东局势日趋恶化,各种矛盾日趋尖锐,最终导致兵变爆发。兵变的具体原因可以从六方面进行考察:

第一,朝廷:天启帝病死,崇祯帝继位。崇祯帝为天启帝办完丧事后,紧接着又进行一系列人事安排上的变动——惩治阉党、重组内阁、六部换人。朝廷一时无暇顾及边事,辽东防务因此逐渐懈弛。

第二,督臣:王之臣督师蓟辽半年多,没有大的建树,基本上在维持。朝廷惩治阉党,人事变动很大,他也

崇祯年造"神机营四营三司头队二号"铁炮

不安其位，更无心整饬辽东防务。

第三，巡抚：巡抚毕自肃，是万历四十四年（1616年）进士，山东淄川（今山东淄博）人。这个人为官勤恳、廉洁，工作非常认真，曾经在宁远之战和宁锦之战中立有战功。在他任辽东巡抚这段时间里，朝廷因为财政拮据，对辽东军饷拖延不发。他向朝廷屡次催饷，没有结果，他自己手上也没有银子，干着急没办法。

第四，军纪：军队纪律，极度混乱。举一个例子，天启七年（1627年）十月初七日，宁远前屯大火，烧毁民居6 300余间，烧死平民249人，火药器械荡然一空。

第五，兵饷：辽军兵饷短缺。先是，天启后期，魏阉当权。"忠贤乱政，边饷多缺。"（《明史·毕自严传》）如崇祯元年（1628年），户部尚书毕自严奏称，岁入银326万两，实际收入不满200万两，边饷银327万两，入不敷出，赤字太大。再加上军官克扣，不发饷银，普通军兵，生计困难。已拖欠守军四个月粮饷。

第六，官员：本来下级军官和士兵生计已经非常困难，如果中高级军官能同他们同甘共苦，大家也能互相扶持着渡过难关，不致发生兵变。而事实却是，一些官员的贪污腐败毫不收敛，结果是雪上加霜。比如说，辽东推官苏涵淳、通判张世荣，一酷一贪，使得官兵激愤，蓄势待发。

以上矛盾，错综复杂，多因一果，最终于崇祯元年即天聪二年（1628年）七月二十五日，在宁远发生兵变。

二、歃盟哗变

辽东宁远的士兵，过去取得过宁远大捷和宁锦大捷，在袁崇焕的指挥下，有着光荣的历史。但是，他们生计维艰、饱受盘剥又奏告无门，忍无可忍，最终歃血会盟，激愤哗变。

宁远军队哗变，首先是由从四川、湖广调来的部队发起，以杨正朝、张思顺等为首。他们先秘密串联，再集中到广武营，会盟歃血，率先兵变。接着，事态不断扩大，影响迅速蔓延，其余十三营起而响应。哗变的官兵拥入巡抚衙门，将辽东巡抚毕自肃、总兵官朱梅、通判张世荣、推官苏涵淳等人，从衙门拉出来，加以捆绑，囚于谯楼。

谯楼，有两种解释：一说是城门上的望楼（周祈《名义考》），另一说是"世之鼓楼曰谯楼"（曹昭《格古要论》卷五）。

也就是说，可能将辽东巡抚毕自肃、总兵官朱梅等，捆绑在宁远城中心的鼓楼上，逼迫发饷，喊骂乱打。当时，巡抚毕自肃银库里没有银子，一时难以筹措。哗变官兵情绪激烈，局面失控，"捶楚交下"。毕自肃满脸流血，伤势严重。衙署里面的敕书、旗牌、文卷、符验等，散碎狼藉，荡然无存。

这时，兵备副使郭广赶来。他一边用身体护翼巡抚毕自肃，一边同哗变首领谈判——主要是保证尽快发放拖欠的兵饷。

郭广先设法筹措了2万两银子发给士兵，哗变兵士不答应，还是平息不下。郭广又向商民借贷3万两银子，凑足5万，分发下去。哗变官兵情绪才稍稍缓和，混乱局面才暂时稳住。趁兵士散去，郭广等救出巡抚毕自肃。但是，哗变的官兵分发完银两后，乱走乱窜，情绪依旧亢奋。这时，十三营的营房，仍然高度警惕，戒备森严，日夜守备。问题没有从根本上得到解决。副将何可纲典领的中军，在平息哗变时发挥了重要作用。

当事主官宁远巡抚毕自肃，在宁锦之战时曾作为副使，协助袁崇焕守卫宁远，督率将士奋力守城，立下战功。崇祯元年即天聪二年（1628年）正月十七日，毕自肃任辽东巡抚。其兄毕自严，时任户部尚书。兵变爆发后，毕自肃上疏引罪，到中后所自缢而死。

此事，《明史·袁崇焕传》中做了

"崇祯通宝"铜钱儿（十二两）

记载。特别是《崇祯长编》中载录了袁崇焕关于宁远兵变的奏疏。今天主要靠这两种史料了解当时宁远兵变的情况。《明史·袁崇焕传》记载文字如下：

> 是月，川、湖兵戍宁远者，以缺饷四月大噪，余十三营起应之，缚系巡抚毕自肃、总兵官朱梅、通判张世荣、推官苏涵淳于谯楼上。自肃伤重，兵备副使郭广初至，躬翼自肃，括抚赏及朋椿二万金以散，不厌，贷商民足五万，乃解。自肃疏引罪，走中左所，自经死。

袁崇焕一到山海关，立即着手平息哗变，进行善后处理。

三、迅速平息

蓟辽督师袁崇焕是怎样处理宁远兵变，使得处理结果既能让崇祯皇帝满意，又能获得哗变官兵同意呢？此事，《崇祯长编》的记载较详，很有意思，全录如下：

> 督师袁崇焕于到任次日，单骑出关，至宁远，未入署即驰入营。宣上德意，各兵始还营伍。为首者虽川、湖兵，而是时十三营俱动，诸抚魁散处众兵中，犹日夜为备。崇焕与道臣郭广密图，召首恶杨正朝、张思顺至膝前，谕抚以同党能缚戎首，即宥前罪之旨。令报诸逆者名，擒之赎死。二凶唯唯。然是时已逃去伍应元等六人。十八日，而首恶田汝栋、舒朝兰、徐子明、罗胜、贾朝吹、刘朝、奇大邹、滕朝化、王显用、彭世隆、宋守志、王明等十二名，与先一日行道所拿之宋仲义及李友仁、张文元俱至。崇焕令郭广当堂认识，俱当日向前首恶，即令枭示。随出手示，谕抚各营云：朝廷止诛渠魁，今首恶正法，此外不杀一人，诸营

肃如。诸兵将变，集广武营，会盟歃血。参将彭簪古、中军吴国琦，知而实纵之，于是斩国琦而责治簪古以待处分。至车左营加衔都司王家桢、车右营加衔都司左良玉、管局游击杨朝文、总镇标营都司佥书李国辅，皆分别轻重治革，宥杨正朝、张思顺之死，发前锋立功，以其虽倡乱而有擒叛之功也。时抚院敕书、符验、旗牌、历来文卷，碎无复存，及总兵符验亦失去，惟印无恙。抚臣关防，已贮前屯卫库，总兵旗牌止失三杆，咸不问。推官苏涵淳、通判张世荣，一酷一贪，致激此变，降责有差。宁城十三营俱乱，惟都司祖大乐一营不动，命奖之。

整个过程如下：

第一，单骑出关。袁崇焕于"到任次日，单骑出关"。也就是说，袁崇焕八月初六日到达山海关，次日（初七日）就马不停蹄，单骑出关，不带随从，驰往宁远。这表现出袁督师的果断、干练、勇敢与侠气。请注意，这时的袁崇焕，已经不是过去七品的知县袁崇焕，也不是六品兵部职方司主事的袁崇焕，而是堂堂二品兵部尚书兼蓟辽督师的袁崇焕。袁崇焕单骑出关，难能可贵。

第二，迅驰入营。袁崇焕到宁远后，没有到巡抚衙门，没有会见同僚，没有会见朋友，也没有了解兵变情况，而是"至宁远，未入署，即驰入营"，即驱骑急进，直入兵营，要取得迅雷不及掩耳的效果。

第三，攻心为上。做政治思想工作——"宣上德意，各兵始还营伍"。袁崇焕迅速赶到兵营后，利用原来的威望与情感，安抚士兵，宣抚慰劳，使得骚动官兵各回营伍。

第四，密定计划。制订秘密计划——"崇焕与道臣郭广密图"，即袁崇焕与掌握实际情况的郭广等秘密商量，制定计谋，采取措施。

第五，宽宥事首。一般做法是先找出"首恶"，加以惩处；但此时可能引发更大的骚动。袁崇焕高明之处在于："召首恶杨正朝、张思顺至膝前，谕以同党能缚戎首，即宥前罪之旨。令报诸逆者名，擒之赎死。二凶唯唯。"宽宥事首杨正朝、张思顺，先瓦解哗变官兵上层内部。

第六，剪除"次恶"。将"次恶"田汝栋等十五人捉获，"崇焕令郭广当堂认识，俱当日向前首恶，即令枭示"，将他们戮于市，进行震慑。

第七，擒叛立功。杨正朝、张思顺两位哗变的首领，因为"擒叛有功"，经奏报朝廷，将他们"发前锋立功"。

第八，分别处理。中军吴国琦斩首；参将彭簪古受斥责；都司左良玉等四人被黜免；通判张世荣、推官苏涵淳因贪虐引起哗变，受到降职斥责；总兵官朱梅解职。

第九，奖励祖营。都司祖大乐所率一营官兵，没有参加哗变，受到奖励。在这里说明一点：《明史·袁崇焕传》作"程大乐"，《崇祯实录·袁崇焕奏疏》作"祖大乐"，应以"祖"为是。

第十，奏报朝廷。袁崇焕向朝廷详奏宁远兵变经过、原因、处理及善后事宜，并得到崇祯皇帝的批准。

袁崇焕干净利索、迅速漂亮地平息了这场宁远兵变，稳定了辽东明军局势。

以上十条，有些是一般性处理的，有些是特殊性处理的。其中，有三条是违背常规而不容易做到的：

第一，到任次日，单骑出关；

第二，未入衙署，即驰入营；

第三，宽大首恶，正法次恶。

当时，形势危急——"是时十三营俱动"；局势复杂——"诸魁散处众兵中"；瞬息万变——"犹日夜为备"；危在旦夕——处理不当，便会身陷其中。利用"首恶"，严惩"次恶"，区别处理，稳定局面。

以上三条，表现出蓟辽督师袁崇焕过人的胆略、超人的智慧、出奇的谋略和坚强的信心。

然而，一波刚平，一波又起。十月初一日，锦州守兵也发生哗变。但是很快得到解决。

袁崇焕平息兵变后，回到山海关，见到部下诸将官兵，相忆旧事，重申兵法，检阅军容，激励向前，不禁感慨万分，他赋《关上与诸将话旧》诗云：

隔别又经年，今来再执鞭。
相看人未老，忆旧事堪怜。
兵法三申罢，军容万甲前。
诸公同努力，指日静烽烟。

宁远、锦州接连的哗变，主要原因是长期拖欠粮饷，兵不聊生，反映出辽东的明军军心涣散，官兵矛盾尖锐。这样的军队怎能抵御后金铁骑的战斗力呢！这就需要整顿。因此，袁崇焕在平息兵变之后，立即着手整顿关宁锦防线。

明　竹雕骑马人

第二十九讲 督师蓟辽

袁崇焕做蓟辽督师的实际时间并不长，从崇祯元年即天聪二年（1628年）七月，到崇祯二年即天聪三年（1629年）十一月，只有一年多时间。在此期间，他的注意力集中在一点，就是为实现"五年复辽"的目标进行各项准备。

一、全面部署

蓟辽督师袁崇焕在辽东战守全局中，主要走了前、中、后、左、右五步棋：(1) 前线——整顿关宁锦防线；(2) 中间——节制东江毛文龙；(3) 后方——防守蓟镇；(4) 左翼——争取蒙古；(5) 右翼——联络朝鲜。

第一步棋：整顿关宁锦防线，这是袁崇焕整个战略的核心。孙承宗与袁崇焕曾于天启二年即天命七年（1622年）正月，初建关（山海关）宁（宁远）锦（锦州）防线，后袁崇焕凭借坚城大炮取得宁远大捷；天启六年即天命十一年（1626年）四月，袁崇焕重建关宁锦防线，又在与皇太极的对垒中取得宁锦大捷。可见这条防线在明朝抵御后金铁骑进攻方面，发挥了极其重要的作用。

因此，袁崇焕升任蓟辽督师、进驻山海关后，立即着手整顿与再建关宁锦防线。他从硬件（物）和软件（人）两大方面主要做了五件事：一是修缮城池，二是催发粮饷，三是整顿军纪，四是更定军制，五是选任将领。

这里特别值得一提的是，袁崇焕提请朝廷任用三员大将，即赵率教、祖大寿、何可纲。赵率教，"为将廉勇，待士有恩，勤身奉公，劳而不懈"（《明史·赵率教传》）。何可纲则"仁而有勇，廉而能勤，事至善谋"（《明史·何可纲传》），他协助袁崇焕更定军制，岁省饷120余万。赵率教挂平辽将军印，驻关内；祖大寿挂定辽将军印，驻锦州；何可纲为中军，驻宁远。袁崇焕向朝廷上疏说："臣妄谓五年奏凯者，仗此三人之力，用而不效，请治臣罪。"（《明史·何可纲传》）可见他对这三员大将的信任和倚重。

此外，这里交代一下满桂。满桂也是孙承宗调到辽东的，曾跟随袁崇焕身历宁远、宁锦大战，是一位身经百战的将领。但他在宁远之战后与赵率教不和，后来又与袁崇焕不和。虽然袁崇焕仍然重用满桂，但还是结下了矛盾。在袁崇焕离开辽东后，王之臣重用满桂，镇守宁远。崇祯帝即位后，诏责王之臣，撤了他的职，满桂也被任为大同总兵，后来在北京保卫战中找袁崇焕的麻烦。最后，

山海关上的明朝铁炮

满桂战死在北京永定门外。

袁崇焕在崇祯皇帝面前承诺"五年复辽"。那么，复辽的方略是什么呢？即他对崇祯皇帝奏报的："以辽人守辽土，以辽土养辽人，守为正著，战为奇著，和为旁著""法在渐不在骤，在实不在虚""任而勿贰，信而勿疑"，也就是说，当论成败之大局，不必摘一言一行之微瑕。(《明史·袁崇焕传》)

第二步棋：节制东江毛文龙，这是中路。我下面专门说。

第三步棋：建议加强蓟镇防守。蓟镇，即现在天津蓟县这一带。这个地方很重要，既是辽东前线的后方，又是京师的前大门。蓟镇属九边之一，另有官员负责。袁崇焕有一个估计：他重建的关宁锦防线，皇太极很难突破，想由此进山海关攻打北京，几乎不可能。但是，蓟镇防守比较薄弱，皇太极极有可能从这里的长城隘口打进来骚扰塞内。为此，他专门上疏提醒崇祯皇帝，但没有引起朝廷的重视，也没有引起蓟镇的重视。后来，皇太极果然从这儿破大安口、龙井关，破遵化，直接攻打北京。

第四步棋：抚赏蒙古。漠南蒙古察哈尔等部，同后金存在矛盾。袁崇焕力主"抚西虏以制东夷"，并使"东无得与西合"，即利用蒙古，牵制满洲，阻止东边的满洲同西边的蒙古合成一股强大的势力。具体措施：一是抚赏。经崇祯帝允准，督师王象乾与袁崇焕一起负责抚赏蒙古事宜，每年对蒙古赏银高达14万两(《明史·毕自严传》)，袁督师还曾亲自宣谕蒙古哈喇慎36家首领。二是市米，就是在蒙古遇到饥荒时，在边上马市卖米，以助其渡过困境。袁崇焕的策略无疑是正确的，但他的主张因后来局势变化未能实现，反而因此遭到诟訾。

第五步棋：联络朝鲜。朝鲜处于后金的背部，可以牵制后金，并使皇太极有后顾之忧。特别是日本侵略朝鲜的壬辰战争，明朝出兵相助，朝鲜国王感恩不尽。袁崇焕想借助朝鲜同明朝的历史与文化的关系，并想利用朝鲜同后金的利害冲突，争取朝鲜站在明朝一边，东西联手，夹击后金。虽然此时的朝鲜已经在平壤被迫同后金订下了"兄弟之盟"，但朝鲜国王在心里头还是向着明朝，

《朝鲜人》(《皇清职贡图》插图)

因此袁崇焕争取和朝鲜结盟来共同抵御后金。因为时间的关系,袁崇焕最终没有完全实现这个目标。

从上述部署可见,袁崇焕的这五步棋,无非是两个大的方面:一是想方设法调动一切积极因素,二是想方设法遏制和消除不利因素。而在东江的毛文龙,成为袁崇焕五年复辽战略布局中的一颗难以调动的棋子。

二、文龙其人

毛文龙(1576—1629),浙江仁和(今杭州)人,少年丧父,随母亲寄住舅父沈光祚家。毛文龙不喜经书,不事产业,给人看相测字,勉强维持生活。天启元年(1621年),毛文龙45岁之前,关于他的人生轨迹,历史记载很少,又相互矛盾,有以下三说:

第一种说法,毛文龙小时候不用功读书,但对《孙子兵法》很有兴趣。他父亲死得早,他的舅舅沈光祚在兵部当一个六品的主事,他和母亲一起住在舅舅家。后来,沈光祚把毛文龙推荐给辽东总兵李成梁,补内丁千总。曾经考过武举,名列第六。后辽,东巡抚王化贞招纳武材,毛文龙补练兵游击。游击是一个中级军官,大体上就相当于现在的校级军官。

第二种说法,毛文龙小时候很淘气,又没有父亲管教,赌博、走狗,游手好闲。后来为躲赌债,自己只好藏匿起来。他母亲看这孩子实在没办法了,就交给他舅舅管教。他舅舅沈光祚当时做山东布政使,认得王化贞,就把毛文龙交给了王化贞,想让他在军营里受些约束。王化贞受了嘱托,授毛文龙都司职务。

第三种说法,毛文龙自小就是个游手好闲的无赖。后来,他游逛到北京,无法安身,就到了辽东,在行伍之间混迹了一二十年。天启元年(1621年)被友人推荐给辽东巡抚王化贞,成为标下游击(张岱《石匮书后集·毛文龙列传》)。

毛文龙的起家,算是一桩历史疑案吧。不过,以上三种说法虽然细节不同,但有一个共同点，那就是毛文龙借助他舅舅，并利用其同辽东巡抚王化贞的关系起家。

王化贞任辽东巡抚期间，辽东70多座城堡被后金夺占，又接连丢掉了沈阳、辽阳，王化贞只好驻守广宁。

由于努尔哈赤实行镇压和屠杀的民族政策，激起辽东人民的强烈不满，有的在肉里面下毒，有的在井里头投毒，有的拦路截杀后金的散兵游勇。王化贞利用辽东汉人对后金的不满，派毛文龙到辽东收集流民，策动组织反抗后金的活动。

明天启元年即天命六年（1621年）五月，毛文龙奉命率军丁200余名，赴河东招降投附后金的辽民，恢复失陷疆土。七月初，毛文龙侦知后金镇江（今辽宁丹东市九连城乡）城中空虚，决定偷袭。

镇江是紧靠鸭绿江的一座城，此时守城游击叫佟养真。佟家可不得了，有个人叫佟养性，是帮着皇太极制造红夷大炮的人。成立八旗汉军后，佟养性就被任命为乌真超哈（重军）的都统。佟家有个女儿后来嫁给顺治皇帝，生了康熙帝，所以佟家在康熙朝做官的人很多，被称作"佟半朝"。

毛文龙买通镇江中军陈良策为内应，约定七月二十五日黎明里应外合攻打镇江城。毛文龙率新旧家丁、屯民等，至镇江城外20里登岸。二十五日鸡鸣时，明兵抵达城下，一齐登城，喊声大振。陈良策等从城内杀出，内外夹击。佟养真率兵70余名迎战，但寡不敌众。佟养真被活捉，其子佟丰年等被杀，镇江军士400余名投降。

镇江既复，汤站、险山一带城堡相继降明，数百里内望风归附，老幼降者络绎不绝。

但是，好景不长。努尔哈赤得知这个消息，命贝勒阿敏、皇太极领兵三千往剿镇江沿海。毛文龙求救于王化贞，化贞未援应。毛文龙逃往朝鲜。随后，阿敏领兵五千渡镇江入朝鲜地，攻剿毛文龙兵。共斩杀明官兵1 500人，其中有一名刘姓游击。毛文龙仅以身免。

后毛文龙率部据守皮岛。皮岛，在鸭绿江口东之朝鲜湾，也称东江。东西15里，南北10里，不生草木，并不算大。但是，皮岛位于辽东、朝鲜、后金之间，北岸海面80里即抵后金界，其东北海即朝鲜，关联三方，位置冲要。皮岛，在朝鲜写作椵岛，又作椵岛。"椵"，汉文音"假"，朝鲜文音"皮"，故明人称之为皮岛。

毛文龙在皮岛集流民、建房舍、采人参、行贸易、备器用、编营伍，朝廷调拨粮饷，皮岛成为一块基地。毛文龙的势力日渐强大，自踞一方。明朝擢毛文龙为平辽总兵官，因为皮岛也称东江，所以称毛文龙为东江总兵，还有人称他为"毛帅"。天启三年（1623年），毛文龙率部将张盘等攻下金州（今辽宁金州市），朝廷提升他为左都督挂将军印，赐尚方宝剑，设军镇于皮岛，号"东江镇"。毛文龙以东江为基地，曾经发动小股军队，袭扰后金城寨。大的袭扰计有六次：

第一次，天启四年即天命九年（1624年）五月，毛文龙遣将沿鸭绿江越长白山，进攻后金东部辉发地方，全军覆没《清太祖高皇帝实录》卷九）。

第二次，同年八月，毛文龙遣兵从义州城西渡江，以入岛中屯田，被后金发现，遭到偷袭，被斩500余首级，岛中粮悉被焚《清太祖高皇帝实录》卷九）。

第三次，天启五年即天命十年（1625年）六月，毛文龙派兵300人，夜入耀州城南官屯寨，被后金总兵杨古利率兵击败《清太祖高皇帝实录》卷九）。

第四次，同年八月，毛文龙派兵夜袭海州张屯寨，兵败《清太祖高皇帝实录》卷九）。

第五次，天启六年即天命十一年（1626年）五月初五日，毛文龙派兵偷袭鞍山驿，被后金城守巴布泰击败。后金称："杀其兵千余，擒游击李良美。"《清太祖高皇帝实录》卷十）

第六次，同月十二日，毛文龙又派兵偷袭萨尔浒城，夜攻城南门，被守军发炮击退《清太祖高皇帝实录》卷十）。

作为明朝在后金后方唯一的一支力量，毛文龙骚扰后金，连战连败，连败连扰，起到了一定牵制作用。毛文龙的存在就好像后金身上的"一只跳蚤"，使之备感不快。天启七年即天聪元年（1627年）正月，后金以朝鲜帮助毛文龙为由，出兵朝鲜，就是一证。

东江形势虽足以牵制后金，但毛文龙并不称职。直到崇祯二年即天聪三年（1629年），毛文龙镇守东江八年，并没有获得一次大捷，也没有恢复辽东寸土。毛文龙热衷于"广招商贾，贩易禁物，名济朝鲜，实阑出塞"（《明史·毛文龙传》），即通过投机倒把、走私，获取大量私利。他先后对后金发动六次军事行动，都以失败告终。在后金两次倾力进攻宁远和宁锦时，毛文龙也没有乘虚进攻后金后方。再者，毛文龙独树一帜，不受节制，而又向朝廷要粮要饷，给国家经济带来极大负担；同时，他投附阉党，以为奥援，在东江为所欲为，无所顾忌。

朝中对毛文龙的看法不一：有人认为他牵制后金，作用很大；也有人认为他飞扬跋扈，无益抗金；还有人认为他成事不足，败事有余。

历任明辽东的军事长官，熊廷弼也好，高第也好，王在晋也好，孙承宗也好，都不怎么管毛文龙这个地方。袁崇焕就任蓟辽督师后，因为要实现"五年复辽"的战略目标，所以他要把东江纳入整个战略布局来考虑。

三、节制东江

崇祯元年即天聪二年（1628年），袁崇焕离京前夕，大学士钱龙锡亲自到袁崇焕寓所，咨询袁崇焕"五年复辽"的方略。袁崇焕说："恢复当自东江始。文龙可用则用之，不可用则去之，易易耳。"（《明史·钱龙锡传》）也有书记载，袁崇焕对钱龙锡说："入其军，斩其帅，如古人作手，臣饶为为也。"暗示自己可以设谋，处置毛文龙。这些记载是否属实，还有待进一步研究，但说明一个问题，那就是袁崇焕刚刚上任，就和朝廷重臣商量过毛文龙之事。

袁崇焕要实现五年复辽的方略，为什么要动毛文龙呢？据朱彝尊《曝书亭集·钱龙锡传》记载，袁崇焕曾向大学士钱龙锡说："譬如弈然，局有四子，东江其一也。"也就是说，辽东之局，有四颗关键的棋子，东江这颗棋子插入后金项背，可进攻，可袭扰，也可牵制。但如果按照毛文龙原来的路子经营东江，则起不到

广宁中屯卫杏山驿站遗址旧影

它的战略作用。袁崇焕希望将东江真正纳入辽东战守的棋盘中，让这颗棋子发挥出应有的作用。

袁崇焕到辽东后，更了解到毛文龙的真面目，对其愈加不满，以至厌恶有加。他在《谢升荫疏》中说："且武人奔竞，少竖立，便欲厚迁；稍不合，辄思激去；要挟朝廷，开衅同类，令边疆始终不得一人之用。臣最疾之。"袁崇焕最疾恶的武人，就是毛文龙。

袁崇焕从统一指挥权开始，采取措施，节制毛文龙：

第一，监理东江粮饷。袁崇焕疏请朝廷派出文臣，监理皮岛粮饷，想从朝廷监督上节制毛文龙。但毛文龙"抗疏驳之"，而未能实现。

第二，改变朝鲜贡道。原朝鲜贡道经登州到北京，改为不经登州而经宁远到北京，这样既保证朝廷与朝鲜往来畅通，又切断了毛文龙同朝鲜的政治联系，并切断其来自朝鲜的财路。

第三，登莱实行海禁。先是，万历四十七年（1619年），辽东用兵，开海运，自登州达盖州，岁运粮豆200余万石，银300余万两《明史·李长庚传》。崇祯二年即天聪三年（1629年）四月，袁崇焕在《策画东江事宜疏》中，提请兵部在登州、莱州实行海禁，通往东江的海上私船，不许一帆出海。获得朝廷批准。

第四，宁远转发军需。凡是运往东江的钱粮器用，不再由登州、莱州直接运往东江，而是从山海关起运至觉华岛，经过蓟辽督师衙门挂号，再登舟转运至东江。这样，凡是朝廷运往东江的钱粮器用，都必须受蓟辽督师衙门的节制、转发和核查，从而控制了毛文龙的粮饷、军器。

第五，更定东江营制。东江毛文龙的军队，官兵多改姓毛，副将、参将、游击等官未经朝廷任命，成为一支漫无纪律、只忠于毛文龙个人的"毛家军"，一向不受督师、经略、巡抚的节制。因此，袁崇焕决定从更定营制入手，对之加以整顿，使"毛家军"成为一支朝廷的军队，使东江成为复辽的一块基地。

袁崇焕这五着棋很厉害，杜绝了毛文龙在政治、外事、经济及军事方面任意妄为，特别是掌控了毛文龙的经济命脉。原来朝廷拨给东江毛文龙的饷银、粮料，大多不出都门，便转手被一些官员侵吞。这样一来，切断了中间贪污、侵吞的渠道和海上贩运、走私的通路，自然要引起京师、东江那些既得利益者的不满与反抗。

对此，毛文龙上疏抗辩，说："这是给我拦喉一刀！"他不仅拒绝接受袁崇焕的节制，而且以岛上兵将要哗变相威胁，声言要提兵进登，索饷要挟。

毛文龙差人到宁远，袁崇焕故意高声当庭喊道："既缺粮饷，何不前来？"然后将从天津运来的粮食，拨给毛文龙十船，且手书相慰；并给其属下金银、猪羊、酒面相犒劳。袁崇焕用这种办法，想把毛文龙激到宁远来谒见。

毛文龙果然来到宁远，但不过是虚应故事，一二话语而别，表现出桀骜不驯和拒受节制的狂妄态度与军阀恶习。

尽管如此，袁崇焕对毛文龙还是以礼相待，想尽力争取正常地解决东江问题，把这颗棋子纳入五年复辽的棋局里。后来，袁崇焕决定亲自深入东江，对毛文龙当面耐心规劝，视情况再临机处置——可用则用之，不可用则杀之。

第三十讲 斩毛文龙

袁崇焕贯彻朝廷节制东江的措施，受到抵制，无法实现。他决心巡视东江，毛文龙附则用之，逆则斩之，以便统一事权，整编东江军队。

一、巡视东江

崇祯二年即天聪三年（1629年）五月二十五日，袁督师一行从宁远海上扬帆起航，二十八日，抵达旅顺口外40里的双岛。

二十九日，袁督师慰问岛上官兵，赏赐酒食。当晚，毛文龙从皮岛乘船来到双岛，因夜已晚，没有相见。

六月初一日，东江总兵毛文龙拜谒袁督师，进礼单，设茶饭。袁崇焕拒收礼单，但同意与毛文龙共进茶饭。二人在毛文龙帐中茶饭间，有如下对话：

袁崇焕说："辽东海外，止我两人之事，必同心共济，方可成功。历险至此，欲商进取大计。"（《崇祯长编》卷二十三）表达了团结毛文龙，希望同心协力、共谋进取大计的愿望。

毛文龙说："某海外八年，屡立微功。因被谗言，粮饷缺乏，少器械马匹，不能遂心。若钱粮充足，相助成功，亦非难事。"（《崇祯长编》卷二十三）对钱粮器械提出了要求。

袁崇焕告辞时，对毛文龙说："船上不便举行宴会，需借毛帅帐房，在岛岸宴饮。"毛文龙应允。

袁崇焕和毛文龙在岛岸上宴饮，边饮边聊。酒席间，袁督师说："皇上神圣，与尧、舜、汤、武合为一君。臣子当勉旃（zhān）疆场。"称赞当今万岁崇祯皇帝圣明，因此，作为臣子应当尽力国事。毛文龙怏怏不乐，只说熹宗（天启）恩遇之隆，言外之意是并不认同袁崇焕对崇祯皇帝的评价。袁崇焕十分惊讶，但压下心头的不快，又进一步询问复辽方略。毛文龙答道："关、宁兵马俱无用，止用东江二三千人，藏云隐雾，一把火遂灭了东夷！"这口气可太大了，直截了当地告诉袁崇焕，你手下的千军万马都没有用处，有我这两三千人就够了。实际上根本没有把袁崇焕放在眼里。袁崇焕当然很不高兴，但还是把这口气忍下去了，继续同毛文龙推心置腹地慢慢交谈，一直谈到二更天才结束。

初二日，毛文龙请袁崇焕登岛。袁崇焕上岛后，接受东江官将行礼毕，赏部分兵丁每人银一两、米一石、布一匹。毛文龙侍从佩刀环绕，袁督师命他们退下。袁崇焕和毛文龙又秘密交谈，三更方散。内容无非还是东江要受朝廷节制，共同为实现五年复辽目标努力之事。

初三日，毛文龙请袁督师登岛赴宴。这已经是两人第四回合的交锋，看来，袁督师前面的努力并未奏效。袁崇焕这次对毛文龙说的话已经比较直接了："久劳边塞，杭州西湖，尽有乐地。"毛帅你这些年在边塞很辛苦了，我劝你回你们老家杭州，那儿风景很好，你养老去吧。话里有话，绵里藏针。言外之意就是，你毛文龙要不就接受朝廷节制，要不就辞职回你的老家杭州吧。毛文龙道："久有此心，但灭了东奴，朝鲜文弱，可袭而有之！"毛文龙显然不愿交出兵权，并不买袁督师的账。这天夜里，袁崇焕传副将汪翥（zhù）密语，直至二更。

初四日，袁督师颁赏东江官兵 3 570 员，官每员 3 两至 5 两、兵每名一钱，又将饷银 10 万两交卸给东江。袁崇焕传令徐旗鼓（敷奏）、王副将、谢参将（尚政）叙话。并出行文：旅顺以东行毛总兵印信，以西行袁督师印信。又定营制等。袁崇焕又做了一次让步，他希望达成一个折中协议：旅顺以东归东江总兵毛文龙节制，以西归袁督师节制。但毛文龙依旧不肯遵依。

事已至此，袁督师只好采取断然措施，要实施计斩毛文龙的举措。

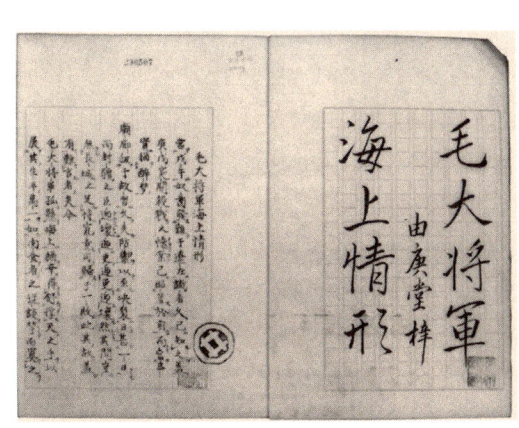

反映毛文龙海岛拥兵情况的
《毛大将军海上情形》

二、计斩文龙

初五日,袁督师崇焕传令:登岸摆围,校射颁赏。毛文龙来到袁督师帐房,问道:"大人何日起行?"袁崇焕告诉他第二天就返回,今天要在岛上观兵校射,即比赛射箭,优者给赏。毛文龙同意了。谢参将传号令,命各营兵四面摆围。毛文龙及其随行官百余员,都被绕在围内,随行兵丁被截在营外。

袁崇焕问东江各官姓名,都说"姓毛"。毛文龙说:"俱是敝户小孙。"袁崇焕说:"岂有俱姓毛之理?似尔等如此好汉,人人可用,我宁前官兵俸粮多于尔等,苟然不能饱暖,尔等海外劳苦,每月领米一斛,且家口分食此米,言之可为痛心,尔等亦受我一拜,为国家出力,此后不愁无饷!"(《崇祯长编》卷二十三)各官感泣叩首。

袁崇焕问文龙曰:"余节制四镇,严海禁者,恐天津、登、莱,受心腹之患,今设东江饷部,钱粮由宁远运来,亦无不便。昨与贵镇相商,必欲取道登、莱,又议移镇、定营制,分旅顺东西节制,并设道厅,稽兵马钱粮,俱不见允。岂国家费许多钱粮,终置无用?余披沥肝胆,讲至三日,望尔回头是岸,谁知尔狼子野心,欺诓到底,目中无我犹可,圣天子英武天纵,国法岂能相容!"(《崇祯长编》卷二十三)袁崇焕要立斩东江总兵毛文龙。

袁督师西向叩头请皇命,拿下文龙,剥去冠裳。毛文龙尚倔强,不肯就缚。袁督师又云:"你道本部院是个书生?本部院却是朝廷的一个首将,你这毛文龙有应斩十二罪。"袁督师宣布毛文龙的十二条罪状是:

第一,兵戎重任,祖制非五府官不领兵,即专征于外,必请文臣为监。文龙夜郎自雄,专制一方。九年以来,兵马钱粮,不受经、抚管核,专恣孰甚!一当斩!

第二,文龙自开镇来,一切奏报,有一事一语核实否?捕零夷,杀降夷,杀难民,全无征战,却报首功。刘兴祚忠顺奔来,止二十余人,而曰率数百众,当阵捉降,欺诳孰甚!二当斩!

第三,文龙刚愎撒泼,无人臣礼。前后章疏,具在御前。近且有"牧马登州,取南京如反掌"等语。据登莱道申报,岂堪听闻?大臣不道,三当斩!

第四,文龙总兵以来,每岁饷银数十万,无分毫给兵,每月止散米三斗五升,侵盗边海钱粮,四当斩!

第五,皮岛自开马市,私通外夷。五当斩!

第六,命姓赐氏,即朝廷不多行。文龙部下官兵,毛其姓者数千人。且以总兵而给副、参、游、守之札,不下千人。其走使、舆台,俱参、游名色,亵朝廷名器,树自己爪牙,犯上无等。六当斩!

第七,飈宁远回,即劫掠商人洪秀、方奉等,取其银九百两,没其货,夺其舡(chuán),仍禁其人,恬不为怪。积岁所为,劫赃无算,躬为盗贼。七当斩!

第八,收其部将之女为妾,凡民间妇女有姿色者,俱设法致之,或收不复出,或旋入旋出。身为不法,故官丁效尤,俱以掳掠财货、子女为常。好色诲淫,八当斩!

第九,人命关天。文龙拘锢难民,不令一人渡海,日给之米一碗,令往夷地掘参,遭夷屠杀无算。其畏死不肯往者,听其饿死。岛中白骨如山。草菅人命,九当斩!

第十,疏请内臣出镇,用其腹爪陈汝明、孟斌、周显谟等,輂金长安,拜魏忠贤为父,绘冕旒(liú)像于岛中。至今陈汝明等一伙,仍盘踞京中。皇上登极之赏,俱留费都门,是何缘故?交结近侍,十当斩!

第十一,奴酋攻破铁山,杀辽人无算。文龙逃窜皮岛,且掩败为功。十一当斩!

第十二,开镇八年,不能复辽东寸土,观望养寇,十二当斩!(《蓟辽督师袁崇焕题本》)

督师袁崇焕历数毛文龙十二大罪状后,毛文龙神丧气夺,口不能言,唯叩头求生。袁督师严厉地说:"尔不知国法久了,若不杀尔,东江一块土,以非皇上有也!""(《崇祯长编》卷二十三)然后问东江各官等道:"文龙罪状明否?"各官唯唯,没人敢说话。又问众兵,同样也唯唯无辞。只有几个毛文龙门下私人,称其数年劳苦。袁崇焕厉声斥责说:"毛文龙,不过就是一个匹夫罢了!因他守卫边疆,官至都督,满门封荫，酬劳足够了吧？他竟然敢欺骗朝廷，无法无天！我们要五年平奴，就要奉行列祖列宗制定的国法，今日不斩文龙，何以惩后？皇上赐给我尚方宝剑，正是这个原因。"这些人吓得唯唯诺诺，不敢仰视。

袁督师叩头请旨道："臣今诛文龙，以肃军政。镇将中再有如文龙者，亦以是法诛之。"又说："臣五年不能平奴，求皇上亦以诛文龙者诛臣！"袁督师宣谕后，立即取下尚方剑，令水营都司赵不怟（zhì）、何麟图监斩，令旗牌官张国柄执尚方剑，斩毛文龙于帐前。这时，毛文龙的兵将在帐外汹汹，但袁崇焕军威严肃，且事出意外，这些兵将还不敢挑起正面冲突。

夏允彝《幸存录》中关于袁崇焕斩杀毛文龙的记述

袁崇焕计斩毛文龙后，做了几项善后工作：

第一，埋葬文龙遗体。命将毛文龙的遗体，装棺安葬。袁崇焕亲自到毛文龙灵柩前拜祭，祭奠其亡灵。祭词云："昨日斩尔，乃朝廷大法；今日祭尔，乃僚友私情。"遂下泪祭拜。

第二，安抚东江各官。只杀毛文龙一人，其余不问，照旧任职。这样就稳住了东江的局势。

第三，整合皮岛部伍。皮岛的副、参、游、都、守等官员，不下千员，既多又滥。如旅顺参将毛永义所管3 600员，经过袁崇焕亲自点核，能为兵者，不过千人。因此，对毛文龙的部众，进行核查整编。分东江2.8万官兵为四协：用毛文龙之子承祚管一协，用旗鼓徐敷奏管一协，另二协由东江各官举游击刘兴祚、副将陈继盛二员分管。将毛文龙的印与剑，以及东江的事权，令副将陈继盛代管。

第四，分赏东江官兵。 将带来的饷银 10 万两，分给各岛官兵。

第五，遣散无辜民众。 安抚各岛军民，释放狱中无辜。

第六，题请裁撤总兵。 袁督师核查，毛文龙虽曾经夸口说有众数十万，其实官兵不过 2 万人，不需设一"赘帅"，因此上疏请求皇上，应停此缺，"省糜费而杜隐忧"。

第七，移咨朝鲜国王。 向朝鲜国王李倧通报此事。

第八，立即奏报皇上。 上《蓟辽督师袁崇焕题本》（崇祯二年六月二十一日到覆）。

袁督师处理完东江事后，于五月初九日，扬帆回航宁远。

袁崇焕计杀东江总兵毛文龙一事，在朝廷上激起轩然大波——毛文龙该不该杀？袁崇焕此举是同室操戈，还是为民除害？众说纷纭。直到今天，学术界仍然见仁见智，争议不休。

三、评说不一

对袁崇焕计斩毛文龙之事，朝廷和辽东都在争论，当时和后世也在争论，论是论非，难得共识。概括说来，有两种截然不同的看法：

一种看法是毛文龙该杀，另一种看法是毛文龙杀错了。

认为毛文龙该杀的，还分为三种意见：

第一种意见认为，毛文龙该杀，杀得好。梁启超《袁督师传》引述程本直的话："辱白简，挂弹章，可数百计也。是左右诸大夫皆曰可杀，国人皆曰可杀也。其不杀也，非不杀也，不能杀也，不敢杀也，是故崇焕一杀之而通国快然！"他认为："夫以举国不能杀、不敢杀之人，而督师毅然去之。"

第二种意见认为，毛文龙可杀，但应先奏后斩，而不应先斩后奏。但先奏后斩在当时是否具有可行性？袁崇焕在《奏报》中说："臣于是悉其狼子野心终不可制。欲擒之还朝，待皇上处分。然一擒则其下必哄然，事将不测，惟有迅雷不及掩耳之法，诛之顷刻，则众无得为。文龙死，诸翼恶者，念便断矣。"可见，其先斩后奏，也是迫不得已之事。

第三种意见认为，毛文龙有十二条罪状，可以借别的碴儿将毛文龙杀掉。查继佐《罪惟录》评论曰："或曰调文龙御险，如矫抗，可杀也！"他说袁崇焕可以派毛文龙到最危险的地方担任防御任务，假如毛文龙不服从军令，你就可以杀掉他。但实际上，假如毛文龙就赖在皮岛，你派他去，他不去，你怎么杀他啊？你到皮岛也杀不了他，他还有几万军队呢。所以这个意见也不可行。

认为毛文龙不该杀的，也分为三种意见：

第一种意见认为，毛文龙抗御后金有功，不该杀，杀错了。

第二种意见认为，毛文龙有功有过，其过没有死罪，可严惩而不可杀头。

第三种意见认为，毛文龙即使无功有过，"十二条罪"也不该杀，杀毛文龙是"同室操戈"。

不管怎样，袁崇焕斩杀毛文龙，是越权之举。因为尽管袁督师有尚方宝剑，但是朝廷并没有授予他杀总兵、杀左都督将军的特权，何况毛文龙也有尚方宝剑！这使人联想起在七年以前，初到辽东的袁崇焕也是越权，直接奏告首辅叶向高营筑宁远之议，当时得到大学士、帝师孙承宗的支持。现在，袁自己是蓟辽督师，这次的越级，只能依靠皇帝的支持才可以过关了。

袁崇焕回到宁远后，立即将斩杀毛文龙一事详细奏报崇祯帝，阐明这么做的理由，最后说："但文龙大帅，非臣所得擅诛。便宜专杀，臣不觉身蹈之。然苟利封疆，臣死不避，实万不得已也。谨据实奏闻，席藁（gǎo）待诛，惟皇上斧钺之，天下是非之。臣临奏不胜战惧惶悚之至。缘系云云，谨题请旨。"

崇祯帝虽对袁崇焕先斩后奏的举动不满，但因重用袁崇焕，要依靠他实现复辽的宏愿，所以旨批："毛文龙悬踞海上，糜饷冒功，朝命频违，节制不受。近复提兵进登莱索饷要挟，跋扈叵测。且通夷有迹，犄角无资，掣肘兼碍。卿能周虑猝图，声罪正法。事关封疆安危，阃（kǔn）外原不中制，不必引罪。一切处置事宜，遵照敕谕行，仍听相机行。"这里说到毛文龙的罪状，糜饷冒功是其一，不听朝廷命令、不受节制是其二，索饷要挟是其三，尤其值得注意的是，崇祯帝的批示中说毛文龙"通夷有迹"。后来，这件事得到证实，明东江总兵毛文龙暗通后金。

崇祯元年即天聪二年（1628年），毛文龙先后给天聪汗皇太极八封书函：第一封为正月，第二、第三封为二月，第四、第五封为四月，而后有第六、第七、第八封。毛文龙在给天聪汗皇太极的书信中说："汗凡有旨来，我皆领受，无不遵行。""尔取山海关，我取山东，若从两面夹攻，则大事可定矣！"他还表示："尔牵兵前来，我为内应，如此则取之易如反掌。"这些书信不见于明朝的《东江疏

毛文龙墓碑亭

报节抄》，而见于后金的《满文老档》。

关于东江后事，这里还要讲一下孔有德和尚可喜。这两个人都曾经是毛文龙的部下，在毛文龙死了四年之后，叛明降清，后来成为清朝的藩王，为清军入关、统一中原立下汗马功劳。有人认为他们叛明降清是袁崇焕杀毛文龙的结果。而实际上，后来叛明降清的洪承畴、吴三桂等，都没有做过毛文龙的部下。孔有德和尚可喜叛明降清的原因很复杂，恐怕不能简单推断是袁崇焕杀毛文龙的必然结果。

我的看法是：

第一，袁崇焕杀毛文龙是出于"五年复辽"的全局考虑，而不是出于个人之意气。

第二，袁崇焕杀毛文龙并不是要撤掉东江这个基地，而是要将这个基地置于蓟辽督师的统一指挥之下，使其真正发挥基地作用。但是由于三个月后袁崇焕就入狱，还没有来得及整编东江部伍，后来该部降的降、散的散，成为政敌攻讦袁崇焕的口实。

第三，袁崇焕曾经对毛文龙多方争取和劝解，晓之以理，动之以情，苦口婆心，凡五回合。然毛文龙骄横跋扈，无视王法，拒受节制。于是将其斩于帐下，是为无奈之举。毛文龙已经"通夷有迹"，杀之不为"同室操戈"。

第四，袁崇焕先斩后奏，是擅杀毛文龙。虽有其不得已之处，但是留下口实，后来成为自己罹难的一条罪状。

从袁崇焕擅杀毛文龙这件事，也可以换一个角度审视，从中可以看出袁崇焕的性格和处事风格。袁崇焕是条汉子，敢作敢为，当机立断，聪明睿智。

正当袁崇焕斩杀毛文龙，为实现五年复辽的战略目标，重新进行战略布局之时，后金方面也走了一着很高明的棋。皇太极见关宁锦防线坚固，宁远城不可攻，袁崇焕不可胜，于是不再正面强攻锦州、宁远，而是绕过关宁锦防线，取道蒙古，破塞入内，进攻明朝的首都北京。一场北京保卫战即将展开。

第三十一讲 北京危机

明朝的首都北京，先后有两次大的危机：第一次是英宗正统十四年（1449年），己巳年，蒙古瓦剌部首领也先率军进攻北京，这次明英宗做了蒙古军的俘虏，于谦成为保卫北京的英雄，后来惨遭杀害。第二次是崇祯二年即天聪三年（1629年），也是己巳年，后金皇太极率军攻打北京。这一年，朱由检19岁，皇太极38岁，袁崇焕46岁。这次北京危机，关系到明朝的生死存亡。

一、突袭北京

皇太极继承汗位之后，实行天聪新政，调整内外政策，权力初步巩固，出现新的气象。他东向用兵，同朝鲜结下"兄弟之盟"；西向用兵，同蒙古多部联姻结盟；北向用兵，进军黑龙江流域，取得重大成果；南向用兵，发动宁锦之战，吃了大亏，无功而返。

皇太极南向用兵，正面对着的是袁崇焕防守的关（山海关）宁（宁远）锦（锦州）防线。先是，天命十一年即天启六年（1626年），皇太极的父汗努尔哈赤败在宁远城下，不久命丧九泉；天聪元年即天启七年（1627年），皇太极不服输，又亲率大军进攻锦州和宁远，结果也失败了！

此时，皇太极怎么办？在他面前至少有三个方案可以选择：

第一，强攻宁锦防线。即用最大的力量攻破袁崇焕守卫的宁锦防线，但是不行！皇太极说："昔皇考太祖攻宁远，不克；今我攻锦州，又未克。似此野战之兵，尚不能胜，其何以张我国威耶！"（《清太宗实录》卷三）也就是说，皇太极父子一攻宁远失败，二攻宁锦不克，事情可一、可二，不可三啊，他再攻宁锦失败了怎么交代？

第二，暂时按兵不动。也不行。假如皇太极对明朝不采取攻势，稍微示弱，后果会更加严重。因为后金是一个军事政治国家，靠不断的战争胜利来巩固权力，充实财富，壮大力量，不进攻宁锦防线，没有战绩，怎么巩固新取得的汗位？

第三，绕道突袭北京。也就是绕过宁锦防线，取道蒙古，直接叩打长城的薄弱环节，然后直驱北京。这个办法，或胜或不胜。如果得胜，皇太极就威望大震，同时给明朝致命一击；即使不胜，也可以趁机掳掠财富。

皇太极是个聪明人，他既未采取"强攻"策略，也未采取"不攻"策略，而是采取了第三个方案。

努尔哈赤在兵法上有一条重要的经验，叫作"释坚攻脆"。皇太极正是继承

《喜峰口》(清人绘《直隶长城险要关口形势图》插图)

了努尔哈赤这样一种战术思想，暂时放弃进攻关宁锦防线，出其不意，突袭明朝看似强固、实则脆弱的首都北京。

皇太极采取绕道蒙古突袭北京的策略，可以说是新招，也是险招。大家想想看，他居然敢从沈阳绕道蒙古来打北京，这在过去从未有过，除了袁崇焕谁都没有想到，当然是新招了；这又是一个险招，一旦失利，人家把后路截了，把老家给你抄了，连回都回不去。皇太极这一招在军事上来说的确是不得了，我看过台湾省的《中国古代军事史》，是蒋介石做主编、一些退役的将军写的。那些将军有丰富的战争经验，他们很赞赏皇太极这一招，说这是非常高明、出乎常人预料的一招。

崇祯二年即天聪三年（1629年）十月初二日，后金天聪汗皇太极，以蒙古喀喇沁部骑兵为向导，亲率八旗大军，避开袁崇焕防守的关宁锦防线，不打锦州，不打宁远，也不打山海关，而是绕道蒙古地区，突袭明长城蓟镇防区的脆弱隘口——龙井关和大安口，破墙入塞，进攻北京。

这是后金一方。那么，明朝一方怎么办呢？

蓟辽督师袁崇焕对后金此举，已有所料。为此，袁崇焕曾正式向崇祯皇帝上疏，说："臣在宁远，敌必不得越关而西；蓟门单弱，宜宿重兵。"说得很清楚，蓟门比较薄弱，应当设重兵把守。不仅如此，袁崇焕又上了一道奏疏，说："惟蓟门陵京肩背，而兵力不加。万一夷为向导，通奴入犯，祸有不可知者。""夷"指的是蒙古，"奴"指皇太极。因为关宁锦防线坚固，皇太极打不破，就会以蒙古为向导，突破长城，来威胁北京。但是，袁崇焕的两次上疏，都没有引起崇祯皇帝的足够重视，不幸的后果被袁崇焕言中了。

这时，袁崇焕怎么办？在他面前至少也有三个方案可以选择：

第一，"围魏救赵"。战国时期，有一个著名的战役叫"桂陵之战"，当时魏国围攻赵国都城邯郸，赵向齐求救。齐王派田忌、孙膑率军去救援。孙膑以魏国精锐在赵，而内部空虚，就引兵进攻魏国都城大梁（今开封），诱使魏将庞涓赶回保卫首都；又在桂陵（今河南长垣西北）设伏，大败魏军，并生擒庞涓。这就是著名的"围魏救赵"的典故。在皇太极打北京的情况下，袁崇焕可以率军直捣后金都城沈阳，迫使皇太极回兵，或设伏截击之，以解京师之危。我称之为"谋略智慧"之策。

第二，观望待机。就是袁崇焕带兵或派兵进关，在京东某地，驻扎观望，探听消息，待机而动，选择谋略——可攻则攻，可守则守，可退则退，见机而动。我称之为"可进可退"之策。

第三，率兵勤王。就是亲自率领军队，日夜兼驰，入关勤王，直奔北京，保卫京师。我称之为"赤胆忠心"之策。

以上三种方案中，袁崇焕依据自己的理念、经验和性格，选择了第三方案：亲自率领骑兵，千里入援京师。

二、千里入援

千里入援是个概数，实际上不到1 000里。我算了一下，北京到山海关700里，袁崇焕这时在中后所，中后所离山海关大约100里，袁崇焕实际所在的地方到北京大约800里。

崇祯二年即天聪三年（1629年）十月二十六日，八旗军东、西两路，分别进攻长城关隘龙井关、大安口等。时蓟镇"塞垣颓落，军伍废弛"，后金军没有遇到任何强有力的抵抗，顺利突破长城，于三十日，兵临遵化城下。遵化在京师东北方向，距离京师300里。十一月初一日，京师戒严。

虽然按照朝廷分工，袁崇焕主要分管山海关外防务，总督蓟辽、保定军务刘策分管关内防务。但是，袁崇焕作为蓟辽督师，对整个蓟辽地区的防务都是责无旁贷，况且后金铁骑正是从山海关外而来。

先是，十月二十九日，袁崇焕从宁远前往山海关，途经中后所，得报后金军已破大安口。袁崇焕做出以下军事防御部署：

皇太极的盔甲

其一，严守山海关。因为山海关总兵赵率教已经调到关内，宁远总兵祖大寿也带精锐随袁崇焕入关，所以袁崇焕命前总兵朱梅、副总兵徐敷奏守山海关，防止后金乘机夺关。

其二，严守京师要道。袁崇焕命参将杨春守永平，游击满库守迁安，都司刘振华守建昌，参将邹宗武守丰润，游击蔡裕守玉田。

其三，严守京畿地区。在靠近京师东北方向的蓟州、三河、密云、顺义严密布防，防止后金从东北路入京。袁崇焕命保定总兵曹鸣雷等驻蓟州遏敌，自率大军，以总兵祖大寿做先锋，驻蓟州居中调度策应。命宣府总兵侯世禄守三河，并加强密云等处防务。

袁崇焕一面进行总体部署，一面阻截后金军南进，其措施是：

第一，遵化阻截。因为皇太极的军队突破了龙井关和大安口，直接指向遵化，遵化是京东的重镇，袁崇焕想把后金的军队阻截在这里，他急令平辽总兵赵率教率四千兵马，驰救遵化。

赵率教，陕西人，军旅生涯曲折神奇，是袁崇焕最为得力的三大部将之一。他屡立战功也屡犯错误，但袁崇焕对他信用有加，特别是在宁锦之战的时候，赵率教守卫锦州，取得了辉煌的战果。袁崇焕在宁锦战线布防的时候把祖大寿放在锦州，他自己和何可纲在宁远，派赵率教驻守山海关，组成了关宁锦防线。赵率教曾经任蓟镇总兵，熟悉蓟镇情况。他率部疾驰三昼夜，行350里，到达遵化以东的三屯营。但三屯营总兵朱国彦不让入城，赵率教只好纵马向西，驰向遵化。十一月初四日，赵率教率援军至遵化城外，与后金贝勒阿济格等所部满洲左翼四旗及蒙古兵相遇，误入埋伏，中箭坠马，力战而亡，全军覆没。他的军旅生涯，从怯阵潜逃，到拼死守城，至血战阵亡，终于成为当时威震辽东的良将。《明史·赵率教传》评价说："率教为将廉勇，待士有恩，勤身奉公，劳而不懈。"赵率教战死，是明军的重大损失，袁崇焕失去了最得力的大将，失去了救援京师的最佳时机。

当日，后金军进攻遵化城。后金先劝降，遭到拒绝。后四面攻城，明巡抚王元雅凭城固守，顽强抵抗。第二天，遵化"内应纵火"，遵化城陷落。巡抚王元雅走入衙署，自缢而死。城中官兵人民，反抗者皆被屠杀。接着，后金军进攻遵化东面的三屯营，副总兵朱来同等潜逃，总兵朱国彦把逃跑将领的姓名在大街上张榜公布，然后偕妻张氏上吊自尽。初七日，后金军破三屯营。明朝丧失了将后金军堵在遵化的机会。

遵化失陷，驰报明廷，人心动摇，朝野惊恐。时"畿东州县，风鹤相惊，人无固志"（《崇祯长编》卷二十八）。皇太极命留兵八百守遵化，亲统后金军接着南下，向北京进发，逼近蓟州。这时，袁崇焕亲自带领九千兵马，急转南进，实施其第二步想法：把后金的军队阻截在蓟州。

第二，蓟州阻截。袁崇焕于十一月初五日，督总兵祖大寿、副将何可纲等率领骑兵，亲自疾驰入关，保卫北京。至此，袁崇焕在关外的三员大将——赵率教、祖大寿、何可纲，全部带到关内，可见袁崇焕已经下定决心，不惜任何代价，誓死保卫京师。初十日，袁军驰入蓟州。蓟州是横在遵化与通州之间的屏障，距离北京东郊通州约140里。袁军在蓟州阻截，"力为奋截，必不令越蓟西一步"（《崇祯长编》卷二十八）。皇太极也是个很聪明的人，他知道袁崇焕在蓟州阻截他。有句俗话，叫作"一朝被蛇咬，十年怕井绳"，皇太极曾两次败在袁崇焕手下，这次就没有同袁崇焕军队硬碰硬，而是从东北方向通过顺义往通州进发。这样袁崇焕在蓟州拦截皇太极军队的计划又落空了。

第三，通州阻截。通州离北京只有40里，袁崇焕紧急率领军队往通州进发，力图把皇太极军队拦截在通州。十二月初一日，袁崇焕的军队到达河西务。河西务在天津和北京之间，大约离北京120里。这时候，皇太极军队已接近通州，他揣测到了袁崇焕的军事意图，不打算在通州跟袁崇焕决战，而是取道顺义、三河绕过通州，直奔北京。这样，袁崇焕在通州拦截的军事意图又落空了。

从以上部署可以看出：袁崇焕这时的战略目标是将后金挡在京师以外，并部署军队依托城池来防守抵御。因为袁崇焕与后金征战多年,深知后金骑兵野战的优势,明军唯有依城作战,才能取胜。赵率教的四千骑兵在平原野战,全军覆没,就是明证。

虽然袁崇焕决意要"背捍神京,面拒敌众",堵塞八旗军入京师之路。但是,袁崇焕设计的三个阻截都没有成功,这样战线就推到了北京。

那么,北京的情况怎么样呢?

三、仓促布防

北京城从明正统十四年(1449年),己巳年,到崇祯二年(1629年),还是己巳年,中间经过了三个甲子,180年整,没有经历过战争,一片和平景象。这种情况下,后金军队突然攻打北京,朝廷上下一片惊恐,紧急布防。在此主要讲三点,分别看看崇祯皇帝、孙承宗、袁崇焕是怎样布防的。

崇祯帝:乱了方寸。一个19岁的年轻皇帝,没有经历过战争,突然遇到皇

北京内城东南角楼

太极的军队攻打北京，他该怎么部署？我概括为四个字：乱了方寸。

首先，起用年届七旬、已经退休在籍的孙承宗做统帅，负责京畿地区的防务。但是，遭到前任兵部尚书王在晋的反对。前面已经讲过，王同孙因是否兴筑宁远城而有旧怨。京城危急，众臣力荐，崇祯帝还是决定起用孙承宗。孙承宗从老家高阳（今河北高阳）赶到北京，崇祯帝任命他为兵部尚书、中极殿大学士，前往通州督理兵马钱粮。

怎么说崇祯帝乱了方寸呢？他在一日一夜之间，谕令三改：先让孙承宗负责通州地区的防卫，因为皇太极从通州打来；旋即命他总督京城防守并参与帷幄；孙承宗刚巡视完京师防务，崇祯又改了命令，再命他前往通州，保卫京师。孙承宗赶紧到了通州，但城门紧闭不许进。堂堂大学士，兵部尚书，负责这一次战争的统帅，居然进不了城。孙承宗只带了27个人，中途少了3个，只有24个人到通州。这时，皇太极的军队已经到了北京的近郊。经过周旋，孙承宗才入了通州城。

其次，崇祯帝谕袁崇焕调度各镇援兵，相机进止。这时，共有四个镇的明军前来勤王。除袁崇焕驻蓟州外，昌平总兵尤世威驻密云，大同总兵满桂驻顺义，宣府总兵侯世禄驻三河。

最后，加强北京城防。崇祯帝下令，在京官员、皇亲国戚、功臣宿将，带着自己的家丁到城墙巡逻和守卫。同时，还让太监来守城。这些人哪会打仗啊。有个叫金声的翰林院官员，向崇祯皇帝推荐了一个叫申甫的游僧，也就是和尚，说这个人有本事，会制造战车。崇祯帝很高兴，赏他副总兵官衔，让他制造战车。北京城已经被敌兵包围了，现造战车怎么来得及啊？更有意思的是，申甫还招了很多乞丐、群氓，组成一支叫花子部队来保卫京城。结果可想而知，同皇太极的八旗军队一触即溃，全军覆没。

孙承宗：彻夜巡城。孙承宗在平台受召见后，深夜出宫，"周阅都城，五鼓而毕。复出阅重城"（《明史·孙承宗传》）。孙承宗年近七旬，接到命令已经是夜里，就登上了北京的内城巡视，到天亮，接着再巡视外城，研究部署京城的防守。孙承宗做的一些部署和布防下面还要讲到。

袁崇焕：三截未成。袁崇焕部署的蓟（州）三（河）密（云）防线，并没有挡住后金铁骑的前进。皇太极率后金骑兵避开袁崇焕所在的蓟州，接连攻破三河、香河、顺义等地，于十一月十五日抵达北京东郊四十里的通州。袁崇焕把后金军挡在遵化的军事意图落空了，把后金军挡在蓟镇并加以拦截的军事意图又落空了，把后金军挡在通州的预想也落空了。在袁崇焕与皇太极的较量中，袁崇焕连失三步棋。京师形势更加严峻。怎么办？

同一天，袁崇焕在河西务举行军事会议，议商进取。会上，副总兵周文郁提出："大兵宜趋敌，不宜入都。且敌在通州，我屯张家湾，相距十五里，就食河西务，敌易则战，敌坚则乘，此全策也。"（《明史纪事本末·补遗》卷六）也就是说，未奉明旨，不宜入京！袁崇焕说："周君言是。第恐逆奴狡诈异常，又如蓟州，显持阴遁，不与我战。倘竟逼都城，则从未遇敌之人心，一旦动摇，其关系又不忍言。""君父有急，何遑他恤？苟得济事，虽死无憾。"（周文郁《边事小纪》卷一）

从军事上看，周文郁的建议并不可取，因为后金军队已经到了通州，勤王军却在观望，等待谕旨，无异于纵虎下山。但从政治上看，周文郁的建议不无道理。按照明制，入京勤王，必有皇帝谕旨，否则要治重罪。而这时，袁崇焕并没有接到进京的谕旨。

但是，袁崇焕心肠颇热，赤胆忠心。他没有采纳周文郁的建议，根本不考虑个人的安危。他担心后金军不日即可兵临京师城下，所以只有一个心思，就是率军进京，保卫京师，保卫社稷。

河西务会议之后，袁崇焕率领九千关宁铁骑，日夜兼驰，行120里，由间道急奔，抢在皇太极之前，于十九日抵达北京外城广渠门外。其实，袁崇焕统兵入蓟时，明朝官员中就传说他有引导后金兵进京之嫌，故崇祯帝下令袁崇焕不得越蓟州一步，而他竟然毫无察觉。现在，他又擅自率部进京。所以，从他抵达京师的那一刻起,袁崇焕实际上已经身陷腹背受敌的局面,只是他还不很清楚,或者根本顾不得关注自己。

同时,明大同总兵满桂、宣府总兵侯世禄率兵,也来到北京城德胜门外扎营。

第二天,即十一月二十日,八旗军兵临北京城下。明朝北京保卫战即将开始。

目前残存的北京内城城墙

第三十二讲 保卫京师

袁崇焕率领关宁九千骑兵，于十一月十九日，赶在皇太极之前驰抵京师城下。第二天，保卫京师的战斗就打响了。

一、京门初战

京师保卫战的几仗都是在北京城门前打的，这里首先需要把北京的内城九门、外城七门简单介绍一下。北京内城共有九门，其南城中为正阳门（前门）、东为崇文门、西为宣武门，东城南为朝阳门、北为东直门，西城南为阜成门、北为西直门，北城东为安定门、西为德胜门；外城七门，其南面中为永定门、东为左安门、西为右安门，东面为广渠门（沙窝门）、东便门，西面为广宁门（清朝道光皇帝叫旻宁，为避皇帝的名讳，改广宁门为广安门）、西便门。己巳之役即北京之战，主要在德胜门、广渠门、左安门和永定门四门进行。

当时，外镇赶来的勤王重兵，袁崇焕的军队是从东面过来的，屯驻在广渠门外；大同总兵满桂、宣府总兵侯世禄是从西北方向来的，驻扎在德胜门外。八旗兵从北面进抵京师后，皇太极驻幄在城北土城关以东，其两翼兵分别安营在德胜门外至安定门外一带。

北京外城护城河

那么，战前明朝北京城防是怎样的呢？

第一个举措：京城守备，加强防御。

崇祯帝任命多位官员，协理京营戎政，练兵筹饷，料理守御。北京城作为明朝的都城，按理自然应当防守严密，固若金汤。但北京已有180年没有经历过战争（见上一讲），这导致城防疏薄单弱，达到令人震惊的程度。《崇祯长编》崇祯二年（1629年）十一月戊戌（十七日）记载，兵科给事中陶崇道检查京城火器防备的报告，称："昨工部尚书张凤翔亲至城头，与臣等同阅火器。见城楼所积者，有其具而不知其名，有其名而不知其用。询之将领，皆各茫然；问之士卒，百无一识。有其器而不能用，与无器同；无其器以乘城，与无城同。臣等能不为之心寒乎？"（《崇祯长编》卷二十八）明军守城，所长在火器，所倚也在火器。而守城的将领、军士，连火器的名称都不知道，火器的发射都不会。

第二个举措：设官募兵，备械筹粮。

于官兵："各直省在京官员愿自捐资置器带领家人在官军外分堵"，"勋戚重臣等守皇城，以卫宸居"（《崇祯长编》卷二十八）。

于募兵：翰林院庶吉士金声推荐游僧申甫为副总兵，声称能自造战车，招募"城市乞丐"为兵（《崇祯实录》册一），后一败涂地，自己也战死。

也就是说，派在京官员的家人携带器械守内城和外城，派公侯伯子男和外戚等各率领壮丁守卫皇城，甚至于派无赖、和尚凑一帮乞丐群氓应景。这两点在上讲提到过。

于武器：武器不够，怎么办？有人在朝廷会议上提出：凡进京城九门者，每人带一块石头，丢在城门里，方许进城，然后运到城上备用。

于粮饷：史书记载称"太仓无宿储，民间无盖藏"（《崇祯长编》卷二十八），也就是说，朝廷的粮库连隔夜的粮食都没有，老百姓那里也颗粒无多。

京门初战首先在德胜门外打响，城外明军，主要是大同总兵满桂和宣府总兵侯世禄的勤王部队，另外参加战斗的还有城上的卫戍部队。

德胜门之战 十一月二十日，皇太极亲率大贝勒代善和贝勒济尔哈朗、岳讬、杜度、萨哈廉等，统领满洲右翼四旗，以及右翼蒙古兵，向满桂和侯世禄的部队发起猛攻。后金军先发炮轰击。发炮毕，蒙古兵及正红旗护军从西面突击，正黄旗护军从旁冲杀。后金两军冲入，边杀边进，拼搏厮斗，追至城下。城上明军，奋勇弯弓，又发火炮，轰击敌军。不久，侯世禄兵溃，满桂率军独前搏战。城上明兵，发炮配合，但误伤满桂官兵，死伤惨重。满桂身上多处负伤，带败兵一百多人在城外关帝庙中休整。第二天，守军打开德胜门的瓮城，供满桂的残兵休养。就在德胜门之战的同一天，广渠门也发生激战。

广渠门之战 当天，蓟辽督师袁崇焕、锦州总兵祖大寿率骑兵在广渠门外，迎击后金军的进犯。皇太极派大贝勒莽古尔泰及贝勒阿巴泰、阿济格、多尔衮、多铎、豪格等带领满洲八旗左翼兵，恩格德尔、莽果尔岱等率领左翼蒙古骑兵数万人，向广渠门袁崇焕军扑来。袁督师仅有九千骑兵，令祖大寿在南，王承胤在西北，自率兵在西，结成"品"字形阵，兵含枚，马勒口，隘处设伏，严阵待敌。

后金满洲、蒙古骑兵，分为六队，拥向袁军。后金军的前锋护军，先向南直扑祖大寿阵。祖大寿率兵奋死抵御，后金军前锋受挫。后金军接着又向北直冲王承胤阵，也失利。后金军左、右两次冲锋，都没有达到预期目的，再集中三路骑兵，向西闯袁崇焕军阵。袁崇焕率领将士，英勇抵御，奋力鏖战。后金阿济格贝勒所乘马受创而死，本人身受箭伤，几乎丧生；阿巴泰贝勒中了袁军的伏击，进攻受挫。蒙古额驸恩格德尔等骑兵驱马骤进，也被击败，退却溃走。八旗军失利败退，明军乘胜追击。袁崇焕军游击刘应国、罗景荣，千总窦浚等追击后金军，直到通惠河边。八旗兵溃退，仓皇拥渡。大约有一千骑兵连人带马跌落到护城河里，连冻带淹，死伤惨重。袁军沿着通惠河一带追了30里路，后金军队大败而回。朝鲜史书记载："贼直到沙窝门（广渠门），袁军门、祖总兵等，自午（11—13时）至酉（17—19时），鏖战十数合，至于中箭，幸而得捷。贼退奔三十里。贼之不得攻陷京城者，盖因两将力战之功也。"（《李朝仁祖大王实录》卷二十二）

北京德胜门箭楼

北京广渠门旧影

这场广渠门血战，袁崇焕军与八旗军，自巳（巳正10时）至酉（酉正18时），炮鸣矢发，激战八小时，转战十余里，明军终于克敌获胜。督师袁崇焕在广渠门外，横刀跃马，冲在阵前，左右驰突，中箭很多，"两肋如猬，赖有重甲不透"，也就是说，他身上中的箭像刺猬一样，因身着重甲，而没有被穿透。他在与八旗兵搏斗中，马颈相交，奋不顾身。后金的骑兵挥刀猛冲，"刀及崇焕，材官袁升高格之，获免"。也就是说，后金骑兵的战刀砍向袁崇焕时，被部下袁升高用刀挡回，才免于死伤。在督师袁崇焕的指挥下，经过辽军将士的浴血奋战，取得广渠门之捷。

战斗刚刚结束，双方仍处于紧张状态。当夜，袁崇焕不顾伤痛和疲劳，亲往营地，对受伤官兵"一一抚慰，回时东已白矣"。而此时的皇太极正为失败气急败坏，处分了几个主要将领，特别是他的弟弟阿巴泰。皇太极对广渠门之败慨叹道："十余年来，未尝有此劲敌也！"

广渠门之战两天后，即十一月二十三日，崇祯帝在平台召见了袁崇焕等将领。就在同一天，兵部尚书王洽下狱，这是否预示着袁崇焕未来的命运呢？

二、平台召对

十一月二十三日，崇祯帝命将兵部尚书王洽下狱。《明史·王洽传》记载：王洽，山东临邑人，万历三十二年（1604年）进士，"仪表顾伟，危坐堂上，吏民望之若神明"。王洽的廉洁与能干，为一方之最。由知县、巡抚、侍郎，到崇祯元年（1628年）十二月任兵部尚书。后金军进围京师，兵部尚书王洽进行紧急部署。崇祯帝见敌军兵临城下，心情忧烦。侍郎周延儒等奏言："世宗斩一丁汝夔，将士震悚，强敌宵遁。"（《明史·王洽传》）周延儒讲的是嘉靖二十九年（1550年）的事，当时蒙古俺答军队进逼北京，还没有攻打北京城，嘉靖帝就下令处斩了兵部尚书丁汝夔。周延儒隐喻请崇祯帝仿照嘉靖帝的做法，惩治兵部尚书王洽，以安定军心、民心。崇祯皇帝颔首，将王洽下狱，后王洽死于狱中。王洽任兵部尚书才11个月，就遇上皇太极攻打北京，而下狱丧命。这是崇祯帝临危处置朝廷大臣的开始。在京师之役中，崇祯皇帝迁怒于重臣，接连重惩多位重臣，继兵部尚书王洽之后，第二位遭到重惩的就是袁崇焕，第三位是工部尚书张凤翔。不久，又将总督蓟、辽、保定军务的兵部侍郎刘策下狱、弃市。此是后话。

在兵部尚书王洽下狱的当日，崇祯帝于紫禁城平台召见袁崇焕、祖大寿、满桂、黑云龙等，以及新任兵部尚书申用懋。袁崇焕穿青衣戴玄帽进宫。见了皇上，他强调局势危急。崇祯帝对袁崇焕等人深加慰问，并把自己身上的貂裘大衣解下来，给袁崇焕披上，随即向他征询战守策略。袁督师向皇上提出，连日征战，兵马疲惫不堪，请求援引满桂所部进入德胜门瓮城的先例，准予所部官兵进到城内，稍事休整，补充给养。崇祯帝毫不犹豫地拒绝了他的请求，不准辽军一官一兵进城，就是兵部尚书、蓟辽督师袁崇焕也不许住到城里（《国榷》卷九十）。袁崇焕军只得继续在北京城外露宿，同皇太极军进行野战。

这是崇祯帝在平台第二次召对袁崇焕，第一次召对时袁崇焕向崇祯承诺"五年复辽"，而这次距离上次刚刚过去一年多，不仅没有复辽，而且后金竟然兵临城下。可以想见，无论崇祯帝还是袁崇焕当时是怎样一种心境！从崇祯帝不允许辽军进入京城来看，崇祯帝始终对袁崇焕存有戒心和怨意。袁崇焕顾不上这些，仍然倾全力于督战歼敌。

严格说来，这次平台召对没有解决任何问题，也没有提出任何具体的退敌措施。而此时皇太极正在积极筹划，准备再战。二十四日，皇太极因在广渠门作战失利，发表"养精蓄锐"的自慰话语后，移军南海子（南苑），在此一面休养一面牧放马匹，伺机再攻。不久，左安门之战爆发。

三、京门再战

左安门之战 皇太极在广渠门之战失败，但他不服气，稍微休整之后就在左安门同袁崇焕军队再次交战。二十七日,双方激战于左安门外。袁崇焕、祖大寿率军竖立木栅,布阵守城;后金军也列兵布阵,逼之而营。因取得广渠门之战的胜利,袁军官兵信心大增,但是也有很多困难。从十一月十九日到北京,已经过去了七八天,粮食、草料更缺,而天气却更加寒冷,战士都很疲劳。皇太极的军队可以掳掠,抢粮食,可以砍树木点火取暖,而袁崇焕的军队则不可以。在饥馁严寒交加的情况下,袁崇焕鼓励他的官兵同后金军搏战。皇太极亲自督率左右翼八个旗的军队同袁军在左安门外展开争斗,袁崇焕一如既往率领官兵英勇奋战,杀退了皇太极的进攻。后金军曾先后在宁远、宁锦、京师三次败于袁崇焕手下,皇太极虽督军奋战,却不敢浪战。看到自己的军队死伤惨重,皇太极不得已收兵回营,但故作镇静,掩败为胜,跟部下说了一番话:

> 上与诸贝勒率轻骑往视进攻之处,云:路隘且险,若伤我军士,虽胜不足多也。此不过败残之余耳,何足以劳我军,遂还营。(《清太宗实录》卷五)

这明显是皇太极的自我解嘲,既然袁崇焕军队是残败之卒,为何不乘胜追击,聚而歼之呢?不过是为罢兵找一个比较体面的借口罢了。

二十八日,皇太极牧马于南海子。袁崇焕用向导任守忠策,"以五百火炮手,潜在海子,距贼营里许,四面攻打,贼大乱",随后皇太极移营出南海子。

明军与后金军已经有了三次交锋,左安门之战后,接下来还要打第四仗,即永定门之战。但此前,袁崇焕已经被捕了,为了叙事的完整性,先交代一下这次战役的情况。

永定门之战 崇祯帝任命满桂做总理,统率保卫北京的兵马。明四位总兵——满桂、孙祖寿、黑云龙、麻登云,率领4万军队,在永定门外"四方结栅木,四面列枪炮"(王先谦《东华录》卷五),精心部署,进行防御。皇太极在十二月十七日,

北京永定门旧影

率领八旗军进攻永定门。明四位总兵中，满桂和孙祖寿战死，黑云龙和麻登云被俘，明军失败。但后金军也死伤惨重，没能攻破城门。

京门这四仗，明军两次失利两次得胜，失利的是满桂等五总兵，其中两个阵亡，两个被俘，一个战败；袁崇焕的军队则两战两胜，击退了皇太极军队的进攻，保卫了首都北京。

袁崇焕率领关宁骑兵接连取得广渠门和左安门两次胜利，这是十年来非常少见的特例——明军与后金军野战争锋而取得胜利。在此之前的宁远大捷和宁锦大捷，明军主要是依托坚城和利用火炮来击退后金的骑兵。而在保卫北京的战斗中，袁崇焕的部队不仅不能进入城中依托城池作战，而且要在寒冬中露宿野外，兵马冻馁，人缺饷，马缺料。袁崇焕军纪严明，规定："不许一兵入民家，即野外树木，亦不得伤损。"有一兵士曾"擅取民家饼，当即枭示"。此外，城中的兵民误认为后金兵是辽军引来的，向城下的辽军扔砖块。袁崇焕就是在这种情况下，忍辱负重，浴血奋战。

皇太极对袁崇焕不能战胜，便施用"反间计"，陷害袁崇焕。而崇祯皇帝也认为惩治袁崇焕的时机到了。结果，胜军之将却没有好结果，袁崇焕竟在平台被崇祯皇帝下狱。

第三十三讲 平台落狱

在京师面临生死存亡的紧急关头，袁崇焕率领关宁兵马，英勇奋战，接连取得广渠门和左安门两次胜利，迫使后金军往城南撤去，终于缓解了京师的燃眉之急。

但是，军事胜利不但没有为袁崇焕赢得任何奖赏，相反却把众多仇神召唤到了他的周围，概括起来说，他引起了六恨：一、天聪汗皇太极恨他；二、打了败仗的同僚恨他；三、经济利益受到损害的达官贵人恨他；四、阉党余孽恨他；五、京城不明真相的百姓恨他；六、特别是中兴之梦破灭的崇祯皇帝更恨他。这六恨的综合作用，使悲剧性的命运将要降临在袁崇焕的身上！

一、反间毒计

皇太极和袁崇焕有解不开的仇恨：宁远之战，皇太极父子吃了败仗，努尔哈赤抑郁而终；宁锦之战，皇太极又被打败了；广渠门和左安门之战，皇太极再次失利。

军事上打不赢，皇太极就在政治上设法除掉袁崇焕，他想出了一条反间毒计。大家知道，皇太极熟悉《三国演义》的故事，他的反间计就是仿照《三国演义》中"蒋干盗书"来设计的。

皇太极在左安门兵败的第二天，就设下一个政治圈套。

先是，后金大军屯南海子时，俘虏了明朝提督大坝马房太监杨春、王成德。据《崇祯长编》记载：大清兵驻南海子，提督大坝马房太监杨春、王成德，为大清兵所获，口称"我是万岁爷养马的官儿"。后来把杨春等人带至德胜门外，指派副将高鸿中，参将鲍承先、宁完我、巴克什达海等监守。

白石"天下人主"玺

高鸿中、鲍承先按照皇太极的旨意，夜里回营，坐在两个太监卧室的隔壁，故作耳语，秘密谈话。他们在谈话中明示袁崇焕已与皇太极有密约，攻取北京，很快便可成功。太监杨春等假装躺卧窃听。二十九日，高鸿中、鲍承先又故意纵释了杨太监。杨太监回到紫禁城，将窃听到的高鸿中、鲍承先的密谈，奏报了崇祯皇帝。此事在《清史稿·鲍承先传》中有记载：

> 翌日，上诫诸军勿进攻，召承先及副将高鸿中授以秘计，使近阵获

明内监系所并坐，故相耳语云："今日撤兵，乃上计也。顷见上单骑向敌，有二人自敌中来，见上，语良久乃去。意袁经略有密约，此事可立就矣。"内监杨某佯卧窃听。越日，纵之归，以告明帝，遂杀崇焕。

由上可见，反间计是导致袁崇焕悲剧命运的直接原因。但学术界对此有不同的看法，有的学者认为，根本就不存在反间计。

我个人认为，反间计是有的。早在"己巳之变"前，汉人降金副将高鸿中就向皇太极奏言："他既无讲和意，我无别策，直抵京城，相其情形，或攻或困，再作方略。"所谓方略，疏未言明。康熙朝大学士李霨写的《内秘书院大学士范文肃公墓志铭》，里面有这样的记述：时为章京的范文程，从跸入蓟州、克遵化后，见督师袁崇焕重兵在前，即"进密谋，纵反间"《清碑传集》，也就是说，这个计谋是范文程进献给皇太极的。《满文老档》《清太宗实录》《清史稿·鲍承先传》等史料，则都说是皇太极授的秘计。总之，虽然反间计的提出者存在不同的说法，但后金确实为除掉袁崇焕设计了这个阴谋。

崇祯帝既惑于阉党的蜚语，又误中后金的反间，遂决定在平台召见袁崇焕"议军饷"。

二、平台入狱

十二月初一日，崇祯帝做了一系列布置，特别是任命司礼监太监沈良佐、内官监太监吕直，提督九门及皇城门；司礼监太监李凤翔总督忠勇营、提督京营。把京城及皇城的警卫通过太监，置于自己的直接控制之下。

经过一番布置后，崇祯帝在紫禁城平台召见督师袁崇焕，总兵满桂、黑云龙、祖大寿等"议军饷"。

这时，袁崇焕正在指挥副总兵张弘谟等率部追踪敌军。听到来使传旨说皇上要召见他议军饷，袁崇焕非常高兴，以为粮饷问题可以解决了。他不假思索，"缒城而入"。大明皇朝堂堂的兵部尚书、蓟辽督师袁崇焕，到紫禁城内商议军机大事，却不得从城门进入，而是坐在筐子里，从城下吊到城上，进入城内，再到宫城，接受崇祯帝的平台召见。

袁崇焕到了宫城平台，觐见崇祯皇帝。崇祯帝一脸阴沉，非常严肃，没等袁崇焕说话，更没有"议军饷"，而是直截了当地责问袁崇焕杀毛文龙、致使敌兵犯阙、射满桂三件事。袁崇焕对这突如其来的责问，竟一时语塞，无言以对。崇祯帝以为他默认了，便命满桂脱去衣服验示身上的伤痕，指责袁崇焕是蓄谋而为。其实，满桂是在城西北德胜门外负伤，而袁崇焕战斗在城东南的广渠门外，根本不可能伤着满桂。这显然是不实之词，但已容不得袁崇焕分辩了。袁崇焕当即被逮捕，下锦衣卫大狱。《明季北略》这样记述：

> 上问杀毛文龙、致敌兵犯阙及射满桂三事，崇焕不能对。上命桂解衣验示，着锦衣拿掷殿下。校尉十人，褫其朝服，枉押西长安门外锦衣大堂，发南镇抚司监候。

在平台下令逮捕袁崇焕时，东阁大学士兼礼部尚书成基命，已经70岁了，"独叩头，请慎重者再"（《明史·成基命传》），请求皇帝慎重从事。但崇祯帝不信士流，而信内臣，拒不理会。成基命又叩头说："敌在城下，非他时比。"（《明史·成基命传》）崇祯帝仍执迷不悟，一意孤行。

崇祯帝把袁崇焕下狱，命总兵满桂总理关、宁兵马，并命总兵祖大寿、黑云龙会同马世龙等抗敌立功。

"锦衣卫"木印

袁崇焕平台落狱，其部将锦州总兵祖大寿目睹了全过程，不禁大吃一惊，以致战栗失措。现在督师竟遭这种下场，他在惊愕之外，也不禁为自己和数千辽军担忧起来。

三、大寿出走

祖大寿回到部队后，向三军宣读袁崇焕被捕下狱的御旨。辽军将士一片惊惶，彻夜痛哭。

袁崇焕入狱后，他带来保卫北京的辽军受到歧视。城上的明军用石头打，甚至用箭射广渠门外的辽军，致使不少人死伤。袁军夜里巡逻的兵士被抓起来杀了，说他们是引敌入城的奸细，极尽诬蔑之词。还有一个负责巡查的兵士被抓，要他拿60两银子来赎命。

崇祯皇帝任命满桂来统率从各地前来守卫北京的部队。满桂跟祖大寿过去在辽东时曾经有矛盾。他的军队因为没有粮食就在京郊地区抢掠，却谎称是袁崇焕的军队，使得京师百姓多误认为是袁崇焕军来抢他们的粮食。在这种情况下，祖大寿决定率部出走。十二月初四日清晨，祖大寿带着余部一万五千人离开京师，向山海关进发。

其实，就在袁崇焕下狱的第二天，即十二月初二日，当时也在平台受召的兵部职方司官员余大成就提醒兵部尚书梁廷栋："敌势甚炽，辽兵无主，不败即溃耳。今日之策，莫若出崇焕以系军心，责之驱逐出境自赎。既可以夺深入者之魄，又可以存辽左之兵。"下面就是梁余二人的对话：

梁："辽兵有祖大寿在，岂遂溃哉！"

余："乌有巢倾鸟覆，而雏能独存者乎？……

"焕始就狱，寿初意其必释，今日则庶几有申救而出之者。至三日，则知上意真不可回，而廷议果欲杀崇焕。寿与焕，功罪惟均者也，焕执而寿能已耶？不

反何待？"（余大成《剖肝录》）

果然，事情被余大成说中了。

祖大寿出走的消息引起了很大的震动。兵部尚书梁廷栋立即奏报崇祯帝，并说："臣司官余大成能先见，乞诏问之。"余大成受召，对崇祯帝说："寿非敢背反朝廷也。特因崇焕而惧罪耳，欲召寿还，非得崇焕手书不可。"崇祯帝没有别的办法，只好命余大成请袁崇焕写亲笔信，召祖大寿回来。但是，袁崇焕说："寿所以听焕者，督师也，今罪人耳，岂尚能得之于寿哉！""未奉明诏，不敢以缧（léi）臣与国事。"意思是说，自己现在既不是兵部尚书，也不是蓟辽督师，而是个罪人，没有权力下这个命令。余大成就劝他说："公孤忠请缨，只手擎辽，生死惟命，捐之久矣！天下之人，莫不服公之义，而谅公之心。臣子之义，生杀惟君。苟利于国，不惜发肤。且死于敌，与死于法，孰得耶？明旨虽未及公，业已示意，公其图焉！"（余大成《剖肝录》）劝他以江山社稷为重，写信请祖大寿回来。在反复劝说下，袁崇焕考虑还是要以国家、江山社稷为重，就亲笔写了一封信，劝祖大寿顾全大局，让他回来继续同皇太极的军队作战，言辞极其诚恳。

十二月十四日，兵部派人把这封信从狱中取出，孙承宗命马世龙把信立即送给祖大寿。马世龙原来也是袁崇焕手下的一个总兵，和祖大寿有私交。马世龙带了少量人马赶往山海关，但此时祖大寿已回锦州。马世龙等又追到山海关外，出示袁崇焕手书。祖大寿下马捧信而泣，全体将士跟着都哭了。祖大寿是个孝子，对母亲的话言听计从。他80岁的老母果断地对他说："所以致此，为失督师耳。今未死，尔何不立功为赎，后从主上乞督师命耶？"劝大寿应该回去把后金军队打退，立功为督师赎罪，就可以救出督师。随后，祖大寿率领军队入关。后来，后金军队占领了关内四城，即永平、遵化、滦州、迁安。孙承宗和祖大寿、马世龙等，率军队收复四城。可以看出，在关键时刻，袁崇焕的部将祖大寿还是以江山社稷为重，继续同皇太极的军队作战，保卫京师。

皇太极得知明崇祯帝将袁崇焕下狱，便亲统大军回师城西南的卢沟桥。十二

北京卢沟桥

月十七日发动永定门之战,这次战役的情况在上一讲已说过,此不赘述。下面讲一下北京之战的重大影响。

四、重大影响

第一,庙社震惊,根本动摇。后金不仅占领辽东,而且进入辽西;不仅肆行关外,而且攻打京师。北京因受到塞北少数民族武装攻打而进行的保卫战,共有两次:一次在正统十四年(1449年),蒙古瓦剌部也先率军攻打北京;另一次在崇祯二年(1629年),女真—满洲皇太极率军进攻北京。两次之间,三个甲子,整180年。这场战争,标志着崇祯帝中兴之梦彻底破灭。明朝京畿地区的防御体系,辽东镇、蓟镇、宣府镇、大同镇遭到重创或破坏,失去(阵亡或被俘)总兵赵率教、满桂、孙祖寿、麻登云、黑云龙、朱国彦六员,兵部尚书王洽、工部尚书张凤翔、蓟辽督师袁崇焕、遵化巡抚王元雅、总理蓟辽保军务刘策等或死或下狱。明朝的江山社稷受到巨大震动，国本受到动摇，元气大伤。

第二，阉党余孽，掌控阁部。后金军撤退之后，明廷没有认真总结经验教训，而是借机倾轧，进行党争，自我残杀，自毁长城。崇祯帝没有从全局分析北京己巳之役的历史经验和教训，而是以杀袁崇焕出气、泄愤。袁崇焕成了崇祯帝的一只替罪羔羊。阉党余孽借机翻逆案，打击东林党。东林党内阁大学士韩爌、钱龙锡、成基命、李标等去职，而代之以周延儒、温体仁等佞臣入主内阁。六部七卿也相应变更。这标志着崇祯新政结束。国家兴旺，用忠臣、能臣；国家衰亡，用庸臣、佞臣。崇祯皇帝在关键时刻，杀忠臣，用佞臣。这表明大明皇朝气数将尽。

第三，京师城防，守备虚懈。在此战之前，北京人过了180年的和平生活，战争突然降临，没有任何实际准备。守城官兵既不知道火器的名称，也不知道火器的使用方法。北京城险些丧于皇太极之手。但是，明朝没有接受这个教训，没有居安思危，常备不懈。所以，14年后被李自成农民军攻陷北京城，明朝灭亡。

第四，财富被掠，生民涂炭。京畿、京东地区遭到掳掠。占领永平的后金贝勒阿敏撤退时，进行屠城。总之，战争殃及地区，生民涂炭，百业凋零。这些都加剧了社会矛盾，加速了明朝的灭亡。

袁崇焕下狱后，朝廷上下，京城内外，围绕袁崇焕案发生了不少政治斗争。特别是阉党余孽进行翻案，企图掌控内阁和六部。

第三十四讲 阉孽翻案

袁崇焕从崇祯二年（1629年）十二月初一日平台落狱，到次年八月十六日惨遭磔刑，在这八个半月的时间里，明朝的形势在发生着变化。其外，明军结束了北京保卫战，又收复了关内被后金军占领的永平、迁安、滦州、遵化四城。其内，朝廷上下，激烈纷争。正义之士、奸佞之臣、无耻小人、阉党余孽，围绕袁崇焕案，都在表现。

一、阉党余孽谋翻逆案

围绕袁崇焕的斗争，远远超过案件的本身。袁崇焕的案子被置入阉党余孽翻案的阴谋之中。蓟辽督师袁崇焕虽不是东林党人，但已经成为他们所倚重的长城。这种关系，阉党余孽也心知肚明。因此，阉党余孽、朝廷奸臣借袁崇焕案诬劾钱龙锡，制造钱龙锡案；又以钱龙锡案来铁定袁崇焕案，并借此打击东林内阁，翻案夺权，重掌朝纲。

话还要从崇祯帝打击阉党说起。自崇祯帝严惩魏忠贤阉党后，"忠贤虽败，其党犹盛"（《明史·刘鸿训传》），阉党余孽，遍布京城。遭到惩罚的阉党分子及其余孽们，对正直的朝臣，既恨之入骨，又日图报复。京师被难，崇焕下狱，正好给他们一个"欲以疆场之事翻逆案"的机会，打击东林党人，以图东山再起。为此，他们以袁崇焕案诬劾钱龙锡，制造钱龙锡案。

为什么阉党余孽要制造钱龙锡案呢？因为钱龙锡是首辅大学士，东林党魁，曾经协助崇祯帝处理魏忠贤阉党案，也给予袁崇焕很大的支持。袁崇焕落狱之后，钱龙锡自然成为阉党余孽攻讦东林党的首要目标。《东林始末》记载："初定魏（忠贤）、崔（呈秀）逆案，辅臣钱龙锡主之。"阉党余孽借袁崇焕以打击钱龙锡，并由此打开缺口，网罗东林诸臣，以便借此翻案。

阉党余孽同东林党人斗争的焦点是争夺内阁。崇祯元年（1628年）内阁成员主要有：周道登、李标、韩爌、钱龙锡。袁崇焕入狱时的内阁大学士，除韩爌晋太傅外，仅李标、钱龙锡、成基命和孙承宗四人，均为东林党人。六部尚书也多为东林党人或倾向于东林党人。当时阉党余孽官职低、实力弱，声名狼藉，不得人心。

但是，阉党余孽紧紧地抓住崇祯帝，依靠崇祯帝，来打击东林党人。阉党的主要代表人物是温体仁和周延儒。夏允彝《幸存录》说："当袁崇焕之狱起，攻东林之党，欲陷钱龙锡以编织时贤，周（延儒）、温（体仁）实主之。"

明朝朝服

那么,打击钱龙锡的理由是什么呢?阉党余孽给钱龙锡罗织的罪名主要有三:

其一,钱龙锡是袁崇焕通敌和祖大寿出走的挑唆者。袁崇焕下狱后的第五天,御史高捷即疏劾:钱龙锡与袁崇焕相倚,钱龙锡是袁崇焕"诡计阴谋发纵指示"者,是祖大寿敢于率兵出走"挑激之妙手"。钱龙锡一疏再疏,自行申辩:"崇焕初在城外,阁中传奉圣谕、往来书札,多从城头上下,崇焕既拿之后,孰敢私通?祖大寿两重严城,谁能飞越,施挑激之妙手?"(《崇祯长编》卷二十九)由此可见,高捷这些话纯属不实之词、诬陷之言。不过,这种流言蜚语在那个特殊时期却具有相当的杀伤力,钱龙锡被迫引疾辞职。但阉党余孽并不会就此罢手,而要置钱龙锡于死地。

其二,钱龙锡应为袁崇焕斩帅、主款(与后金讲和)负责。锦衣卫掌印官刘侨以斩帅、主款二事审问袁崇焕。"据崇焕所供:斩帅一事,则龙锡与王洽频以书问之崇焕,而崇焕专断杀之者也。主款一事,则崇焕频以书商洽与龙锡,而洽与龙锡未尝许之也。"(《崇祯长编》卷三十八)即袁崇焕把"斩帅""主款"二事的责任全由自己承担,不牵涉大学士钱龙锡和兵部尚书王洽。看来,这一罪状证据也不足。

其三，接受袁崇焕的贿赂。崇祯三年（1630年）八月初六日，山东道御史上疏，造谣说钱龙锡曾接受袁崇焕数万两银子的贿赂。这条罪状可是要置人于死地！当年熊廷弼传首九边，其中一条就是熊廷弼贿赂别人，后来事实证明纯属诬告。崇祯帝闻之大怒，令有关衙门五日内查明。

崇祯三年（1630年）八月十六日，崇祯帝在平台召对群臣，宣布处死袁崇焕，同时谴责钱龙锡私结边臣，蒙隐不举，令廷臣议罪。

九月初三日，事下中府九卿科道会议，与会者有吏部尚书王永光、户部尚书毕自严、礼部尚书李腾芳、兵部尚书梁廷栋、刑部尚书胡应台、工部尚书曹珖及都察院等60余人。议定结果上疏崇祯帝："斩帅虽龙锡启其端，而两次书词有'处得妥当'、处得'停当之言'，意不专在诛戮可知，则杀之自属崇焕过举。至讲款，倡自崇焕，龙锡虽不敢担承，而始则答以'在汝边臣，酌量为之'，继则答以'皇上神武，不宜讲款'。总之，两事皆自为商量，自为行止。龙锡以辅弼大臣，事关疆场安危，而不能抗疏发奸，何所逃焉。但人在八议，宽严当断之宸衷耳。"（《崇祯长编》卷三十八）奏疏既肯定钱龙锡的责任，又对其进行开脱。

崇祯帝命人把钱龙锡从松江府华亭县家中逮捕，押到京师，下锦衣卫狱。有关衙门议定：钱龙锡在西市斩立决。连刑场都准备好了。就在千钧一发之际，崇祯帝好像有所醒悟，突然降旨：钱龙锡"无逆谋，令长系"。"无逆谋"就是说钱龙锡叛逆没有证据，"令长系"即下令把他长期监禁起来。这样，钱龙锡才免于一死。但事情并没有结束，崇祯四年（1631年）五月，钱龙锡被遣戍浙江定海卫。

袁崇焕案牵出钱龙锡案，使东林党受到阉党余孽毁灭性打击。崇祯二年（1629年）十一月，孙承宗出镇山海关；十二月，首辅大学士钱龙锡罢职；三年（1630年）正月，首辅大学士韩爌致仕；三月，大学士李标致仕；九月，首辅大学士成基命辞职。而在这个过程中，阉党余孽周延儒、温体仁等先后入阁，开始形成以周延儒、温体仁为首的反东林内阁。这标志着东林内阁垮台，奸党余孽重新掌控内阁和六部。从此，崇祯新政结束，中兴之梦破灭。

透过钱龙锡案可以看出，袁崇焕和钱龙锡都是党争的牺牲品。而在这场你死我活的党争中，崇祯帝站在了阉党余孽的立场上。阉党余孽如果没有崇祯帝的支持，是成不了气候的。

在此期间，有一个人崭露头角，并成为小人的领军人物，这人就是温体仁。

二、奸佞小人落井下石

我们都会有这样的经验：一个人在困难的时候，朋友慷慨相助，小人则落井下石。袁崇焕原来是兵部尚书兼蓟辽督师，很多人攀缘他，待袁崇焕失势被逮下狱了，甚至被寸磔而死时，那些奸佞小人是什么态度呢？四个字：落井下石。温体仁就是这样一个人。

温体仁，字长卿，浙江乌程（今湖州）人。万历二十六年（1598年）进士。改庶吉士，授编修，官至礼部侍郎。崇祯三年（1630年）六月，为东阁大学士。为人外曲内猛，机深刺骨。崇祯帝杀袁崇焕，事牵钱龙锡，论死。温体仁与周延儒、王永光主持此事，将兴大狱。

温体仁与毛文龙同乡，因文龙之死深恨袁崇焕；又曾贿赂崔呈秀，诗颂魏忠贤，被御史毛九华弹劾。当时崇祯帝厌恶党争，"体仁揣帝意"，标榜自己为"孤臣"，这使他更加得宠。温体仁既受到崇祯帝的信任，又得到阉党余孽的支持，因此，"魏忠贤遗党日望体仁翻逆案，攻东林"（《明史·温体仁传》）。他权欲熏心，亟谋入相，所忌唯大学士韩爌与钱龙锡二人。此后，温体仁便借袁崇焕事，挤去韩爌和钱龙锡而居其位。

在袁崇焕案中，温体仁主要做了三件事：

第一，五次上疏，加以陷害。机深刺骨的温体仁，诬奏袁崇焕，"敌逼潞河，即密参崇焕"。潞河，即今北京通州。温体仁在给其幼弟的书信中就说："崇焕之擒，吾密疏，实启其端。"（叶廷琯《鸥陂渔话》）"体仁五疏，请杀崇焕。"（余大成《剖肝录》）

第二，安排假证，进行诬陷。下面举两个例子。

（1）山西人张思栋暗执火片进仓，要烧仓库，说是袁崇焕家人周彪指使干的。此时，袁崇焕正在广渠门外指挥作战，哪顾得上这些事情，纯属诬陷。

（2）以节钺（符节和斧钺，古代授予将帅，作为加重权力的标志）为诱饵，让辽将谢尚政揭发袁崇焕。谢尚政是袁崇焕的同乡，曾受到袁崇焕的关照、提拔和信用，但他见利忘义，为小人。

第三，对申辩者，进行打击。凡是为袁崇焕申辩的人，都遭到严惩。御史罗万爵为袁崇焕申辩，被削官。布衣程更生被下狱论死。御史毛羽健曾和袁崇焕讨论过五年方略，被罢官充军。

温体仁凭借阿谀逢迎崇祯帝，陷害忠良，不断钻营，由侍郎到尚书，入内阁。前面讲到的周延儒也是如此。

但历史是公正的。周延儒后来自尽，死得很惨。温体仁的下场也不好。两人都被列入《明史·奸臣传》，被钉在历史的耻辱柱上，受到千秋万代的唾骂。

阉党余孽图谋翻案，奸佞小人落井下石，正义之士在做什么呢？

三、正义之士奔走鸣冤

袁崇焕入狱后，一些正直的人士为他奔走鸣冤。下面讲四个真实的故事。

第一个故事：钱家修为袁崇焕鸣冤。

钱家修是兵科给事中（言官），上《白冤疏》说：袁崇焕"义气贯天，忠心捧日"，并说袁督师有六大冤屈：

> ……崇焕以八闽小吏，报效而东，履历风霜，备尝险阻，上无父母、下乏妻孥，夜静胡笳，征人泪落，焕独何心亦堪此哉！……今奇（原抱奇）等谓焕果有异心，则何不起于当年而在今日也？此焕之冤一。

锦州之捷，初袭锦衣，次荫中书，朝廷报功常典也，崇焕三辞始受。今奇等谓焕子弟冒滥黄盖五十余人，臣不知所滥何官、所冒何职？此焕之冤二。

都督毛文龙镇守朝鲜，耗兵亏饷，兼之私通出塞，阳修阴诱，罪本不赦。今奇等谓其忌功故杀，致外敌乘机内入。然当日毛文龙反迹，副都御史朱童蒙已力言之。假令不杀文龙，以伺消息相通，奸生日久，天下事尚忍言哉？此焕之冤三。

江西道御史曹永祚捉获奸细刘文瑞等七人，面语口称焕附书与伊通敌，原抱奇、姚宗文即宣于朝，谓："焕勾通为祸，志在不小。"次日，皇上命诸大臣会鞫（jū）明白。臣待罪本科，得随班末，不谓就日辰刻，文瑞（等）七人走矣。嗟嗟！锦衣何地，奸细何人，竟袖手而七人竟走耶？抑七人具有翼而能上飞耶？此焕之冤四。

身居大将，未尝为子弟求乞一官。臣查袁崇焕自握兵以来，第宅萧然，衣食如故，犹更加意寒生，恩施井邑，恤贫扶弱，所在有声。今奇等谓动造圣旨，白昼杀人，非独所在骇闻，长安士庶无不愿以百口相保者也。此焕之冤五。

臣思曹谷为御史时尝对臣言，焕得大将风，士卒同甘苦。皇上前日逮焕下狱时，祖大寿统兵二十余万奋激欲叛，何之璧率家四十余口诣阙代监。今奇等谓减耗军粮、擅挞兵将，臣不知何以得此人心也。此焕之冤六。

下面简单说一下其中的第四件冤屈：阉党余孽施刑威逼一个木匠，让他诬告袁崇焕为奸细。袁崇焕下狱之后，其中一条罪状说刘文瑞拿了袁崇焕的亲笔信，让他送给皇太极。刘文瑞是个木匠，大家想想看，袁崇焕是堂堂兵部尚书、蓟辽督师，即使有这样绝密的大事，也要找其非常亲信的人，怎么会找个木匠来通信呢？这显然是诬蔑。此事上报崇祯帝，崇祯帝要求调查。就把刘文瑞等七人关在锦衣卫的监狱等候审查。

第二天开庭审问刘文瑞等人。钱家修是言官，也随班参加审问这个案子。将要开庭审讯的时候，刘文瑞等七人突然逃跑了。钱家修就上疏崇祯帝说，锦衣卫是何等地方？刘文瑞等人都是戴着枷锁的囚犯啊，怎么会逃走呢？难道他们是长了翅膀从天上飞走的吗？可见，这些人明显是在做伪证。为了诬陷袁崇焕，阉党余孽不惜利用一切卑鄙手段。姚宗文早在天启时就依附阉党，与原抱奇表里为奸，为打击袁崇焕而设置政治陷阱。

第二个故事：程本直为袁崇焕而死。

程本直，史料记载他的身份为布衣。他自称跟从袁崇焕在队伍里，亲身参加了保卫京师的战斗。有人推断他是袁崇焕的幕僚或侍从。后来，崇祯帝下令将他处死。还有一说，他是在袁督师蒙难后自杀的。《东莞县志》记载张次溪写过《程本直墓记》："今京师袁督师墓右有一茔，无碑碣，相传为从督师死者，姓名不传，此当为程本直墓。"程本直曾经目睹袁崇焕的英勇行为，所以他写的为袁崇焕鸣冤的文字《漩声记》声泪俱下，十分感人。文曰：

犹忆其自言曰："予何人哉？十年以来父母不得以为子，妻孥不得以为夫，手足不得以为兄弟，交游不得以为朋友。……""掀翻两直隶，踏遍一十三省，求其浑身担荷，彻里承当如袁公者，正恐不可再得也！"此所以惟袁公值得程本直一死也。虽然死则死也，窃有愿也。愿余弃市之后，复有一程本直者，出而收予尸首，并袁公遗骨合而葬之。题其上曰："一对痴心人，两条泼胆汉！"

这就是袁崇焕的真正朋友，在最困难的时候肝胆相照，以死相随。

第三个故事：余大成为袁崇焕仗义执言。

《东莞县志·余大成传》记载，余大成，字集生，号石衲，江宁人。万历三十五年（1607年）进士，官兵部职方司主事。崇祯帝曾亲书"清执"二字赐给他。崇祯八年（1635年）被贬谪广东电白，迁道至东莞，吊祭督师，慷慨呜咽，见者声泪俱下。他既是袁崇焕的继任者，又是袁崇焕的崇拜者。

余大成曾气愤地说道："奈何使功高劳苦之臣，蒙不白之冤乎？"于是往见兵部尚书梁廷栋。余大成和梁廷栋有下面的对话：

余："兵临城下，而自坏万里长城，岂计乎？"

梁："此上意也。"

余："焕非但无罪，实有大功。今日围城中，舍此，谁堪御敌者？朝廷置兵部官何用？使功罪倒衡若此，公宜率合部争之。"

梁："人皆言焕畜逆。"

余："兵由蓟入，焕自辽来，闻报入援，誓死力战，不知所逆何事？所畜何谋也？"

梁："焕杀文龙与王遵抚（遵化巡抚王元雅），非逆耶？"

余："焕斩文龙是已；王遵抚死于敌者，而谓焕杀之，何以掩天下人之口乎？"

梁廷栋不悦。后来，余大成被贬官充军。

第四个故事：何之璧愿为袁崇焕代坐监狱。何之璧带着全家老少40多口人到庭阙叩头，请求代袁督师坐牢。

由于有这样的大义之士冒死疏谏，再加上祖大寿在孙承宗的统率下带领辽军陆续收复了关内的失地，而满桂等辽军以外的勤王军则一再战败，于永定门之战中身死。崇祯帝逐渐冷静下来，于是又打算任用袁崇焕主辽事。崇祯帝在钱家修的《白冤疏》上旨批："览卿奏，具见忠爱，袁崇焕鞫问明白，即着前去边塞立功，另议擢用。"但崇祯帝后来反复，决定杀袁崇焕。

袁崇焕的磔死，东林内阁的垮台，说明邪恶战胜正义，乌云遮住晴空，表明"崇祯新政"的结束。《明史·毛文龙传》说："自崇焕死，边事益无人，明亡征决矣!"在这里,不能理解为因为袁崇焕死而导致明朝灭亡。这句话的意思很明确,袁崇焕死了之后,"边事益无人",边事更加没有人;同样,自东林内阁垮台,朝廷也更加没有人。所以,明朝的灭亡,就是不可避免的了。那么,崇祯帝为什么要杀袁崇焕?袁崇焕死的真正原因又是什么?

明朝蟒袍

第三十五讲 崇焕死因

袁崇焕被判死刑，究竟犯了何罪？他为什么由论死、到必死、再到磔死？袁崇焕含冤而死，已经300多年。关于他的死因，众说纷纭。明末清初的文人，多从袁崇焕个人责任去找答案；民国以来的学者，多从崇祯帝、明奸臣和天聪汗的个人恩怨去找答案。这一讲我重点剖析袁崇焕悲剧的原因，先从钦定罪状说起。

一、钦定罪状

崇祯三年（1630年）八月十六日未刻（13—15时），崇祯帝御平台，召辅臣并五府、六部、都察院、通政使司、大理寺、翰林院记注官，吏科等科、河南等道掌印官及总协、锦衣卫堂上等官俱入，宣谕："以袁崇焕付托不效，专恃欺隐，以市米则资盗，以谋款则斩帅，纵敌长驱，顿兵不战，援兵四集，尽行遣散，及兵薄城下，又潜携喇嘛，坚请入城。种种罪恶，命刑部会官磔示，依律：家属十六以上处斩，十五以下给功臣家为奴，今止流其妻妾，子女及同产兄弟于二千里外，余俱释不问。"（《崇祯长编》卷三十七）

崇祯皇帝为袁崇焕定下的罪名，共有九条。这九条罪状，把袁崇焕送上了刑场。对这九条罪状，袁崇焕本人怎么看，有没有进行申诉，到现在还没有发现史料详细记载。那么，让我们对这九条罪状逐一分析。

(1) 所谓"付托不效"。是指崇祯皇帝命袁崇焕为蓟辽督师，指望他五年复辽；而他辜负了皇帝的嘱托，致使后金军队长驱直入，攻打京师，给明朝带来极大的震动和损失。

面对后金铁骑长驱直入，作为兵部尚书、蓟辽督师，袁崇焕应当承担自己的责任。先是，嘉靖二十九年（1550年），蒙古俺答兵薄北京，还没有攻打北京城，嘉靖皇帝就下令将兵部尚书丁汝夔杀了。此次皇太极攻打北京城，崇祯皇帝迁怒于重臣，接连重惩多位重臣，先命将兵部尚书王洽下狱，第二天又谕令将工部尚书张凤翔下狱，把负责城防工事的官员廷杖八十，有三人毙于杖下。不久，又将总理蓟、辽、保定军务兵部侍郎刘策下狱、弃市。袁崇焕受明帝付托，诚心竭力，任事封疆，于朱明社稷，可谓"义气贯天，忠心捧日"。他提醒过要重视蓟镇的防守，而且他的防区主要在关外而不在蓟镇。但是，袁督师"付托不效"之责还是有的，而将后金入犯京师全部责任加到他一人身上，以显示主上圣明，这对袁崇焕则是不公平的。

奉天殿（今太和殿）皇帝宝座

(2) 所谓"专恃欺隐"。是指责袁崇焕依恃崇祯帝的信任而行欺骗和隐瞒。他欺骗隐瞒了什么呢？没有明说。崇祯帝责其"专恃欺隐"，或指袁崇焕"五年复辽"的目标。但是，崇祯帝若以此事指责袁崇焕，实属不妥。因为：第一，不能实现目标，有各种各样的原因，不是袁崇焕一个人可以左右的；第二，袁崇焕督辽才一年多的时间，五年期限未到，不应以此相责。或许崇祯帝所谓"专恃欺隐"另有所指。

(3) 所谓"市米资盗"。这件事指的是，崇祯二年（1629年），漠南蒙古东部闹饥荒："夷地荒旱，粮食无资，人俱相食，且将为变。"也就是说，蒙古哈喇慎等部，室如悬磬，聚高台堡，哀求备至，乞请市粟。这件事怎么办？在明朝与后金的辽东争局中，蒙古是双方都要争取的力量。袁崇焕坚持团结拉拢蒙古，来对抗后金。袁崇焕先言："人归我而不收，委以资敌，臣不敢也。"蒙古各部首领，闻将市粟，指天立誓，不忘朝恩。所以袁崇焕疏言："臣以是招之来，许其关外高台堡通市度命，但只许布米易柴薪。"奏上，奉旨："著该督抚，严行禁止。"奉旨严禁，皆失所望，哈喇慎诸部背离明朝，纷投后金。可见，蒙古诸部台吉，附己不纳，委以资彼，其责任在崇祯皇帝。所以，袁督师"市粟"之事有，而"资盗"之罪无！

(4) 所谓"谋款诱敌"。是指责袁崇焕以议和来引诱后金攻打北京。其实，谋款即议和之事，袁崇焕任蓟辽督师后明确疏言"和为旁著"，目的在于缓其兵攻而争取时间以固边防。崇祯帝对此"悉听便宜从事"，或"优旨许之"。何以"擅主"！崇祯二年即天聪三年（1629年），袁崇焕与皇太极往来书简凡十封，其中皇太极致袁崇焕六封，袁崇焕致皇太极四封。袁崇焕的第一封复信指出：印玺之事，未降封号，不能妄行。第二封复信又指出：辽东原为明朝土地，且有汉人坟墓，则不应归其占有。第三封复信解释：使者来时，因在海上航行，而让其久居。第四封复信明确表示：战争长达十年，不能一朝停止，不是数人所能为，数语所能定。对袁崇焕的四封复信，日本著名满学家神田信夫教授有一个评价："它强烈地反映出袁崇焕在与皇太极交涉中忠于明廷的责任感,他强烈地主张议和必须按照中国,即明朝所提送的典制方案,并严戒其未经降封,不准随意用印。"所以,袁督师"谋款"之事有,而"诱敌"之罪无!

(5) 所谓"斩帅践约"。是指责袁崇焕与后金约定而杀毛文龙。史料已经证明,袁崇焕与皇太极书信往来,既无默契,更无议约。倒是毛文龙通款后金,谋降有迹。所谓毛文龙被杀,后金军才敢南犯之言,实则夸大了毛文龙的作用。至于对毛文龙先斩后奏,因而受到"擅杀"之诘,则应做具体分析。对袁崇焕计斩毛文龙的"席藁待诛"奏疏,崇祯帝谕旨:"毛文龙悬踞海上,糜饷冒功,朝命频违,节制不受。近复提兵进登,索饷要挟,跋扈叵测。且通夷有迹,犄角无资,掣肘兼碍。卿能周虑猝图,声罪正法。事关封疆安危,阃外原不中制,不必引罪。"(《明清史料》甲编)所以,袁督师"斩帅"之事有,而"践约"之罪无!

(6) 所谓"纵敌长驱"。是指责袁崇焕纵容后金铁骑长驱直薄京师,而不加阻拦。其实,早在天启六年即天命十一年(1626年)四月,辽东巡抚袁崇焕就上疏:应防御后金军从宁、锦以西虚怯之处南犯。两个月后,袁崇焕再疏:"虑其席卷西虏,遂越辽而攻山海、喜峰诸处。"到崇祯元年即天聪二年(1628年)十月,袁崇焕再疏奏喜峰、古北关隘可虞:蒙古哈喇慎等部"处于我边外,经道惯熟,若仍诱入犯,则东至宁前,西自喜峰、古北,处处可虞,其为祸更烈"(《崇祯长编》卷十四)。崇祯二年即天聪三年(1629年)三月,袁督师又上疏:"惟蓟门,陵京肩背,而兵力不加,万一夷为向导,通奴入犯,祸有不可知者。"他一面谏议——"蓟门单弱,宜宿重兵",一面具疏——济其市粟糊口,免其导诱入犯。崇祯帝对袁崇焕的谏疏,或拖延因循,或严行禁止。己巳事变发生,不出崇焕所料,罪名却要崇焕独负。所以,袁督师"纵敌长驱"之罪名,"莫须有"矣!

(7) 所谓"顿兵不战"。是指责袁崇焕虽然率领辽军入援京师,但是保留实力,而不与后金军作战。曾在袁崇焕部伍中的布衣程本直疏辩道:"自敌人逸蓟入京,崇焕心焚胆裂,愤不顾死,士不传餐,马不再秣,间道飞抵郊外,方幸敌未近城,得以身翼神京。士马疲敝，请休息城中来，未蒙俞允，出营广渠门外，两相鏖战。崇焕躬爰擐甲胄，以督后劲，自辰至申，转战十余里，冲突十余合，竟至通惠河，血战殊劳。辽事以来，所未多有。此前月二十日也。至二十六日，又舍广渠门而攻左安门，亦时有杀伤。惟是由蓟趋京，两昼夜疾行三百里，随行营仅得马兵九千，步兵不能兼进。以故专俟步兵调到，随地安营，然后尽力死战。初二、初三，计程可至。不期初一日，再蒙皇上召对，崇焕奉有拿禁之旨矣！时未旬日，经战两阵，逗留乎，非逗留乎？可不问而明矣！"所以，袁督师"顿兵不战"之罪名，"莫须有"矣！

(8) 所谓"遣散援兵"。是指责袁崇焕遣散前来增援京师的明军。袁崇焕奉谕调度各路援兵。对此，曾在袁崇焕部伍中的布衣程本直疏辩道："若夫诸路援兵，岂不知多多益善。然兵不练习，器不坚利，望敌即逃，徒寒军心。故分之则可以壮声援，合之未必可以作敌忾也。况乎叵尤世威于昌平，陵寝巩固；退侯世禄于三河，蓟有后应。京营素不习练，易为摇撼，以满桂边兵据护京城，方万可保无虞。此崇焕千回万转之苦心也。以之罪崇焕，曰散遣援兵，不同堵截，冤哉！"所以，袁督师"遣散援兵"之罪名，"莫须有"矣！

(9) 所谓"携僧入城"。这是指责袁崇焕兵临城下，又暗中带着喇嘛，要求进入北京城内。袁督师军中有喇嘛，他率军入京，露宿荒郊。袁崇焕"力请援兵入城，不许"。督师又"求外城屯兵，如满桂例，并请辅臣出援；不许"。崇祯帝之猜疑、惶惧到了何等程度，明朝廷之虚弱、窳（yǔ）败到了何等地步。袁督师军中有喇嘛，"携僧入城"就会当内应吗？所以，袁督师"携僧"之事有，而"入城"之事无！其罪名，"莫须有"矣！

由上，九款钦定"罪名"，后八款都已被历史否定。至于第一款"付托不效"，应当说袁崇焕负有一定责任，但罪至"论死"，尚有"八议"或"戴罪立功"等处理办法，崇祯帝为什么在经历八个月犹豫之后，一定要置袁崇焕于死地？这是多种原因而导致的一个结果。

二、多因一果

袁崇焕之死，究其死因，是当时各种矛盾交错的结果，可以说是多因一果。

天聪汗的反间。天命汗与天聪汗父子，先宁远之战、后宁锦之战，皆败于袁崇焕坚城洋炮之下，对袁深衔大恨。己巳京师之役中，又在广渠门与左安门两败于袁军。天聪汗既然在军事上不能战胜袁督师，便在政治上施反间计以除之。由此而产生了袁督师死于皇太极反间计之说。此说始于《旧满洲档》。《满文老档》沿袭，意在表明天聪汗计谋之成功。

其实，崇祯帝逮捕崇焕，不是因为崇焕一定要造反，而是他有造反的能力与可能。无论如何也要防止崇焕与后金勾结、订城下之盟，因而不管是谁，也必在此危急之刻将袁的兵权削掉而控制起来。这正是中国古代政治的特点，注重的是一统政治的安定，因而就不必特别计较对一人一事的绝对公允，牺牲少数人，正是维持王朝政局的方法。《明史·毛文龙传》未将后金反间与崇焕磔死相联系，却以"擅主和议、专戮大帅"两端为其死因；而崇祯帝谕定其罪九款，并无"通敌"之词。由是可证：天聪汗反间计是袁督师落狱之由，而不是其磔死之因。

袁崇焕墓碑拓片

众小人的诬陷。袁崇焕的每个胜利，都把小人召唤到自己的周围，而受其攻讦与诬谤。后金骑兵南犯京师，小人攻讦达于顶点。在小人之中，有旧时同僚，有朝廷中贵，更有阉党余孽。群小构陷，更加重了袁崇焕的悲剧命运。

崇祯帝的昏暴。后金的反间，廷臣的谗陷，只有昏暴之君听信才能得逞。明朝崇祯皇帝，君权高于一切，口含天宪，太阿独操。群小诬陷，崇祯帝偏信，旨定磔杀袁崇焕，铸成千古冤案。

崇祯帝杀袁崇焕，既不是"误杀"，也不是"忌杀"，而是"必杀"。

何以"必杀"？先是，正统十四年（1449年）蒙古瓦剌兵攻北京，兵部尚书于谦后来被杀；嘉靖二十九年（1550年）蒙古俺达兵薄都城，兵部尚书丁汝夔、提督军务保定巡抚杨守谦被杀。这次崇祯己巳之变，保卫京师的兵部尚书王洽和蓟辽督师袁崇焕，又受到朱由检的杀害！崇祯帝像他的先祖一样，把责任完全推给兵部尚书、蓟辽督师袁崇焕，称袁崇焕致"庙社震惊，生灵涂炭，神人共忿，重辟何辞"（《国榷》卷九十一）！可见，崇祯帝杀袁崇焕的主要是政治原因，所谓圣上英明，崇焕误我——所以必杀袁崇焕。后来，崇祯帝煤山自缢时也说"诸臣误我"，这些都是在推卸责任。

但是，崇祯帝必杀袁崇焕又何至于要磔死呢？这还要分析袁督师与崇祯帝的性格冲突。

三、性格冲突

袁崇焕的死，前面有兵部尚书王洽，后面也有兵部尚书陈新甲。皇太极打到北京城下，袁崇焕的死是难以避免的。《明史·刑法志》规定，死刑有二：一是斩，二是绞。袁崇焕最终被磔死的悲剧，还要从袁督师与崇祯帝的性格冲突来分析。

袁崇焕被磔死的原因，从袁督师孤耿廉直的品格与崇祯帝刚愎暴戾的性格矛盾，可以找到其内在的解释。袁崇焕品格具有两极性：一极为忠君，另一极为个性；二者既相统一，又相对撞。他35岁中进士前，受到系统的儒家教育，以纲常伦理作为思想与行为的规范。他在《三乞给假疏》中言："生杀去留，惟皇上所命。皇上纲常名教主，尊皇上即所以重伦常。"所以，君为臣纲，绝对忠君，这是袁崇焕性格的一极。他出身于商人家庭，多次顺溯两江而往来于两粤，珠江流域受西方文化影响较早，因而家世、阅历和社会又陶冶了他的独立性格。他在《咏独秀峰》诗中云："玉笋瑶簪里，兹山出独群。南天撑一柱，其上有青云。"他又曾以榕树自喻："纵斧摧为薪，一任后人事。"前者表现其卓异的心态，后者则表现其寡合的性情。所以，刚毅卓立，不相苟合，这是袁崇焕性格的另一极。袁崇焕这一独立品格，是其区别于同时代诸多官员的一个明显的性格特征。由是，他具有独立心态、独立意志、独立品格和独立行为。这是袁督师铸成英雄形象与扮演悲剧角色的性格因素。袁崇焕的独立品格，主要表现在：

第一，敢走险路。袁崇焕中进士之年，明军萨尔浒大败；朝觐之年，明军失陷广宁。其时关外形势，经略王在晋认为已无局可守。但是，袁崇焕不与同僚、家人商量，单骑出阅关内外。回京后，具言关上形势，曰："予我军马钱谷，我一人足守此。"（《明史·袁崇焕传》）而当时的"京师各官，言及辽事，皆缩朒不敢任，崇焕独攘臂请行"（张岱《石匮书后集》）。廷臣称其才，遂超擢佥事，监关外军，从此袁崇焕与辽事结下终生不解之缘。时袁崇焕从八闽而至京都，由县令而升主事，他本来可选走笔直平坦之道，却择行崎岖危险之路。当时作为供职于京的下层官员来说，存在多种选择的可能性，他完全可以行某种平稳之计而不冒此风险，不担此重任，不择险而行。特别是千里入援，未奉明旨，不听劝谏，率军进京，走着险路。

袁崇焕选走险路是由其价值取向与性格特征所决定的。他出关之后，继续择险而行。如宁远以缺饷四月而兵哗，巡抚毕自肃、总兵朱梅等被缚于谯楼上，寻自肃自经死。督师袁崇焕于到任次日，迅即平息兵变，表现出超凡的胆魄。前面讲过，袁崇焕任邵武令时，县衙旁着火，他登墙上屋，奋力救火。袁崇焕令邵武时，童试之后，他绝不阅卷，却"日呼一老兵习辽事者，与之谈兵"，亦属超越常规的奇异行为。以上诸例，袁崇焕脱常轨、走险路的性格特征可见一斑。

第二，敢犯上司。袁崇焕善待同僚，体恤下属，"焕得大将风，士卒同甘苦"。但是，袁崇焕不善于"应对"上司。有人说："举世所不得避之嫌疑，袁公直不避之而独行也！"他不爱钱，不惜死，不辞劳怨，不避嫌疑，而秉性耿直，忠于朝廷，是其所是，非其所非。他于经略王在晋：深受其倚重，并被提为兵备佥事。但是，"崇焕薄在晋无远略，不尽遵其令。及在晋议筑重城八里铺，崇焕以为非策，争不得，奏记首辅叶向高"（《明史·袁崇焕传》）。袁崇焕以区区小官，在唯诺成风的官场中，冒犯上司，径直奏记，是何等刚直，又有何等胆魄！他于大学士孙承宗：深受其器重，并被委任筑守宁远。但是，孙承宗、马世龙出击后金，兵败柳河；他不顾及孙承宗之情面而揭斥道："前柳河之失，皆缘若辈贪功，自为送死。乃因此而撤城堡，动居民，锦、右摇动，宁、前震惊。"他于经略高第：高第代孙承宗后，谓关外必不可守，令尽撤锦、右将士入关。崇焕抗曰："我宁前道也，官此，当死此，我必不去！"高第没有办法，听其守宁远。他于督师王之臣：先是请移满桂往他镇，桂被召还，王之臣又奏留桂。"崇焕以之臣奏留桂，又与不协。"（《明史·袁崇焕传》）他于厂臣魏忠贤：天启六年即天命十一年（1626年），"内外大权，一归忠贤"，魏忠贤"矫诏遣其党太监刘应坤、陶文、纪用镇山海关，收揽兵柄"。崇焕具抗疏言：

> 兵，阴谋而诡道也，从来无数人谈兵之理。臣故疏裁总兵，心苦矣。战守之总兵且恐其多，况内臣而六员乎？又所辖之随行，军法不得问者，不知几许乎？昨部臣崔呈秀疏谏厂臣魏忠贤，约束内官，不干与部事。部事且不令干与，况呼吸存亡之兵事乎？（《明熹宗实录》卷六十九）

疏上，天启帝拒纳。崇焕虽尽力与忠贤委蛇，却终不为其所喜，而引疾辞职归里。袁崇焕一心忠君，以社稷为重，竭力抗御后金，图复辽东失地，因而敢于冒犯上司，不太注意与上级的人际关系。正如《天启朝袁崇焕人际关系的变化》文中所论："他并不重视向上看的联系上级的人际关系，他重视的是同僚关系，以及与下属的人际关系。他向下看多过向上看，他不急于升官。"袁崇焕自赋诗句"杖策只因图雪耻，横戈原不为封侯"，是其价值取向，也是其孤迂性格的诗词表达。

第三，敢违圣颜。在帝制时代，君威至高，皇权至上。袁崇焕不仅犯上司，而且违圣颜。后者，仅举讲款与斩帅二例。讲款，为庙堂之大事。天启末讲款，袁巡抚首疏。辽东巡抚袁崇焕听闻后金汗努尔哈赤死，遣使吊丧，探其虚实。此事虽由内臣主持，却未先行奏请圣旨。天启六年即天命十一年（1626年）九月二十八，《明熹宗实录》载督师王之臣和巡抚袁崇焕奏报："奴酋哈赤死于沈阳，四子与长子争继未定。"第二天即二十九日，袁崇焕复奏："臣敕内原许便宜行事，嗣有的音，方与在事诸臣会奏。"可见，此奏上报之时，李喇嘛已派出。十二月十三日，《明熹宗实录》载：李喇嘛返回，袁崇焕奏报，得旨："夷在，无急款以失中国之体。"此奏报虽优旨许之，后却频旨戒谕。"崇焕却藉是修故疆，持愈力。"而朝鲜被兵，言官谓款议所致。御史智铤、刘徽、李应荐等交章奏劾，甚至王之臣与袁崇焕缘此而"意见异同，遂成水火"。袁崇焕具疏抗辩，无济于事，宁锦捷后，引疾归里。右副都御史霍维华为其疏鸣不平，却得到"袁崇焕讲款一节，所误不小"的罪名。崇祯初讲款，袁督师又议。但是，仅崇祯二年即天聪三年（1629年）间，皇太极与袁崇焕往来书简十封，《崇祯实录》和《崇祯长编》均没有记载袁督师向崇祯帝奏报此事。斩帅，亦为庙堂之大事。袁督师计斩总兵毛文龙，虽同辅臣钱龙锡私商过，却未先请旨，先斩后奏，以致留下"擅杀"罪名。钱龙锡"悉封上崇焕原书及所答书"，得无死，遭谪戍。特别是朝廷派太监监军，他上疏反对。

袁崇焕在奏疏中，陈述自己的性格称："臣孤迂耿僻，原不合于边臣旧格。"孤迂、廉直、耿僻是袁崇焕重要的性格特征。因其孤迂，则是其所是，而行险路；因其廉直，则非其所非，而冒犯上司；因其耿僻，则不工阿附，而触违圣颜。由是，袁崇焕的孤迂耿僻性格与崇祯帝的刚愎暴戾性格发生了冲突。袁督师的历史悲剧，从某种意义上来说，从心理史学视角看，是袁崇焕孤迂耿僻性格与崇祯帝刚愎暴戾性格之间冲撞的结果。在帝制时代，正人君子，名节清流，仕途坎坷，难得通达，主昏政暗，尤其如是。检《明史》，宦官、阉党、佞幸、奸臣，或憸（xiān）邪，或阴狡，或善伺旨意，或恶正丑直。阉党如魏广微"曲奉忠贤，如奴役然"，阎鸣泰则"专事谄谀，虚词罔上"；奸臣如周延儒"善伺意旨"，温体仁则"机深刺骨"。至于此前的严嵩，"无他才略，惟一意媚上，窃权罔利"。伺旨、谄谀、结纳、通贿和阴险，这是历史上一切奸佞之臣的共同特点。袁崇焕刚正、孤迂、清廉和忠耿的品格，自为明季昏君和奸臣所不容。在明末官场中，君子之清流与小人之混浊，泾渭分明，势同水火。但是，小人必逢君恶，方能谗构售奸，这就是《明史·宦官传》所说的"逢君作奸"。所以，袁崇焕孤耿刚廉的品格，不仅同诸奸臣谄附媚上的奴性相冲突，而且与崇祯帝刚愎昏暴的个性相冲突。在君为臣纲、君视臣如草芥的帝制时代，袁崇焕性格与崇祯帝个性相对撞的结局是袁督师只能以悲剧结束自己的一生。

就心理史学而言，从后来崇祯帝亲手用宝剑砍伤自己的女儿、砍死自己的妃子可以看出他心理与性格的残忍性。崇祯帝刚愎暴戾的性格，袁崇焕孤迂耿僻的性格，矛盾冲突，君为臣纲，而演出袁督师被磔死的历史悲剧就不难理解了。

袁崇焕之死，有着多层面的、极复杂的原因，可以说是多因而一果，主要的则是政治原因。后金的反间是其诱因，阉党的排构是其外因，崇祯帝的昏暴则是其主因。袁崇焕之死，是个人的悲剧，是社会的悲剧，是历史的悲剧，更是文明的悲剧——"衣冠填于狴犴，善类殒于刀锯"，正义被亵渎，文明遭玷污！

杀袁崇焕，崇祯皇帝自以为很聪明，其实他做了一件蠢事。"自崇焕死，边事益无人，明亡征决矣。"袁崇焕虽然死了，他的精神却是永存的。

第三十六讲　崇焕精神

袁崇焕留给后人的宝贵财富，既是他的辉煌业绩，更是他的崇高精神。

袁崇焕的崇高精神是什么？有言者说是"忠"，也有言者说是"义"。于前者，"忠"就是忠君。袁崇焕作为明朝万历年间的进士，身受万历、泰昌、天启、崇祯四朝的国恩，任泰昌、天启、崇祯三朝的官员，受过系统完整的儒家教育，自然要忠于国君。因此，袁崇焕必定有忠君的思想。于后者，"义"如《礼记·中庸》曰："义者，宜也。"韩愈《原道》引申说："行而宜之之谓义。"人们通常以"义"来规范朋友之间的关系。袁崇焕深通"四书""五经"，自然理解《孟子·离娄上》对"义"的阐释："义，人之正路也。"因此，袁崇焕讲"义"是没有争议的。所以，袁崇焕有"忠"与"义"的理念，是没有问题的，也是没有争议的。他在宁远大战的临战之前，对守城官兵"刺血为书，激以忠义，为之下拜，将士咸请效死"（《明史·袁崇焕传》），就是很好的例证。然而，"忠"与"义"不是袁崇焕精神的根本，也不是袁崇焕精神的灵髓。

袁崇焕留给后人的宝贵财富是什么？我认为是"正气"和"精神"，即浩然正气和爱国精神。袁崇焕的浩然正气和爱国精神，体现了中华传统文化的精华，是中华民族精神的灵髓。

一、勇敢拼搏

袁崇焕有着过人的事功,而这源于他过人的勇气——勇敢拼搏。在困难面前,是勇敢拼搏,还是萎靡退缩?这是强者与懦者、英雄与凡夫的重要区别。

袁崇焕有大勇,敢拼搏。他出山海关担任辽东官职时,明朝丢城失地,败报频传——一失抚顺、二失清河、三失开原、四失铁岭、五失沈阳、六失辽阳、七失广宁、八失义州,还有萨尔浒大败,上下沮丧,局势危急。《明史》记载,自辽左军兴,明朝总兵阵亡者凡14员:抚顺则张承胤,萨尔浒之战则杜松、刘綎、王宣、赵梦麟,开原则马林,沈阳则贺世贤、尤世功,浑河则童仲揆、陈策,辽阳则杨宗业、梁仲善,广宁则刘渠、祁秉忠。辽阳还有朱万良。还有因战败自裁的总兵李如柏(明初定制总兵官为20员)。同期还有辽东经略、巡抚杨镐、袁应泰、熊廷弼、王化贞因此而被杀,或自尽。京师朝野官员,可谓谈辽色变:"时广宁失守,王化贞与熊廷弼逃归,画山海关为守。京师各官,言及辽事,皆缩朒不敢任。崇焕独攘臂请行。"(《张岱·《石匮书后集》》)

袁崇焕出任关外,要到前屯卫安置失业的辽人。《明史·袁崇焕传》记载:"崇焕即夜行荆棘虎豹中,以四鼓入城,将士莫不壮其胆。"后明辽东经略高第下令

《袁公祠记》石刻(拓片)

尽撤山海关外右屯、大凌河、锦州、松山、杏山、塔山、宁远、前屯八城军民到山海关内，唯独宁前道袁崇焕坚决拒撤，他说："我宁前道也，官此，当死此，我必不去！"(《明史·袁崇焕传》)甚至发出"独卧孤城以当虏耳"的豪言壮语。这是何等胆量、何等气魄。至于袁崇焕杀东江总兵毛文龙，虽有其越制之失，但梁启超在《袁督师传》中说道："夫以举国不能杀、不敢杀之人，而督师毅然去之，若缚一鸡而探一觳也。指挥若定，声色不惊。呜呼，非天下之大勇，其孰能与之斯？"袁崇焕既有虎豹在山的气势，又有飞龙腾空的雄风。他在北京保卫战当中，身先士卒，进行拼杀，矢林镞雨，马颈相交。他在魏忠贤当权、阉党专政的恶劣政治局面下，对朝廷向关外派太监监军的决定，毅然上疏，表示反对。

所以，袁崇焕的性格特点，凸现一个"敢"字——敢走险路，敢担责任，敢犯上司，敢违圣颜。

二、进取求新

袁崇焕取得过人的事功，还源于他有过人的思想——进取求新。

袁崇焕到山海关外任职，辽东经略王在晋要在山海关外八里铺建一座新城，守护山海关。袁崇焕不同意筑八里铺重城，反对辽东经略王在晋的消极防御兵略。他提出在山海关外 200 里修筑宁远城（今辽宁兴城）的新见。但因人微言轻，遭王在晋拒绝，便越级奏告首辅叶向高，后被采纳。后来宁远这座重城，成为明军抵御后金军南进的中坚堡垒。直至明朝灭亡，清朝也没有夺取这座坚城。袁崇焕又在孙承宗的支持下，提出在山海关外 400 里修筑从山海关经宁远到锦州的关宁锦防线。后来这道关（山海关）宁（宁远）锦（锦州）防线，成为阻挡后金军南进的坚固长城。

袁崇焕于战略策略原则，有所创新，有所发明。不同于王在晋的消极"防守"、王化贞的冒险"进攻"、王之臣的拒绝"议和"等片面僵化原则，他提出"守为正著，战为奇著，和为旁著"的策略原则，就是打仗的时候该守就守，该战就战，该讲和时就讲和，灵活运用。他总结明军自辽事以来抚顺、清河、开原、铁岭、沈阳、辽阳、广宁、义州失守的惨痛教训，提出抵御后金进攻的法宝是"凭坚城、用大炮"。特别是他第一次将当时世界上最先进的西方火炮——红夷大炮，用于宁远实战，抵御后金天命汗的进攻，取得宁远大捷；随后打退皇太极的进攻，又取得宁锦大捷。崇祯二年即天聪三年（1629年），北京危急之时，他率领九千骑兵，"士不传餐，马不再秣"（梁启超《袁督师传》），日夜兼驰，入援北京，再取得京师大捷。

袁崇焕比其前任杨镐、袁应泰、熊廷弼、王化贞、王在晋、高第等人的高明之处，在于进取求新，诸如"凭坚城、用大炮""守为正著，战为奇著，和为旁著"等，都是战略战术的重大创新。就某种意义说，取得宁远、宁锦、北京三次大捷，是袁崇焕求新进取的胜利。

三、清正廉洁

袁崇焕是一位廉洁的清官。他在邵武知县任上的清廉事迹，在乾隆《邵武府志》中有记载：

> 天启初，知邵武县。明决有胆略，尽心民事，冤抑无不伸。素趫捷有力，尝出救火，着靴上墙屋，如履平地。

上面记载的两件小事：尽心民事，平反冤狱；穿靴上房，帮民救火——清楚生动地记述了袁崇焕这位清正廉洁知县的形象。

他做官不贪。张岱在《石匮书后集·袁崇焕传》中说："此臣作法自别，向为县令，不取一钱，天生此臣，以为社稷。"查继佐在《罪惟录·袁崇焕传》中也

北京龙潭湖畔袁督师庙原址

记载袁崇焕为官清廉:"此臣作县官,不入一钱。"袁崇焕父亲死后,他在请求回乡料理丧事的《三乞给假疏》中说:"臣自为令至今,未尝余一钱,以负陛下。昨闻讣之日,诸臣怜臣之不能为行李,自阁、督、抚以下,俱醵金为赆。臣择而受之,束装遄归,以襄臣父大事。"袁崇焕请假回去给父亲办理丧事,但他连回家的盘缠都没有,再说料理丧事还需要花钱,这些钱都是其同事、朋友等凑钱资助的。袁崇焕一生,"浮沉宦途,家无子息"。死后,《明史·袁崇焕传》记载,袁崇焕死,籍其家产,"家亦无余赀"。在"三年清知府,十万雪花银"的封建皇朝时代,做官"分文不贪",确实是出类拔萃的。袁崇焕和岳飞一样,都能做到如《宋史·岳飞传》所说的"文臣不爱钱,武臣不惜死"。这既是天下文官的典范,也是天下武官的楷模。

崇焕精神,程本直在《漩声记》中,说了如下一段概括的话:

举世皆巧人，而袁公一大痴汉也。惟其痴，故举世最爱者钱，袁公不知爱也；惟其痴，故举世最惜者死，袁公不知惜也。于是乎举世所不敢任之劳怨，袁公直任之而弗辞也；于是乎举世所不得避之嫌疑，袁公直不避之而独行也；而且举世所不能耐之饥寒，袁公直耐之以为士卒先也；而且举世所不肯破之体貌，袁公力破之，以与诸将吏推心而置腹也。犹忆其自言曰："予何人哉？十年以来，父母不得以为子，妻孥不得以为夫，手足不得以为兄弟，交游不得以为朋友。……"即今圣明在上，宵旰抚髀，无非思得一真心实意之人，任此社稷封疆之事。予则谓："掀翻两直隶，踏遍一十三省，求其浑身担荷，彻里承当如袁公者，正恐不可再得也！"

布衣程本直以血与泪的文字，以生命弃市的代价，朴素地评价并颂扬了袁督师在明末官场污浊、物欲横流的邪气中，表现出的浩然正气与爱国精神。

前面讲的袁崇焕勇敢拼搏、进取求新、清正廉洁的高尚品格，源于其高尚的爱国精神。袁崇焕的精神与灵魂，主要是"爱国"。有学者认为，袁崇焕生活在明朝，当时只有忠君的意识，没有爱国的思想。这是既不了解历史，也不符合事实的论断。《说文解字》中"国"字释曰："国，邦也，从口，从或。"儒家经典《十三经注疏》中，"国"字为首的词组，共出现266次。《左传》曰："国将兴，听于民。"这里的"国"是指政治实体的国。在皇朝时代，忠君与爱国，二者有同，也不尽同。"国"比"君"的含义更宽泛，国包括历史、国君、社稷、山河、民众。袁崇焕的爱国，既有忠君的思想，更有忠于历史、社稷、山河和人民的思想。传说他小时候每当放学回家路经土地庙时，总要在庙前驻足，面对着土地神，念念有词地说："土地公，土地公，为何不去守辽东！"这条材料虽然得不到文献的佐证，但透露出袁崇焕所爱的是社稷、是土地、是民众。袁崇焕在《边中送别》诗中的金玉诗句，抒发了他的高远志向，展现了他的爱国亲民情怀：

五载离家别路悠，送君寒浸宝刀头。

欲知肺腑同生死，何用安危问去留？

杖策只因图雪耻，横戈原不为封侯。

故园亲侣如相问，愧我边尘尚未收。

袁崇焕的抱负是国家、是社稷、是人民。夏允彝在《幸存录》中说，袁崇焕"少好谈兵，见人辄结为同盟，肝肠颇热。为邵武县令，分校闱中，日呼一老兵习辽事者与谈兵，绝不阅卷"。因此，他知晓厄塞情形，尝以边才自许。这说明袁崇焕虽身在东南八闽，却心系辽东边疆；虽身为南国文官，却关心北塞武事。爱国必亲民。袁崇焕身为七品知县，而登房为百姓救火的壮举，是他亲民精神的体现。爱国亲民是袁崇焕最为宝贵的精神。梁启超在《新史学》中说，历史是爱国心之源泉。袁崇焕那股刚毅奇伟、炽热强烈的爱国精神，给当时凡俗怯懦之人以深刻的教育。在中华民族历史上，有许多仁者、智者、勇者、廉者，他们是中华豪杰的精英，也是中华民族的脊梁。袁崇焕就是其中的一位。一位杰出人物的魂魄，一段重大历史的背后，必有一种优秀的精神。袁崇焕经历宁远、宁锦、京师三次重大历史事变之后，他留给后人的宝贵精神，是民族精神的凝结与体现，具有穿越时空的震撼力，值得我们梳理、研究和弘扬。

我认为，袁崇焕是中国历史上一位大仁、大智、大勇、大廉者。《中庸》曰："知、仁、勇三者，天下之达德也。"袁崇焕的仁与智，令人赞颂；勇与廉，令人敬佩。这种爱国精神，同他的浩然正气密切相连。袁崇焕留给后人熠熠永辉的思想、薪火永传的精髓，就是"浩然正气"。什么叫"浩然正气"？《孟子·公孙丑章句上》说："浩然之气"就是"至大至刚"、"配义与道"、"塞于天地之间"。通俗地说，"浩然正气"就是正大刚直、合乎道义、充满天地、超越时空之气。袁崇焕身上的这种"浩然正气"，主要表现为爱国的精神、勇敢的品格、求新的旨趣和廉洁的风范。

袁崇焕的死是一场悲剧。从哲理来说，生死是一个大关节，也是一个大境界。

康有为题写的"袁督师庙"额

岳飞如此,文天祥如此,于谦如此,袁崇焕也如此。袁崇焕之死,唤起万千人奋起,笑洒碧血振乾坤。如鲁迅所言,这就是"中国的脊梁"。

诚然,既要知世论人,也要知人论世。袁崇焕的时世与为人,有着密切的关系。袁崇焕是一位历史人物,有其历史的、社会的、民族的与性格的局限性,也有其军事失误和举措失当之处,且成为他罹祸的"口实"。然而,瑕不掩瑜。袁崇焕作为明朝杰出的军事家和著名的爱国英雄而永垂史册,万古流芳。正如明末杨继盛《临行诗》云:"浩气还太虚,丹心照千古。"时代呼唤袁崇焕的浩然正气与爱国精神,时代需要袁崇焕的浩然正气与爱国精神。人们透过袁崇焕的正气与精神、仁智与勇廉、品格与事功、喜悦与悲哀,了解先贤,景仰英豪,知荣明耻,激励来者。

第三十七讲 大寿降清

大家知道，袁崇焕手下原有三员大将：总兵赵率教在遵化之战中阵亡；总兵满桂在北京永定门之战中阵亡；只剩下一个总兵祖大寿，后来两次降清（后金），先在大凌河之战中一降，又在松锦之战中再降。大寿降清这件事情影响很大，是明亡清兴的又一个标志。我们先看一下祖大寿其人。

一、大寿其人

祖大寿，生年不详，死于顺治十三年（1656年），辽东宁远（今辽宁兴城）人。他的祖居、坟墓、牌坊现在兴城还有遗迹。顺治帝入关以后，祖大寿到了北京，他死后，原来居住的地方变成祖家祠堂（现在是北京市第三中学的校址），所在的那条街就叫祖家街。所以，祖大寿跟北京也有密切关系。

祖家在宁远是一个豪门望族，祖大寿的先祖世代守卫宁远。祖大寿早年的经历，史料记载很少。总兵吴襄娶祖大寿的妹妹为妻。吴襄之子吴三桂，小时候跟随舅舅祖大寿和父亲吴襄在军队中滚打磨炼，后来也成了总兵。这个我们以后再说。祖大寿在泰昌元年即天命五年（1620年），初为明军靖东营的游击，就是个中级武官。在熊廷弼经略辽东的时候，祖大寿因为表现"忠"与"勤"，受到朝廷奖励。天启二年即天命七年（1622年），祖大寿为广宁巡抚王化贞中军游击，守广宁城。在广宁之战中，努尔哈赤率军攻打西平堡，祖大寿同游击孙得功受王化贞令为前锋赴援。大寿战败，却走平阳桥堡。此役，明总兵刘渠、祁秉忠，副将刘征，参将黑云鹤等阵亡，王化贞弃广宁逃遁，孙得功投降，祖大寿率所部逃到觉华岛。大学士、督师孙承宗出镇辽东，没有处罚祖大寿，而让他帮助参将金冠驻守觉华岛。

当时有一个退职的御史，叫方震孺，跟祖大寿说："祖将军，辽西接连失地，你却驻兵在觉华岛，你应该带兵收复失地啊。"此时祖大寿还有点犹豫。方震孺慷慨激昂地跟他说："祖将军，你如果答应我，我会以御史身份上奏朝廷，为你请功，帮你升官；你要不答应我，今天就用我的鲜血，溅到你的身上。"方震孺以死相谏，祖大寿很受感动，说："好！我到宁远重整部伍，恢复士气。"

祖大寿负责宁远城的营筑工程。但是，起初他认为宁远不能久守，因而在施工过程中监督不严，草率马虎。后袁崇焕又重新定城墙规制，由副将满桂，参将高见、贺谦，与大寿分督改筑，工程顺利竣工。后来，祖大寿在守宁远时立功，

北京祖大寿府原址

在宁锦之战中也立了功。

我总结了一下，祖大寿共有四功四过。先说四功：

第一功，宁远大捷。天启六年即天命十一年（1626年），努尔哈赤率军围攻宁远，祖大寿守南城。后金军挖地道攻城。祖大寿和袁崇焕等婴城固守，发西洋大炮伤数百人。祖大寿在宁远大捷中立功。

第二功，宁锦大捷。天启七年即天聪元年（1627年）五月，皇太极率军攻宁、锦。祖大寿同总兵满桂、尤世威等率军，在宁远城外同后金骑兵拼杀，打退进攻，取得胜利。

第三功，保卫京师。崇祯元年即天聪二年（1628年），袁崇焕任蓟辽督师，祖大寿任前锋总兵官，挂征辽前锋将军印，驻锦州。崇祯二年（1629年），在北京保卫战中，祖大寿跟随袁崇焕千里入援，勤王京师。在广渠门、左安门两战中，祖大寿率军拼杀，立下功劳。

但是，十二月初一日，祖大寿亲眼见到袁崇焕在平台被捕下狱，"股栗惧"（《清史列传·祖大寿》），既伤心又害怕。出皇宫后，朝廷命满桂总统关宁将卒，大寿不肯受其节制；又因辽军受到排挤与歧视，便带所部官兵掠山海而出关。

祖大寿曾因败逃而依法当斩，孙承宗爱其才，密令袁崇焕救解，没有追究。祖大寿对孙、袁二人感恩戴德。至是，孙承宗再督师，派人抚慰，而且以袁崇焕狱中手书招之，大寿乃敛兵听令。

第四功，收复四城。崇祯三年（1630年）正月，后金军攻占永平、迁安、滦州、遵化四城，各留兵镇守。孙承宗檄祖大寿率兵入关。四月，祖大寿同总兵马世龙、杨肇基，副将祖大乐、祖可法等袭滦州，以巨炮击毁城楼。后金兵不能守，弃城出关。祖大寿在收复四城中立功，后仍驻镇锦州。

以上为四功，祖大寿还有四过：

一过，广宁之战败逃。

二过，宁远筑城失职。

三过，杀副将何可纲（下面要讲）。

四过，两次失节降清。

祖大寿为什么要降清呢？这还要从大凌河之战说起。

二、大凌被围

崇祯四年即天聪五年（1631年）七月，祖大寿督关外八城兵夫，筑大凌河城，以护卫锦州城，但未完工，皇太极就率军包围大凌河城。

皇太极为什么要攻打大凌河城呢？因为他先攻北京不克，复占京东四城——永平、迁安、滦州、遵化，也没有守住。下一步的军事进攻目标定在哪里？攻关宁锦防线，他心有余悸。再进攻北京，他感到心有余而力不足。所以，皇太极选择一个离沈阳最近，而又是明军防守最为薄弱的环节——大凌河城。

大凌河城在锦州北面，是锦州前卫屏障，因临大凌河而得名。大凌河城东距沈阳440里，西至松山堡40里，至宁远140里，距山海关340里。这时，大凌河城已经是三建三毁。崇祯四年（1631年）七月，明前锋总兵祖大寿，以孙定辽、祖可法、何可纲等为其副将，率军运粮建舍，版筑大凌河城。

明军修筑大凌河城，受到后金的密切注视。后金不断派遣哨探，前去打探消息。经过3个月，14次侦察，皇太极才下决心进兵，乘工程未竣工之机攻打大凌河城。他说："闻明总兵祖大寿与何可刚（纲）等副将十四员，率山海关外八城兵，并修城夫役，兴筑大凌河城。欲乘我兵未至时竣工，昼夜催督甚力，因统大军往征之。"（《清太宗实录》卷九）

崇祯四年即天聪五年（1631年）七月二十七日，皇太极派兵从沈阳出发，向大凌河城进军。此时明大凌河城驻军，有官兵1.4万人，夫役商民约1万人，全城共计约有3万人。守将祖大寿所部皆精锐，配备大炮，防守甚坚。但该城动工兴建时间较短，雉堞仅修完一半，城中粮秣储备不足，后金大军骤至，仓促闭门御守。

八月初六日，后金军分两路：一路由贝勒德格类、岳讬、阿济格等率兵2万，经义州，屯驻于锦州与大凌河之间；一路由皇太极亲率主力，经白土厂（场），趋广宁大道，兵临大凌河城下。同时，将新铸的40门红衣大炮运往大凌河。

半年之前，即天聪五年（1631年）正月，后金仿造明朝从西洋引进的红夷大炮，第一批共40门，在沈阳造成，皇太极定名号为"天佑助威大将军"，并将红夷大炮改称"红衣大炮"。满洲从此开始造炮。

皇太极鉴于宁远、锦州攻城失败的惨痛教训，不再驰骑攻坚，而是实行"围城打援"的作战方略："攻城恐士卒被伤，不若掘壕筑墙以围之。彼兵若出，我则与战；外援若至，我则迎击。"（《清太宗实录》卷九）

皇太极命环绕大凌河城四面掘壕筑墙：第一道，掘壕深宽各丈许，壕外筑墙，高丈许，墙上加以垛口；第二道，在墙内距五丈余地掘壕，宽五尺，深七尺五寸，壕上铺秫秸，覆土；第三道，在各旗营外周围挖掘深宽各五尺的拦马小壕。层层包围，严密布防，大凌河城与外界完全隔绝。

在这种情况下，祖大寿不肯束手待毙，于是组织突围。皇太极率军四面包围大凌河城，部署两黄旗在北面，两蓝旗在南面，两白旗在东面，两红旗在西面。南城的战斗打得最激烈，为什么呢？因祖大寿企图从南面突围，以回锦州；明朝援军也是从南面来增援。皇太极派他的哥哥莽古尔泰，还有济尔哈朗守南城。因部众损失最大，莽古尔泰大发牢骚，请求皇太极予以调换。皇太极很不高兴，莽古尔泰也非常生气，竟然冲着皇太极就要拔刀，后被众贝勒制止。事后莽古尔泰也觉得失礼，晚上来到皇太极大营，以白天饮酒过量、狂言失态向皇太极请罪，遭到拒绝。不久，皇太极借故把莽古尔泰囚禁起来，后来莽古尔泰暴死。这样，"四大贝勒"就少了一个。

从八月初十日到九月十九日，祖大寿先后组织了四次突围，均失败。同时，后金军用红衣大炮轰击大凌河城，摧毁城上雉堞、敌楼。祖大寿闭门待援，不再突围。这时，大凌河城已经被围困一个多月了。

大凌河的紧急军报，报到锦州。大学士、督师孙承宗抱病驰赴锦州，派遣团练总兵吴襄、山海总兵宋伟与辽东巡抚丘禾嘉合兵前往救援大凌河城。而后金军在围困大凌河城的同时，早已分兵设伏，阻截援兵。明军曾四次救援，后金军则四次打援。在大凌河城外，增援与打援，双方战斗异常激烈。其中，战斗规模最大的、最激烈的是第四次。

九月二十四日，明军第四次增援大凌河城。明太仆寺卿、监军张春，山海总兵宋伟，团练总兵吴襄，率4万多马步兵，由锦州城出发，往援大凌河城。二十七日，两军接触，明总兵宋伟、吴襄见后金军不战而退，以为怯懦，更由于急着增援，于是命令四更起营，直趋大凌河。两军交战，"火器齐发，声震天地，铅子如雹，矢下如雨"（《清太宗实录》卷九）。后金军纵骑冲锋，前锋兵多死伤。宋伟与吴襄不能配合，各自为战。皇太极指挥左翼军逼攻吴襄大营，并以佟养性炮兵发大炮，放火箭，轰击其营。吴襄营毁，失利先走。宋伟营势孤。后金右翼军来攻，冲入宋伟军营垒，明军遂败，兵溃逃遁。后金军预设伏兵，截住吴襄军与宋伟军的归路，明4万援军尽被歼灭。监军张春、副将张弘谟等33人被擒。

皇太极打败明援军后，集中心思，加紧逼诱，逼迫祖大寿投降。

三、大寿降清

皇太极发动大凌河之战的目的是：招降祖大寿，摧毁大凌河城。后金打败明增援大凌河城的4万大军，为实现其上述目标准备了重要条件。

皇太极从八月十一日开始，先后五次发出招降书，劝祖大寿投降，都遭到祖大寿拒绝。他说："尔不必再来，我宁死于此城，不降也！"（《清太宗实录》卷十）

大凌河城中的军民，从八月初六日被围，到十一月初九日皇太极进城，其间被围三个多月。本来，大凌河城正在筑城之中，并未正式部署固守，城中粮秣、柴薪、枪械、火药等，都没有做长期储存准备。因此，大凌河城内的官兵、夫役、

皇太极马鞍

商人、军马等,碰到的最大困难是粮秣与柴薪奇缺。

祖大寿的解决办法:一是突围,但四次突围,均遭失败;二是待援,但四次增援,也遭失败。祖大寿面临的困境是:突围不成,援兵不至,弹尽粮绝,战马倒毙。出城采薪者,饿得走不动路,被后金军抓获,说城里原有马7 000匹,现剩下不到200匹,能骑的不到70匹。祖大寿疏奏:"被围将及三月,城中食尽,杀人相食。"(《崇祯长编》卷五十二)后金也记载:"明大凌河城内,粮绝薪尽。军士饥甚,杀其修城夫役及商贾平民为食,析骸而炊。又执军士之羸弱者,杀而食之。"(《清太宗实录》卷十)到最后,大凌河是什么局面呢?史书记载说:"大凌自八月初六日受围,直至十一月初九日始溃,百日之厄,炊骨析骸,古所没有。"("明宫档案")百日之间人肉几乎吃光,用骨头点火做饭,这种困难的局面自古未有。

皇太极乘大凌河城内危机,加紧连续发动政治攻势。因不能派使臣进城劝降,就把信捆在箭上射进城。祖大寿为了尽量拖延时间,也有回信,回信也是绑在箭上从城墙上射下去,就这样来回通信。后来,皇太极又派投降的汉官到城下喊降。

十月十四日，皇太极再遣俘获的明参将姜新前往招降祖大寿。是为皇太极第六次招降。这一次，祖大寿率众官出城，与姜新揖见。祖大寿遂遣游击韩栋与姜新同到后金军大营，觐见皇太极。当晚，皇太极遣巴克什达海、库尔缠与姜新，复送韩栋入大凌河城。二十三日，皇太极命系书于矢，射入大凌河城内。是为第七次招降。此书重申："或因误听尔官长诳言，以为降我亦必被杀。夫既降我，即我之臣民，何忍加以诛戮！况诱杀已降，我岂不畏天耶！"祖大寿令张存仁口诵皇太极来书。当夜三更密遣刘毓英约张存仁到南门城楼内，两个人密谈有关事宜。史书没有留下记载，根据其他材料推断，两人谈的可能是投降条件。此时祖大寿降志始决，并由张存仁书写回书。二十五日，祖大寿令他的义子泽润，把两函书信系在箭上，自城内射出，请皇太极令副将石廷柱前往亲与面议。石廷柱是个汉人，曾为后金造过红衣大炮。二十六日，后金副将石廷柱、巴克什达海、库尔缠、觉罗龙什、参将宁完我等到南城下，遣阵获千总姜桂入城。不久，姜桂同游击韩栋和一个随从出来。韩栋说："我祖总兵欲石副将过壕，亲告以心腹之语。"经过一番周折，商定只石廷柱一人入城，与祖大寿相见。祖大寿提出："惟惜此身命，决意归顺于上。然身虽获生，妻子不能相见，生亦何益？尔等果不回军，欲进图大事，当先设良策，攻取锦州。倘得锦州，则吾妻子亦得相见。惟尔等图之。"石廷柱等回去后，诸贝勒问留在后金军中祖大寿的义子祖可法为何不降。石回答道："永平兵民，尔等若不加屠戮，则天下之民，闻风归顺。因屠戮降民，是以人皆畏缩耳。"虽有归顺之意，但一时难于决断！且祖总兵表示："我等宁死城中，何为使妻子罹祸也！"于是，后金派石廷柱等，祖大寿派祖可法等，就祖大寿降后"锦州或以力攻，或以计取"事宜，进行密商。二十七日，祖大寿遣使告知皇太极："我降志已决！至汗之待我，或杀或留，我降后或逃、或叛，俱当誓诸天地。"他还提出："我欲令一人，潜入锦州，侦吾弟消息，倘被执讯，诘出虚实，为之奈何？或我亲率兵，诈作逃走之状何如？"（《清太宗实录》卷十）

二十八日，大凌河城内各官，皆与祖大寿同谋归降，唯独副将何可纲不从。

祖大寿做了一件对不起生死与共的僚友的愧疚之事：

> 大寿执之，令二人掖出城外，于我（后金）诸将前杀之。可刚（纲）颜色不变，不出一言，含笑而死。城内饥人，争取其肉。（《清太宗实录》卷十）

关于何可纲之死，他们编造假材料奏报："初未溃前一日，凌城食尽。副总兵何可纲语大寿曰：'子可出慰阁部，我当死此！'自为文以祭，遂死之。"（《崇祯长编》卷五十一）后来明廷了解了情况。直隶巡按王道直疏奏："凌河之困，独副总兵何可纲，大骂不屈，死无完肤。其正气万夫不慑，而忠心千古为昭。"（《崇祯长编》卷五十三）

祖大寿杀副将何可纲后，派人到后金军大营。双方盟誓。皇太极等誓曰："凡此归降将士，如诳诱诛戮，及得其户口之后，复离析其妻子，分散其财物、牲畜，天地降谴，夺吾纪算。若归降将士，怀欺挟诈，或逃或叛，有异心者，天地亦降之谴，夺其纪算。"祖大寿等誓曰："祖大寿等，率众筑城，遇满洲国兵，围困三月，军饷已尽，率众出降，倾心归汗。"（《清太宗实录》卷十）

盟誓天地后，当用何计，以取锦州？当夜，祖大寿亲到后金大营，皇太极张灯列炬，出幄迎接。祖大寿要跪，皇太极不让，双方行抱见礼。入帐后，祖大寿说他的妻子在锦州，请为内应，里应外合，共图锦州。此事，史载："大寿言妻子在锦州，请归设计，诱降守者，遂纵归。"（《清太宗实录》卷十）皇太极与祖大寿密议计取锦州的对话如下：

皇太极问："今令尔至锦州，尔以何计入城，既入又以何策成事？"

祖大寿答："我但云昨夜溃出，逃避入山，今夜徒步进城。彼未有不令入城者。锦州军民，俱我所属，但恐为丘（禾嘉）巡抚所觉耳！若我兵向我，则丘巡抚或擒或杀，亦易事也……如初二日闻炮，则知我已入城。初三、初四日闻炮，则我事已成。皇上可以兵来矣！"（《清太宗实录》卷十）

天聪汗皇太极许之。祖大寿许依计献城投降，留其义子祖可法为人质。

皇太极腰刀

二十九日，夜亥时，皇太极命贝勒阿巴泰、德格类、多尔衮，官40员、兵4 000人，都穿汉装，偕祖大寿及所属兵350人，做溃奔状，袭取锦州。漏下二鼓，大凌河城内，炮声不绝。祖大寿等从城南门出，率兵起行。阿巴泰等亦率军前往。时天降大雾，军皆失伍，遂各收兵，及明而还。是夜，锦州明兵，闻到炮声，以为大凌河人得脱，分路应援，被后金军击败。祖大寿等出城后，跑到白云山，时天有大雾。十一月初一日二更，祖大寿带领从子祖泽远及从者26人，进入锦州城。

后金破大凌河城。先是大凌河明人筑城时，骑步兵及工役商贾共3万余人，因相继阵亡，或饿死，或互食。至是存者止11 682人，马32匹。

初二日，后金军听到从锦州方向传来的炮声。至于初三、初四两日，皇太极没有再听到从锦州城发出的信炮声。初四日，祖大寿自锦州派人到后金大营传话："我前日仓卒起行，携带人少。锦州兵甚众，未及举事，将从容图之。"初九日，祖大寿又派人致书皇太极，解释不能举事的原因，并期望："皇上悯恤归顺士卒，善加抚养，众心既服，大事易成。至我子侄等，尤望皇上垂盼。俟来年相会，再图此事。"（《清太宗实录》卷十）祖大寿至锦州后，佯为后金做内应，而实与明军守锦州。皇太极则答书云："将军子弟，我自爱养，不必忧虑。"（《清太宗实录》卷十）后皇太极向诸贝勒解释说："朕思与其留大寿于我国，不如纵入锦州，令其献城，为我效力。即彼叛而不来，亦非我等意料不及，而误遣也。彼一身耳，叛亦听之。"（《清太宗实录》卷十）皇太极熟悉《三国演义》中"七擒七纵孟获"的故事。他对祖大寿才"一擒一纵"呢！

十一月初九日，皇太极下令将大凌河城摧毁，降人剃发，并派军拆毁大凌河至广宁一路墩台，携大小火炮3 500门，并鸟枪、火药、铅子等战利品班师。二十四日，皇太极率师回到沈阳。

孙承宗以年迈抱病之躯，奔赴锦州，协调战守，但他遭到户科给事中吕黄钟的疏劾。承宗后上疏引疾。寻得请，辞归里。

皇太极一改努尔哈赤杀降、阿敏屠城的错误，由屠城变为降城，对剃发降顺的官兵商民，不予杀害。这对而后明军献城投降，产生深远影响。

这里有一个问题需要讨论：祖大寿是真降，还是假降？一种意见认为是假降，证据是他到锦州后没有做内应；另一种意见认为是真降，理由是他到锦州后本想做内应，但由于巡抚丘禾嘉等防范甚严而没有得逞。究竟是真降还是假降，史料不足，难以定论。

祖大寿回锦州后，继续守锦州。崇祯十三年即崇德五年（1640年），皇太极派军包围锦州城。崇祯帝派洪承畴统率8位总兵、13万大军、8万匹马，前往救援。结果洪承畴大败。翌年，明朝在辽西丢失锦州、松山、杏山、塔山等城。祖大寿锦州被围，矢尽粮绝，剃发降清。

大寿降清，影响重大。祖大寿是自有辽事以来，第一个降清的总兵。从此，明军在山海关外，再没有一员像样的、敢于同清军拼搏的总兵。

第三十八讲 林丹大汗

讲明亡清兴，不能不讲蒙古；而讲蒙古，又不能不讲林丹汗。因为在明末政治舞台上，主要有四股政治势力：明朝、后金—清、蒙古和农民军。林丹汗在明清争战的格局中，起着重要的作用。所以，这一讲来讲林丹可汗，也就是林丹大汗。了解林丹大汗必须从他的黄金家族说起。

一、黄金家族

林丹汗（1592—1634），名林丹，又作陵丹、灵丹，号为呼图克图汗，《明史·鞑靼传》谐音作"虎墩兔憨"，带有轻蔑的意思。林丹汗是蒙古察哈尔部首领，也是蒙古最后一位大汗，出身于蒙古黄金家族，是成吉思汗的第二十二世孙。黄金家族指的是蒙古成吉思汗的后裔。说林丹汗，要从他的先祖达延汗说起。

达延汗（1464—1543），名巴图蒙克，为成吉思汗第十五世孙。他6岁即汗位，称大元可汗，就是达延汗。一说他在位74年，享年80岁《蒙古源流》卷六）。他的父亲巴延蒙克，和其叔满都鲁，结成联盟。本来要拥立巴延蒙克为大汗，但巴延蒙克主张拥立满都鲁为大汗。不久，满都鲁即大汗位，巴延蒙克为济农（相当于辅政、副汗）。后来，因部族之间的纷争，二人同败，相继而死。

满都鲁汗死后，他的遗孀满都海福晋，执掌汗廷大权，统辖蒙古各部。她在寡居期间，拒绝非黄金家族贵族的求婚，精心抚育巴延蒙克之子巴图蒙克（达延汗），两部联合，加强实力。巴图蒙克6岁时，满都海福晋扶立他即汗位，尊称达延汗，并同他结婚。这一年，一说满都海福晋33岁。她辅佐年幼的达延汗，执掌政事，发誓报仇，维护黄金家族统治。在明朝蒙古史上，有两位杰出的女性：一位是满都海福晋，另一位是三娘子（忠顺夫人）。满都海福晋率军出征，驰骋大漠，打败枭雄，消灭仇敌，巩固统治。达延汗为人"贤智卓越"《李朝成宗大王实录》卷一七五），控弦10万骑。达延汗年长后，亲自执政，厉行改革，废除太师，恢复济农，强化汗权，重分领地。

达延汗分封诸子，建左右两翼六个万户——左翼三万户为察哈尔万户、兀良哈万户和喀尔喀万户；右翼三万户为鄂尔多斯万户、土默特万户和永谢布（哈喇慎、阿苏特）万户。左翼三万户由大汗直接统辖，大汗驻帐于察哈尔万户；右翼三万户由济农代表大汗行使管辖权，济农驻帐于鄂尔多斯万户。这成为后世蒙古各部落形成的起源，重划蒙古各部政治地图，影响极为广泛而深远。

清康熙蒙文抄本《蒙古源流》

达延汗长子图鲁博罗特统领蒙古察哈尔部。图鲁博罗特死后，子博迪（卜赤）嗣为汗。博迪汗死，子打来孙立，是为打来孙汗（达赉逊库登汗）。打来孙汗继位后，举部东迁，驻牧于蓟、辽地域（大体相当于现在的辽宁、内蒙古东部和河北北部地区），产生了重大历史影响——"辽左始有虏患"（冯瑗《开原图说》）。日本学者和田清认为："率领所部十万东迁，移牧于兴安岭东南半部，不仅是历史上无与伦比的罕有事件，由于移动的结果，在蒙古内部引起了重大变化，并使明廷辽东大为疲敝，不久便形成了清朝兴起的基础。"（和田清《明代蒙古史论集》）察哈尔部东迁后，与明朝长期反复、激烈地厮杀，损失惨重，两败俱伤。前面讲到的李成梁守辽，重点就是针对蒙古的察哈尔部。满洲努尔哈赤则隐藏于赫图阿拉地区，暗自发展，形成气候。所以，辽东地区明朝与蒙古的厮杀，为满洲崛起提供了历史机遇。

打来孙汗的四世孙就是林丹汗。林丹汗于万历三十二年（1604年）即大汗位，年13岁，后驻帐广宁（今辽宁北镇市）以北。12年后，比林丹汗年长33岁的努尔哈赤登上后金汗位。而后来继承汗位的天聪汗皇太极与林丹汗同岁，他成了蒙古林丹汗的克星。

时察哈尔部实力雄厚,其势力范围,东起辽东,西至洮河,拥有8大部、24营,号称40万蒙古。林丹汗有"帐房千余"(《明神宗实录》卷三七三),牧地辽阔,部众繁衍,牧畜孳盛,兵强马壮,自称全蒙古大汗。林丹汗尝称:"南朝止一大明皇帝,北边止我一人。"(《崇祯长编》卷十一)因之,林丹汗冀图继承大元可汗的事业,南讨明朝抚赏,东与后金争雄,号令漠南蒙古。

林丹汗即位后,进行全面调整。他争取黄教僧侣封建主的支持,接受沙尔巴呼图克图的灌顶戒教,称"林丹呼图克图汗"。又下令将108函的《甘珠尔》经典译成蒙古文,用金字抄写在蓝纸上。编纂蒙古文《大藏经》,并兴建了著名的寺院"察干召"(白寺)。在林丹汗的倡导下,黄教在蒙古左翼诸部传播开来,寺宇林立,僧众遍地,每个家庭都派一子出家为僧。喇嘛教迅速为蒙古贵族和民众所接受。喇嘛们用千金铸造嘛哈噶喇金佛。传国玉玺、嘛哈噶喇金佛、金《甘珠尔》经被视为三大法宝。林丹大汗对漠南蒙古地区及喀尔喀蒙古(外蒙古)地区蒙古贵族与牧民中黄教的传播,起了重要的作用。

由于漠南蒙古东介于明朝与后金之间,具有重要战略地位,而成为后金与明朝的争夺对象。在明朝、后金与察哈尔部之间鼎立的矛盾中,明廷与后金的矛盾

蒙古草原生活图

是主要的。明朝主要采取"以西虏制东夷"的策略，联合林丹汗，共同抵御后金。林丹汗向明廷提出"助明朝、邀封赏"。明廷每年给林丹汗赏银先为 4 000 两，后增至 4 万两，再增至 8 万两，而后增至 14 万两。崇祯二年即天聪三年（1629 年）崇祯帝命王象乾与袁崇焕共商对策。《明史·鞑靼传》记载："象乾至边，与崇焕议合，皆言西靖而东自宁，虏不款，而东西并急。因定岁予插（察哈尔林丹汗）金八万一千两，以示羁縻。"也就是说，明廷以牛羊、茶果、米谷、布匹、金银为抚金，换取察哈尔林丹汗不犯边，而求得西边安靖。明廷得以集中力量，对付后金。

林丹汗接受明朝抚赏，又妨碍后金攻明，后金为着对抗明朝，必须先征抚察哈尔林丹汗。因此，天聪汗与林丹汗之间的争战已不可避免。皇太极先后三次出兵攻打蒙古。结果，林丹汗势穷力竭，死在青海。

二、走死青海

林丹汗对明朝索要抚赏，忽即忽离。而对待后金由轻慢而转为畏惧。

万历四十七年即天命四年（1619 年）十月，林丹汗遣使后金，狂称"统四十万众蒙古国主巴图鲁成吉思汗，问水滨三万人满洲国主"云云（《清太祖高皇帝实录》卷六）。诸贝勒大臣见林丹汗来书大怒，要将其来使一半斩杀、另一半劓（yì）鼻馘（guó）耳放归。努尔哈赤说使者无罪，暂加扣留，待派使臣返回后再做处理。后天命汗努尔哈赤遣使赍书报林丹汗。林丹汗把后金的使者关了起来，对努尔哈赤来书做出回答。努尔哈赤误闻使臣被林丹汗所杀，而怒斩来使，后金使臣却买通看守者逃了回来。

在努尔哈赤攻占沈阳、辽阳后，后金同察哈尔的关系发生了新的变化。

林丹汗实行错误政策，加速了察哈尔内部的分崩离析。他掠土地，劫牛羊，穷奢极欲，暴虐无道，"炰烋（páo xiāo）悖慢，耳目不忍睹闻"（《明史·鞑靼传》）。他自恃兵马强盛，横行漠南，破喀喇沁，灭土默特，逼喀尔喀，袭科尔沁。史载察哈尔部属五路头目的妻子，被林丹汗重臣贵英强占，受害头目含愤投巴林部首领炒花，"炒花不能养，投奴酋。奴酋用之守广宁"（王在晋《三朝辽事实录》）。察哈尔的许多部落，因对林丹汗不满，逐渐依附于后金，与后金盟誓。科尔沁等部在后金等的援助下，打退了林丹汗的军事进攻。天命汗凭借有利的形势，向漠南蒙古发动军事攻势。此役，后金军扫击巴林、巴岳特、乌济业特三部牧地，俘获5.6万多人畜。这是后金军大规模进攻蒙古的开始。此后，又有许多蒙古部落依附后金。

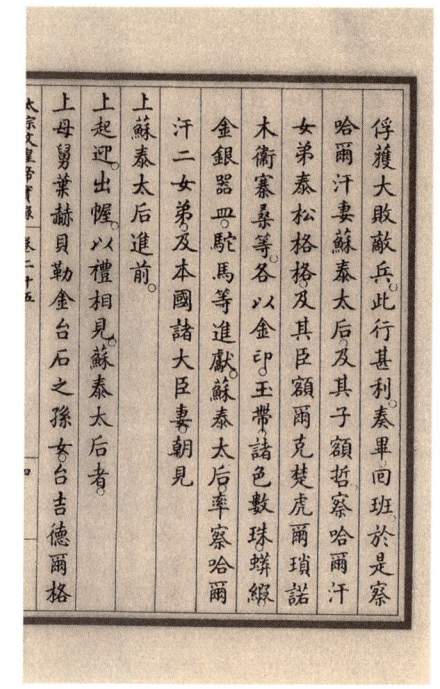

《清太宗实录》中关于察哈尔归降的记载

皇太极继承汗位后，开始进攻蒙古诸部，并威逼到察哈尔部。据《崇祯实录》记载，天聪二年即崇祯元年（1628年）六月，察哈尔"拔帐而西，骚动宣、云，已逾半载"。林丹汗率察哈尔部开始西迁，到宣府、大同塞外。

林丹汗西迁之后，明朝中断抚赏，其内部困难增加，众叛亲离，四面楚歌。在这种情况下，天聪汗皇太极对察哈尔部林丹汗发动了三次军事进攻。

第一次，崇祯元年即天聪二年（1628年）九月初三日，天聪汗皇太极决定亲率大军，会同蒙古诸部，征讨察哈尔部。皇太极第一次以"盟主"的身份发号施令，统率蒙古诸部军队向察哈尔林丹汗发起进攻。初六日，皇太极率领大军离开沈阳，西征林丹汗。初八日，大军经都尔鼻（今辽宁彰武）地方，敖汉、奈曼等部兵来会。此后，喀尔喀、科尔沁、扎鲁特部、喀喇沁各部兵来会。随后，天聪汗皇太极指挥满洲、蒙古大军，乘胜前进，追捕败军，直至兴安岭。《清太宗实录》记载："遣精骑追捕败军，至兴安岭，获人畜无算。"皇太极亲征察哈尔大军，于十月十五日回到沈阳。是役，为后金第一次由天聪汗亲自统率，会集蒙古诸部兵马，共同进击察哈尔部林丹汗。皇太极通过对察哈尔部的第一次进兵，确立了对漠南蒙古东面诸部的盟主地位，建立了蒙古归附各部对后金的臣属关系。林丹汗受到皇太极的威逼开始西迁，于是，皇太极对察哈尔部发动了第二次征伐。

第二次，崇祯六年即天聪七年（1633年）四月初一日，皇太极发动了第二次对察哈尔部的进军。初九日，大军到西拉木伦河时，沿途蒙古各贝勒率所部兵来会，共同大举进攻察哈尔部。这次满洲、蒙古大军出征的目的："一欲为我藩国报仇，一欲除却心腹大患。"（《天聪朝臣工奏议》）林丹汗闻警大惊，"遍谕部众，弃本土西奔，遣人赴归化城，驱富民及牲畜尽渡黄河。察哈尔国人，仓卒逃遁，一切辎重，皆委之而去"（《清太宗实录》卷十一）。林丹汗部众散处黄河河套及套西一带。皇太极鉴于形势发生变化，谕率兵诸贝勒大臣曰："察哈尔知我整旅而来，必不敢交锋，追愈急，则彼遁愈远。我军马疲粮竭，不如且赴归化城暂住。"于是大军回返，趋归化城（今呼和浩特市）。后金军经宣府、张家口等地，大肆抢掠，饱欲而返。七月二十四日，皇太极率军回到沈阳。

皇太极第二次亲征察哈尔林丹汗之役，历时40天。据《清太宗实录》记载，仅斩一人、获六人，又获马一匹、骆驼一峰。后金军始终未同察哈尔军队相遇，无果而还。皇太极在深入察哈尔境后，主要困难：一是缺水——"炎热，无水，人亦晕倒"（《满文老档·太宗朝》）。其时，以一只黄羊换水一碗，可以看出水之珍贵。二是缺粮——大军"分道而猎，及合围，见黄羊遍野，不可数计，遂杀死数万。时军中粮尽，因脯而食之"。

经过两次大的冲击和西迁，林丹汗人心离散，势不可为，"食尽马乏，暴骨成莽"（《明史·鞑靼传》）。为了逃窜，舍弃故业，西奔图白忒部落，牲畜死得很多。部民没有吃的，甚至杀人以食。察哈尔许多部众，不愿再随林丹西迁土番——青藏一带地方。部落首领纷纷投归后金，就连他的一位妻子也率其八宰桑，以1 200户归降后金。闰八月，皇太极连续得到来自察哈尔的奏报：察哈尔林丹汗出病痘，殂于打草滩地方希日塔拉。又得到奏报：察哈尔寨桑噶尔马济农等送察哈尔汗窦土门福晋，带着人来归附。于是，皇太极决定三征察哈尔。

第三次，崇祯八年即天聪九年（1635年）二月二十六日，皇太极命多尔衮、岳讬、萨哈廉、豪格为统兵元帅，率骑兵万人，三征察哈尔，往收察哈尔林丹汗之子额尔克孔果尔额哲。三月，多尔衮等在宣府水泉口，招抚了林丹汗的遗孀囊囊福晋，从她们口中得知额哲等人的驻牧地。多尔衮等率领后金大军继续前进，前往黄河河套一带，收抚察哈尔部众，寻找苏泰太后及其子额哲等人的下落。苏泰太后是皇太极母舅叶赫贝勒金台石的孙女，台吉德尔格勒之女。

二十八日，大军进抵察哈尔林丹汗之子额哲等人所驻牧的托里图地方。其时，天雾昏黑，额哲没有防备。多尔衮等议商决定，派遣随军的叶赫金台石贝勒之孙南楮等，先见南楮之姐林丹汗遗孀苏泰太后及其子额哲。南楮等受命后，疾驰至苏泰太后大营。到大营后，南楮高声喊道："尔福晋苏泰太后之亲弟南楮至矣，可进语福晋！"（《清太宗实录》卷二）苏泰太后听到这个突如其来的消息后，既惊又喜，但怕有诈。苏泰太后遂令她的旧叶赫随从亲自加以辨认，回来报告说："是真的！"苏泰太后恸哭迎出营帐，与久别的弟弟抱头相见。随后，苏泰太后令其子额哲，率领众寨桑，归附后金。这是多尔衮利用姻亲关系，取得政治与军事"一石二鸟"的生动史例。

第二天，苏泰太后、额哲设宴，送多尔衮等驼马、雕鞍、貂裘、琥珀、

"制诰之宝"钤本

金银、苏缎等物。除了驼、马外，多尔衮等把其余礼品都收下。多尔衮等设宴款待，并回赠以雕鞍、马、黑貂裘等礼物。八月初三日，和硕贝勒多尔衮，贝勒岳托、萨哈廉、豪格等，征察哈尔部，获历代传国玉玺。玺文为"汉篆'制诰之宝'四字，璠玙（fán yú，美玉）为质，交龙为纽，光气焕烂，洵至宝也"。多尔衮等见宝玺后甚喜，曰："皇上洪福非常，天锡至宝，此一统万年之瑞也。"（《清太宗实录》卷二十四）九月，后金军旋师回到沈阳。多尔衮把林丹汗的传国玉玺献给了皇太极。

皇太极将察哈尔部安置于义州，分设左右翼察哈尔八旗，设都统和副都统管辖；封林丹汗子额哲为亲王，并将次女马喀塔格格嫁给他。

林丹汗"八大福晋"归顺后，满洲贝勒济尔哈朗娶林丹汗大福晋苏泰太后（额哲之母）为妻，皇太极娶窦土门福晋和囊囊福晋为妃。后囊囊福晋生下了林丹汗的遗腹子阿布奈。额哲因病去世后，其弟阿布奈袭为亲王，又尚公主。

林丹汗不仅是察哈尔部的大汗，而且是蒙古各部的宗主。察哈尔部的灭亡，既是漠南蒙古全部归于后金统治的标志，也是成吉思汗创立的大蒙古国在其故土最终覆灭的标志。

察哈尔部被后金征服，明朝失去北面屏障，入塞通道被打开。《明史·鞑靼传》记载："明未亡，而插（林丹汗）先毙，诸部皆折入于大清。国计愈困，边事愈棘，朝议愈纷，明亦遂不可为矣！"林丹汗之死，他的儿子额哲降附后金——清，标志着漠南蒙古归入清朝，满蒙结成联盟，扩大兵员和实力，囊括自东海到青海的版图，以更强大的政治、经济、军事势力同明朝争夺天下。明与清的力量对比，发生了重大的变化。其中一个关键问题就是满洲和蒙古联盟，苏泰太后和额哲归附皇太极，加快了满蒙联盟。

三、满蒙联盟

首先我们要注意一个问题，明朝当时力量比较强大，实际控制长城以南大约

500万平方公里的土地。清朝兴起之后，对明朝发动攻势，把明朝打得焦头烂额。蒙古从元顺帝北退之后，始称北元，不断向南骚扰，把明朝折腾得200多年不得安宁。仅仅一个瓦剌部，就在土木堡打了胜仗，俘虏明朝英宗皇帝。后来，俺答汗又带军队打到通州，威逼北京。满蒙两个拳头联合起来打明朝，明朝必然处于一种劣势。努尔哈赤和皇太极的一个高明之处就是建立满蒙联盟，以语言、习俗相近来说服蒙古，宣称明朝是他们共同的敌人，应该联合起来进行报仇。不仅如此，皇太极还采取了很多措施来加强满蒙联盟。

皇太极在统一蒙古的过程中，对蒙古各部，颁政策、定制度、封官爵、重管理，加强满蒙联盟，合力对付明朝。

联姻。早在天命朝，努尔哈赤不仅娶科尔沁两贝勒的女儿为妻，他的儿子也相继纳蒙古王公的女儿做妻子。仅万历四十二年（1614年），努尔哈赤的四个儿子，次子代善娶扎鲁特部钟嫩贝勒女为妻，第五子莽古尔泰娶扎鲁特部纳齐贝勒妹为妻，第八子皇太极娶科尔沁部莽古思贝勒女为妻，第十子德格类娶扎鲁特部额尔济格贝勒女为妻。此后，第十二子阿济格娶科尔沁部孔果尔女为妻，第十四子多尔衮娶桑阿尔寨台吉女为妻。努尔哈赤在位时，同科尔沁联姻10次，其中娶入9次、嫁出1次。皇太极在位时，同科尔沁联姻18次，其中娶入10次、嫁出8次。皇太极的皇后是莽古思贝勒之女，两位爱妃是寨桑贝勒之女，其中庄妃抚育顺治、康熙两代皇帝，定鼎中原，功在社稷。皇太极的儿子顺治帝，两位皇后也都出自科尔沁。蒙古科尔沁部与后金政权，通过联姻，巩固同盟，以加强自己的势力，来对抗察哈尔部。总之，由于蒙古科尔沁部归附后金最早，博尔济吉特氏与爱新觉罗氏世为懿亲。清太祖努尔哈赤、太宗皇太极、世祖顺治和圣祖康熙先后有4位皇后、13位皇妃，出自蒙古科尔沁等部。蒙古科尔沁部博尔济吉特氏影响清初五朝（天命、天聪、崇德、顺治、康熙）四帝（太祖、太宗、世祖、圣祖）的政治与血缘，而以皇太极孝庄文皇后博尔济吉特氏尤为突出。

在天聪朝，满洲与察哈尔联姻也是一例。皇太极先娶察哈尔林丹汗的遗孀窦

刻有"天聪汗之牌"字样的蒙古文信牌

土门福晋（巴特玛·璪），后封为衍庆宫淑妃。又娶其遗孀囊囊福晋（那木钟），后封为麟趾宫贵妃。囊囊福晋先生下林丹汗的遗腹子阿布奈。后为皇太极生下一子，名博穆博果尔。皇太极还将第二女马喀塔下嫁给林丹汗之子额哲为妻。额哲死后马喀塔再嫁其弟阿布奈。康熙十四年（1675年），阿布奈之子布尔尼，乘吴三桂起兵，发动叛乱，遭清军击溃，布尔尼被杀。清廷命杀阿布奈及其诸子，女子没为官奴。察哈尔汗后嗣遂绝。

和硕贝勒济尔哈朗妻子已死，继娶其妻妹、林丹汗遗孀苏泰福晋为妻。大贝勒代善娶林丹汗之女、额哲之妹泰松格格为妻。皇太极之子豪格娶察哈尔伯奇福晋，皇太极七兄阿巴泰也娶察哈尔俄尔哲图福晋。满洲与察哈尔，由昔日之仇敌，成为今日之亲家，结成政治联盟。

此外，还通过编旗（把蒙古一部分人编入八旗）、册封、赏赐、重教（重喇嘛教）、会盟等措施，不仅加强与密切了后金——清朝同蒙古诸部的关系，而且为清朝入关后对蒙古的管理，提供了模式与经验。

前面讲到，皇太极征蒙古的一大收获是得到了林丹汗的传国玉玺，他非常高兴，认为这是天命所归，于是做出了一个重要决定，那就是要改国号，即把后金改成大清。

第三十九讲 明亡清兴

我们讲"明亡清兴",其实,努尔哈赤建立的满洲政权在较长时期内都叫"金",那么,什么时候开始叫"清"?为什么叫"清"?为什么改"金"为"清"?"汗"和"帝"有什么区别?本讲将分别回答上面这些问题。

一、南面独坐

从天命元年（1616年）到天聪十年（1636年），努尔哈赤和皇太极父子，经过20年的奋争，政治、经济、军事、民族、文化等都取得巨大成绩。他们面临的一个重要课题，就是同明朝争夺江山，夺取全国政权。而此时，建立大清，与明抗衡，已经是水到渠成的事了，因为各方面的条件都已经具备。

第一，南面独坐柄政。 皇太极为了加强以汗为首的中央集权，削弱八旗主旗贝勒的权势，逐步取消八和硕贝勒共治国政制度。天聪六年（1632年）正月，皇太极废除"与三大贝勒俱南面坐受"，改为自己"南面独坐"，由"四尊佛"改为"一尊佛"。

皇太极继汗位是经过贵族共和推选出来的。当时，大贝勒代善、二贝勒阿敏、三贝勒莽古尔泰，四贝勒才是皇太极。举行朝廷会议的时候，四个人并排坐着，史书上叫作"四尊佛"。皇太极为达到"一佛独尊"，首先拿阿敏开刀。阿敏是舒尔哈齐的儿子。皇太极占领京东四城，即永平、滦州、迁安、遵化，派阿敏守永平。因明军反击，后金军队接连失利，阿敏仓皇弃城而逃。皇太极乘机削夺了阿敏的兵权，把他囚禁起来。后来，阿敏死在狱中。第二个是三贝勒莽古尔泰。前面讲过，大凌河之战时，皇太极派莽古尔泰攻南城。因伤亡惨重，莽古尔泰便发牢骚。皇太极借此把他幽禁起来，后来莽古尔泰暴死，死因不明。至此就剩下代善了。代善是大贝勒，而且实际控制着两红旗，势力很大。但代善有个特点，知进知退，而且首先提出拥立皇太极。皇太极没有杀他，也没有软禁他，但削弱了他的权力。于是，代善便主动放弃了自己的特权。这样，皇太极实现了南面独坐柄政。这标志着君主集权制的确立与强化。

第二，民族成分变化。 满洲刚兴起的时候，主要是女真人。后金经过多年的征抚，不仅已经吞并哈达、辉发、乌拉、叶赫，而且重新整合东海女真、黑龙江女真。还有大量汉人、蒙古人、朝鲜人、锡伯人、达斡尔人、鄂伦春人、鄂温克人、

皇太极朝服像

虎尔哈人等，同满洲融合，而形成一个新的民族共同体。为此，天聪九年即崇祯八年十月十三日（1635年11月22日），天聪汗皇太极发布关于改族名的《汗谕》：

> 我国原有满洲、哈达、乌喇、叶赫、辉发等名，向者无知之人，往往称为诸申。夫诸申之号，乃席北超墨尔根之裔，实与我国无涉。我国建号满洲，统绪绵远，相传奕世。自今以后，一切人等，止称我国满洲原名，不得仍前妄称。（《清太宗实录》卷二十五）

从此，满洲这个族称正式出现在中华和世界的典册上。

第三，扩充八旗建制。原来只有满洲八旗，后来，逐渐扩建并组成蒙古、汉军八旗。

八旗蒙古：天聪三年即崇祯二年（1629年），已将原有的蒙古军，扩编成"蒙古二旗"。天聪九年即崇祯八年（1635年）二月，皇太极命将蒙古二旗扩充建制为八旗蒙古。它的旗色和建制，与八旗满洲相同。

八旗汉军：早在努尔哈赤时期，在满洲八旗中就有16个汉人牛录。皇太极即位后，天聪五年即崇祯四年（1631年）正月，将汉人牛录拨出2 000多人，正式成为一个汉军旗，命汉官佟养性统辖。天聪八年即崇祯七年（1634年）五月，皇太极正式将"旧汉兵"定名为汉军，以黑旗为标志。因当时铸造火炮者基本是汉人，而使用这些火器、大炮者也基本是汉人，所以"汉军"满文为 ujencooha，汉音译作"乌真超哈"，汉意译作"重军"，就是使用重型武器，特别是火器的军队。崇德二年（1637年），汉军扩充为二旗。崇德七年（1642年），汉军再扩充为八旗。

总之，八旗蒙古和汉军的建立，使后金军事实力得到极大增强。皇太极直接指挥八旗满洲、八旗蒙古与八旗汉军，其军政实力得到极大加强。

第四，版图空前扩大。皇太极统治时期，清朝的版图用皇太极的话来说：

> 予缵承皇考太祖皇帝之业，嗣位以来，蒙天眷佑，自东北海滨，迄西北海滨，其间使犬、使鹿之邦，及产黑狐、黑貂之地，不事耕种、渔猎为生之俗，厄鲁特部落，以至斡难河源，远迩诸国，在在臣服。蒙古大元，及朝鲜国，悉入版图。（《清太宗实录》卷六十一）

也就是说，东自鄂霍次克海，西迄巴尔喀什湖、贝加尔湖，南濒日本海，北跨外兴安岭的广阔地域，原明奴儿干都司、辽东都司（山东北部除外）和蒙古部分辖境内的各族部民，都被置于大清的管辖之内。面积500多万平方公里，和明朝实际控制的面积大约相等。

第五，确定攻明目标。后金政权本来僻处东北一隅，清太祖努尔哈赤时似乎还没有明确制定统一天下的目标。但是，皇太极在天聪三年即崇祯二年（1629年）十一月十五日，发表《告谕》：

> 若谓我国褊小，不宜称帝，古之辽、金、元，俱自小国而成帝业，亦曾禁其称帝耶！且尔朱太祖，昔曾为僧，赖天佑之，俾成帝业。岂有一姓受命，永久不移之理乎！天运循环，无往不复。有天子而废为匹夫者，亦有匹夫起而为天子者。此皆天意，非人之所能为也！（《清太宗实录》卷五）

上述宣言充分表明：第一，引述古代历史，说明偏隅小国可以完成帝业；第二，引述民族历史，说明东北民族小部可以战胜中原大国；第三，引述明朝历史，论证朱元璋原是个穷和尚，也可以成为皇帝，别人为何不能称帝？第四，天道哲理证明，循环往复，历史轮回，帝位易主，没有万世；第五，上天眷顾，佑我称帝，明朝皇帝岂能禁之？

总之，皇太极要效法契丹耶律阿保机、女真完颜阿骨打、蒙古成吉思汗，建元称帝，进军中原，推翻朱明，一统天下！皇太极在这个总战略思想之下，适值获得故元传国宝玺的机会，于天聪十年（1636年）四月十一日，建号大清，改元崇德。皇太极怀着雄心，部署战略，要同明帝崇祯争夺国统。

二、建立大清

皇太极建立大清得有个由头，这个由头是什么？就是从林丹可汗遗孀那里得到了"传国玉玺"。事情经过是这样的：

天聪九年(1635年)，皇太极命多尔衮等统军三征察哈尔部。林丹汗的继承人、其子额哲率部民1 000户归降，并献上传国玉玺。据说这颗印玺，从汉朝传到元朝，元顺帝北逃时还带在身边。他死之后，玉玺失落。200年后，一个牧羊人见一只羊三天不吃草，还用蹄子不停地刨地。牧羊人好奇，挖地竟得到宝玺。后来宝玺到了林丹汗手中，他死后，由其妻苏泰福晋、子额哲收藏。皇太极得到"一统万年之瑞"，如同自己的统治地位得到上天的认可，自然大喜过望。亲自拜天，并告祭太祖福陵。他认为这是上天的眷佑，要他做一统天下的君主。于是，皇太极在众臣的拥戴下，于天聪十年即崇祯九年（1636年）四月十一日，举行隆重典礼，宣布即皇帝位，正式改国号"金"为"清"，改年号"天聪"为"崇德"。

祭告天地大典。十一日，黎明，皇太极率诸贝勒及满洲、蒙古、汉官，出德盛门，至天坛下马，由满、汉两名导引官引领至坛前，向上帝神位立，上香，率诸大臣行三跪九叩礼，献帛，奉酒。然后，皇太极率诸大臣跪，读祝官捧祝文至坛上，北向跪，读祝文，其文曰："惟丙子年四月十一日，满洲国皇帝臣皇太极敢昭告于皇天后土之神曰……勉徇群情，践天子位，建国号曰大清，改元为崇德元年。"（《清太宗实录》卷二十八）接着进行一系列庄严隆重的礼仪，祭告天地之礼完毕。同日，举行上尊号、建国、改元大典。

举行上尊号大典。大典在天坛之东设坛举行。皇太极由中阶升坛，御金椅，诸贝勒大臣按左右序列站毕，开始奏乐，众行两遍三跪九叩礼。

左班和硕墨尔根戴青贝勒多尔衮、科尔沁贝勒土谢图济农巴达礼、和硕额尔克楚虎尔贝勒多铎、和硕贝勒豪格，右班和硕贝勒岳讬、察哈尔汗之子额驸额尔克孔果尔额哲、贝勒杜度、都元帅孔有德，分别捧宝，按顺序跪献。皇太极受宝，交给内院官，放置在宝盒内。同时，进仪仗列于皇太极左右，众再行两次三跪九叩礼。

代善代表满洲、额哲代表蒙古、孔有德代表汉官，捧满、蒙、汉三种文体的表文，宣示曰："我皇上应天顺人，聿修厥德，收服朝鲜，统一蒙古，更得玉玺，符瑞昭应，鸿名伟业，丕扬天下。是以内外诸贝勒大臣，同心推戴。敬上尊号曰'宽温仁圣皇帝'，建国号曰'大清'，改元为'崇德'元年。"（《清太宗实录》卷二十八）宣谕结束，又行两次三跪九叩礼。大家注意，用三种文体宣示不仅是语言形式问题，更是一种政治象征，说明皇太极不仅代表满洲利益，也代表蒙古利益，还代表汉人的利益。也就是说，崇德皇帝不仅是满洲的皇帝，也是蒙古的皇帝，还是汉人的皇帝。总之，皇太极是满洲、蒙古、汉人天下的共主，和当年努尔哈赤已大不一样。

随后，祭告祖陵，追尊先祖，大封功臣。十二日，皇太极分叙诸兄弟子侄的军功：册封大贝勒代善为和硕礼亲王，贝勒济尔哈朗为和硕郑亲王，贝勒多尔衮为和硕睿亲王，贝勒多铎为和硕豫亲王，贝勒豪格为和硕肃亲王，岳讬为和硕成亲王，此为六大亲王。又分叙外藩蒙古诸贝勒的军功。

改大汗为皇帝。"汗"即"可汗"的简称，为蒙古语，汉译意为"王"或"帝"。东北地区的女真族与蒙古族相邻，受蒙古文化影响很深，故努尔哈赤建国即位之后，称"汗"。但努尔哈赤在一些对明朝或朝鲜的文书中，称"大金国汗"或"大金国皇帝"。实际上"汗"即"帝"。万历皇帝在满文中就是"万历汗"。皇太极继位后仍称"汗"，在满文中，凡大金国皇帝处，"帝"仍用"汗"。皇太极与袁崇焕议和时，汉文书信中所写的"大金国皇帝"字样，曾被袁崇焕指责为议和的障碍。皇太极对此做出让步，曾声明不称"帝"而称"汗"。这是因为在明朝人看来，只有明朝皇帝才能称"皇帝","帝"与"汗"是不同等级的尊称。在天聪时,许多汉官给皇太极上奏疏,多称皇太极为"汗"。

随着金国军政势力逐渐发展与强大,皇太极的尊称由"大汗"向"皇帝"提升,实属必然。因为在女真族的概念中,虽然"汗"即"帝",但"皇帝"一词,在汉文化中是比少数民族的"汗"更尊贵的称谓。皇太极在绥服蒙古、打败朝鲜、南攻明朝、北征索伦,屡次取得胜利之后,自然不想仅做"大汗",而要做"皇帝"。皇太极在建号大清的同时,接受了满、蒙、汉群臣恭上"宽温仁圣皇帝"的尊号。皇太极称"皇帝",而把出于蒙古语的"汗",封赐给外藩蒙古的王公。

改大金为大清。皇太极不仅将尊号"大汗"改称"皇帝",而且将国号"金"改为"清"。努尔哈赤把国号定为"金",意在表明自己是中国历史上女真人所建立的金朝的后继者。因为金朝是女真人在历史上的辉煌时期,用"金"作为国号,既有继承金国事业之旨,也有团聚女真各部之义。努尔哈赤和皇太极父子,都崇拜金朝的太祖、世宗。皇太极喜读《金史》,并命将汉文《金史》译成满文。天聪三年即崇祯二年(1629年),皇太极率兵远袭北京时,还派贝勒阿巴泰、萨哈廉到北京西南房山金太祖完颜旻、世宗完颜雍二帝陵去祭奠。皇太极改"金"为"清",其原因自己没做说明,文献资料如《清太宗实录》《满文老档》等也无记

白玉"大清受命之宝"

载。因此，后人有不少推测。先讲一个传说：一次努尔哈赤逃难时骑了匹大青马，因跑得太急，马劳累至死。努尔哈赤对马很有感情，说："大青啊，你是为我而死的，将来我得了天下，国号就叫大青。""清"跟"青"是谐音。那么到底"清"是什么意思？学者至少有五种解释：

其一，有人从字面上做附会，说"金"与"清"的汉字语音相近。

其二，有人从历史上做说明，说因为"清"字以往皇朝没有用过。

其三，有人从阴阳五行加以诠释，说"明"为"火"，"清"为"水"，水能克火。

崇德年制碧玉"皇帝奉天之宝"

其四，有人从萨满文化做解释，"清"就是"青"，二字同音，青天通天，吉祥。

其五，更有人从民族方面去解释——皇太极声明过，他们不是金国的后裔，当然这里面也包含如果沿用历史上的"金"为国号，有刺激汉族"以宋为鉴"的禁忌。

这五种解释仁者见仁，智者见智。清朝为什么叫"清"，还是一个历史之谜。

应当说，皇太极把国号由"金"改为"清"，主要是由于当时形势发展，他本人已不仅是满洲的"大汗"，也不仅是满洲和蒙古的"大汗"，更是满、蒙、汉的"共主"，是天下的"共主"。因此，皇太极要建立一个新的皇朝，改换一个新的国号，以同明朝抗衡，并且取而代之。

从中国皇朝史来看，当朝的皇帝，改年号多见，改国号却仅见。只是在改朝换代之际，才出现新皇朝的国号。所以，皇太极改国号、改年号，具有政治家之气魄与胆略，也具有改革家之更制与维新。

改天聪为崇德。在清朝 12 位皇帝中，除皇太极有两个年号（天聪、崇德）外，其余十一帝都是一个皇帝一个年号。这同明朝一样，在明朝 16 位皇帝中，除朱祁镇有两个年号（正统、天顺）外，其余十五帝也都是一个皇帝一个年号。

在这里，附带回答观众提出的一个问题：清朝到底有多少年？根据不同情况，清朝年代有三种算法：

第一种是 296 年，从天命元年（1616 年）到宣统三年（1911 年）。讲清史的时候，当然要从天命元年说起到宣统退位，这是 296 年。

第二种是 276 年，从崇德元年（1636 年）到宣统三年（1911 年）。因为崇德元年皇太极改年号为清，这样来算就是 276 年。

第三种是 268 年，从顺治元年（1644 年）到宣统三年（1911 年）。这是通史的一种算法，因为前面那段时间明朝已经算过了，不能重复计算。

三、清承明制

人们常说明清史不分家，明清之间有密切的关系，不了解明史就不能很好地研究清史。努尔哈赤时期，清朝政权结构主要是借用蒙古的范式，也参照了一些汉族的经验。皇太极时期，特别是崇德以后，改革和完善国家组织的特点，是以满洲政权组织为基础，参酌蒙古历史经验，借鉴明朝模式，架构清的国家组织形式。在进行政权体制改革时，皇太极告谕廷臣"凡事都照《大明会典》行"。天聪朝逐步形成内三院、六部、都察院和理藩院所谓"三院六部二衙门"的政府架构，基本完善了政府组织。

设内三院。仿照明朝内阁，设内三院。

内国史院记注皇帝起居诏令，收藏御制文字，凡皇帝用兵行政事宜，编纂史书，撰拟郊天告庙祝文，以及升殿宣读庆贺表文，纂修历代祖宗实录，撰拟圹（kuàng）志文，编纂一切机密文移及各官章奏，掌记官员升降文册，撰拟功臣母妻诰命、印文，追赠诸贝勒册文，凡六部所办事宜，可入史册者，选择记载。一应邻国远方往来书札，俱编为史册。

内秘书院撰拟与外国往来书札，掌录各衙门奏疏及辩冤词状、皇帝敕谕、文武各官敕书，并告祭文庙、谕祭文武各官文。

内弘文院注释历代行事善恶，进讲御前，侍讲皇子，并教亲王，颁行制度。

内三院的官员参与国家机密，成为皇太极处理政务的得力助手。内三院设大学士、学士，分别由满、汉官员担任。这是清朝设大学士之始。清承明制，不设宰相，大学士参与议商军国之大政。内三院是"参汉酌金"，即参酌明朝翰林院和内阁的体制，并加以变通而建立的。

设立六部。仿照明朝，设立吏、户、礼、兵、刑、工六部，分部管理国家行政事务。六部的官员，每部以贝勒一人掌管部事，下设承政（相当于明朝的尚书）、参政（相当于明朝的侍郎）、启心郎（承担部分明廷六科给事中的职能）等，分司其职。天聪五年即崇祯四年（1631年）七月初八日，天聪汗任命六部官员：除吏部设满、蒙、汉承政各一人外，其余各部皆设满承政二人，蒙、汉承政各一人，是为其六部机构的一个明显的民族特征，也是清入关后政权组织的满、蒙、汉三元重职的经始。清入关之后，六部的尚书是二元制，一满一汉。

皇太极设立的六部，既是"参汉酌金"，也是"清承明制"。但在"参汉"与"承明"时，清朝对明朝的典章制度，既要"使去因循之习"，又要"渐就中国之制"。最终制定出一部《会典》，那是清朝定鼎燕京后的事情。虽然清初六部同八旗制度并存，但已逐步取代先前八旗制所行使的国家权力。

设都察院。崇德元年即崇祯九年（1636年）五月，皇太极在三院六部之外，仿照明制，设置监察机关——都察院。其职掌是参加议奏、会审案件、稽察衙门、监察考试等，"凡有政事背谬，及贝勒大臣有骄肆慢上，贪酷不法，无礼妄行者，许都察院直言无隐。即所参奏涉虚，亦不坐罪"（《（康熙朝）大清会典》卷一百四十六）。崇德帝规定都察院的职能是：其一，督察皇帝，如有过错，直谏无隐。其二，督察诸王贝勒大臣，如有荒怠政务、贪酒淫乐等九项过错者，据实察奏。其三，督察六部，如刑部或断案不公，或拖延过久等，稽查奏报。其四，自身防检。鉴于明朝吏治，贪污行贿，都察院也不能免，指令其官，互相检查。皇太极特别指出：都察院官员为言官，"所言非，亦不加罪"（《清太宗实录》卷二十九），即说错了也不犯罪，用我们今天话来说就是"言者无罪"，这是给言官的一个特殊待遇。但实际上也不是这样，言官要真说错了，触怒了皇帝，照样免官。

创理藩院。这是清朝为管理蒙古事务而建立的机构。明朝对少数民族事务的管理，由礼部主客清吏司分掌朝贡、嗣封、敕印、接待、赏赉、通译等事宜，还设立四夷馆训练通事和翻译文书。清朝则不同。崇德元年即崇祯九年（1636年）六月十三日，皇太极命都察院承政尼堪为蒙古衙门承政，负责管理蒙古诸部事务。这是《清太宗实录》中首见蒙古衙门的记载。官制只分承政、参政二等，每等各有三四员。崇德三年（1638年）七月二十九日，"更定蒙古衙门为理藩院"（《清太宗实录》卷四十二），蒙古衙门成为清朝八大衙门之一。

清内三院、六部、都察院和理藩院，合称"三院六部二衙门"，是在后金原有体制机构的基础上，参酌明制而建立的比较完整的国家中央机构。这是清初政治体制改革的一件大事。它一方面表明，满洲定都沈阳，建立起能够管理满洲、蒙古、汉民的中央行政机构；另一方面则显示，沈阳政权是清的基地，"日后得了蛮子地方，不至于手忙脚乱"，就是为取得全国政权做了体制上的准备。从这一点来讲，皇太极比李自成高明。李自成当时忙于作战，没有建立起一个完善政权的架构形式，后来到了北京，以至于手忙脚乱，不知所措，这是其失败的原因之一。

总之，皇太极改国号"金"为"清"，标志着原先以女真—满洲为主体的女真国（金国），已经发展为以满洲为主体，包含汉族、蒙古族、东北和漠南等地域其他民族在内，民族多元、国家一统的大清帝国，并为清军入关后移鼎燕京、入主中原做了政治准备。皇太极下一步要做的就是继续同明朝争夺天下，一场重要的战争即将发生，那就是松锦大战。

第四十讲 松锦大战

前面讲到祖大寿降清，他是明朝在战场上向清投降的第一位总兵官。这一讲要说由此引发的松锦大战。此战，从明崇祯十三年即崇德五年（1640年）四月十一日清军进围锦州开始，到崇祯十五年即崇德七年（1642年）四月二十二日杏山失陷为止，共两年的时间，在锦州到松山地带进行。这场大战非同小可，它直接影响到明清争雄的全局。我们先从锦州被围说起。

一、锦州被围

皇太极为什么要围锦州呢?

祖大寿是锦州总兵,在大凌河之战中投降皇太极,并答应回锦州做内应,里应外合,夺取锦州。但是,祖大寿没有履行诺言献出锦州,而是坚守锦州。皇太极当然很生气,他的贝勒们也一致要攻下锦州,活捉祖大寿,再取宁远城,进逼山海关。此时的皇太极,在东边两征朝鲜,先结"兄弟之盟"又结"君臣之盟";在西面征服蒙古察哈尔部,漠南蒙古臣服;在北面已经统一黑龙江流域;可以专注于南面——向明朝关宁锦防线的前茅锦州发动进攻。

此时的明朝,已经腐败到了极点,清内秘书院副理事官张文衡向皇太极奏报说:

> 彼文武大小官员,俱是钱买的。文的无谋,武的无勇。管军马者,克军钱;造器械者,减官钱。军士日不聊生,器械不堪实用,兵何心用命?每出征时,反趁勤王,一味抢掠。俗语常云:"鞑子、流贼是梳子,自家兵马胜如篦子。"兵马如此,虽多何益!况太监专权,好财喜谀,赏罚失人心。在事的好官,也作不的事;未任事的好人,又不肯出头。上下里外,通同扯谎,事事俱坏极了。(《张文衡请勿失时机奏》,《天聪朝臣工奏议》卷下)

在辽东,孙承宗告老还乡,又失去了袁崇焕、赵率教、满桂、何可纲等一批重臣武将,关宁锦防线的防御能力大为削弱。

皇太极趁着这种形势,确认:必先破关宁锦防线,占领辽西走廊,夺取山海关。他选择的突破口,就是锦州。

崇祯十三年即崇德五年(1640年)四月,洪承畴奉调辽东仅仅一年多一点的时间,松(山)锦(州)之战就打响了。

清"神威大将军"炮

明"神威大将军"炮

皇太极从以前的失败中明白：关宁锦防线不可强攻，而要智取——围城、设伏、打援、攻坚。为此，皇太极做了三点部署：

第一步，屯兵义州。义州离锦州90里，皇太极派军队屯田种粮，解决后勤供给。

第二步，围困锦州。仍用当年围大凌河城的办法，四面包围，内外隔绝。

在锦州东南面18里是松山城，松山城偏西南30里是杏山城，而杏山城西南约20里便是塔山城。这三城护卫着锦州城。在其背后西南120里是宁远城，为锦州城之后盾。锦州被围，粮薪奇缺，外援断绝，羽书告急。

第三步，围城打援。锦州城被围，突围又不能成功，明朝肯定会派军队来救援。辽西走廊是平地，八旗骑兵有优势，可以乘机歼灭明军。崇祯帝派洪承畴前去增援，恰中皇太极围城打援之计。

祖大寿派人突围，向明廷求援。崇祯帝得报，命蓟辽总督洪承畴率领大同总兵王朴、宣府总兵杨国柱（国柱战殁后，以山西总兵李辅明代之）、密云总兵唐通、蓟镇总兵白广恩、东协总兵曹变蛟、山海关总兵马科、前屯卫总兵王廷臣、宁远总兵吴三桂，八总兵及副将以下官员200余名，步骑13万，马4万匹，克期出关，火速驰援，击退敌军，解围锦州。七月二十八日，明军到达松山。明朝以倾国精锐，汇聚于辽西一隅，以解锦州之围，保关锦防线，护山海关，卫北京城。洪承畴统率的援军，同皇太极的清军，在松山遭遇，于是爆发了松山激战。

二、两雄争锋

清崇德时期，明朝与清朝在辽西的争局，最精彩、最重要的一幕，就是松锦大战。这场争战的两位统帅——一位是明朝兵部尚书兼总督蓟辽军务的洪承畴，另一位是清崇德帝皇太极。

皇太极自20岁走上战场，已经近30年，东征西讨，南战北伐，可以说是身经百战。特别是用"反间计"除掉袁崇焕，显示出其高明的政治谋略与手段。

洪承畴（1593—1665），福建南安人，万历进士。他比皇太极小1岁。崇祯十二年即崇德四年（1639年）正月，当西线农民军一时受挫而转入低潮时，明廷便把同农民军作战有功的三边总督洪承畴，调到关外，总督蓟辽军务，兼筹粮饷，以加强关外军事力量。

明朝末年，主要战场有两个：一个在西北，主要是农民军；一个在东北，主要是后金—清军。崇祯帝在西北战场刚按下葫芦，在东北战场又浮起了瓢。这个时候的东北战场：在北方，皇太极统一黑龙江流域诸部及其活动的广大地域，扩大了兵源、财富和版图，并解除了后顾之忧；在沿海，皇太极攻取旅顺等辽南城镇，冲破了明军的海上防线，从海上对京、津、登、莱形成威胁；在东翼，皇太极两次发兵征朝鲜，终使朝鲜臣服，从而切断了明朝的右臂；在西翼，皇太极进兵蒙古，击败察哈尔部，统一了漠南蒙古，并使之成为藩属，从而切断了明朝的左臂；在中原，皇太极连续破塞突入长城，甚至于攻陷济南，取得重大军事胜利；在关外，前面讲过，皇太极毁大凌河城，初步逼降祖大寿。后祖大寿从大凌河城逃到锦州城。原来明对后金—清朝的弧形包围，倒转过来，而变成后金—清朝对明朝的弧形包围。皇太极的兵锋所向，直指明朝辽西关宁锦防线的前茅——锦州城，将锦州城紧紧包围。

洪承畴中进士的万历四十四年（1616年），努尔哈赤恰在这一年黄衣称朕，建立后金。明朝受到关外和中原、八旗军和农民军两种力量的攻击。洪承畴在明万历、泰昌、天启三朝，未见重用。崇祯初，陕北农民军蜂起，崇祯皇帝以洪承畴懂得军事，又能带兵，命他为延绥巡抚、陕西三边总督。洪承畴率军作战，屡屡获胜。崇祯帝加洪承畴为兵部尚书，兼督河南、山西、陕西、四川、湖广军务。洪承畴统率政府军大败号称"闯王"的高迎祥，后俘虏高迎祥。高迎祥部属李自成继号"闯王"。"闯王"李自成率军分道入四川，洪承畴带兵围剿屡战屡胜。李自成还走潼关，洪承畴派曹变蛟设伏邀击，李自成大败，仅以18骑败走商洛。

这一年是明崇祯十一年即清崇德三年（1638年）。洪承畴能文能武，屡立战功，深受兵部和崇祯帝的赞赏。这时，明朝在辽东的统帅杨镐、袁应泰、熊廷弼、孙承宗、袁崇焕，总兵张承胤、杜松、刘綎、满桂、赵率教、王宣、赵梦麟、马林等都已死亡，洪承畴成为明朝当时最优秀的军事统帅。

皇太极"围城打援"，洪承畴"率军救援"。常言道："狭路相逢勇者胜。"然而，洪承畴与皇太极的争锋，在松山决战中却是：两雄争锋智者胜。

三、松山决战

洪承畴的三个前任均战败而死：萨尔浒大战后杨镐入狱被杀，沈辽大战后统帅袁应泰兵败自杀，广宁大战后经略熊廷弼传首九边。洪承畴接下解围锦州的任务后就考虑自己该怎么办呢。以前我讲过，杨镐为什么失败？总结为一个字就是：分。兵分东西南北四路，分进合击，没合起来；而努尔哈赤则是集中兵力，各个击破。结果，杨镐大败。这个教训对洪承畴来说太深刻了。所以，洪承畴不敢冒进，他采取了一条措施——合，把13万军队集中起来，抱成一个团，这样皇太极就不能各个击破了。

洪承畴率军从宁远出发，采取"建立饷道，步步为营，边战边进，解围锦州"的策略。但是，洪承畴军行动迟缓，从受命到出师已经六个月；从宁远到松山约百里，其间又拖延四个月。洪承畴兵到松山之后，设立大营，以图进取。起初，双方军队有过几次小规模的接触，明军得胜。洪承畴也很得意，但仍十分谨慎，不敢冒进。

清军初战失利，军报传到沈阳。皇太极正患病，鼻衄流血。他接到军报后，立即出发，用碗接着鼻血，骑马疾进，星夜兼驰，来到前线！皇太极到松山后，没有休息，立即登山，视察形势。他见明军大众集前，后队颇弱，猛然省悟道："此阵有前权，而无后守，可破也！"（计六奇《明季北略》卷十八）

我解释一下，"权"是个军事术语，"有前权，而无后守"就是说把重点集中在前头，而后面的防备薄弱。通俗来说就叫"虎头蛇尾"。这是因为洪承畴要把兵力集中起来逐步往前推进，他考虑后金军队前头打援，就把重点部署在前面。一个优秀的军事统帅在指挥这样重大的战役时，中军、前权要强，后守也不能弱，左翼和右翼要并重，前、后、左、右、中都要有部署。洪承畴是接受了杨镐失败的教训，不分兵、前权布置是其优势，但他没有意识到，后守薄弱就是其弱点。人以长取胜，以短取败。三国时，关羽善待士卒而骄于士大夫，结果以骄傲取败；张飞善待士大夫而鞭打士卒，结果被部下所杀。《三国志》评论说"以短取败，理数之常也"。洪承畴的长处很明显，即不分兵，前权布置得很好，但后守是薄弱环节。

皇太极召集诸王贝勒会议，定下对策：

第一，包围主力。 明军以步兵在松山城北和乳峰山之间设立七个营，以骑兵驻松山东、西、北三面，合步骑兵，号13万，部署严整。于是，皇太极将主力部队部署在松山与杏山间，乌欣河南山至海边，"横截大路，绵亘驻营"。并于锦州至海之间，掘三道大壕，各深八尺、宽丈余，包围松山明军，并切断其松山、杏山之间的联系。

第二，前锋打援。 皇太极之作战部署是：围锦打援——将原重点围困锦州的兵力，转移到重点打击援锦明军。这就由松山、锦州明军对清军的包围，转变为清军对明军的反包围，即将洪承畴率领的13万大军，包围在松山一带，使锦州、松山、宁远，彼此孤立，无法互援。清军由被动转向主动。

第三，断敌粮道。 洪承畴统率13万大军的粮道被清军切断。这引起明军的恐慌。

第四，退路设伏。 派精兵伏于杏山、连山、塔山及沿海诸要路。特别是在明军退往宁远必经之路——高桥，预设伏兵，等待退敌。

洪承畴率领13万大军，环松山立营，图进解锦州之围，却退无回旋之地——

自断与后方杏山、塔山、宁远等城的联络。皇太极观察洪承畴阵势，决定掘长壕，断粮道，使之陷于绝境。

洪承畴针对皇太极的作战部署，立即召开军事会议。洪承畴没有采纳马绍愉"乘锐出奇击之"、张斗"防其抄袭我后"的用兵建议。他还说："我十二年老督师，若书生，何知耶！"（《崇祯实录》卷十四）也就是说，我已经做了12年的督师，你们这些书生，懂得什么！

洪承畴见清军"环松山而营，大惧。欲战，则力不支；欲守，则粮已竭。遂合谋退遁"（《清太宗实录》卷五十七）。当夜，洪承畴等欲收缩兵力，企图聚兵，突破重围。

崇德六年即崇祯十四年（1641年）八月二十日，明清两军，列阵大战。接战良久，矢飞炮鸣，杀伤相当，未分胜负。皇太极先派阿济格率军进攻塔山，夺取了明军在笔架山的12堆储粮。其时，明军粮食被抢夺，退路被截断，因为无粮秣，而气挫势穷。洪承畴担心明军步、骑兵被分割，将步骑数万之众收缩在松山城内。

二十一日，洪承畴见形势严峻，召开会议，共谋对策。他对八总兵等诸将说："当各敕厉本部，与之力斗。余身执枹鼓以从事，解围制胜，在此一举矣！"（《明史纪事本末·补遗》卷五）但是诸将意见不一。洪承畴又对诸将说："守亦死，不战亦死，若战或可幸万一，不肖决意孤注，明天望诸君悉力。"（谈迁《国榷》卷九十七）明军面临强敌，又缺乏粮食，多主张"回宁远就食"，以图再战。于是，洪承畴放弃解锦州之围的计划，决定分兵两路，半夜突围。

当夜，明总兵王朴"怯甚"，尚未到约定突围时间，率领部众，已先逃遁，以致明军大乱。唐通、马科、吴三桂、白广恩、李辅明等，马步争驰，自相践踏，弓甲遍野，尸横满地。洪承畴等人突围未成，退守松山城。冲杀出去的明军，遭到截击，伤亡惨重。总兵吴三桂、王朴等逃入杏山，总兵马科、李辅明等奔入塔山。当吴三桂、王朴等沿海边逃跑时，清军迎头截击。数万明军，东有大海，后有追兵，盔甲遍野，溃不成军，"赴海死者，不可胜计"（《清太宗实录》卷五十七）。当时正赶上潮水大涨，全军尽没，只有200余人逃脱。后仅曹变蛟、王廷臣败入松山，与洪

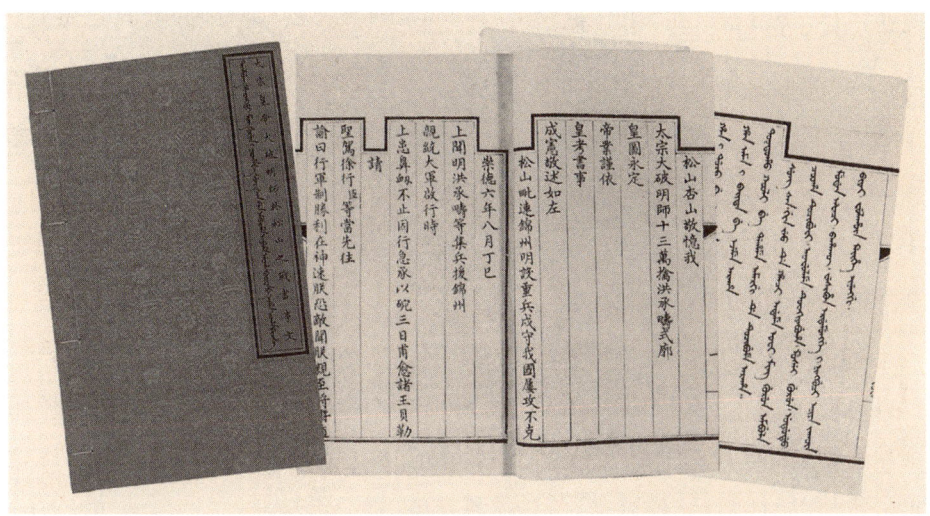

嘉庆皇帝撰《太宗大破明师于松山之战书事文》

嘉庆年制《太宗大破明师于松山之战书事文》玉册

承畴及其万余残卒，共守松山城。

二十四日，皇太极命设伏于高桥大路。逃入杏山城的吴三桂、王朴等，率残部逃出，向宁远奔遁，遭到清军追击，败奔至高桥。吴三桂、王朴恰中皇太极的预算——清军多铎等伏兵四起，阻截前路，追兵蹑后。吴三桂、王朴和众士卒，手足无措，伏兵合力进击，各路溃窜。吴三桂、王朴仅以身免，逃回宁远。后王朴下狱被杀。

松山激战，历时十天，明军大败，清军获胜，明军被杀53 783人，损失马匹7 444匹、驼66峰、甲胄9 346副。另外"赴海死者，以数万计，浮尸水面，如乘潮雁鹜，与波上下"（高士奇《扈从东巡日录》卷上）。明军投海死者及丢弃马匹、甲胄数以万计。

此后，皇太极大规模进兵松山，必欲破城，擒洪总督。松山城内，缺粮短薪："米粮有限，主客聚食，三月之后，恐不可支。"明朝兵部认为，松山城内，两万士卒，坚守时间，不能久待——"非饿死，则杀死"。

松山被围，断绝外援，情状危急，明方奏报："内无粮草，外无援兵，封疆诚岌岌危矣！"（《明清史料》乙编第四本）总兵曹变蛟，为明骁将，曾经转战千里，二十七昼夜不解盔甲。九月，洪承畴、曹变蛟等尽率城中马步兵，突围失败。十二月，洪承畴以6 000兵卒，夜冲清军大营。清军还击，斩400余人。明军退入城内，紧闭城门。关内援兵，竟驻宁远，蜷缩城内，不敢前进。洪承畴"欲战则力不支，欲守则粮已竭，欲遁又未敢成队而出"（蒋良骐《东华录》卷三）。松山明军，坐困城中。

崇德七年即崇祯十五年（1642年）初，松山城内，两万士卒，军民饥困，"阖城食尽"（夏燮《明通鉴》卷八十八）。洪承畴派人执密札求援，结果未得粒米寸薪。城中严重缺粮，杀马充饥，后至人相食。朝廷先派顺天巡抚杨绳武督师救承畴，但兵不敢出战；又派副将焦埏赴援，出山海关败没。副将杨振请行，至吕洪山遇伏，军没被俘。清军令杨振往松山说降。接近松山城时，杨振就地向南坐，对从官李禄说道："为我告城中人坚守，援军即日至矣！"随后，杨振、李禄皆被杀害。时"松山城内，糗粮罄绝，人皆相食"（《清太宗实录》卷六十）。

松山副将夏成德，不甘坐以待毙，遣人密约降清，许诺为内应。二月十八日夜，清军应约攻城，由南城墙登梯而入，松山城陷落。次日晨，夏成德率部生擒洪承畴及巡抚丘民仰，总兵王廷臣、曹变蛟、祖大乐等。然后进行全城大搜杀，诛斩明巡抚丘民仰及总兵曹变蛟、王廷臣等官员百余人，兵丁3 063人等。夏成德部下俘获男妇幼稚3 113人，获准免死。清军获甲胄军械15 267件，各种火器3 273件，金银珠宝15 000多件，绸缎衣服等15 900件有余。皇太极下令把洪承畴及祖大乐等送往沈阳，将松山城夷为平地。

攻破松山城后，清军集中打锦州城。此时锦州城也没有吃的，也是杀人相食，祖大寿没有别的办法，只有剃发投降。这是祖大寿第二次降清。

松锦大战中，皇太极的兵略是围城打援，断粮阻截；洪承畴的兵略是合兵前权，稳进稳援。他吸取杨镐分兵失败的教训，而采取"合兵"与"稳进"的战术。结果：兵是合了，前权重了，稳当进了，就是没有做到一个"援"字，全军覆没，自己被俘。皇太极的关键是"打援"，而"援"怎样打法？皇太极高明之处在于：第一，断敌粮道，逼其后撤；第二，设伏截击，攻其不备；第三，外攻内应，陷其四城；第四，擒获主帅，诱其投降。

松锦大战于明清兴亡，具有重大的历史意义。此役以清军歼灭洪承畴援锦大军与夺占辽西锦州、松山、杏山、塔山四城而告终结，并为而后入主中原奠定基础。后乾隆帝说："我太宗大破明师十三万，擒洪承畴，式廓皇图，永定帝业。"嘉庆皇帝也说："太祖一战（萨尔浒大战）而王基开，太宗一战（松锦大战）而帝业定。"（颙琰《太宗皇帝大破明师于松山之战书事文》）总之，萨尔浒大战、沈辽大战、松锦大战是清朝开国史上的三块里程碑，反映了清朝崛兴史三次重大的历史转折。明朝与后金—清自万历四十六年即天命三年（1618年）抚顺第一次交锋，至崇祯十七年即顺治元年（1644年）清军入关前，在近30年间，曾发生大小百余次争战，但对明清兴亡产生极其深远影响的主要是上述这三大战役。萨尔浒大战是明清重大军事冲突的开端，标志着双方军事态势的转化——明辽军由进攻转为防御，后金军由防御转为进攻；沈辽大战是明清激烈军事冲突的高潮，标志着双方政治形势的转化——明朝在辽东统治的终结，后金在辽东统治的确立；松锦大战是明清辽东军事冲突的结束，标志着双方辽西军事僵局的打破——明军顿失关外的军事凭借，清军转入新的战略进攻，为破山海关、定鼎燕京、入主中原，准备条件，奠定基础。

松锦之战，是皇太极一生军事艺术中最精彩的杰作，也是中国军事史上围城打援的范例。洪承畴的错误兵略，使明军丧失辽左四城，损失约15万军队。

松锦之败，使明朝损失了在辽西最大的一支精锐军队，也是明朝在关外最后一支精锐军队，以后再也集中不起来这么多军队了，这是明清在辽西战场的最后一仗。从此，结束了双方长达20年之久的辽西军事僵局，清军开始新的战略进攻。

洪承畴被俘以后，皇太极把他带到盛京沈阳，堂堂大明兵部尚书、蓟辽总督剃发投降。

第四十一讲 总督降清

松锦大战的一个后果,是明朝总督洪承畴剃发降清。

一、历史笑柄

当明朝总督洪承畴已经在清朝的都城盛京跪拜于大清皇帝皇太极膝前剃发降顺时，明朝的崇祯皇帝却在北京为他举行盛大的祭奠典礼，成为一个历史的笑柄。事情是这样的：

清军于崇祯十五年即崇德七年（1642年）二月十八日占领松山城后，三月初十日，占领锦州城。四月初九日，又攻占塔山城。最后，四月二十二日，再夺占杏山城。后将松山、塔山、杏山三城毁掉。至此，在两个多月时间里，松山、锦州、塔山、杏山四城，均被清军占领，明军关宁锦防线北段崩溃。最后，清军俘获明蓟辽总督洪承畴、辽东巡抚丘民仰等人。五月初五日，明总督洪承畴等跪在大清门外，向清投降，剃发称臣。

但是，松山城陷的败报传到北京，却说总督洪承畴、巡抚丘民仰殉难，举朝震惊。崇祯帝惊悼不已，设坛赐祭：洪承畴十六坛，丘民仰六坛。按明朝的礼制，一品官赐祭九坛，十六坛为最高的荣典。对洪承畴的祭奠，一坛一坛地祭，当祭到第九坛的时候，传来消息，说洪承畴降清了！这对大明的皇帝、官员，简直是一道晴天霹雳！本来崇祯帝已经下旨，为洪承畴等在北京城外建祠，祠建成后崇祯皇帝要亲临祭奠。洪承畴投降的消息传来，建祠、祭奠的活动戛然而止。

有一件档案叫《家主尽节松山奏本》，是洪承畴家人向朝廷的奏报。这份奏报这样记述事情的经过：

> 八月，因轻战挠溃，（安）臣家主坐困松城，内乏粮糗，外杳求援，杀战马以饲军，马尽而军多饿毙。军士毕感平日恩信联结，忍饥苦守，以死为期，毫无叛志。乃逆将夏成德，见粮断援绝，开门献城。（安）臣家主被执，义不受辱，骂贼不屈。惟西向庭阙叩头，口称"天王圣明，臣力已竭，愿为厉鬼杀贼"等语。奴恨数年战守，经碎体而亡。从来

降清后的洪承畴像

> 死节之惨，就义之正，未有如（安）臣家主者也。（李光涛《洪承畴背明始末》）

当时洪承畴是否"殉节"，辽东"塘报"互异。《明清史料》中的《兵部行〈确察洪承畴等殉节塘报互异〉稿》，可为当时互异"塘报"的史证。但是，巡抚丘民仰，城陷死难，"塘报"确实。崇祯帝命为丘民仰设坛、建祠。崇祯帝将要亲祭洪承畴时，"闻承畴降，乃止"（《明史·丘民仰传》）。关于此事，还有以下记载：

> 庄烈帝（崇祯）初闻承畴死，予祭十六坛，建祠都城外，与丘民仰并列。庄烈帝将亲临奠，俄闻承畴降，乃止。（《清史稿·洪承畴传》）

> 北都正阳门西月城中，有关缪庙，东月城有观音大士庙。其观音庙乃崇祯中敕建，以祀经略洪承畴，而配关壮缪者也，后知洪生降，改祠大士焉。（刘献廷《广阳杂记》卷二）

这座观音大士庙，20世纪50年代还存在。

在长期围困战中，皇太极先后谕书蓟辽总督洪承畴、锦州守将祖大寿，对松山、锦州、塔山、杏山守城官兵进行多次劝降。后来洪承畴被擒降清，皇太极亲自到洪馆看望与劝说，对洪承畴剃发降清起了重大作用。那么，洪承畴最后是怎样决定降清的呢？有的书上说是庄妃劝降的。

二、"庄妃劝降"

有一本叫《大清后妃》的书说：

> 大明经略洪承畴被俘获后，以绝食誓言宁死不降之志。大玉儿（庄妃）夜入囚所劝降，洪承畴不予理会，仍昏昏欲睡。俄尔，忽见房内灯火辉煌，

一阵香气扑向鼻内，洪承畴定神一看，那美人正睡在他的被窝里。大玉儿身许言劝，打出皇后底牌，终于降服了洪承畴。

这本书又说皇太极与庄妃共同劝降了洪承畴：

> 一日，快成"大明忠魂"的洪承畴，正在因所内面壁守节，恍惚间听见一声门响，知又是劝降使者，于是合目假寐，不理不睬。随着一声轻柔的叹息，一股异香飘入洪承畴日渐趋微的鼻息中。洪承畴心神一震，四肢酥软，不禁侧目张望，来人竟是一位身着汉族服饰的美丽少妇。

> 洪承畴刚烈则刚烈矣，却有好色之奇癖。此时，他目光痴痴地呆望着眼前这位摄人魂魄的北地胭脂，固守的防线顷刻松软下来。那少妇并不劝降，只问大将军家眷如何。一句话勾起了洪承畴思母念妻的儿女情肠，霎时泪如雨下，饮泣不止。少妇见状，一掬同情之泪，露出暗中带进的一小壶人参汤，将壶嘴缓缓递入洪承畴嘴中。洪承畴恍惚间喝下一口，慢慢止住了饮泣。少妇见洪承畴并不推拒，又将参汤喂于洪承畴口中。

> 连日的劝慰，洪承畴虽严辞拒食，但对少妇进献的参汤却连饮不辍。皇太极见火候已到，不惜屈尊来到囚室。时正值天寒地冻，饶是洪承畴刚烈无比，但毕竟血肉之躯，难抵刺骨的风寒，皇太极将貂裘轻轻披在洪承畴身上，和颜悦色地问道："先生，很冷吧？"洪承畴木然呆坐良久，终于发出一声叹息："真命世主啊！"终于俯首归顺大清。

有的书说："这位风华绝代、卓有才识的三十岁的庄妃，多方探明洪承畴的嗜好后，不惜装扮成汉女模样，对洪承畴婉言相劝，极尽温柔动人之情，终于使皇太极死棋活走，为大清帝国入主中原神器、平定九州风雨立下不朽功勋。这位才貌超卓的庄妃，就是日后赫赫有名的孝庄。"又说："皇太极这一成功的妙招大半

孝庄太后像

应归于诱劝洪承畴降清的美丽少妇——永福宫庄妃布木布泰。"果真是庄妃诱降洪承畴的吗？其实这种说法根本不可信，纯属编造。因为：

第一，没有文献记载。现在已经看到的汉文、满文、朝鲜文的文献、档案，没有一条材料记载明朝总督洪承畴被俘后，是被庄妃劝降的。尽管金梁《光宣小纪》说盛京大清门内有三官庙，离皇宫内院很近，相传洪承畴曾被拘在这里，妃侍或去探视，而有庄妃劝降一说，盖不足信。可以说，这种说法没有一条史料做依据。

第二，违反后宫制度。国有国法，宫有宫规。虽然皇太极时期宫廷制度不够完善，但后妃是不可以随意出入后宫的。有人说三官庙离后宫近，庄妃到这里不算出宫。但据考证，当年三官庙不在这里，是乾隆年间因建太庙才移建的。一个后宫的妃子，只身到外面进行政治活动，还在囚室过夜，是不可想象的，也是完全不可能的。

第三，安全没有保障。庄妃在崇德三年（1638年）生下皇九子福临，就是后来的顺治帝。庄妃出入宫廷的安全需有保证。洪承畴已经被俘且据说是绝食要死之人，皇太极派他的爱妃独身一人进入洪承畴的拘室，是要冒着多大的人身风险！

第四，"身许"更属荒谬。皇太极为了招降一个汉官，可以封官爵、赏金银，决不会也不可能让自己的爱妃以"身许"做代价，来换取洪承畴的投降。在清初有招降汉官为额驸者，如抚顺降将李永芳。然而，"招驸马则可，谓以妃蛊人则过矣"（孟森《洪承畴章奏文册汇辑跋》）。所以，此为戏说，违背常理，毫无根据，不值一笑。

第五，双方语言不通。庄妃是蒙古族人，蒙古语是她的母语；嫁给皇太极之后，又学会了满语。当时皇太极与庄妃的语言交流，在宫里应当是以满语为主，兼说蒙古语；庄妃根本不说汉语。至于洪承畴，没有材料说明他会满洲语或蒙古语。说二人单独幽会、私言密语、色情交易，他们语言不通，怎样对话？所以说，清崇德帝皇太极派自己的爱妃，用"色相"、以"身许"去劝降洪承畴，虽然此说流传很广也很久，但系子虚乌有，纯属戏说。

那么，洪承畴到底是怎样降清的呢？

三、承畴降清

明崇祯帝命洪承畴为兵部尚书、总督蓟辽，调集八总兵、13万步骑、4万匹马，并足支一年军粮马料于宁远，以解祖大寿锦州之围。明军与清军展开松锦会战，皇太极带病亲临前线指挥。结果——洪承畴兵败被俘，皇太极获得全胜。清军俘获明总督洪承畴、辽东巡抚丘民仰、东协总兵曹变蛟、辽东总兵王廷臣等。皇太极命杀丘民仰、曹变蛟、王廷臣，以警告祖大寿；而不杀洪承畴，是想招降祖大寿及吴三桂等汉官。因而洪承畴被押送到盛京沈阳。

洪承畴的结局，跟他的前任比较是怎样的呢？

前面我讲过，明亡清兴六十年间，在辽东先后发生四场大战。大战是什么意思？我说明清双方兵力在20万人以上的争战，可以称为"大战"。那么，有哪四场大战呢？

一是萨尔浒大战。明万历四十七年即后金天命四年（1619年）三月，明军统帅为辽东经略杨镐，后金军统帅为天命汗努尔哈赤。杨镐的兵略是：兵分四路，分进合击——结果是，路也分了，兵也进了，军也击了，就是没合，因而大败，后来杨镐被杀。

二是沈辽大战。明天启元年即后金天命六年（1621年）三月，在沈阳与辽阳之间进行。明军统帅为辽东经略袁应泰，后金军统帅为天命汗努尔哈赤。努尔哈赤的兵略是：诱敌出城，外攻内应。袁应泰的兵略是：出城拼杀，城上坚守。结果明军大败，袁应泰自杀。

三是广宁大战。明天启二年即后金天命七年（1622年）正月，在广宁地区进行。明军统帅是辽东经略熊廷弼，后金军统帅为天命汗努尔哈赤。努尔哈赤的兵略是：围城打援，招降内应。熊廷弼的兵略是：三方布置，分兵阻击。结果明军又大败，熊廷弼被"传首九边"。

四是松锦大战。后金军统帅崇德帝皇太极的兵略是：围城打援，断粮阻截。明军主帅洪承畴的兵略是：合兵前权，顿军缓援。结果，洪承畴大败被俘。

北京洪承畴祠原址

洪承畴被押到沈阳后,皇太极要收降洪承畴,以为己用。清国史馆《贰臣传》和《清史稿·洪承畴传》对劝降经过都有记载。后者曰:

> 上欲收承畴为用,命范文程谕降。承畴方科跣(xiǎn)谩骂,文程徐与语,泛及今古事,梁间尘偶落,著承畴衣,承畴拂去之。文程遽归,告上曰:"承畴必不死,惜其衣,况其身乎?"上自临视,解所御貂裘衣之,曰:"先生得无寒乎?"承畴瞠视久,叹曰:"真命世之主也!"乃叩头请降。上大悦,即日赏赉无算,置酒陈百戏。

> 诸将或不悦,曰:"上何待承畴之重也!"上进诸将曰:"吾曹栉风沐雨数十年,将欲何为?"诸将曰:"欲得中原耳!"上笑曰:"譬诸行道,吾等皆瞽。今获一导者,吾安得不乐?"

洪承畴投降清朝的原因很复杂。他对明朝内部的腐败很了解；在同农民军作战中，对农民军也比较了解；他又同清军作战，对清朝又有新的认识——比较这三方，洪承畴看出，最有希望统一全国的是大清。这是他投降清朝的根本原因。皇太极亲自劝降，更增强了他对清朝的信心。《清史稿·洪承畴传》的上述记载，主要是歌颂皇太极的，但也说明皇太极招降纳叛、广罗人才，这是清兴的一个重要原因。

洪承畴是自从有辽事22年以来，明朝降清官员中职务最高者。洪承畴降清，对以后的局势影响很大。

第一，招降汉官。洪承畴在明朝文武官员中已称老辈，清朝用他树立口碑，招降大量官员。祖大寿的三个弟弟都在洪承畴军中，后来他们劝降祖大寿，祖大寿投降。吴三桂曾是洪承畴的部下，后来吴三桂降清也受了洪承畴的影响。

第二，用兵江南。清军入关后，洪承畴任"招抚南方总督军务大学士"、内翰林弘文院大学士、经略大学士等。兵发江南，攻城陷地，剿杀南明众将，戮灭朱明后裔。清用洪承畴为督抚、为经略，定江南、湖广、云贵。他效命疆场20余年，至死方休。

第三，定鼎北京。清军入关后，定鼎北京，在制度、规章、法制等方面需要有高层人物来指点，其中洪承畴起了很重要的作用。因为洪承畴是万历四十四年（1616年）的进士，官至兵部尚书兼蓟辽总督，统兵南征北战，屡战屡胜，在文武两方面积累了很多知识和经验。《清史稿·张存仁传》论道："国初诸大政，皆定自太祖、太宗朝。世谓承畴实成之！"这种评价，显然夸大，但有一定道理。

洪承畴的历史地位与历史评价，学术界始终存在争论。至今，尚未得到一致的结论。这留待学者们去讨论吧！

话说回来，皇太极时期向明朝用兵，主要有九次：其中关外三次——宁锦之战败于袁崇焕、大凌河之战和松锦之战逼降祖大寿和洪承畴（前面已经讲过）；另外还有关内六次，进行掳掠。就是说皇太极的军队，攻破长城，六入中原。这对皇太极来说，是扩大政治影响，取得军事胜利，掳掠中原财富；对崇祯帝、对中原百姓来说，则是一场可悲的灾难。

第四十二讲 中原悲歌

上一讲说到，皇太极时期向明朝用兵，主要有九次，其中关外三次，关内六次。皇太极的军队，攻破长城，六入中原，大肆掳掠，给中原带来可悲的灾难。

皇太极为什么要攻掠中原？事情要从大凌河之战说起。大凌河之战结束后，后金的高层进行总结，通过这次战役究竟得到了什么。降祖大寿？但祖大寿降而复叛。得大凌河城？大凌河城是一座空城。获得降人？一万多降人还要管他们饭吃，使后金本来紧缺的粮食更加紧缺。对此，贝勒阿济格等诸将抱怨说："部下士卒及新附蒙古等，一无所获，皆以为徒劳。"（《清太宗实录》卷十四）后金粮食危机并没有因大凌河之胜而缓和，反倒更加严重。于是，皇太极改变在关外作战的策略，而把掳掠目标锁定中原。

皇太极在关内的六次掳掠是：第一次，崇祯二年即天聪三年（1629年），皇太极亲自带领大军，绕道蒙古地区，围攻北京城，翌年回军（前面已经讲过）。第二次是崇祯七年即天聪八年（1634年），皇太极亲统大军，蹂躏宣府、大同一带。第三次，崇祯八年即天聪九年（1635年），多尔衮率军入长城，略山西太原府所属忻州（今忻州市）、定襄、五台等州县。以上两次规模较小，不列题讲述。余下三次，将分列题目，加以叙述——第四次，耀兵京畿；第五次，高阳悲歌；第六次，高官被杀。

一、耀兵京畿

崇祯九年即崇德元年（1636年），皇太极第四次派军入塞，由英亲王阿济格等率军，往北京西北，而正北，而西南，而东南，再东北，耀兵京畿，入塞掳掠。清军围绕明朝首都，蹂躏京畿，攻陷城堡，焚毁村庄，掳掠财物，屠杀官民。转向东北，准备回师。九月初一日，清军携带所掠取的大批人畜物资，从容出冷口（今河北迁安东北）东归。此役，总共为117天，即四个月左右的时间。明朝总监军高起潜不敢邀战而阴纵之归。清军阿济格奏报：凡56战皆捷，共克16城，俘获人畜17万。他们凯旋时，"艳服乘骑，奏乐凯归"，还砍木书写"各官免送"四个大字，以戏藐大明皇朝。《国榷》记载：

> 建虏出冷口。掠我子女，俱艳饰乘骑，奏乐凯归。斫塞上木白而书曰："各官免送！"凡四日，乃尽。

清军在耀武扬威，明朝方面却是总兵剃发投降，总督一筹莫展，尚书日服大黄。下面讲几个故事。

总兵剃发投降 清军攻打昌平前，阿济格将曾被招降的2 000人释放，让他们诈称逃归，以做内应。明守陵太监王希忠及御史王肇坤，未察其谋，开门引入。清军合20旗攻城，火炮并发，摧毁城楼。图尔格率兵登城，城里内应，攻陷昌平。明御史王肇坤激众抵御，城破，身"被四矢两刃而死"（《明史·王肇坤传》）。守陵太监王希忠、通判王佐禹及其子等皆死。户部主事王桂（又作王一桂）因督饷昌平，分守城门，城陷被执，不屈死之。他的妻妾子女等27人都跳井而死。但是，总兵巢丕昌出城投降。明朝的很多高官，像总督、巡抚、总兵等，没有气节，剃发投降，但是一些官员及百姓，在清军进攻面前，却表现出不屈的精神。

鹿善继抗清军 清军两黄、两红、镶蓝、蒙古等共10旗兵，合攻定兴（今

《冷口》（清人绘《直隶长城险要关口形势图》插图）

河北定兴)。当时辞职家住江村（今西江村）的前太常寺少卿鹿善继等，由村进城，登城坚守，坚持七个昼夜，最后城破《明史·鹿善继传》。清兵"提刀索衣"，以力胁降。鹿善继不屈从，破口大骂道："天朝鹿太常衣，肯覆羯狗奴耶！"清兵大怒，连砍三刀，又射一箭。鹿善继仍骂不绝口，伤重而死，年62岁。时"中原士大夫，非望风而走，则髡发以降"（《鹿公墓志铭》）；鹿善继等尽管"捧一篑以塞溃川，挽杯水以浇烈焰"（计六奇《明季北略》卷十二），却表现出志士仁人的可贵骨气。

总督一筹莫展　总督宣大、兵部右侍郎梁廷栋，万历进士，留心边务，喜好谈兵。梁廷栋以兵部右侍郎兼右都御史，总督宣府、大同、山西军务。这次清军由间道而入，逾天寿山（明十三陵），克昌平，逼京师。天寿山后的地域，为梁廷栋军事防区。崇祯帝命梁廷栋戴罪入援。梁廷栋出兵御敌，一筹莫展，"踵之不击"，即跟在阿济格军队的后面不敢开战，最后郁闷而死。当年曾上《请斩袁崇焕疏》的兵部尚书梁廷栋，今日却被法司定罪。梁廷栋坐死罪，但人已死，不予追究。

尚书日服大黄　兵部尚书张凤翼，万历进士，历官主事、参政、巡抚、尚书等。先是，孙承宗曾上疏斥他"才鄙而怯，识暗而狡，工于趋利，巧于避患"（《明史·张凤翼传》）。此时，张凤翼见清军打到北京城郊，自请督师立功。但令军队紧

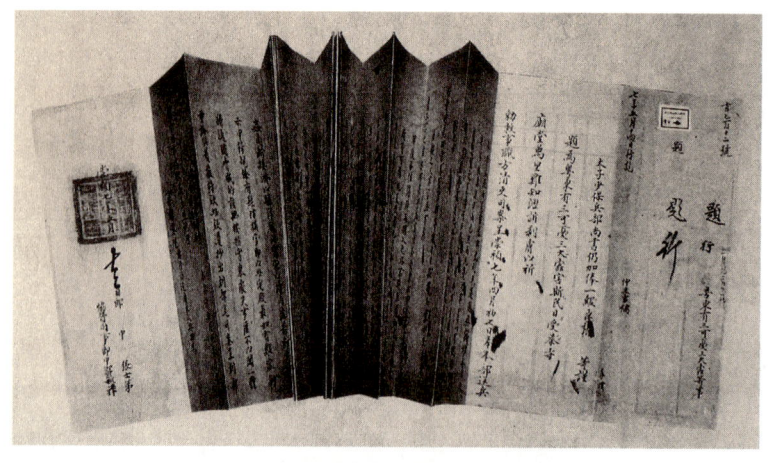

崇祯七年兵部尚书张凤翼等人的题行稿

随清军之后，不敢攻击。他屯驻迁安的五重安，固垒自守，"经旬不出"《崇祯实录》卷九）。我前面讲过，兵部尚书王洽曾因敌兵攻到北京城下而下狱论死，复坐大辟。王洽前鉴，凤翼自知。"凤翼知不免，日服大黄药，病已殆，犹治军书不休。至八月末，都城解严，凤翼即以九月朔卒。"（《明史·张凤翼传》）

总监高起潜、督师张凤翼、尚书梁廷栋三人，身负重任，畏敌如虎，临阵怯战，起潜降清。

此役，明朝顺天府属5州、22县，或被蹂躏，或遭残毁，城镇村庄，官民百姓，全遭劫难，几无幸免。甚至波及保定府所属安肃、定兴、雄县，以及延庆州、保安州等。总之，京畿地区，东西南北，铁骑践踏，似无完土。这是自己巳之后，北京受到的最严重骚扰。

二、高阳悲歌

崇祯十一年即崇德三年（1638年）八月，皇太极命和硕睿亲王多尔衮、贝勒岳托为大将军，统领八旗大军入边，是为第五次掳掠中原。

醉将迎敌 岳托捉获明军哨卒，得知：长城的墙子岭坚固不可入，且密云总督可能率兵来援；唯岭东西两旁高处可以越入。岳托决定，分兵四路，同时前进。墙子岭属蓟镇，在密云东北，设有关城，洪武年间建。虽地势开阔，道路平漫，却关城坚固，重兵防守。关城两侧，高山突兀，陡壁断立，地形险隘。清军登山涉险，蚁附而上。墙子岭路的守将为明总兵吴国俊，当时正与蓟辽总督吴阿衡等，给监视内监邓希诏贺寿，交觥饮酒，毫无戒备。得到军报，总兵吴国俊仓促而回，调御失措，败走密云。蓟辽总督、兵部右侍郎吴阿衡，酒醉未醒，提兵应援。见清军入边，率数百人，退入墙子岭堡内。吴阿衡将马步兵分为三队，依岭立寨，都为清军所败。吴阿衡被崇祯帝处死。内监邓希诏也没有好下场，后被杀。

清兵两路大军，在京郊通州会师。然后沿京城北部，迂回到涿州。清军以"宽正面、大纵深"之势，分兵八路，横行南下：东路沿京杭大运河，西路沿太行山东麓，其余六路，在山河间，由北向南，纵兵并进。北京以西，太行以东，燕山之南，空旷原野，千里平川，八路骑兵，扬鞭驰突，沿途所过，六府城镇，皆被攻略。但也有慷慨悲歌。清军分东、西两线，先说西线。

高阳抗清　清西线军沿太行山东麓，进围高阳（今河北高阳）。县令雷之渤闻警先逃。辞官告老还乡的原明大学士、天启帝师、兵部尚书、督师孙承宗，本来没有守土之责，却督率全家儿孙和全城乡民，登城守御，誓死不降。他们拆房梁做滚木，搬石阶做礌石，以秫秸裹火药，阻击清军登城。但寡不敌众，高阳城破，承宗被俘，拒不降清。他对劝降的清官道："我天朝大臣，城亡与亡，死耳，无多言！"说罢，"望阙叩头，投缳而死，年七十有六"（《明史·孙承宗传》）。其子孙20人及其妇孺共30余人，都不屈而死。唯其长子孙铨因在外地做官，六龄孙之澧因栖于草丛而幸免于死。吴桥训导刘廷训，时清军近城，知县李綦隆縋城逃走，廷训登城同兵民泣守，坚持三昼夜。"廷训中流矢，束胸力战，又中六矢，乃死。"（《明史·刘廷训传》）一派群英，可歌可泣！

钜鹿抗敌　卢象昇，江苏宜兴人，天启二年（1622年）进士。虽文士，善骑射，读兵书，娴将略。募兵训练，号"天雄军"。临阵冲杀，身先士卒。同农民军作战，屡出奇制胜。被任命为宣府、大同、山西总督。时遭父丧，身着麻衣，奉诏督师。召宣府、大同、山西三总兵杨国柱、王朴、虎大威入

卢象昇像

卫,由象昇督率援兵。由于大学士、掌兵部事杨嗣昌主和作梗,卢象昇作战方略难以实现。象昇在只有疲卒五千、援师西隔、事由中制、大敌西冲、食尽力穷的困境下,在钜鹿(今河北巨鹿县北)南贾庄,晨出帐,身戴孝,披麻衣,拜将士,誓言道:"吾与尔辈并受国恩,患不得死,勿患不得生!"(《明史纪事本末·补遗》)五千将士,失声号泣。于是,卢象昇下令拔寨进兵,与清兵相遇。总兵王朴先逃,卢象昇将中军,虎大威率左翼,杨国柱率右翼,与清兵展开激战,半夜以后,气氛悲壮。清骑兵至,连围三重。

"卢象昇印"印文

卢象昇军"刃必见血,人必带伤,马必喘汗"(谈迁《国榷》卷九十六),麾兵迎战,声动天地。交锋六时,炮尽矢绝。虎大威挠其马,想突围冲出。卢象昇道:"虎将军,今吾效命之秋也!"(谈迁《国榷》卷九十六)招后骑冲进,奋力督战。清军围攻益急,象昇身中四矢、三刃,仍手击数十人。后因马蹶,仆地遇害,年40岁。属下杨陆凯恐清兵残其尸,而伏其上,背负24矢而死。象昇中军全部覆没。虎大威、杨国柱等,溃围逃脱。

济南府城陷落　崇祯十二年即崇德四年(1639年)正月,清兵自顺德(今河北邢台)、大名转到山东。先是,明兵部尚书杨嗣昌错估形势,认为清军必经德州,便自济南调兵援德州,而济南空虚,疏于戒备。多尔衮却绕开德州,经临清,渡运河,疾驰南下,直指济南。济南城守官告急,杨嗣昌无以应,大将祖宽观望,山东总兵倪宠援抵德州而返,巡抚罗继祖则奉命移德州。清兵猝至,济南被围。清兵梯城而上,明军惊骇逃溃。初二日,济南陷。清兵攻下济南后,明左布政使张秉文、巡按御史宋学朱(《明史·张秉文传附宋学朱传》)、知府苟好善等死之,德王朱由枢被执。副使周之训见城破,"望阙再拜,与妻刘偕死,阖门殉之"。参议邓谦战死于城上,其"族戚傔(qiàn)从死者四十余人"(《明史·宋学朱传》)。府城济南,惨遭焚劫。史载,济南城内外积尸达13万具(《明史纪事本末·补遗》)。

时督师大学士刘宇亮与陈新甲率各镇勤王兵,只尾随清军而行。

皇太极发动的第五次入关征明的战争，入关 5 个月，转掠 2 000 里，东逼燕京，西迫大同，南破济南，席卷直隶大部和山东西部。两路大军共败明军 57 阵，攻陷九府所属州县，焚掠杀伤，不可胜计。《清太宗实录》统计，共计攻克 1 府、3 州、55 县、2 关，擒明亲王 1 员、郡王 1 员、将军 1 员、总理太监 1 员，杀郡王 5 员、将军 6 员、总督 2 员。其所俘获：人畜计 462 303 人（头），右翼军掠获黄金 4 039 两、白银 977 406 两；左翼军掠获金银等数字不详。数额之大，不可胜计。而清军克勤郡王岳讬（代善长子），与其弟辅国公马瞻（又作玛占，代善第六子），以及大将、公和尔本都死于军。杀明总督两名及守备以上官员百余人，生擒德王朱由枢、郡王朱慈𪾢、奉国将军朱慈赏、监军太监冯允升等，加上事后崇祯帝诛文武失事诸臣巡抚张其平、颜继祖，总兵倪宠、陈国威，内监邓希诏、孙茂霖等 32 人。明朝损失，创巨痛深。中原地区，蒙难深重。史载，八旗军所过，"遍蹂畿内，民多残破"；"一望荆棘，四郊瓦砾"；"畿南郡邑，民亡什九"；"荒草寒林，无人行踪"。

三、高官被杀

崇祯十五年即崇德七年（1642 年）十月，皇太极命多罗饶余贝勒阿巴泰为奉命大将军，率八旗满洲、蒙古、汉军，迂道入塞，是为第六次掳掠中原。

清军将入长城，明军拒战。清军以护军和骑兵，两路夹击，打败明军，获马 433 匹。清军左右两翼兵，初十日，向蓟州进发。打败明军，占领蓟州城。清军乘胜分陷迁安、三河。攻平谷，受抵御，分道一趋通州，另一趋天津。初九日，京师戒严，勋戚大臣，分守九门。后清军攻陷蓟州，并分往真定、河间、香河等地。明援兵多畏怯，观望而不敢战。辽东总督范志完入援，胆小无谋，不敢一战。他率军走到哪里，该处州县多被攻破。

临清巷战 清军分兵向临清。临清被围，力拒数日，援兵不至，城被攻破。临清兵民，进行巷战。天津参将贺秉钺扶父灵柩到临清，城破，"巷战终日，矢尽，被执死"（《明史·张焜芳传》）。清军占领临清，明总兵刘源清兵败，自经而死。明前宣大总督、兵部右侍郎张宗衡，户部郎中陈兴言，原太常寺少卿张振秀等都遭杀害。时河间府知府颜胤绍知城必破，先集全家老少于室中，积柴堆绕，而身往城上指挥，城破，"趋归官舍，举火焚室，衣冠北向再拜，跃入火中同死"（《明史·颜胤绍传》）。清兵自临清分五路进兵。他们在馆陶城下受到当地兵民的阻击。原来，该县城防守严密：在城上每一垛口，用兵民五人把守——钩子两把、砍刀三把。当清兵爬梯登城，靠近城垛口时，守城兵民持钩者，将上城的清兵钩住；持刀者，向登城清兵乱砍。清军攻城，一天未破，死伤很多。据明方奏报，守城兵民用钩子钩住清军一个头目，砍下他的头，并将其尸身掷下城去，吓得清军不敢再攻，便弃城而走。

十二月，清兵抵青州，入临淄。知县文昌时"阖室自焚死"（《崇祯实录》卷十五）。清军进抵兖州。知府邓藩锡见清兵来攻，往告鲁王朱以派，请"王诚散积储以鼓士气，城犹可存。不然，大事一去，悔无及矣"（《明史·邓藩锡传》）。鲁王不允。邓藩锡与监军参议王维新、副将丁文明等分门死守。清军攻城猛烈，守军力不能支。城破，副将丁文明战死，邓藩锡拒降被杀，王维新身被21创而亡。鲁王朱以派被俘，清兵索金，金尽，自经（谈迁《国榷》卷九十八）。时滕县知县吴良能见城将破，"尽杀家属，拜母出，力战死"（《明史·文昌时传》）。

潍县壮举 崇祯十六年即崇德八年（1643年）正月，清军克开州、趋东昌。二月，清军掠寿光。又攻德州，陷武定、莱阳，杀原工部右侍郎宋玫、吏部郎中宋应亨、知县张宏等。二十八日，清军进攻莱州、登州，两军会师。先是，上月初九日夜，清军直抵潍县，列营插帐，奋勇攻城。城上兵民，发炮下击。清军穴城，挖成六洞，城角忽陷，竖梯登城，飞矢如蝗。原任巡抚张尔忠以病躯支床，卧当矢石；黎民百姓，齐心抗敌："在城老幼男妇，竭力一心，未字闺秀、青衿内室，及訾夫幼子，悉运砖石柴束。又如方欲举火，而闻城上欲以铁作炮子，即各碎食锅以酬急。"（《明清史料》乙编）坚守七昼夜，潍城终未陷。

三月初二日，清军陷顺德，知府吉孔嘉等被杀。初四日，清军攻德州不克；初七日，攻乐陵；初九日，掠庆云；十二日，陷南宫。时春草满野，嘉禾遍地，清军解鞍牧马，纵掠财富。而其信使，略经化装，南北驿路，任意往来。而明军诸哨卡，竟无盘诘之者。后清军取道彰德、顺德北走。三十日，清军至保定，明命各省督抚会剿。

四月，清军北退。先是，清兵分大军为二路：一过山东莱州、登州，直抵海州；一渡黄河回至莒州、沂州。清军北返后，明朝判断清兵军事意图，崇祯帝下诏蓟辽总督赵光抃、关外督师范志完会师平原，准备堵截。清军来时，明援军在河间观望不战，然后又调兵北向。清军解鞍纵牧月余后，再分为左右两翼："左翼大军沿青州府、德州、沧州、天津卫，至燕京城南，过三河县，历三月，抵密云；右翼大军沿东昌府、广平府、彰德府、真定府、保定府，过燕京迤北，历三月，亦抵密云。"（《清实录东北史料全辑（二）》）

此时，明朝方面在做什么？先是，崇祯帝曾于正旦，东向揖拜周延儒道："朕以天下听先生！"在清军北返逼近京畿时，崇祯帝很担忧。首辅周延儒自请督师，崇祯帝允其请，降手敕、赐章服、给金帛。周延儒"朝受命，夕启行"。延儒驻通州，却不敢战，"惟与幕下客饮酒娱乐，而日腾章奏捷"（《明史·周延儒传》）。清兵在北返途中，十八日，于密云螺山，与明将赵光抃、唐通、白广恩等八镇兵交战，"八镇皆走，惟步营两监军御史在，御史蒋拱宸饰功报捷"（《崇祯实录》卷十六）。自请督师的首辅周延儒也编造"斩百余级"的捷报，上奏崇祯帝。其实，"时边城既隳，子女玉帛捆载出入如织，卒无一矢加遗也"（《明史纪事本末·补遗》卷六）。于是，清军"两翼合攻墙子岭，斩关而出"。清军统帅阿巴泰始率军从南方北返，其车驮成队，长30余里者，十有余起，渡卢沟桥，旬日未毕。明勤王之师，屯驻于通州，无敢出而阻截之者。清军得以徐徐安辔，出口以归。

后崇祯帝命周延儒自尽，又命将赵光抃与范志完"同日斩西市"（《明史·赵光抃传》）。

拱极城(今宛平城,俗称"卢沟桥城")顺治门

清军此次用兵，历时8个多月，南去北返，如入无人之境。明军此次遭到的惨重失败，则超过了前五次。清军第六次迂道入塞，残毁掳掠，综述如下：与明军作战，共39次。生擒明总兵5员、兵道5员、郎中1员、科臣1员、副将5员、参将8员、游击4员，共29员，全部处死。先后攻克兖州、顺德、河间3府、18州、67县，共88座城镇。投降者1州、5县。擒斩明兖州府鲁王朱以派、乐陵郡王朱以泛、阳信郡王朱弘福、东原郡王朱以源、安丘郡王朱弘槽和滋阳王及宗室等数千人。所获而点交于皇太极的财物，计黄金12 250两，白银2 205 277两，珍珠4 440两，绸缎52 230匹，缎衣、皮衣13 840领，貂、狐、豹等皮500多张。俘获369 260余人，牲畜551 040余头。（《清太宗实录》卷六十四）其没有上交的，不知有多少。

皇太极对中原的掳掠，对皇太极来说，扩大了政治影响，打击了明朝的军事势力，掳掠了大量财富；对明朝来说，是一场空前浩劫，给中原人民造成巨大灾难，从而加剧官民矛盾，使中原民变形势更为严峻，加速了明朝的灭亡。

第四十三讲 睿王摄政

多尔衮对满洲内部,主要是处理兄弟、叔侄和叔嫂三个关系。

一、两次争位

睿亲王多尔衮（1612—1650），是清太祖努尔哈赤第十四子，清太宗皇太极的同父异母弟，清世祖顺治帝的皇叔。比努尔哈赤小53岁，比皇太极小20岁，比豪格小3岁，比顺治帝（1638—1661）大26岁。初封贝勒。天聪二年（1628年），随太宗皇太极伐察哈尔多罗特部，有功，赐号墨尔根代青（睿智的意思）。九年（1635年），命偕岳讬等将万人招察哈尔林丹汗之子额哲，得传国玉玺。崇德元年（1636年），进封睿亲王。崇祯十三年即崇德五年（1640年）围锦州，多尔衮移营离开锦州城30里，又令部分将士先归，被皇太极降为郡王，罚银万两，夺二牛录。崇德七年（1642年），下松山，俘获洪承畴，克锦州，复授亲王。

崇德八年（1643年），太宗皇太极死，多尔衮与诸王、贝勒等奉顺治即位。郑亲王济尔哈朗与多尔衮共同辅政。不久，多尔衮专政。

顺治元年（1644年）四月初八日，被授予奉命大将军印，并御用纛盖，敕便宜行事，率武英郡王阿济格、豫郡王多铎及孔有德等攻山海关。九月，福临至京师，封多尔衮为叔父摄政王。十月初一日，顺治帝在北京即皇帝位，以多尔衮功高，命礼部建碑纪绩。

顺治五年（1648年）十一月，南郊礼成，下诏曰："叔父摄政王治安天下，有大勋劳，宜加殊礼，以崇功德，尊为皇父摄政王。凡诏疏皆书之。"（《清史稿·诸王传》）

多尔衮酒色过度，淫乐放纵，一向身体有病，常出去围猎。顺治七年（1650年）五月，他率领诸王贝勒到山海关打猎，并迎娶朝鲜送来的美女，在连山（今辽宁省葫芦岛市连山区）成婚。七月，他加派直隶等9省地丁银249万两，修建供他避暑与游乐的喀喇城。八月，多尔衮尊生母太祖妃乌拉那拉氏（阿巴亥）为孝烈恭敏献哲仁和赞天俪圣武皇后，祔太庙。十二月，多尔衮又到塞外围猎。初九日，病故于塞外喀喇城，年39岁。多尔衮无子，由其弟多铎之子多尔博为后，袭亲王，俸禄为诸王的3倍，留护卫80员。

多尔衮像

多尔衮曾经有两次机会来争夺皇位。

第一次，是其汗父努尔哈赤死后。努尔哈赤晚年在汗位继承问题上非常苦恼，他没有指定继承人，而是宣布《汗谕》，实行八和硕贝勒共议推举新汗和废黜大汗的制度。所以，他死之后，尸骨未寒，汗位之争，非常惨烈。当时在诸贝勒中，以四大贝勒的权势最大，地位最高。四大贝勒是：大贝勒代善、二贝勒阿敏、三贝勒莽古尔泰、四贝勒皇太极。此外，还有多尔衮、多铎。

努尔哈赤临死前，陪伴在他身边的是大福晋阿巴亥。她是阿济格、多尔衮、多铎的生母，也称为大妃。阿巴亥13岁嫁给努尔哈赤，共同生活25年。她当时37岁，正值盛年，丰姿妖娆。三个儿子：阿济格22岁、多尔衮15岁、多铎13岁。这兄弟三人在争夺汗位中也是一支力量。

皇太极位居四大贝勒之末，还面临多尔衮弟兄的威胁，各方面均处于不利的地位，于是不得不暗设机关。这里面有一个历史故事：有人说皇太极指使努尔哈赤小福晋德因泽，向天命汗告讦大福晋两次备佳肴送给大贝勒代善，大贝勒接受并吃了；又送给四贝勒皇太极，四贝勒接受而没吃。大福晋经常派人去大贝勒家，还在深夜外出宫院。努尔哈赤派人调查，情况属实。他不愿家丑外扬，便借故惩处了大福晋。通过这件事，皇太极达到了一石二鸟的目的，既使大贝勒代善声名狼藉，无法参与汗位争夺，又使大福晋遭到修理，她的儿子多尔衮弟兄自然也受到牵连。但是，大福晋在这次事件中受了点"伤"，并没有"死"，不久又得到努尔哈赤的宠爱。努尔哈赤死后，皇太极和几个贝勒说先汗有遗言，让大福晋殉葬。在皇太极等四大贝勒的威逼下，她自缢而死（一说被用弓弦勒死）。阿巴亥死后，多尔衮、多铎年幼，失去依靠，再没有力量同皇太极争夺大位。

但事实上，多尔衮兄弟对皇太极继承汗位是怀有不满的。多尔衮曾说："太宗文皇帝之即位，原系夺立。"（《清史列传·和硕睿亲王多尔衮传》）这在他死后成为一大罪状。据《清史稿·索尼传》记载，多铎曾说："当立我，我名在太祖遗诏。"据说，努尔哈赤曾留下遗言：九王子（多尔衮）当立而年幼，由代善摄位。由此看来，努

代善像

尔哈赤生前或有类似的遗言或遗诏，可是至今找不出来。总之，第一次争夺大位，皇太极比较顺利地胜出，多尔衮不仅失败了，还赔上了他的母亲。

第二次，是其皇兄皇太极死后。清崇德八年八月初九日（1643年9月21日）夜，皇太极猝死。皇太极白天还在处理政务，夜里就离开人世。他死之前，没有留下任何遗言，也没有交代由谁继位。

当时，最有希望夺得大位的是35岁的肃亲王豪格和32岁的睿亲王多尔衮。

从双方条件对比来看，二人可以说是势均力敌。第一，豪格为皇太极长子，多尔衮为努尔哈赤第十四子，皇太极之弟，都是天潢贵胄。第二，豪格时年35岁，多尔衮32岁，都是正值壮年。第三，都是战火中拼杀出来的出众人才。史称：豪格"容貌不凡，有弓马才"，"英毅、多智略"，久经战阵，屡立军功；多尔衮则多次统军出征，"倡谋出奇，攻城必克，野战必胜"，屡立大功。第四，正黄、镶黄和正蓝三旗大臣拥护豪格继位，尤其是两黄旗贝勒大臣更是誓死效忠。多尔衮兄弟为正白旗和镶白旗的旗主贝勒，这两个旗支持多尔衮，他还有两位同母兄弟阿济格和多铎的支持，在七位亲王、郡王中占了三个席位。

在豪格与多尔衮两派势力剑拔弩张、互不相让的紧要关头，表面憨厚而内心机敏的郑亲王济尔哈朗，提出一个折中方案：让既是皇子又不是豪格的福临继位。于是，多尔衮权衡利弊：如果自己强行继位，势必引起两白旗与两黄旗的火并，其后果可能是两败俱伤；让豪格登极，自己既不甘心，还怕遭到豪格报复；而让年幼的福临继位，则可收到一石三鸟之利——打击豪格，自己摄政，避免内讧。所以，多尔衮说："我赞成由皇子继位，皇子当中豪格提出他不继位，那就请福临继位。福临年纪小，郑亲王济尔哈朗和我辅政。"

于是，6岁的福临意外地坐上了大清国皇帝的宝座，而多尔衮则与皇位失之交臂。但他有得有失，虽然没有继承大位，但做了摄政王，实际拥有皇帝的权力和地位。

多尔衮做了摄政王后，开始担起辅佐顺治皇帝的历史重任。

二、摄政功过

摄政睿亲王多尔衮辅佐年幼的顺治皇帝，把握历史机遇，适时入关，移都北京，定鼎中原，建立清朝统治，立下卓越的历史功勋。从他个人来说，也从未磨灭对权力的欲望，把摄政王做到登峰造极的地步。

多尔衮在宣誓辅政之后，就一步一步地将朝政大权掌握在自己的手中。

第一步，抬高地位。他先取消了军国大事由八旗贝勒共议的制度，而由两位摄政王决断。这样一来，两位摄政王就凌驾于诸亲王、贝勒之上。

第二步，独揽大权。另一位摄政王济尔哈朗，召集内三院、六部、都察院等官，谕告他们以后各衙门办理的事务，有启白睿、郑二王的，均先启知睿亲王，而自居其次。这样一来，多尔衮实际上成了"首席摄政王"。

第三步，分化黄旗。顺治元年（1644 年）四月初一日，多尔衮利用都统何洛会等讦告豪格，经过会鞫，加以定罪，将豪格幽禁于高墙。后多尔衮对豪格"夺所属七牛录人员，罚银五千两，废为庶人"（《清世祖实录》卷四），擒而故纵，以示宽大。但对豪格的亲信则以知情不举为由，或处以死刑，或籍没家产。而对首先讦告者升官、晋爵。这就严重地分化并打击了两黄旗。

第四步，整死豪格。豪格的存在，对多尔衮来说，是最大的政治威胁。先是，尽管豪格被废为庶人，但在清军入关用人之际，多尔衮还是让豪格随军从征。豪格作战勇敢，立下大功。顺治在北京登极，分封诸王大臣，复封豪格为和硕肃亲王。不久，派豪格西征。豪格下西安，平陕西。又击败大西军，射死张献忠，平定了四川。顺治五年（1648 年）二月，豪格凯旋，即被讦告——一是属下两员小官冒功未予审理，二是欲将吉赛升补护军统领。多尔衮借此上纲，定豪格罪名，下豪格于狱。三月，豪格猝死，年 39 岁。一说豪格是被多尔衮谋害死的。《清史稿·诸王传》"论曰"记述：多尔衮加害肃亲王豪格，"相传谓因师还赐宴拉杀之；又或谓还至郊外遇伏死，死处即今葬地。传闻未敢信，然其残酷可概见矣"！总之，豪格之死是个历史之谜，而且同多尔衮有直接关系。豪格死后，他的嫡福晋被其叔父多尔衮逼纳为妃。多尔衮杀侄娶妃，道德有亏。后来，顺治帝惩处多尔衮后，给豪格平反，重新恢复肃亲王的名号，并一直延续下来。

摄政睿亲王多尔衮经过几年谋划，施尽权术，拉拢亲信，排除异己，终于将皇权掌握在自己的手中。

顺治七年十二月，多尔衮病逝。有人说，是被害死的，但从史料来看是病死的。前面讲过，多尔衮的身体本来就不好，又日夜操劳，再加上好色，纵淫无度，最终英年早逝。

对多尔衮的死，顺治帝表示震悼。多尔衮遗体运京，顺治帝亲到东直门外迎祭。接着，又命丧仪按照帝礼办理，诏追尊多尔衮为义皇帝，庙号成宗。多尔衮死后九天，颁诏评价摄政睿亲王的功绩是："太宗文皇帝升遐，诸王大臣吁戴摄政

多尔衮摄政王府旧址

王。王固怀执让，扶立朕躬，平定中原，至德丰功，千古无二。"（《清史稿·世祖本纪》）其中的"扶立朕躬，平定中原"八个字，是公正的；"至德丰功，千古无二"八个字，则是夸大的。这个评价反映多尔衮党羽的意志，并不代表顺治皇帝本人的意愿。

其实，福临早就对多尔衮不满。多尔衮的尊号从"叔父摄政王"到"皇父摄政王"，成了名义上的"太上皇"，实际上的皇帝。他骄纵跋扈，独揽朝政，根本不把小皇帝放在眼里。而小皇帝只有仰人鼻息，任人摆布，连与母亲会面都受到限制。郁积已久的不满与怨恨，就像沉睡多年的火山一样，多尔衮一死，便喷发出来！

顺治帝追惩多尔衮，先拿他的同母兄弟开刀。其弟多铎在两年前患痘症死去，仅活了35岁；还剩下其胞兄阿济格。阿济格当年同多铎一唱一和，要拥戴多尔衮继承皇位。要不是两黄旗大臣的冒死反对，恐怕福临不要说做皇帝，还要落得个同长兄豪格一样惨死的下场。他愈想愈气，迫不及待，在顺治八年（1651年）正月初六日，以"和硕英亲王阿济格谋乱"罪，将阿济格幽禁；同年十月，将阿济格赐死。

顺治八年（1651年）二月十五日，也就是福临亲政一个月零三天，就定多尔衮十大罪状：

第一，睿王私制御用服饰八补黄袍、黑貂褂、大东珠等件，潜置棺内。

第二，欲率两旗移驻永平，阴谋篡逆。

第三，构陷威逼，使肃亲王豪格不得其死，遂纳其妃，并收其财产。

第四，独擅威权，不令摄政郑亲王济尔哈朗预政，遂以胞弟多铎为辅政叔王。

第五，背誓肆行，妄自尊大，独专威权，自称皇父摄政王。

第六，仪仗、音乐、侍从、府第，僭拟至尊。

第七，任意挥霍府库之财，擅用织造缎匹、库贮珍宝。

第八，将皇上所属牛录人丁收入自己旗下。

第九，将其生母悖理入祔太庙。

第十，擅称"太宗文皇帝之即位，原系夺立，以挟制中外"（《清世祖实录》卷五十三）。

顺治帝命将多尔衮削其爵号，撤其庙享，黜其宗室，籍其财产，没其府第，毁其陵墓，继子多尔博归宗。耶稣会传教士卫匡国在《鞑靼战记》中记载，多尔衮死后被毁挖坟墓，掘出尸体，用棍子打，以鞭子抽，砍掉脑袋，暴尸示众。其党羽何洛会等分别被凌迟、处斩。事过十年后，彭长庚、许尔安各上疏颂扬多尔衮的功绩，请复其爵号。廷议二人论死，流放宁古塔。可见这时福临对多尔衮的怒气仍未消。

后来，乾隆帝为多尔衮平反，他说："朕念王果萌异志，兵权在握，何事不可为？乃不于彼时因利乘便，直至身后始以殓服僭用龙衮，证为觊觎，有是理乎！"（《清史稿·诸王传》）于是，乾隆帝命给多尔衮平反：复还睿亲王封号，配享太庙；按亲王陵寝规制，修其茔墓；多尔博仍还为亲王后等。

对多尔衮摄政的八年，应当怎样评价？可以说，多尔衮有功亦有过，功大过也大。

其功——乾隆三十八年（1773年），即多尔衮死123年后，乾隆帝给睿亲王比较公正的历史评价："定鼎之初，王实统众入关，肃清京辇，檄定中原，前劳未可尽泯"；但指出他"摄政有年，威福自尊"（《清史稿·多尔衮传》）。多尔衮的主要历史功绩在于，抓住时机，统军入关，定鼎北京，统一中原。

顺治朝十八年，前八年为多尔衮摄政时期，后十年为福临亲政时期。多尔衮摄政八年，有六大功绩：

第一，文武兼长，屡立战功。多尔衮能文能武，多次亲自指挥重要战役，取得重大战果。

第二，皇位继承，能识大体。两次皇位的争夺，特别是第二次皇位争夺，多尔衮以满洲整体利益为重，顾全大局，避免内讧，否则清军大概很难入关。

第三，善抓时机，统兵入关。在闯王进京、崇祯自缢的重大历史关头，多尔衮采纳大学士范文程等的建议，抓住时机，统兵进关，逐鹿中原，底定天下。

第四，安定官民，废除三饷。多尔衮进关后，宣布"官仍其职、民复其业、录贤能、恤无告"（《清史稿·范文程传》）和"废除三饷"等重大政策。

第五，定鼎北京，保护故宫。力排众议，迁都北京，保护并利用故明皇宫。在中国皇朝历史上，大一统皇朝利用前朝宫殿，仅此一例。

第六，重用汉官，统一中原。对投降的汉族官员，加以任用，迅速稳定政局。

其过——我概括为六过："六大弊政"，即剃发、易服、圈地、占房、投充、捕逃，扰乱社会秩序，破坏中原经济，挫伤汉人情感，带来严重后果。所谓"扬州十日""嘉定三屠"，杀人数字可能有出入，但多尔衮违背皇太极对汉人的政策，杀人过多，是其重大错误。200多年后，辛亥革命提出"驱除鞑虏，恢复中华"的口号，就是对这些政策的不满与反抗。

总之，多尔衮一生的功过是非，很难用简单的几句话概括，他复杂的人生经历给后人留下很多谜团和疑案，也留下很多传说，其中最著名的就是太后下嫁的传说。那么，孝庄太后是否下嫁多尔衮？这是我们要讲的第三个问题。

三、太后"下嫁"

孝庄太后，博尔济吉特氏，是顺治帝的生母，她13岁嫁给皇太极，皇太极登极为天聪汗时，她才14岁。后被封为庄妃。夫君死得太早，刚满30周岁就守寡，是她的不幸；但她的大幸是儿子做了皇帝，自己则做了皇太后。

多尔衮与庄妃的关系，是近百年来清史研究中的一个悬案。民国初年出版的《清朝野史大观》中有三条专记太后下嫁之事。民国八年（1919年）署名"古稀老人"编写的《多尔衮轶事》则更像是亲闻目睹，说"当时朝廷情势，危于累卵"，"太后时尚年少，美冠后宫，性尤机警……故宁牺牲一身，以成大业"。而多尔衮本来就好女色，此时更以陈奏机密为由，出入宫禁。至今仍有人认为所谓"太后下嫁"确有其事，并提出种种理由。归纳起来，大致有九说：

第一，"青梅竹马"说。庄妃与多尔衮"青梅竹马"，自小时候就相恋，后来竟成为夫妻。但是，庄妃出生在蒙古科尔沁，多尔衮则出生在满洲赫图阿拉，两地相距甚远，二人并无"青梅竹马"的机会。

第二，"保儿皇位"说。这点前面已经讲过，顺治帝继位是多种政治势力复杂斗争和相互妥协的结果，而不是由多尔衮一人决定，更没有庄妃以"色情"做交换的史实依据。

第三，"弟娶其嫂"说。满洲确实有"兄死弟娶其嫂"的习俗，汉族也有这种习俗。但有这样的习俗，并不能证明多尔衮就一定娶了他的嫂子。

第四，"尊称皇父"说。多尔衮被称为"皇父摄政王"。这是尊称，如同光绪称慈禧为"皇阿玛"一样。

第五，"皇宫内院"说。蒋良骐的《东华录》记载多尔衮的一条罪状是"又亲到皇宫内院"，朝鲜《李朝实录》也做了相同的记载。在后来修的《清世祖实录》里却删掉了这段话。这说明多尔衮"到皇宫内院"确有其事。而删掉这句话，恰表明事有隐衷。高阳先生说："极可能有孝庄与多尔衮相恋的事实。"孝庄太后与睿王多尔衮相恋的事，可能有，也可能无，即使是相恋，也不等于下嫁。

第六，"未葬昭陵"说。孝庄死后没有被埋在沈阳昭陵，却被埋在清东陵风水墙外。孝庄太后和康熙皇帝都做过解释：太皇太后不愿意惊动太宗的亡灵，而愿意同儿孙在一起。反之，如果因此而不入葬沈阳北陵，不是更加欲盖弥彰吗？

第七，"下嫁诏书"说。有人说见过《太后下嫁诏》。历史不能凭某人一说，至今没有见到当时人的记载，也没有所谓"太后下嫁诏"的档案，可以说这根本没有任何证据。

第八，"朝鲜史证"说。至今还没有见到一条关于"太后下嫁"的史证。特别是当时作为清朝属国朝鲜的《李朝实录》没有"太后下嫁"颁诏告谕的记载，而像这样的大事如果有，照例是应当诏谕属国的。

第九，"建夷宫词"说。有张煌言《建夷宫词》为证。《建夷宫词》曰：

上寿觞为合卺尊，慈宁宫里烂盈门。

春官昨进新仪注，大礼躬逢太后婚。（《张苍水全集》）

张煌言（苍水）是浙江宁波人，这个时候他在江南抗清，南明势力和清朝是对立的。孟森先生早就指出："远道之传闻，邻敌之口语，未敢据此孤证为论定也！"（《明清史论著集刊》上）所以出在敌人之口，记在异地之文，不能成为历史的证据。而且是诗词，诗词也不能直接作为历史的证据，因为诗可以夸张，也可以比赋。也有人认为是多尔衮纳娶肃亲王豪格王妃的误传。

有人推测：皇太后与多尔衮或有暧昧关系，这同皇太后年轻寡居，同多尔衮喜好女色，同满洲兄死弟娶其嫂旧习，也同皇太后委求小叔子护佑寡母幼帝，当是不无关系。然而，宫闱隐秘，外人难知。孝庄皇太后是否明媒正娶地嫁给了多尔衮？这没有史料证明。孝庄皇太后下嫁多尔衮，既无文献根据，也无档案依据，只能是一个历史之谜！

我认为，孝庄皇太后同睿亲王多尔衮的情愫可能有，"太后下嫁"的事情确实无。不管下嫁与否，孝庄太后出于母子命运和大清江山的考虑，尽量笼络多尔衮，倒是不用怀疑的。

《清史稿·列传·卷二》中有言，清"以摄政始，以摄政终。论者谓'有天焉？诚一代得失之林也'"。这个论断，值得思考。

孝庄文皇后的昭西陵

第四十四讲　闯王进京

为什么要讲闯王进京？因为在明亡清兴的历史进程中，除明、清之外，还有一支重要的政治力量，那就是明末农民起义军，它的杰出代表之一就是闯王李自成。大明、大清、大顺三股力量角逐争斗，纵横捭阖，最后，大顺推翻大明，大清灭亡大顺。

一、星火燎原

李自成，万历三十四年（1606年）八月二十一日出生在陕西米脂县双泉里的一个农户家里，家境贫寒。幼年曾经被舍入寺庙，后来又到地主家放羊。成年之后，到驿站做驿卒。崇祯初年裁减驿递经费，李自成被迫离开驿站。当时，灾荒严重，李自成带领本村一群走投无路的农民，走上民变的道路。康熙《米脂县志》说："明末李自成，银川驿之一马夫耳。因裁驿站、饥荒，无所得食，奋臂一呼，卒至土崩不可救。"

实际上，李自成的经历，是当时社会矛盾激化的缩影。

明朝后期政治腐败，土地高度集中，国家财政濒临破产，税饷加派，连年灾荒，瘟疫流行，军队涣散，勤王军哗变，裁撤驿递驿卒。

第一，辽事。后金坐大，成了气候。朝鲜和蒙古先后与大清结盟。而皇明肌体，病入膏肓，明朝在东北已经由优势转为劣势。连年战争，支出浩大，明朝财政危机，几至破产。而"三饷"——辽饷、练饷、剿饷，一再加派，加深了社会的矛盾和危机。举个例子，明万历末年合九边饷止280万，后加派辽饷900万两，剿饷330万两，练饷730余万两，共1 960多万两。"自古有一年而括二千万以输京师，又括京师二千万以输边者乎？"（《明史·食货志》）

第二，天灾。当时，"明国三年饥馑，禾稼不登，人皆相食，或食草根、树皮，饿死者十之九，兼以流贼纵横，土寇劫掠，百姓皆弃田土而去。榛芜遍野，其城堡乡村，居民甚少"（《清太宗实录》卷六十五）。陕西饥馑，饥民流窜。崇祯十四、十五、十六年连续三年，京师地区发生瘟疫。崇祯十五年（1642年），文献记载："北京甚疫，死亡昼夜相继，阖城惊悼"（《崇祯实录》卷十四），"京师大疫，死亡日以万计"（《崇祯实录》卷十六）。死亡人数过多，"竟无收殓者"（康熙《通州志·祥祥》）。

第三，军乱。边军缺饷，士兵哗变，转而为盗。山西的五千劲卒，在巡抚耿如杞督率入援京师之际，疲于奔命，又缺粮饷，军纪混乱，肆行抢掠。及事发后，

李自成像

耿如杞被逮，其五千劲卒溃散而叛乱，影响很大。延绥、甘肃等镇官兵，相继溃散。明军战斗力的下降，使农民军得以乘虚而起。

马懋才《备陈灾变疏》详细描述了崇祯元年（1628年）延安地区天灾人祸的情况：

> ……臣乡延安府，自去岁一年无雨，草木枯焦。八九月间，民争采山间蓬草而食，其粒类糠皮，其味苦而涩，食之仅可延以不死。至十月以后而蓬尽矣，则剥树皮而食。诸树惟榆树差善，杂他树皮以为食，亦可稍缓其死。迨年终而树皮又尽矣，则又掘山中石块而食。其石名青叶，味腥而腻，少食辄饱，不数日则腹胀下坠而死。民有不甘于食石而死者，始相聚为盗。而一二稍有积贮之民遂为所劫，而抢掠无遗矣。有司亦不能禁治。……
>
> 最可悯者，如安塞城西有粪场一处，每晨必弃二三婴儿于其中，有涕泣者，有叫号者，有呼其父母者，有食其粪土者。至次晨则所弃之子已无一生，而又有弃之者矣。
>
> 更可异者，童稚辈及独行者一出城外，更无踪影。后见门外之人炊人骨以为薪，煮人肉以为食，始知前之人皆为其所食。而食人之人，亦不免数日后面目赤肿，内发燥热而死矣。于是，死者枕藉，臭气熏天。县城外掘数坑，每坑可容数百人，用以掩其遗骸。臣来之时，已满三坑有余，而数里以外不及掩者又不知其几矣。小县如此，大县可知；一处如此，他处可知。

第四，民变。 人民没有饭吃，再加官员逼迫，最后只有一条道路，就是"官逼民反"。史载：

国初，每十户编为一甲，十甲编为一里。今之里甲寥落，户口萧条，已不复如其初矣。况当九死一生之际，即不蠲不减，民亦有呼之而不应者。官司束于功令之严，不得不严为催科。如一户止有一二人，势必令此一二人而赔一户之钱粮；一甲只有一二户，势必令此一二户而赔一甲之钱粮。等而上之，一里一县，无不皆然。则见在之民，只有抱恨而逃，飘流异地，栖泊无依，恒产既亡，怀资易尽，梦断乡关之路，魂消沟壑之填，又安得不相率而为盗者乎！此处逃亡于彼，彼处复逃之于此，转相逃则转相为盗。此盗之所以遍秦中也。（马懋才《备陈灾变疏》）

李自成"大顺"政权的"工政府屯田清吏司契"铜印

他们为什么要铤而走险？有史书记载曰："死于饥与死于盗等耳，与其坐而饥死，何若为盗而死，犹得为饱死鬼也！"（马懋才《备陈灾变疏》）意思就是说，饥饿而死，为饿死鬼；抢盗而死，为饱死鬼！于是，饿民强者，群起为盗！

李自成在西安称王后铸行的"永昌通宝"铜钱

如此民不聊生，官府又不赈济，官员逼交钱粮，安有不反之理！

天启七年（1627年），农民起义在陕西澄城县拉开序幕。到崇祯十七年（1644年），农民军大致上经历了初起、发展、低潮、再起、高潮等几个发展阶段，先后转战于陕西、山西、河南、安徽、四川、湖北、湖南、江西等省。先后涌现出李自成、张献忠等著名的义军首领。崇祯十六年（1643年）十月十一日，李自成军占领西安。崇祯十七年（1644年）正月初一日，李自成在西安建立政权，国号大顺，年号永昌。正月初八日，李自成率大顺军，从西安出发，进军北京。

此时，崇祯帝采取什么对策呢？

二、崇祯五招

崇祯帝当时面临两个军事政治集团的巨大压力：一个是后金—清政权，皇太极的八旗军五入中原，还进行了松锦大战；另一个是农民军。崇祯帝要在内线与外线两面作战。他的外线作战，我在前面已经讲过，特别是松锦大战，明军原先同李自成作战的统帅洪承畴，13万军队全军覆没，洪承畴自己也投降清朝；他的内线作战主要是阻挡李自成大顺军对北京的军事威胁。

得知大顺军进军北京的消息，崇祯帝先后采取了五招：

第一，派官"代朕亲征"。 崇祯帝派大学士李建泰代表自己亲征。李建泰并不是驭将之才，但他的老家是山西曲沃，有万贯家财。崇祯帝是想利用他的家产来解决兵饷。正月二十六日，崇祯为李建泰举行遣将礼，命他为督师辅臣。

李建泰取道保定南下。"李至一县，县人漫视不为礼。李从者饥，求食。县人曰：汝官为大明乎？为大顺乎？诡对曰：大顺。乃为设食甚丰，饱餐而去。"（刘尚友《定思小记》）李建泰到邯郸时，得知大顺军左营刘芳亮部即将前来，吓得向北撤退，兵遂溃，所过之处恣意劫杀。"至定兴，城门闭不纳。留三日，攻破之，笞其长吏"（《明史·李建泰传》），将县城抢劫后继续北逃。最后，只剩下数百名亲军跟随李建泰进了保定，不久就在保定投降大顺将领刘芳亮。这次"代朕亲征"至此结束。

第二，抽调官兵勤王。 正月十九日，崇祯帝召对大臣，提出抽调五千精兵随宁远总兵吴三桂前往山西助剿。但是，崇祯帝不愿意承担放弃关外的责任，大臣们当然也不愿意承担，于是开始扯皮。直到三月初六日明廷才正式下令放弃宁远，命蓟辽总督王永吉、宁远总兵吴三桂统兵入卫京师。同时调蓟镇总兵唐通、山东总兵刘泽清率部勤王。吴三桂接到诏令后，动作缓慢，直到北京已经被大顺军攻占，还没到达。刘泽清谎称自己坠马负伤，不能行动。倒是唐通率领八千士卒到达北京，朱由检赐宴、赏银。但是他为了控制这支队伍，派太监杜之秩监军，惹恼了唐通。唐通说："我不敌一奴才也！"接着就借口要到居庸关设险以待，离开了京城。调部勤王之举宣告流产。

第三，南迁首都之议。崇祯帝的本意是自己逃到南京，但又要顾全面子，要大臣襄赞。但是朝臣也是各有各的想法。当年好多提正确建议的大臣，一个一个都被杀了，所以这个时候谁也不敢说真话，就等崇祯帝自己说，然后再附和。"帝欲大臣一言主之，大臣畏帝不敢言，虑驾行属其留守，或驾行后京师不能守，帝必罪主之者。遂无人决策。"（李长祥《天问阁集》卷上《甲申廷臣传》）甚至有人提出皇上守社稷，让太子到南京去监国。南迁之议就这样拖了下来。后来，崇祯帝得知大顺军是分三路，分别从北、东南、西南三个方向包围京师，也就知道自己是无法逃到南京了。

第四，诏令百官助饷。崇祯帝既不舍得拿出内帑补充军饷，又要解决军饷困难，便下诏命勋戚、百官、太监捐银助饷。崇祯帝派太监密谕周皇后的父亲周奎，让他纳银12万两，带个头。周奎表示只能纳1万两，朱由检让他至少拿出2万两。周奎就向女儿周皇后求援。周皇后悄悄送去5 000两，周奎扣下2 000两，只纳了3 000两。朱由检干脆搞起摊派，先按照衙门摊派，又按照官员的籍贯摊派，还让大臣推举各省"堪输者"，勒逼捐银。太监也被逼着纳银。这样一共弄到20万两银子。后来，大顺军仅从周奎家搜出现银就达53万两。这反映了当时明朝皇亲国戚、官僚贵族对崇祯帝、对明朝政权的"忠诚"态度。

第五，派遣太监监军。由于各地官将多有投靠大顺政权的，崇祯帝对各地文武官员不信任，便派出亲信太监到各镇监督。兵部认为这样事权无法统一，请求收回成命，但遭到崇祯帝拒绝。最后，派太监王承恩提督北京城的守卫，结果无济于事。后来，这批亲信太监大部分随同所监督的文官武将一起投降了大顺。居庸关监督太监杜之秩投降就是一例。北京城门也是被太监曹化淳等打开迎降的（下面讲）。

崇祯皇帝自缢处

在危急关头，崇祯的五招，招招落空，民变烽火，愈燃愈烈，终于烧到北京，崇祯帝逃脱不了亡国之君的命运。

三、闯王进京

崇祯十七年即顺治元年（1644年），是中国历史大变动的一年。这一年，明朝、清朝、大顺三方，三个代表人物——李自成39岁，朱由检34岁，多尔衮33岁，都是正当盛年，在政治场上三个人激烈搏斗。

崇祯十七年（1644年）三月十五日，大顺军进抵京城西北的居庸关。防守居庸关的总兵唐通和监军太监杜之秩投降。

三月十六日，昌平陷，明皇陵享殿被焚，当晚大顺军先头部队到达京城北侧的土城。

三月十七日，大顺军开始攻城。分别进攻平则门（今阜成门）、彰义门（广宁门，今广安门）、西直门。京营官兵不战溃散。

三月十八日，北京外城陷落。守城太监曹化淳等按事先拟定的"开门迎贼"公约，首先打开广宁门。外攻内应，北京城陷。

三月十九日，崇祯帝看到外城已经陷落，就召集大臣商量怎么保卫内城，但是没有一个文武大臣到他身边来。于是，他到后宫先逼皇后自杀，然后用宝剑砍伤自己的亲生女儿。最后，孤家寡人到了煤山自缢而死，年34岁。明朝灭亡。史书记载，崇祯帝死之前"自去冠冕，以发披面"，即他上吊之前把帽子、皇冠等统统去掉，用头发把脸蒙起来。为什么呢？他没有脸面去见列祖列宗，也没有脸面对京城的民众。旁边陪伴他的只有太监王承恩，可以说此时的崇祯皇帝真正是四面楚歌，孤家寡人。

李自成进京后，住紫禁城，故明妃嫔、宫女自尽者、被掠者有之。为了补充经费，令其部下拷勒在京官员，规定每人交银子：内阁10万两，京卿、锦衣卫官 7 万两或 5 万两，给事中、御史、吏部、翰林等 1—5 万两，勋戚没有定数。大学士魏藻德缴纳 1 万两，嫌少，"酷刑五日夜，脑裂而死"（《明史·魏藻德传》）。又逮其子追征，诉说，家里已经罄尽。父亲在，犹可以请求诸门生朋友。今已死，怎么去借贷？于是，"贼挥刃斩之"（《明史·魏藻德传》）。这同当年明军攻占大都（今北京）情景相反："封府库，籍图书宝物，令指挥张胜以兵千人守宫殿门，使宦者护视诸宫人、妃（嫔）、（公）主，禁士卒毋所侵暴。吏民安居，市不易肆。"（《明史·徐达传》）

大顺军杀的不是大学士魏藻德一个人，他是明朝官员的代表，拷掠、抢夺搞得人心惶惶，这和多尔衮宣布"官仍其职、民复其业"恰恰相反。李自成最后失败，这也是原因之一。

闯王李自成在北京共 41 天。四月十三日，李自成率军奔向山海关，进行山海关大战（后面讲）。二十六日，李自成败回到北京。二十九日，李自成在武英殿举行即皇帝位典礼。典礼草草结束。放火焚毁部分宫殿和部分城楼，撤离北京。多尔衮到皇宫后，在武英殿办公。顺治元年（1644 年）十月初一日，顺治皇帝在北京举行登极大典，没有在皇极殿（太和殿），而是在皇极门（太和门）设御座。一种解释是皇极殿（太和殿）不存在了。这使人们想起当年项羽攻下咸阳，"烧秦宫室，火三月不灭"（《史记·项羽本纪》）。

李自成进京后，部下军纪很差，特别是大将刘宗敏掠取吴三桂的爱妾陈圆圆，成为后来吴三桂降清的一个口实。

第四十五讲 三桂降清

崇祯十七年即顺治元年（1644年），是中国历史上具有划时代意义的一年。历史的长河在这里急速拐弯，上演了富有戏剧性的一幕。大明、大清、大顺三方的角斗白热化，各方的目光不约而同聚焦于一个人物，那就是吴三桂。吴三桂何许人也？我先从他的身世讲起。

一、将门虎子

吴三桂,字长伯,原籍江南高邮(今江苏高邮),出身将门,寄籍辽东。万历四十年(1612年)生,比袁崇焕小28岁,比崇祯皇帝小2岁,比李自成小6岁,与多尔衮同岁。吴三桂出身于辽东将门望族。他的父亲吴襄,自幼习武,善于骑射,在辽军中任参将、副将。明崇祯初,吴襄在辽东任总兵。吴襄耳闻目睹了明朝在天启二年即天命七年(1622年)

吴三桂像

如何丢失广宁,辽东经略熊廷弼如何被传首九边,辽东巡抚王化贞如何被下狱论死这些刻骨铭心的事件。吴三桂10岁这年,是吴襄人生的一个转折点,他娶了祖大寿的妹妹为妻——吴祖氏。这位吴祖氏的哥哥祖大寿官至明平辽将军、先锋总兵,而祖家是世居辽东的望族。吴襄成为祖大寿的妹夫,吴三桂成了祖大寿的外甥。祖、吴两家联姻,使吴襄、吴三桂父子找到了坚强的靠山,也使祖氏家族的势力更加壮大。

吴三桂在父亲吴襄和舅舅祖大寿等的教诲和影响下,从小既学文,颇通音律,又习武,娴熟骑射,不到20岁就考中武举。从此跟随父亲吴襄和舅舅祖大寿,开始了他的军旅生涯。

崇祯四年即天聪五年(1631年)大凌河之战中,团练总兵吴襄、山海总兵宋伟,率马步兵4万余,由锦州城出,往援大凌河城,欲解祖大寿之围。结果吴襄临阵先逃,被削职。第二年六月,为平息山东登州参将孔有德等兵变,吴襄随副将祖大弼等出征山东。这次援山东之战，持续了将近一年，孔有德从登州乘船渡海，投奔后金，崇德元年（1636年）成为清初"三顺王"（孔有德为恭顺王、耿仲明为怀顺王、尚可喜为智顺王）之一。而吴三桂的父亲吴襄则恢复了总兵官职务。

随着吴襄官复原职，吴三桂也在当年任游击，时年20岁。崇祯八年即天聪九年（1635年），吴三桂被擢为前锋右营参将，时年24岁；崇祯十一年即崇德三年（1638年）九月，任前锋右营副将，相当于副总兵，时年27岁。

崇祯十二年即崇德四年（1639年）蓟辽总督洪承畴、辽东巡抚方一藻、总督关宁两镇御马监太监高起潜，报请朝廷批准，吴三桂被擢为宁远团练总兵，时年28岁。

吴三桂从游击、参将到副将，再到总兵，升迁之快，超乎常规。为什么呢？这当然和他懂文习武、能说会道有关，也和他父亲吴襄及舅舅祖大寿是总兵有关，还有一个关键因素就是吴三桂拜御马监太监高起潜为义父。

蓟辽总督洪承畴于年初调到辽东，他发现辽军缺乏训练，影响战斗力，用吴三桂为署练兵总兵官，负责练兵。后来，吴三桂率兵参加过几次战斗：

杏山战斗 崇祯十三年即崇德五年（1640年）五月，明清双方在杏山附近遭遇。总兵吴三桂、刘肇基奉命赴援，"三桂受围，肇基救出之"（《崇祯实录》卷十三）。然而，总兵吴三桂却奏报："与贼血战，大获全胜。"

孔有德墓碑

松山战斗 崇祯十四年（1641年）四月，吴三桂在洪承畴指挥的松山外围乳峰山的战斗中，表现突出。洪承畴上奏说："吴三桂英略独擅，两年来，以廉勇振饬辽兵，战气倍尝，此番斩获功多。"（《明清史料》乙编）请求给予加升一级。

松锦大战 崇祯十四年八月，督师洪承畴统八总兵、13万大军，增援锦州，吴三桂为其一。结果明军反被清军截断饷道，陷入困境。洪承畴二十一日召集会议决定，于二十二日初更，分两路突围。但是当夜还没到预定时间，大同总兵王朴先率人马突围而逃，吴三桂随即率部乘夜逃跑，先逃到杏山，又从杏山逃回宁远。一路上，官兵死的死，伤的伤，散的散，所部人马损失殆尽，吴三桂"仅以身免"，官印也被夺（《清太宗实录》卷六十），几乎是只身逃回宁远。明军阵乱，八镇总兵，只有曹变蛟、王廷臣两位突围不成，退到松山城，与洪承畴共同守城。后来，松山破，承畴降，曹、王两位总兵被杀。

松山败后，临阵脱逃的六位总兵，只有王朴以"首逃"之罪被捕下狱（《明史·王朴传》），其余五人仅被降级。吴三桂坐罪，仅降三级，仍守宁远。

从以上履历可以看出，吴三桂既表现出智慧勇敢的品格，又暴露出怕死投机的秉性。这种性格的两面性后来影响并决定了吴三桂的命运。

崇祯十五年即崇德七年（1642年）三月，祖大寿在锦州降清。这时，明朝在山海关外只剩下宁远、前屯、中前、中后四城。四月，原兵部左侍郎范志完赶往宁远，任总督辽东宁锦军务兼巡抚。招兵买马，储备粮草，以宁远为最重。

时间很快到了崇祯十六年即崇德八年（1643年），在这明亡清兴关键的一年，吴三桂遇到了四件大事：

第一件事。正月，已经投降清朝的祖大寿在沈阳突然接到吴三桂的来信。原来，早在祖大寿刚刚降清时，皇太极便决心招降吴三桂，先后多次写信给吴三桂，并让吴三桂的亲属和朋友也给吴三桂写信，劝降。这时，吴三桂所依靠的祖家，祖大寿等三位舅舅、十多位表兄弟，还有姨夫裴国珍、姨表兄胡弘先等，都已经投降清朝，而且受到礼遇。现在，祖大寿突然接到吴三桂的回信，立即转交给皇太极。

皇太极回信道："尔遣使遗尔舅祖总兵书，朕已洞悉。将军之心，犹豫未决。朕恐将军失此机会，殊可惜耳。"（《清太宗实录》卷六十四）可以看出，吴三桂正在动摇之中，虽然没有降清，但是给自己留出了降清的后路。

第二件事。春天，吴三桂奉命入关，驰援京师，抵御第六次迂道入塞的清军。因行军迟缓，到了北京后，清军已撤退，但崇祯皇帝还是很器重他，也感激他来北京勤王。五月十五日，崇祯帝在皇宫武英殿宴请前来勤王的吴三桂等，还赐吴三桂尚方宝剑。吴三桂"慷慨受命，以忠贞自许也"（《国榷》卷九十九）。这是吴三桂唯一一次进入紫禁城内，觐见崇祯帝。就是这次进京，吴三桂意外地得到一次艳遇。

第三件事。觐见崇祯帝后不久，吴三桂应邀到国丈田弘遇家做客。田弘遇有一位养女，是崇祯帝的田贵妃，很受宠爱。田弘遇因此被封为右都督，所以他是皇亲，也是富翁。这时，田贵妃已经病逝，田弘遇感到无助。他见吴三桂年轻有为，受到皇上重用，便想巴结吴三桂，于是邀请他来家做客。就在这一次，吴三桂在田宅见到了陈圆圆（后面讲）。

第四件事。九月，清军绕过宁远，先打中后所；十月，再打前屯卫，又打中前所。前后不过七八天，三座城池全部失陷，明朝损失总兵、游击以下官兵1.5万人，以及大量粮秣武器。这样，吴三桂的宁远，成为山海关外一座孤城。这时的宁远，已经失去了战略意义，只是明朝在关外的一种象征而已。

此时已到了崇祯十六年（1643年）年底，第二年明朝即告灭亡，吴三桂正陷于大明、大清、大顺的夹缝之中，徘徊不定。

二、三面徘徊

崇祯十七年即顺治元年（1644年），大明、大清、大顺三者的关系发生戏剧性的变化。吴三桂在复杂的政局面前，徘徊不定。

第一，入关勤王。 崇祯十七年即顺治元年（1644年）年初，李自成自西安东进，三路大军，直指京师。崇祯帝感到大明江山危在旦夕，于是诏征天下兵勤王，命府部大臣各条陈战守事宜。先是，吏科给事中吴麟征奏请："弃山海关外宁远、前屯二城，徙吴三桂入关，屯宿近郊，以卫京师。"（《明史纪事本末》卷七十九）三月初四日，明廷封吴三桂为平西伯，随后命他火速领兵入卫北京。吴三桂"被命，迁延不即发，简阅步骑，携挈人民，徙五十万众，日行数十里"（《四王全传·平西王吴三桂传》）。自宁

《农民军攻占北京图》（17世纪法国绘画）

远至山海关200里路程，正常行军日行100里，两日便可到达。可是吴三桂六日启程，十六日才到达山海关，整整走了11天。

三月十五日，李自成在居庸关收明降将唐通。李自成以唐通与吴三桂为旧部同僚，于是命令他带着4万两白银、财物前去招抚吴三桂。唐通"遗书三桂，盛夸新主礼贤，啖以父子封侯"。但是，"三桂不答"（彭孙贻《流寇志》卷十一）。

十九日，崇祯帝盼望的辽军刚刚离开山海关，北京就被李自成率领农民军攻下，崇祯帝自缢。在京居住的吴三桂的父亲吴襄、爱妾陈圆圆等全家30多口，都落入闯王之手。

二十日，吴三桂率军至丰润一带，犹豫观望，停止不进，待机而动。吴三桂得知京师陷落、帝后殉难的消息时，何去何从，犹豫不定。

第二，归降大顺。 李自成率领农民军攻入北京后，京畿各镇将领大多投降。但李自成认为吴三桂是一员骁将，应当招之投降。他的部将顾君恩指出，南方立藩王皆不足有为，唯山海关外不可不虑。于是，李自成加紧招抚吴三桂，以利用吴三桂遏制清军入关。李自成为了招降吴三桂，采取多种办法：一是令诸降将分别发书招三桂；二是命吴三桂的父亲吴襄写信劝子投降；三是派遣巡抚李甲、兵备道陈乙等，持檄招降吴三桂，条件是"尔来不失封侯之位"，并犒赏吴军官兵白银4万两。吴三桂的态度是："大喜，欣然受命。"（《甲申传信录》卷八）

吴三桂立即召开秘密军事会议。吴三桂说："都城失守，先帝宾天，三桂受国厚恩，宜以死报国。然非藉将士力，不能以破敌，进将若之何？"

众将态度，"皆默然，三问不敢应"。因为不知吴三桂的意图，不敢表态，只有默然。

吴三桂接着说："闯王势大，唐通、姜瓖皆降，我孤军不能自立。""今闯王使至，其斩之乎，抑迎之乎？"

众将答道："今日死生，唯将军命！"众将领知道他的意图，表示愿意听命。

于是，"三桂乃报使于自成，卷甲入朝"，归降大顺（彭孙贻《流寇志》卷十一）。吴三桂将山海关交给已经投降大顺的原明密云总兵唐通所部驻守，亲率所部，向北京进发，要入京朝见李自成。沿途大张告示："本镇率所部朝见新主，所过秋毫无犯，尔民不必惊恐。"（《吴三桂纪略》）

四月初五日，吴三桂行进到永平西沙河驿，见到从北京逃出来的家人，得知其父吴襄为闯王部下刑掠，三桂愤怒，但考虑到自己与清军结下深仇，归北很难，而"李害父陷于不知，不必仇"（《吴三桂纪略》），待到北京后再辨明。接着，吴三桂又听说自己的爱妾陈圆圆被刘宗敏抢占，"冲冠一怒为红颜"（吴伟业《圆圆曲》）。由是，吴三桂改变投降李自成的初衷，而寻找新的主子。

第三，剃发降清。

吴三桂为什么又投降清朝呢？这同"冲冠一怒为红颜"有关吗？

三、冲冠一怒

明末清初著名诗人吴伟业说吴三桂"冲冠一怒为红颜"。这句出自《圆圆曲》,其诗句为:

> 鼎湖当日弃人间,破敌收京下玉关。
> 恸哭六军俱缟素,冲冠一怒为红颜。

"鼎湖"典故,出自《史记·封禅书》,原意是黄帝升天的地方,后世指为帝王死亡。上诗说的是吴三桂为了爱妾陈圆圆,而剃发降清。

吴三桂剃发降清,人们说原因有二:

其一,吴三桂爱妾陈圆圆被李自成大将刘宗敏霸占。因此,吴三桂"冲冠一怒为红颜",背叛李自成农民军,投降多尔衮。

其二,李自成军在北京开始大肆"编拿百官,拘系追赃,酷刑拷打,呼号遍地"(张岱《石匮书后集》卷六十三)。吴三桂的父亲也未能免。

先说陈圆圆。

陈圆圆,名沅(或元),字畹芳,江苏武进县金牛里(今奔牛镇)人,其父亲是货郎,喜好唱小曲,日夜讴歌。陈圆圆受父亲影响,从小就会唱歌。父死家贫,落寞苏州,隶籍梨园。陈圆圆"蕙心纨质,澹秀天然",独冠一时,艳名远播。有一句话形容她:"声甲天下之声,色甲天下之色。"(《虞初新志》卷十一《圆圆传》)国丈田弘遇在苏州用重金将陈圆圆买下,带到北京,养在府里,成为歌伎。原来,田贵妃死后,崇祯帝很悲伤。此时,田弘遇想女儿死后肯定会影响皇帝对他的信任,他想继续讨好皇上,于是花重金买了陈圆圆,打算献给崇祯帝。之所以没有成功,一说是崇祯帝看了陈圆圆后不太喜欢,还有一种说法就是田弘遇先探了探崇祯帝的口风,因皇上不太喜欢就没有送。

吴三桂到田府见到陈圆圆，一见钟情。田弘遇便将陈圆圆送给吴三桂，"吴欲之，而故却也"，互相推来让去，最后田弘遇"强而可"。因吴三桂在辽东已经娶妻，生有儿子应熊，还惧内；同时崇祯帝也催促吴三桂出关。因此，吴三桂没有来得及迎娶，留下千两银子为聘礼，急忙返回宁远，便把陈圆圆暂时留在田家。第二年正月，吴襄奉命进京任职，便把陈圆圆接到府中。三月，闯王进京，大将刘宗敏住进田府。刘宗敏"系襄索沅，拷掠酷甚"。"遍索绿珠围内第，强呼绛树出雕阑"（吴伟业《圆圆曲》），陈圆圆终于落到刘宗敏手中。

陈圆圆像

听说爱妾被霸占，吴三桂大怒道："不灭李贼，不杀权将军（刘宗敏），此仇不可忘，此恨亦不可释。"（《吴三桂纪略》）并拔剑断案，拂袖而起，说："大丈夫不能保一女子，何面目见人耶！"（刘健《庭闻录》卷一）

四月初八日，吴三桂率军返回，进攻山海关。守将唐通所部大败，溃逃。李自成得知吴三桂降而复叛，立即派明降将白广恩等率军增援唐通，也被吴三桂全歼。

吴三桂重占山海关后，立即杀掉李自成的使臣李甲，并用李甲的头颅祭旗，还割去陈乙的双耳，然后纵之。吴三桂远近传檄，发表文告，号召士民，讨伐李自成农民军。吴三桂招兵买马，兵力扩充到五六万人。

十一日，李自成派遣使臣携带吴襄手书和大量金银前往山海关，劝降吴三桂。十三日，李自成统领6万大军，号称10万或20万，宋献策、刘宗敏、李过等将领从之，并带着吴襄、明朝太子朱慈烺等，出齐化门（今朝阳门），直指山海关。李自成打算对吴三桂先劝降，如果不成就以武力消灭之，以控制山海关，阻断清军南下的通道。

李自成大军压境，吴三桂将何去何从？清朝的摄政睿亲王多尔衮又有怎样的行动？

先是，四月初四日，清内秘书院大学士范文程，向摄政睿亲王多尔衮进谏：

> 盖明之劲敌，惟在我国，而流寇复蹂躏中原，正如秦失其鹿，楚汉逐之。我国虽与明争天下，实与流寇角也。为今日计，我当任贤以抚众，使近悦远来；蠢兹流孽，亦将进而臣属于我。彼明之君，知我规模非复往昔，言归于好，亦未可知。倘不此之务，是徒劳我国之力，反为流寇驱民也。夫举已成之局而置之，后乃与流寇争，非长策也。（《清世祖实录》卷四）

多尔衮接受了范文程的建议，于四月初九日统领10余万大军，拟破边墙而入，与李自成争占北京。

四月十五日，多尔衮率师抵翁后（今辽宁阜新境内），遇见吴三桂派遣的使臣杨珅、郭云龙二人，带来吴三桂的求援信。吴三桂在信中写道：

> 王以盖世英雄，值此摧枯拉朽之会，诚难再得之时也，乞念亡国孤臣忠义之言，速选精兵，直入中胁、西胁，三桂自率所部，合兵以抵都门，灭流寇于宫廷，示大义于中国。则我朝之报北朝者，岂惟财帛，将裂地以酬。（《清世祖实录》卷四）

真是喜从天降，多尔衮立即召见范文程等人商讨对策。范文程说：

> 自闯寇猖狂，中原涂炭，近且倾覆京师，戕厥君后，此必讨之贼也！我国家上下同心，兵甲选练，诚声罪以临之。恤其士夫，拯厥黎庶，兵以义动，何功不成乎？复言好生者，天之德也。兵者，圣人不得已而用之。自古未有嗜杀而得天下者。国家欲统一区夏，非义安百姓不可。（《钦定八旗通志·范文程传》）

多尔衮对吴三桂的信有三条不同意：

其一，吴三桂"泣血求助"，而不是归降；

其二，吴三桂要清军"直入中胁、西胁"，就是从长城其他隘口进入，而未许清军从山海关进京；

其三，将"裂地以酬"，即是割一块土地相酬谢。

多尔衮是一位有帝王韬略的摄政王，怎肯这样答应吴三桂呢！他采取了几项行动：一是复信给吴三桂，同意出兵；二是提出条件，要吴三桂投降，许诺如率众来归，将封土晋王；三是派降清汉将一人往山海关，送去给吴三桂的回信；四是立即改变原来的路线，直趋山海关，迫使吴三桂投降，以控制山海关。

十六日，多尔衮复书道："今伯（明平西伯吴三桂）若率众来归，必封以故土，晋为藩王，一则国仇得报，一则身家得保，世世子孙，长享富贵，如河山之永也！"（《清世祖实录》卷四）

吴三桂则两面忙活：送走了前往大清请兵的使臣，又对李自成行缓兵之计。当李自成使臣来劝降时，吴三桂表示"愿一见东宫而即降"，以麻痹李自成，争取时间，等待援兵。很快，吴三桂接到了多尔衮的回信，积极进行战前准备。十九日，他在演武堂"合关辽两镇诸将并绅衿，誓师拒寇"（光绪《临榆县志》卷九）。二十日，他在校场与诸将歃血同盟，祭旗兴兵，进行布防。

就在这一天，多尔衮率军进至连山，会见吴三桂派出的使臣郭云龙和孙文焕。吴三桂在信中明确表示请多尔衮"直入山海"，与自己首尾夹攻大顺军。并就归降一事含糊地表示"民心服而财土亦得，何事不成哉"（《清世祖实录》卷四）！

李自成行军速度很慢，从北京到山海关700里，如果急行军三四天就可到达，但是大顺军整整走了8天。二十一日晨，大顺军在石河西岸与吴三桂军对阵。

同日晨，多尔衮率领清军也从连山到了山海关外。连山至山海关200里。多尔衮命大军日夜疾驰，"黄埃涨天，夜色如漆，人莫开眼，咫尺不辨。……经过中后所、前屯卫、中前所，至关外十五里许，日已昏黑，屯兵不进，一昼夜之间行二百里矣"（朝鲜《沈馆录》卷七）。

大顺和大清双方此时争夺的焦点就是吴三桂，吴三桂最终的选择是弃顺降清。

有人问："吴三桂降清是真降，还是假降？"清史界有不同的看法。一种意见是，吴三桂是真降，从顺治元年（1644年）到康熙十二年（1673年）长达30年的时间，一直死心塌地效忠清朝。另一种意见是，吴三桂是假降，证据是"我朝之报北朝者，岂惟财帛，将裂地以酬"，后来反清说明他是韬晦、是假降。

又有人问："吴三桂的历史地位怎样评价？"清史界也有不同的看法。一种意见是，肯定吴三桂的历史贡献，主要是为明末清初中国重新统一做出了贡献。另一种意见是，吴三桂官于明而叛明，叛明而降李自成，再叛李而降清，最后到老年又反清叛乱，是一个丧失大节的人。

不管怎样评价吴三桂，他引清兵入关，直接的一个后果是：爆发山海关大战。

第四十六讲 山海关大战

山海关大战前，在山海关内外，主要有三股军事势力——李自成的农民军、多尔衮的八旗军和吴三桂的关宁军。三股势力的分合、激战、胜败、谋略，直接影响当时中国局势的走向，也影响或决定大顺、大明、大清的命运。

一、三股势力

第一股势力：吴三桂的关宁军。前面讲过，吴三桂已经投降李自成。但是，他知道父亲吴襄被拷掠、爱妾陈圆圆被强占的时候，则对李自成采取了两面策略——明着不同李自成决裂，暗着却另找新主子。吴三桂于崇祯十七年（1644年）三月二十九日收到其父吴襄的劝降信后，这种同李自成决裂的态度变得明朗而坚决，他复信说："父既不能为忠臣，儿亦安能为孝子乎？儿与父诀，请自今日。父不早图，贼虽置父鼎俎旁以诱，三桂不顾也。"（顾公燮《丹午笔记·三桂绝父书》）李自成得知吴三桂坚决不降，令白广恩、王则尧带着犒师银两，星夜赴永平（今河北卢龙），增援唐通并继续招降吴三桂，结果反被吴三桂击溃。吴三桂纵兵大掠而东，顿兵山海关，并观望局势，以图再举。当时，吴三桂约有关宁5万之众（一说8万）。

第二股势力：李自成的农民军。崇祯十七年即顺治元年（1644年）四月十三日，李自成亲率刘宗敏等将士6万人，号称10万或20万，开始东征。李自成派明降官去山海关招降吴三桂，但使者被扣留。李自成分析形势，认为成败决于一战，于是令大军连营并进，直逼山海关。700里路，慢慢吞吞，行军8天，方才到达。这就给吴三桂与多尔衮的联合提供了时间。

第三股势力：多尔衮的八旗军。四月初九日，睿亲王多尔衮率军10万向山海关挺进。原想绕过榆关，破墙而入，争夺北京。四月十五日，清军师抵翁后，吴三桂派出的使者副将杨珅、游击郭云龙持书前来乞师。吴三桂乞师信称："欲兴师问罪，以慰人心。奈京东地小，兵力未集，特泣血求助。"（《清世祖实录》卷四）多尔衮遣官持复书到山海关，一则探听虚实，二则要吴三桂降清。多尔衮本想进一步观察吴三桂的真实动机，恰在此时，得报李自成所率大军已离永平，疾驰山海关。为防贻误战机，多尔衮遂命清军星夜前进，从连山到山海关，200里路，急行一昼夜，屯兵到山海关外15里，观察形势。

这样，李自成的大顺军、多尔衮的八旗军、吴三桂的关宁军就在山海关交会，由此引发了一场大战——山海关大战。这个大战的战场集中在山海关关门。

二、关门大战

山海关以关城为中心，四面有四座辅城——东罗城、西罗城、南翼城、北翼城，加上长城、关隘、敌楼、台堡等，形成相互连接、彼此相依的防卫体系。南翼城面向大海，敌军无从通过。西罗城面向关内，前有石河，成为关城的天然屏障，而河西则为开阔地，成为山海关大战的一个重要战场。

清摄政王多尔衮采纳洪承畴、祖大寿等人的建议，对入关做了如下部署：以英郡王阿济格率万骑为左翼，入西水关；以豫郡王多铎率万骑为右翼，入东水关；自将3万骑为主力，从正面主攻，余为预备队。但是，清军于二十一日进至欢喜岭后，并未立即投入战斗，而是观变待机，仅于当天派兵击败一片石之唐通部，使李自成从关外打击吴三桂并切断吴军与清军联络的计划未能实现。李自成四月二十一日清晨到山海关后，也进行紧急部署。首先，除南翼城面向大海无法布阵外，在东罗城、西罗城、北翼城，分别攻城。其次，李自成命唐通率兵由离关城西北30多里的一片石北出到关外，以防止吴三桂退往辽东，与清军会合。一片石依山阻水，九门口极为险要。九门口这个地方，山之间一条河，河上九个拱门，有水的时候放水，没有水的时候九门的门闸同时放下来，就进不去城了。最后，在西罗城外，从北山到大海，沿石河布成"一"字形战线，与吴三桂军对阵。从李自成部署来看，是要把吴三桂围而歼之。虽李自成志在必胜，却在攻城与野战上分散了兵力。

李自成军先攻西罗城，复集中兵力攻打北翼城。双方交战，十分激烈。石河一线，极为惨烈。大顺军"鳞次相搏，前者死，后者复进"。吴三桂军东驰西突，企图突围，屡次遭堵，未能成功。至下午，李自成军奋勇攻城，北翼城、西罗城危急。

二十二日，晨，吴三桂形势危急，而清军屡请不至。睿亲王多尔衮率军来到离关城 2 里的威远台,"高张旗帜,休息士卒,遣使往三桂营觇之。三桂复遣使往请,九王(多尔衮)犹未信。请之者三,九王始信,而兵犹未即行。三桂遣使者相望于道,凡往返八次,而全军始至"(计六奇《明季北略》卷二十)。吴三桂派人"往返八次"请多尔衮,但多尔衮不相信。吴三桂只好带领 5 名缙绅和 200 名亲兵,在炮火的掩护下,突围出城,到威远台,往见多尔衮。当时的情景,据记载:

多尔衮问:"汝约我来,我来,为何用炮击?"

吴三桂答:"非也,闯兵围关三面,甚固,又以万骑逾边墙东遏归路,故用炮击之使开,可得间道东出也。"

多尔衮说:"是也,然无誓盟,不可信。且闯兵重众,关内兵几与闯同,必若兵亦剃发殊异之,则我兵与若俱无惮矣。"意思就是说,不剃发如何区分?不盟誓如何相信?

吴三桂说:"然我固非怯也,徒以兵少止数千。使我有万骑,则内不患寇,外犹可以东制辽沈,我何用借兵于若为?今兵少固然,剃发亦决胜之道也。"

于是,吴三桂与多尔衮"共歃血,三桂即髡其首,以从"(《甲申传信录》卷八)。

多尔衮与吴三桂在欢喜岭威远台歃血盟誓,吴三桂剃发称臣,双方决定合攻李自成军。

《山海关志》记载,多尔衮对吴三桂说:"汝等欲为故主复仇,大义可嘉,予领兵来成全其美。先帝时事在今日不必言,亦不忍言,但昔为敌国,今为一家。我兵进关若动人一株草、一颗粒,定以军法处死。汝等分谕大小居民,勿得惊慌。"(余一元《山海关志·兵警》)

这时,忽然得到探报,北翼城部分吴军哗变,投奔李自成军。多尔衮命吴三桂先行,并对他说:"尔回可令尔兵以白布系肩为号,不然同系汉人,以何为辨,恐致误杀。"(《清世祖实录》卷四)三桂立即返回关城,令全体官兵剃发,来不及剃发的,就用白布系肩,以示区别。然后,在关门上竖白旗,率诸将十数员,甲数百骑,出城迎降。清军三路分别从南水门、北水门、关中门,进入山海关城。多尔衮受拜于军阵中,进兵城中(《沈馆录》卷七)。

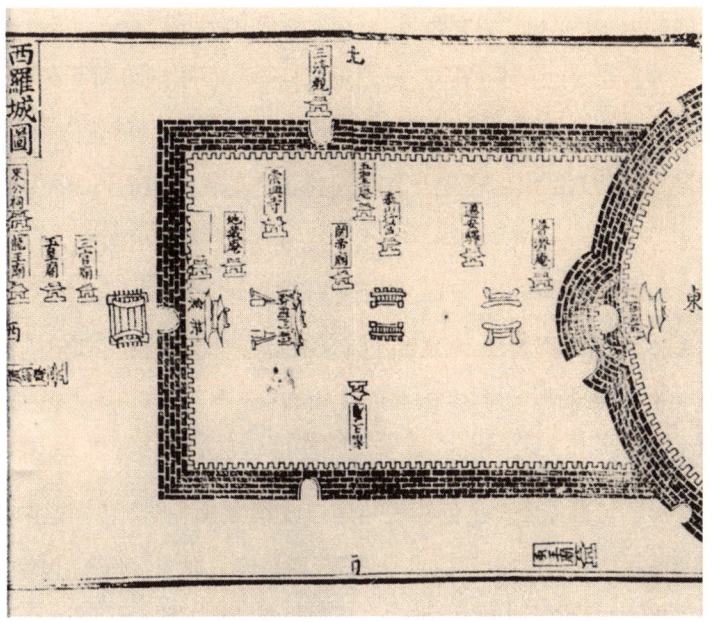

《西罗城图》（清《山海关志》插图）

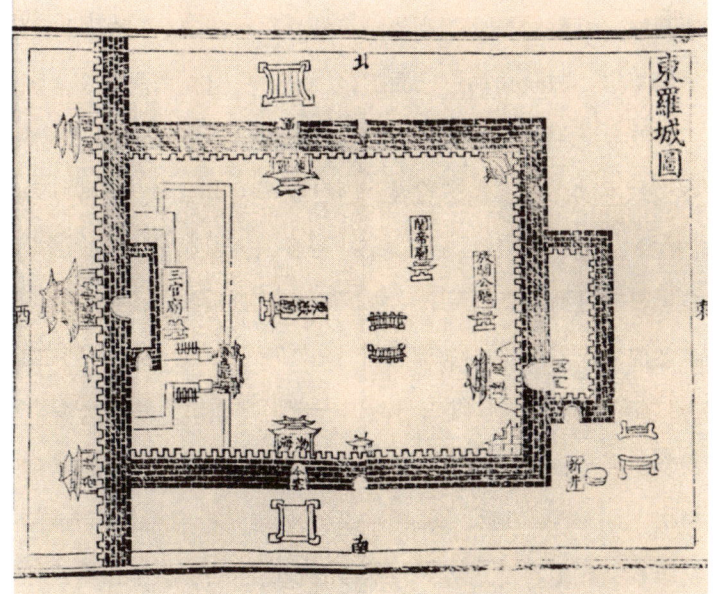

《东罗城图》（清《山海关志》插图）

李自成知道山海关易守难攻，想诱吴三桂军出关城野战。令沿石河列阵，自北山横亘至海，呈"一"字形阵，包围吴三桂军。吴军则布列于右翼边缘，准备集中兵力，向李自成军突击。时值大风扬尘，咫尺不见，清军隐蔽在关城之下。多尔衮告诫众贝勒大臣说："吾尝三围彼，都不能遽克。自成一举破之，其智勇必有大过人者。"（计六奇《明季北略》卷二十）因此"尔等毋得越伍躁进，此兵（农民军）不可轻击，须各努力，破此，则大业可成"（《清世祖实录》卷四）。

多尔衮不肯先同李自成军作战，而是命吴三桂为前锋，其目的是：一则观察吴三桂投降的真伪；二则观察李自成的强弱；三则吴、李交战，两败俱伤，坐收渔人之利。

中午，吴三桂首先出动全部精锐与李自成军交战，陷入包围之中，处境十分困难。吴三桂军与李自成军"死战，自辰至酉，连杀数十余阵"，也就是说，从上午八点到下午六点，历十小时，战数十合，互相冲突，异常激烈。据彭孙贻记载："自成、宗敏知边兵劲，成败决一战，驱众死斗。三桂悉锐鏖战，无不一当百。自成益驱群贼连营进，大呼，伐鼓，震百里。三桂兵左右奋击，杀贼数千。贼鳞次相搏，前者死，后者复进。贼众兵寡，三面围之。……关宁兵东西驰突，贼以其旗左萦而右拂之，阵数十交，围开复合。"（《流寇志》卷十二）吴军拼命突围，围开复合，死伤惨重。清军按兵不动，静观事态发展。李自成军英勇陷阵，肉搏厮杀。双方死伤惨重，已经精疲力竭。吴三桂已陷入重围，曾多次突围未成，面临全军覆没的危险。

多尔衮见时机已到，决定集中兵力，突破李自成自北山至大海的沿石河"一"字形阵线。他说："我军可向海对贼阵尾，鳞次布列，三桂兵可分列右翼之末。"（《清世祖实录》卷四）多尔衮选择关城以南石河口一带为突破口，这里离李自成中军大帐最远，最薄弱，而且这里东南临海，又是开阔地，便于清军发挥骑兵的优势。多尔衮令阿济格、多铎率正白旗、镶白旗两万骑兵为先锋，突袭李自成的阵尾；同时，吴三桂军从阵右（北山附近）切入。李自成军反而陷于清军和吴三桂军的首尾夹击当中。战局立即发生重大变化。八旗军直冲李自成军主力，"白旗所至，风卷潮涌，皆披靡莫能当"。

当时,李自成骑马立于高冈之上,"见白旗一军,绕出三桂右,万马奔腾,不可止。自成麾后军,益进"（《流寇志》卷十二）,准备火速驰援。但是,据说他身边一僧人告诉他:"此非吴兵,必为东兵也,宜急避之。"意思是说,这不是吴三桂的兵,而是满洲兵也!李自成从未同八旗兵交过锋,惊诧道:"此满洲兵也!"策马下冈走,自成兵夺气,奔溃（《清史稿·吴三桂传》）。李自成既没有预先做防备清军的准备,也没有料到吴三桂可能降清,所以面对清、吴联军的进攻,慌了手脚。

多尔衮与吴三桂联军,把李自成军压向海边,"一食之顷,战场空虚,积尸相枕,弥满大野,骑贼之奔北者,追逐二十里,至城东海口,尽为斩杀之,投水溺死者,亦不知其几矣"（《沈馆录》卷七）。有的书记载:"是日,战初合,满兵蓄锐不发,苦战至日昳,三桂军几不支,满兵乃分左右翼,鼓勇而前,以逸击劳,遂大克捷。"（刘健《庭闻录》卷一）李自成军以分对合,刘宗敏"亦中流矢,负重伤而回"（计六奇《明季北略》）。李自成见败局已定,率精骑数千,急促撤退。

当日,多尔衮晋吴三桂爵为平西王,分马步兵一万隶属,并令吴三桂前进,追击李自成军。

二十三日,李自成退到永平。命人将吴三桂的父亲吴襄斩首示众,然后带领大顺军残部向北京撤退。

二十六日,李自成回到北京,下令屠吴襄家。

这时,北京还有农民军40万,李自成没有组织军队对抗吴清联军,而是急着操办即位典礼。

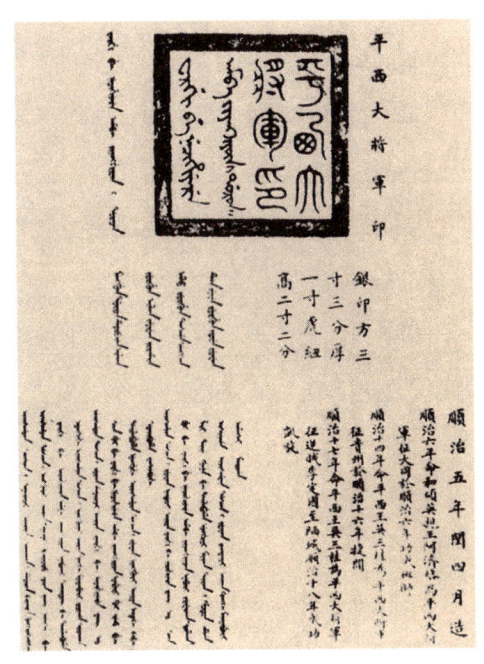

吴三桂"平西大将军印"印文

二十九日，李自成在北京紫禁城武英殿举行即皇帝位典礼。

三十日，李自成仓促弃京西走（《清世祖实录》卷四）。

实际上，在李自成此次征讨吴三桂时，大顺军已经表现出士气不足。当时就有人私下里占卜算卦，问李闯王是否有可能成功，问出师会不会被吴三桂打败，等等。结果："得卜不吉，多泣涕。"（《平寇志》卷十）有的"马厮、炊丁亦人怀重宝，皆有归志"（《甲申纪事》）。李自成军临阵突然发现清军时，便惊慌失措，咸惊呼"虏至矣！虏至矣！拉然崩溃"（谈迁《国榷》卷一〇一）。

山海关大战，既是李自成、多尔衮、吴三桂三方军事与政治实力的较量，也是李自成、多尔衮、吴三桂三人智慧与谋略的较量。

李自成的军队，既有豪气（攻占北京），又有骄气；既有勇气，又有惰气（因胜而懒惰）；既有锐气，又有怨气（人怀重赂，各思西归）。李自成的指挥，关内与关外、四面围城、石河列阵，分散兵力，以分对合。这是他犯的一个致命错误。同时，对清军估计不足，没有想到多尔衮会率领军队到山海关，并且和吴三桂联合，共同对付他。

吴三桂当时可有三种选择：闭门死守，如宁远例，但崇祯帝已死，社稷无主；出城迎战，以弱对强，以寡击众，必然失败；联合清军，以合对分，可能胜利。

多尔衮也有三种选择：孤军深入，攻打北京；两拳并出，双打李、吴；联吴击李，以合对分——显然，后者是上策。

最后，山海关大战就三方指挥来说，多尔衮和吴三桂对李自成，合者胜，分者败。这也是历史的经验。

三、清军进京

清摄政睿亲王多尔衮率军取得山海关大战的胜利。接着，清军进入山海关内，势如雷霆，乘胜追击，"自山海以西各城堡文武将吏，皆争先率表迎降"（《沈馆录》卷七）。

二十五日，进抵抚宁。

二十六日，师次昌黎。

二十七日，到达滦州。

二十八日，师至开平。

二十九日，进抵玉田。

五月初一日，抵达通州。

五月初二日，到达北京。睿亲王多尔衮率领清军到达北京，"京内官民，开门迎降"（《明清史料》甲编第一本），"都民处处屯聚以迎军兵，或持名帖来呈者有之，或门外瓶花焚香以迎者亦有之矣"（《沈馆录》卷七）。

这种情形和李自成进北京后大不一样，原因很多。其中一个原因就是李自成在北京四十几天，拷掠太严重了。我看了查继佐的《罪惟录》，说拷掠的人是数以千计，这数字也可能夸大。点名大学士、六部尚书、侍郎等官员，包括太监，每人要交多少钱，不然就拷打；交了，说你没交彻底，还要打；一些人被活活打死了。多尔衮比李自成聪明的一点就是，八个字——官仍其职，民复其业。"官仍其职"，即所有做官的官复原职，吏部尚书做吏部尚书，户部尚书做户部尚书，各衙门照常办公；"民复其业"，即老百姓你该做什么还做什么。这样一下就把北京城秩序基本稳定下来了。

山海关大战的中心人物吴三桂，并没有随着多尔衮进入北京，而是奉命跟随阿济格，逐自成至庆都，屡战皆胜。顺治帝定鼎京师，授吴三桂平西王册印，赐银万两、马三匹。这时，南明福王朱由崧在南京称帝，也遣使封吴三桂为蓟国公，又遣沈廷扬自海道运米10万、银5万犒师，吴三桂不受。这表明吴三桂决心追随清朝。

吴三桂先后率部征战于西北和西南地区，为清朝统一立下汗马功劳。而他本人也被封为王，镇守云南，成为藩王。他的儿子吴应熊尚公主，为和硕额驸。康熙十二年（1673年），吴三桂又上演了一出"三藩之乱"的闹剧，经过8年，叛乱平息。此是后话。清军入关，是富有戏剧性的历史一幕。

农民军风起云涌之时，皇太极曾经积极联络农民军，试图共同对付明朝，但是没有得到李自成及其他农民军首领的响应。直到当年的正月二十七日，多尔衮还曾经派人给李自成送过一封信："兹者致书，欲与诸公协谋同力，并取中原，倘混一区宇，富贵共之矣。不知尊意何如耳？惟速驰书使，倾怀以告，是诚至愿也。"（《明清史料》丙编第一本）这封信辗转送到大顺军榆林守将王良智手上，此时李自成已经率领大军进军北京了。当李自成得知信的内容后，他对清政权的建议采取了不予理睬的态度。

很快，多尔衮就见到了吴三桂的使者，并在吴三桂的引领下进入山海关。而在此之前，后金——清军即使打到北京城下，都从来没有走进山海关城。

当李自成攻下北京之后，他只看到降而复叛的吴三桂，而对吴三桂身后的大清却视而不见，根本没有采取任何防范措施。

大顺军利用明清对峙，顺利攻占京城，推翻明朝统治。清军则利用吴三桂与李自成的矛盾，顺利入关，夺占大顺果实。在这场三方角逐中，清朝是赢家。

山海关大战，是一场决定中国命运的决战，它改变了当时中国政治力量的格局，影响了中华历史的进程。清朝势力终于通过山海关，定鼎北京。可谓"定鼎燕都，一统之基，实始于石河一战"（乾隆《临榆县志·原序》）。

大顺先覆灭大明，大清又覆灭大顺，最后政权落到了清朝的手里。有人问，这是必然的还是偶然的？我认为是偶然中有必然，必然中也有偶然。说必然就是明朝气数已尽，这是历史必然；但是也有偶然，吴三桂若投降了李自成，山海关一战怎么个打法，则是另外一种情况。吴三桂和多尔衮联合起来共同对付李自成，战争又是一种结果。所以，历史发展有其偶然性也有其必然性，它就是在偶然必然之间来发展。

此后，睿亲王多尔衮辅佐顺治皇帝迁都北京，入主中原，统一华夏。从此，开启了268年的清朝历史。

第四十七讲 顺治迁都

清朝定都北京,无论是在中华历史上,还是在世界历史上,都是一件大事。本讲分作三个小题目:一、定都之争;二、清都三迁;三、文化融合。

一、定都之争

清顺治元年即崇祯十七年（1644年）五月，睿亲王多尔衮率清军占领北京。于是，定都问题成了一件大事。多尔衮建议迁都北京，但他的胞兄英亲王阿济格表示反对：

> 初得辽东，不行杀戮，故清人多为辽民所杀。今宜乘此兵威，大肆屠戮，留置诸王，以镇燕都。而大兵则或还守沈阳，或退保山海，可无后患。（《李朝仁祖大王实录》）

上述建议如被采纳，那么，燕京宫殿必遭残毁，北京皇家园林无从谈起。然而，多尔衮主张迁都北京。他给顺治皇帝奏言：

> 燕京势踞形胜，乃自古兴王之地，有明建都之所。今既蒙天畀（bì），皇上迁都于此，以定天下。则宅中图治，宇内朝宗，无不通达。可以慰天下仰望之心，可以锡四方和恒之福。（《清世祖实录》卷五）

在这个奏折里，多尔衮说了九个意思：

第一，"燕京势踞形胜"，也就是说，燕京右拥太行，左居沧海，南襟中原，北连朔漠，势踞形胜。

第二，历朝在这里建都，如辽、金、元等。

第三，"有明建都之所"，即明朝在这里建都，有宫殿。

第四，"今既蒙天畀"，即上天把燕京——北京赐给了大清，应该接纳。

第五，在燕京定都，可以定天下。

第六，"则宅中图治"。这个"中"很重要，国都要居中，特别在古代交通不

第四十七讲 顺治迁都

顺治皇帝像

发达的时候更要居中，在南北来说，从黑龙江到珠江，北京居中。这样一来，"宇内朝宗"。

第七，"无不通达"，即四通八达。

第八，"可以慰天下仰望之心"，天下人都希望把都城设在北京，阿济格等少数人的意见，要服从天下人的意见。

第九，"可以锡四方和恒之福"。"锡"在古代和"赐"可以通用。这句话是说，这样一来，四面八方和平、安定的幸福局面就可以得到保障。

多尔衮的意见得到大部分八旗诸王、贝勒的赞成，正式奏报顺治皇帝。年方7岁的顺治帝，自然采纳多尔衮迁都的奏请。同年十月初一日，顺治帝因皇极殿（今太和殿）被李自成焚毁，便在皇极门（今太和门）举行大典，颁诏天下，定鼎燕京。

清朝迁都燕京是一项重大决策。中国从秦始皇到宣统，2 000年间，政治中心前1 000年主要在西安，后1 000年主要在北京。都城变迁呈"十"字形，前1 000年，都城变化东西移动，后1 000年则南北移动。但是，中国大一统王朝的新政权都要抛弃旧王朝都城与宫殿：周武王灭纣未都朝歌而仍回镐京，秦始皇统一六国后仍都咸阳，西汉定都长安，东汉奠都洛阳，隋朝都大兴，唐朝都长安，北宋东京迁汴梁（今开封），蒙古成吉思汗焚毁金中都使"可怜一片繁华地，空见春风长绿蒿"，元朝先在上都、后迁大都，明初定都金陵（今南京）、永乐时才迁都北京。纵观中国历史上大一统王朝——商、周、秦、汉、隋、唐、宋、元、明，清朝之前，所有大一统王朝兴国之君，宸居前朝宫殿，史册盖无一例。然而，清摄政睿亲王多尔衮却一反历代大一统王朝对前朝宫殿焚、毁、拆、弃的做法，对故明燕京紫禁城宫殿下令加以保护、修缮和利用。经过清朝兴建、修葺的文物，保存至今的故宫、天坛、颐和园、避暑山庄暨外八庙、沈阳故宫、清朝五陵（永陵、福陵、昭陵、清东陵、清西陵）等如今都被列为世界文化遗产。因此，清朝迁都北京既对文物保护起着重大的作用，也对满汉文化融合起着积极的作用。

清朝迁都北京，北京成为中国多民族国家的政治和文化中心。而北京大体位

紫禁城皇极门（今太和门）

置居中，这有利于中国的国家统一、民族协和，特别是对北部、西北、东北版图的确定和巩固起了重大的作用。

从明万历十一年（1583年）清太祖努尔哈赤起兵，到清顺治元年（1644年）定鼎北京，其间整整60年。这60年的特点是：天崩地解、战争频仍、社会动荡。由于长时间的社会动荡，中原地区，荒野千里，村无狗吠，家无鸡鸣。中国各族人民渴求和平与安定。

清顺治元年（1644年），顺治帝迁都北京，以明朝都城作为清朝都城，以明朝宫殿作为清朝宫殿。作为新王朝的统治者，他们的国策应当是：和平与安定。

清军入关前，北京的明朝皇宫，特别是皇极殿、中极殿、建极殿遭到破坏。清顺治帝入主紫禁城后，对故明三大殿进行修缮。顺治二年（1645年），将修建后的皇极殿、中极殿、建极殿，依次改名为太和殿、中和殿、保和殿，突出一个"和"字。北京明清皇宫三大殿的名称，先后有三：永乐皇帝建三大殿之初，命名为奉天殿、华盖殿、谨身殿。特别是奉天殿，突出"天"，就是突出神权。嘉靖重建三大殿后，改名为皇极殿、中极殿、建极殿，又突出"极"，就是突出皇权。而顺治重修三大殿后，再改名为太和殿、中和殿、保和殿，突出"和"，就是突出国家与民族的和谐。这是殿，还有门。

明朝皇城的城门，正门为承天门，后门为地载门。顺治八年（1651年），承天门重修竣工，改其名为"天安门"，突出一个"安"字。第二年，皇城北门重修竣工，改其名为"地安门"，也突出一个"安"字。再加上皇城的东安门、西安门、长安左门、长安右门。这样，皇城的城门都突出"安"字。

清朝北京皇城城门的名称突出"安"，皇宫三大殿突出"和"，从一个侧面反映出清朝的执政者力求国家安定，民族和谐。

"安"，《说文解字》："安，静也，从女在宀下。"《康熙字典》："安……《益稷》：'安，汝止。'"注："谓止于至善也。又宁也，定也。"

"和"，今《新华字典》《现代汉语词典》《辞海》等都是"禾"为偏旁。但它本来是"口"为偏旁。《说文解字》："和，相应也，从口，禾声。"本意是众口、众音和谐。《尚书·尧典》所说"协和万邦"就是这个意思。

总之，清初迁都北京，执政者力求社会安定、民族和谐。

但北京是后金—清的第四个都城。那么，它的前三个都城在哪里？他们又是怎样迁都的呢？

二、清都三迁

清朝最初的都城是赫图阿拉。赫图阿拉在今辽宁省抚顺市新宾满族自治县永陵镇赫图阿拉村。

早在明万历三十一年（1603年），努尔哈赤由佛阿拉迁到赫图阿拉。佛阿拉又作费阿拉，是满语 fealal 的译音。"fe"满语的意思是"旧"或"老"，"ala"满语的意思是"冈"，合起来就是"旧冈"或"老冈"的意思。汉译作"旧城"或"老城"。因为努尔哈赤由佛阿拉搬到赫图阿拉，所以佛阿拉就成为旧城或老城。佛阿拉建在山上，"女真多山城"，这主要是为了军事防御。

佛阿拉城现在当然已经毁了，汉文文献没有记载，朝鲜申忠一的《建州纪程图记》留下唯一的记载：

佛阿拉城分为三重城。第一重为栅城，以木栅围筑城垣，略呈圆形。它比金太祖阿骨打栽柳禁围的"皇帝寨"有所进步。栅城内为努尔哈赤行使权力和住居的地方。栅城内分为东西两区。西区主要有六组建筑，包括鼓楼、客厅、行廊等。鼓楼建在 20 余尺的高台上，为一层楼式建筑，楼顶覆盖丹青瓦。客厅五间，厅顶盖草。东区主要有九组建筑，除一间便房盖草外，其余八组都是瓦房。努尔哈赤的居室比较居中，为三间楼房，房顶覆丹青瓦，外面围筑高墙。其南有楼一座，建在 10 余尺的高台上；其北也有楼一座，三间，盖瓦。在东区与西区之间，有墙隔开，中开一门。栅内的楼宇、房舍，墙抹石灰，柱橼彩绘。第二重为内城，周围 2 里余，城墙以木石杂筑，有雉堞、望楼。内城中居民百余户，由努尔哈赤"亲近族类居之"。舒尔哈齐房屋的大门上贴着对联："迹处青山，身居绿林。"在东区与西区之间，有墙隔开，中开一门。在城东设有堂子。第三重为外城，周约 10 里，城墙先以石筑，次布橼木，又经石筑，又布橼木，高约 10 尺，内外涂黏泥。没有雉堞、射台、濠沟。城门为木板，没有锁，门闭以后，以木横张。外城门上设敌楼，上面盖草。外城中居民 300 多户，由努尔哈赤诸将及其族属居住。城中泉井仅四五处，水不够用，城里人冬季要伐河冰，运到城内，朝夕不绝。早晚击鼓三通，没有巡更。书中还记载，努尔哈赤长得"不肥不瘦，躯干壮健，鼻直而大，面铁而长"。他头戴貂皮帽，脖子护着貂皮围巾，身穿貂皮缘饰的五彩龙纹衣，腰系金丝带，佩刀子、砺石，脚穿鹿皮靴。

外国一些学者认为佛阿拉是清朝的第一座都城。但是，那个时候努尔哈赤还没有建立政权，至少没有建立年号，所以，只能说佛阿拉是建州卫的一座卫城。

清朝第一座都城是赫图阿拉。万历三十一年（1603年），建州政治中心迁到赫图阿拉。赫图阿拉是满语hetuala的译音，"hetu"满语是"横"的意思，"ala"满语是"冈"的意思。"赫图阿拉"即"横冈"的意思。明朝称其为"蛮子城"，朝鲜称其为"奴酋城"，即努尔哈赤城。赫图阿拉城建在苏克素浒河与加哈河之间开阔小平原中的冈阜上，是中国古代最后一座建在山上的都城。赫图阿拉位置优越，气候宜农，河水丰沛，势踞形胜——"群山拱护，河水萦流"，真是一块风水宝地。正如古籍所载："凡立国都，非于大山之下，必于广川之上，高毋近旱而水用足，下毋近水而沟防省。因天材，就地利，故城郭不必中规矩，道路不必中准绳。"（《管子·乘马》）意思是说，过低怕遭水患，过高用水不便。赫图阿拉经过三次大建，已经具备都城规模，成为后金—清朝的第一座都城。天命元年即万历四十四年（1616年）正月，聪睿贝勒努尔哈赤在赫图阿拉黄衣称朕，建立金国。年号天命，国号

赫图阿拉内城北门

大金（后金）。从此，赫图阿拉就成为后金—清朝的第一座都城，后尊称为兴京，意思是清朝兴起的京城。赫图阿拉作为后金—清朝都城6年，后迁都到辽阳。

清朝第二座都城是辽阳。天启元年即天命六年（1621年），后金占领沈阳、辽阳。三月二十一日，天命汗努尔哈赤在攻克辽阳的当天，即决定迁都辽阳。辽阳，又称东京。辽太宗天显三年（928年），升为南京。会同元年（938年），改南京为东京，府曰辽阳。金仍为东京。元改东京为辽阳路。明设辽东都指挥使司，所辖："东至鸭绿江，西至山海关，南至旅顺海口，北至开原。"后在辽阳设辽东经略衙门。后金迁都辽阳，遂筑辽阳新城。努尔哈赤命筑城于辽阳城东五里太子河边，建宫室，迁居之。努尔哈赤建东京新城，目的有四：一是凭河为障，防明军东扑；二是驻足不稳，另建新城；三是满洲聚居，防汉人反抗；四是旗民分住，防满人汉化。辽阳原有南、北两城，南城驻辽东都司军政机构，北城住平民百姓。后金官兵及其眷属迁入辽阳后，先是移辽阳官民于北城，南城诸王臣民居之。要不要建新城，天命汗同诸贝勒有争论。天命汗据理说服众贝勒大臣。贝勒大臣皆曰："善。"遂定议迁都辽阳（《满洲实录》卷七）。这是在山区与平原接合部建立的都城。

清朝第三座都城是盛京。天命十年即天启五年（1625年）三月初一日，天命汗努尔哈赤决定从辽阳迁都沈阳。迁都定鼎，社稷大事，历史上每次定都与迁都，总要伴随着激烈的论争。昔刘邦都洛阳或关中，犹疑不能定夺，君臣各有所重。张良曰："夫关中，左殽、函，右陇、蜀，沃野千里，南有巴蜀之饶，北有胡苑之利，阻三面而守，独以一面东制诸侯。诸侯安定，河渭漕挽天下，西给京师；诸侯有变，顺流而下，足以委输。此所谓金城千里，天府之国也。"（《史记·留侯世家》）最后，刘邦采纳了张良的意见。但在庙堂议争都城的问题上，清太祖与汉高祖不同：汉为臣谏君，清（后金）则为君谕臣。努尔哈赤第二次迁都沈阳，同上次迁都辽阳一样，又发生一场君臣之争。

《清太祖实录》记载："帝聚诸王臣议，欲迁都沈阳。"但是，努尔哈赤的意见遭到诸王贝勒的阻谏。诸王大臣谏曰："迩者筑城东京，宫室既建，而民之庐舍，尚未完善。今复迁移，岁荒食匮，又兴大役，恐烦苦我国！"也就是说，修建东京（辽阳）官民的宫室庐舍还没有完工，已经耗费了大量民力，再次迁都，劳民伤财，得不偿失。努尔哈赤不许。他为了说服诸王贝勒，阐述迁都沈阳的理由：

> 沈阳形胜之地。西征明，由都尔鼻渡辽河，路直且近。北征蒙古，二三日可至。南征朝鲜，可由清河路以进。且于浑河、苏克苏浒河之上流，伐木顺流下，以之治宫室、为薪，不可胜用也。时而出猎，山近兽多。河中水族，亦可捕而取之。朕筹此熟矣，汝等宁不计及耶！（《清太祖高皇帝实录》卷九）

天命汗迁都沈阳的《汗谕》，长达99字，概述其都城选址沈阳的道理。但努尔哈赤没有能说服他的诸王大臣。天命汗最后断言："吾筹虑已定，故欲迁都，汝等何故不从！"

努尔哈赤不徇众见，决然迁都，乃于天命十年即天启五年（1625年）三月初三日，出东京城，驻虎皮驿；初四日，至沈阳。从此，沈阳发展成为东北政治、经济、文化、军事和交通的中心。今沈阳故宫，主要是当年努尔哈赤、皇太极时期的宫殿（后加修建和扩建），现被列为世界文化遗产。

清朝第四座都城是北京。清迁都北京后，中华文化发生了新的融合。

三、文化融合

顺治帝迁都北京，在有清一代，各民族文化既有冲突，也有融合。中华文化在民族文化交汇过程中丰富、发展和繁荣。

第一，宫殿满洲特色。清初对故明宫殿，既加以利用，又进行改造。如坤宁宫仿照沈阳清宁宫，宫前设索罗竿子，就是满洲祭神、祭天的竿子。现在，这个

盛京皇宫大政殿与十王亭

竿子没有了，沈阳清宁宫前面还有，这是满洲文化一个重要的标志和象征。索罗竿子上有个锡斗，搁上米、骨头等，来祭祀乌鸦。满洲崇拜乌鸦，说乌鸦是神鸟，还传说乌鸦当年救了努尔哈赤，实际上乌鸦是满洲祭祀的一个图腾。这个习俗一直延续到清朝末年。还将正门东移，建起围炕，宫内砌起萨满教祭祀煮肉的大锅、大案，为祭祀杀牲用。皇宫内设箭亭、文渊阁前碑亭为盝顶。这都是满洲牧猎文化在宫廷建筑上的表现。雨华阁则体现满、藏、蒙、汉文化的特色。

明朝人建的皇宫，体现汉族农耕文化的需要。少数民族到北京建立政权，也要把文化带到北京。譬如说，元大都在北京，宫殿是"品"字形的，东面大内位置大体相当于现在故宫，西面隆福宫和兴盛宫在现在的北海公园前后，元大都的中心是太液池，即现在的中南海、北海。所以，我说元大都北京的建筑是太液为主，宫殿为客。到明朝就变了，主是紫禁城，西苑、中南海、北海是皇帝玩儿的地方。为什么有这个变化？就是因为蒙古是草原文化，以水为主。汉族是农耕文化，以宫殿为主。大家知道满洲有一个人叫苏麻喇姑，她照顾过康熙皇帝。苏麻喇姑是蒙古人，她有一个习惯，每年腊月三十的洗脚水不倒掉，澄清之后倒出一小碗喝了，说可以消灾。从文化学、民俗学来看，这个习俗体现的就是蒙古对水的重视，因为牛羊要依靠草，草要依靠水，水是草原文化的生命。元大都还"移沙漠莎草于丹墀"，栏杆也护以青草。这表明蒙古大汗要在紫禁城黄瓦、红墙、青砖、白石之中，抹上草原文化的绿彩。忽必烈兴苑围太宁宫（今北海公园），其万寿山（万岁山）不仅有绿树、绿水、绿草，而且殿顶覆绿瓦，山石换绿石，从而形成山绿、水绿、树绿、草绿、殿绿、石绿，成为一片绿色世界。这是蒙古草原绿色文化在大都宫苑的鲜丽展现。

第二，旗民分城居住。 八旗官兵及其眷属到北京后，安排住在内城，汉人等

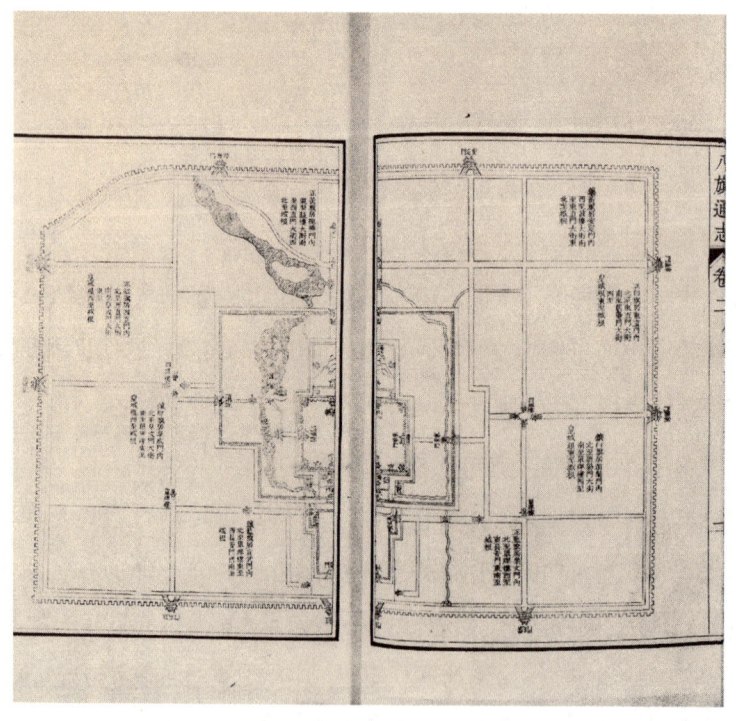

《北京城驻防图》（清《八旗通志》插图）

住在外城。内城：两黄旗居北，两白旗居东，两红旗居西，两蓝旗居南。在八旗驻防地如成都、杭州、广州、福州、荆州、绥远、西安、青州等，也都有满城。其实，早在辽阳，就满汉分城居住："移辽阳官民于北城，其南城则帝与诸王臣军民居之。"（《清太祖武皇帝实录》卷三）建辽阳新城后，旧城居汉民，新城则居旗人。这是清朝满汉分城居住之始。更早则契丹人得辽阳，居住内城，汉人则居住外城，"外城谓之汉城"（《辽史·地理志二》）。这是少数民族居于统治民族时，其族人住居在以汉人为主体居民城市中的一种文化隔离政策。但两种文化间的交融是任何城墙都阻隔不了的。

第三，兴建皇家园林。满族的先人女真人的文化为牧猎文化。顺治帝迁都北京后，满洲贵族为了避暑与狩猎，在北京及其附近地区大建皇家园林。如北京的"三山五园"——万寿山的颐和园（清漪园）、香山的静宜园、玉泉山的静明园和畅春园、圆明园，以及热河的避暑山庄暨外八庙、木兰围场等。清朝北京皇家园林，兼取南北、中外园林之长，将中国古典园林艺术推向新的高峰。其中颐和园、避暑山庄暨外八庙等现在被列为世界文化遗产。

有人说，康、雍、乾等皇帝用人民的血汗修了皇家园林，是历史的罪恶。这也有道理；但是有一条，清朝的皇家园林是科学技术人员和人民共同劳动的结晶，我们应该珍视的不是康雍乾他们个人的事情，是珍视我们国家亿万劳动人民辛勤血汗和聪明智慧的结晶。天坛原来不是蓝瓦，乾隆时候改成蓝瓦，蓝是天的象征，更漂亮了，更具有对上天敬畏的含义。

第四，中华文化融合。应当承认，清军进入北京之后，汉族文化和满族文化有冲突。有材料记载，有人把孔庙打个洞，来回出入；天安门门前放上炮，晾上衣服，八旗妇女在那里看着玩儿。科举考试的时候秩序也不好，有人把砚台、笔给抢跑了。但总的历史趋势是满汉各族文化之间的融合。比如，满族的子弟书、岔曲、太平鼓等，成为中华文化的一部分。

清崇儒重教，满洲人、蒙古人等参加科举考试，满洲麻勒吉、蒙古崇绮成为殿试的状元。皇宫殿额、门额满汉文合璧书写。《清实录》用满、汉、蒙三种文字缮写。雍和宫的满、汉、蒙、藏四体文碑，用满、汉、蒙、藏、维五种文字编修的《五体清文鉴》，用满、汉文编修的《清本纪》《满洲实录》《玉牒》《八旗通志》《皇舆全览图》《满洲源流考》《八旗满洲氏族通谱》《钦定满洲祭神祭天典礼》等，用蒙、满、汉三种文体合缮的《蒙古王公表传》，敕编的《回部王公表传》，都是农耕文化与牧猎文化在北京交会的明显例证。虽然他们各自经历痛苦磨难、付出巨大代价，但塞外牧猎文化在北京给中原农耕文化输入了新血液，中原农耕文化又在北京给塞外牧猎文化补充了新营养。

乾隆帝的时候，他做了一些错事，比如，修《四库全书》毁了一些书。但《四库全书》的历史功绩也是很大的。当时把《四库全书》抄成七份，好多书在民间早就找不到了，我们今天从《四库全书》可以查出来。清朝修书那个认真劲儿真是不得了。我查过一本清朝的档案，叫《无圈点档》，是老满文档案，乾隆帝说要把它裱糊起来，重新再抄一部，免得散俟了，非常严格。每天早上，从满本堂把它调出来，都有借书条；每天抄几页有定额，领几页纸也有定额，抄错了要把抄废的纸交回来，换一张新纸；每天抄错几张也有定额，多了要罚俸；晚上要把书退回库，第二天再借出来抄。每晚都有检查，抄完一卷后送给乾隆帝亲阅，直到把这本书修成，最后审阅人签名。每一件事情都有严格的档案记载，非常完整。

清朝入关之后，定都北京，完成了满汉文化的融合、对西方文化的吸收，这样，北京才成为全国的政治和文化中心。这不仅影响到清朝，也不仅影响到民国，而且影响到当今，也将影响到后世。

第四十八讲 兴亡之鉴

明朝自洪武元年（1368年），到崇祯十七年（1644年），历16帝，276年。明朝为什么灭亡？

清朝从万历十一年（1583年）努尔哈赤起兵，到顺治元年（1644年）清军入关、定都北京，中间60年。清朝为什么兴起？

明亡清兴的历史，有些什么基本的经验与教训，值得后人思考和借鉴？

清初一些学者探讨了明朝灭亡的原因。如黄宗羲在《明夷待访录》一书中说："为天下之大害者，君而已矣！"明朝君主集权固然是其灭亡的重要原因，但明太祖朱元璋、明成祖朱棣时也是君主高度集权啊！

有学者从明朝制度缺失分析其灭亡的原因。他们认为"由于缺乏宰相制，君主的无能和派系的争执这两大古老的难题，在明代越发难解了"（司徒琳《南明史·引言》）。就是说，"自洪武十三年罢丞相不设"（《明史·职官志一》），大学士的品级很低，正五品，侍左右，备顾问。然而，崇祯时大学士官品提升，同样不能挽救明朝灭亡的命运。所以，这也没有触及问题的本质。还有学者从吏治腐败去探究其原因。而吏治腐败，各代都有。看来，明朝灭亡原因，仍需进行研究。

明朝覆亡，原因复杂。从历史序列来说，有长、中、短三个层面——长者，要从朱元璋说起，明太祖朱元璋制定的制度、政策仿佛双刃剑，它一面巩固了明朝社会秩序，另一面埋下了后世没落的祸根；中者，要从万历说起，万历帝的怠政、泰昌帝的短命、天启帝的阉乱，加速了明朝的灭亡；短者，要从崇祯说起，崇祯帝想做"中兴"之主，却成为"亡国"之君。

作为历史明鉴来说，可以从政治、经济、文化、军事、外交、民族、制度等多方面、多角度、多层次分析，每个问题都可以写专题论文，合起来可以写一部百万字的大书。要把复杂问题简明化，找出其中最基本的教训是什么。

我从一个角度、一个侧面、一个切入点分析明朝覆亡的原因，将其简括为一个"分"字。具体说来，就是民族分、官民分、君臣分；而清朝兴起的原因，我简括为一个"合"字，具体说来，就是民族合、官民合、君臣合。

一、民族分

明朝灭亡的一个直接也是基本的原因，就是"民族分"。大家知道，明太祖朱元璋推翻蒙古孛儿只斤氏（博尔济吉特氏）贵族的统治，建立明朝。明朝以"驱除胡虏"起家，却最终又被"鞑虏"取代。所以，首先值得检讨的是，明朝的民族关系出了问题，特别是北方的民族关系出了问题。

明朝北方的民族问题，前期主要是蒙古，后期主要是满洲。

先说满洲。明朝对女真—满洲的政策是"分"，就是使女真诸部——"各相雄长，不相归一"（《明经世文编·杨宗伯奏疏》）。具体说来，就是："分其枝，离其势，互令争长仇杀，以贻中国之安。"（《神庙留中奏疏汇要》卷一）明朝对女真各部，支持一部，打击另一部，拉此打彼，疏彼亲此，不相统属，分而治之。

满洲先人女真原来是明朝民族大家庭中的一个成员。努尔哈赤先人是明朝建州卫的朝廷命官，努尔哈赤也是朝廷的命官，曾经受到明朝的信任。他曾先后8

次骑着马到北京，每次往返跋涉4 000里，向万历皇帝朝贡。他说自己是为大明"忠顺看边"，即为明朝看守边疆。那么努尔哈赤怎么会变成明朝的敌人呢？又怎么会成为明朝帝国大厦的纵火者呢？直接原因是明朝对女真政策出了问题。万历皇帝、李成梁总兵在古勒寨之战中，误杀了一个人，这个人就是努尔哈赤的父亲塔克世。结果呢？努尔哈赤以此为借口，以"十三副遗甲"起兵，随后发布"七大恨"誓师，攻打抚顺，挑战明朝，从而引发了一系列的后果。

明朝民族政策的一个特点是"分"字，结果真的就把北方有的民族给分出去了。满洲的先人女真人分出去了，谚语云："女真满万，天下无敌！"后来，女真—满洲不仅满万，而且组成八旗满洲，这就是一股很强大的力量。

明朝要是只分满洲，不分蒙古，和蒙古联合起来共同对抗努尔哈赤，那么满洲的难题也可能有解决的方法；但明朝又把蒙古分了，蒙古又变成了自己的敌人。

次说蒙古。明太祖朱元璋推翻元朝，但他没有消灭蒙古贵族的军事力量。为防止北元蒙古贵族复辟，明朝采取的措施：一是修长城，二是设九边，三是北征——洪武年间，五次北征；永乐年间，六次北征。永乐皇帝甚至死在北征蒙古的榆木川地方。到明朝中期，蒙古瓦剌部首领也先入塞，正统十四年（1449年），在土木堡之役中俘虏明英宗皇帝。嘉靖年间，蒙古俺答部兵薄京师，为此北京修建外城。"正统后，边备废弛，声灵不振。诸部长多以雄杰之姿，恃其暴强，迭出与中夏抗。边境之祸，遂与明终始云。"（《明史·鞑靼传》）后来，明廷对蒙古实行"抚赏"政策。明以"西靖而东自宁，虎（林丹汗）不款，而东西并急，因定岁予插（察哈尔林丹汗）金八万一千两，以示羁縻"（《明史·鞑靼传》）。但是，林丹汗"恃抚金为命，两年不得，资用已竭，食尽马乏，暴骨成莽"（《明史·鞑靼传》）。漠南蒙古闹灾，袁崇焕主张以粮食换马匹，明朝却不准"市米"，"市米资盗"甚至成为袁崇焕被处死的一大罪状。可见，明廷对蒙古始终是敌视的，"抚赏"交结等实在是不得已而为之。结果，正如《明史·鞑靼传》所说："明未亡，而插（林丹汗）先毙，诸部皆折入于大清。国计愈困，边事愈棘，朝议愈纷，明亦遂不可为矣！"

清则与明相反，皇太极对受灾蒙古进行救济，又采取联姻、编旗、重教、封赏等一系列措施，最后同蒙古结盟，共同对付明朝。

在对待蒙古与满洲的关系上，明朝先是以"东夷制北虏"，后又以"北虏制东夷"。结果则是"东夷"与"北虏"联合，出现满蒙联盟的局面。

我们再回顾一下满洲的历史。我讲过，清朝兴起与强盛的一个重要原因就是"合"。首先是建州女真合，接着是海西女真合，再是东海女真合、黑龙江女真合，合成满洲。而且，满洲同蒙古联盟，同汉军联盟，同东北达斡尔、锡伯、赫哲、鄂温克等少数民族合，组成八旗满洲、八旗蒙古、八旗汉军。这样，八旗满洲、八旗蒙古、八旗汉军三只拳头合起来打明朝；显然，明朝就对付不了了。

二、官民分

明朝灭亡的直接原因是明末农民起义。崇祯十七年（1644年），李自成率领大顺军攻入北京，崇祯自缢，明朝灭亡。

崇祯皇帝既受到中原农民军队的打击，又受到东北满洲八旗军队的打击。可以说，明朝是在清军和农民军的双重打击下灭亡的。中原的民变，重要原因在于官民的矛盾，而严重的自然灾害加深与激化了官民的矛盾。举几个例子。

花钱买官。吏部尚书周应秋，公然按官职大小，秤官索价，卖官鬻爵。他"每日勒足万金，都门有'周日万'之号"（文秉《先拨志始》卷下）。官员花钱买官，做了官之后，就搜刮百姓。吏、兵二部，弊窦最多："未用一官，先行贿赂，文武俱是一般。近闻选官动借京债若干，一到任所，便要还债。这债出在何人身上，定是剥民了。这样怎的有好官，肯爱百姓？"（孙承泽《春明梦余录》卷四八）这话出自崇祯皇帝之口，可见问题的普遍和严重。

两极分化。官员贪，百姓呢？老百姓的土地被占了，有的地方"王府有者什七，军屯什二，民间仅什一而已"（《明神宗实录》卷四百二十一）。简直就是"惟余芳草王孙路，不入朱门弟子家"（汪价《中州杂俎》卷一），于是出现这样一幅图画："富者动连阡陌，贫者地鲜立锥。饥寒切身，乱之生也。"（《明清史料》甲编第十本）这样，贫富两极分化，社会矛盾尖锐。

灾荒严重。赤地千里，危机加剧。"逃溃转移，饥馑荐臻，胁从弥众。"（杨嗣昌《杨文弱先生集》卷十）社会危机，至为严重。饥民吃泥土、吃雁粪，甚至易子而食，析骨而爨。鬻人肉于市，腌人肉于家，人刚死而被割，儿刚死而被食。据纪晓岚记载：

> 盖前明崇祯末，河南、山东大旱蝗，草根、木皮皆尽，乃以人为粮，官吏弗能禁。妇女幼孩，反接鬻于市，谓之菜人，屠者买去，如刲羊豕。周氏之祖，自东昌商贩归，至肆午餐，屠者曰："肉尽，请少待。"俄见曳二女子入厨下，呼曰："客待久，可先取一蹄来。"急出止之，闻长号一声，则一女已生断右臂，宛转地上；一女战栗无人色。见周并哀呼：一求速死，一求救。周恻然心动，并出资赎之。一无生理，急刺其心死；一携归，因无子纳为妾，竟生一男，右臂有红丝，自腋下绕肩胛，宛然断臂女也。（《阅微草堂笔记》卷二）

官逼民反。民不聊生，官逼钱粮。财政紧缺，加紧搜刮。这里有一个生动的故事。

明大学士、首辅刘宇亮自请往前线督察，抵抗李自成为首的农民军。他率军队过安平，得报清军将到，吓得面无人色，急往晋州躲避。知州陈宏绪闭门不纳，士民也歃血宣誓不让刘宇亮军进城。刘宇亮大怒，传令开城门，否则军法从事。陈宏绪也传话给大学士刘宇亮说："督师之来，以御敌也！今敌且至，奈何避之？刍粮不继，责有司；欲入城，不敢闻命！"（《明史·刘宇亮传》）知州陈宏绪将避敌逃

明思宗殉国三百年纪念碑(1943年立,2004年复立)

生的大学士、首辅刘宇亮拒之城外。刘宇亮恼羞成怒，上疏弹劾陈宏绪。"州民诣阙讼冤，愿以身代者千计。"（《明史·刘宇亮传》）

李清路过山东恩县，亲见官吏"催比钱粮，血流盈阶，可叹"（李清《三垣笔记》卷上）！到崇祯帝即位之年（1627年），"秦中大饥，赤地千里"（《鹿樵纪闻》卷下）。饥民被迫鸠众墨面，闯入澄城，杀死知县张斗耀，揭开明末农民大起义的帷幕。有官必有民，有民必有官。官与民，既有利益矛盾，又有利益相同。但是，官民矛盾主要在官。

《孟子》说："仰足以事父母，俯足以畜妻子。"（《孟子·梁惠王上》）反之，假如上不能养父母、中不能养自己、下不能养妻子，这样的社会必然动荡不安。

官民分最突出的表现是，百姓被逼，铤而走险。老百姓实在活不下去了，就出现"官逼民反"现象。崇祯皇帝在大灾之年，没有采取有效措施缓解官民矛盾，而是加以激化。

民族矛盾加深官民矛盾，官民矛盾又加深民族矛盾。它们的背后，则是君臣的矛盾。

三、君臣分

甲申之变，明朝灭亡，农民起义与满洲兴起是外在的两个因素，执政集团内部的君臣分，则是其内在的因素。

明朝宦官专权，朋党相争，到王朝末期愈演愈烈，即便是在国家危难之际，朝廷上依然不停地争吵，致使徒然浪费了许多大好机会。

虽然崇祯帝一上台就惩治以魏忠贤为首的阉党，但仅作为个案处理，而没有涉及宦官制度。他后来又信任太监，派太监监军，使万历、天启宦官问题重演。党争问题，宦官问题，在明王朝的历史上几乎总是或隐或显、或急或缓地存在着，由于执政集团内部的君与臣离心离德，从很大程度上消耗了明皇朝的整体实力，慢慢地腐蚀了支撑朱明江山的基础。因此，与其说是崇祯帝刚愎暴戾导致了甲申之变、朱明覆亡，毋宁说这场鼎革之变是明朝从朱元璋开国以来各种弊端累积的总结果。

明亡清兴的60年间，在明朝的政坛上，主要有三位君主——万历帝长期怠政，二十几年不上朝；天启帝日夜贪玩，委政于魏阉忠贤；崇祯帝虽然勤政，却刚愎暴戾滥杀。这就使得如张文衡所言："在事的好官，也作不的事；未任事的好人，又不肯出头。上下里外，通同扯谎，事事俱坏极了。"（《张文衡请勿失时机奏》，《天聪朝臣工奏议》卷下）崇祯帝的好杀、滥杀是出了名的。明朝也有能臣，辽东如熊廷弼、孙承宗、袁崇焕，但他们都没有好下场。

明亡清兴的60年间，在清的政坛上，主要有三位君主——天命汗开创基业，兢兢业业地做事；崇德帝长于谋略，文治武功取得成效；睿亲王（实际居君主地位）抓住历史机遇，入关定鼎北京。

仅就个人因素而言，万历帝、天启帝、崇祯帝都不是天命汗、崇德帝、睿亲王的对手。

在万历朝。 明君臣阻隔，彼此不协。万历帝近三十年不郊不庙，二十几年不上朝，大臣跪在宫门外，几个时辰得不到接见。清嘉庆帝说："明之亡，不亡于崇祯之失德，而亡于神宗之怠惰，天启之愚。"（《清仁宗实录》卷一二七）后金呢？清郑亲王济尔哈朗说："太祖创业之初，日与四大贝勒、五大臣讨论政事得失，咨访士民疾苦，上下交孚，鲜有壅蔽，故能扫清群雄，肇兴大业。"（《清史稿·济尔哈朗传》）

在天启朝。 明大学士、兵部尚书兼蓟辽督师孙承宗想借给天启帝过生日的机会谏言，却不能相见。努尔哈赤呢？我举一个例子。后金开国五大臣之一的额亦都，作战时"夜薄其城，率骁卒先登，城兵惊起拒，跨堞而战，飞矢贯股，著于堞，挥刀断矢，战益力，被五十余创，不退，卒拔其城"（《清史列传·额亦都》）。额亦都次子达启，养育宫中，长为额驸，怙宠而骄。一日，额亦都"集诸子宴别墅，酒行，忽起，命执达启，众皆愕。额亦都抽刃而言曰：'天下安有父杀子者？顾此子傲慢，

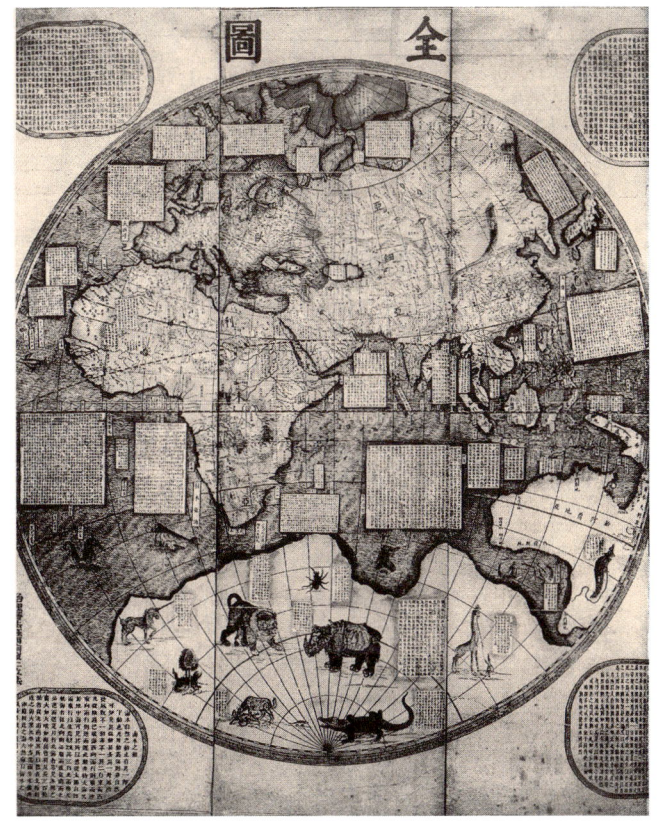

《东半球图》(清《坤舆全图》插图)

及今不治,他日必负国败门户,不从者血此刃!'众乃惧,引达启入室,以被覆杀之。额亦都诣太祖谢,太祖惊惋久之,乃嗟叹,谓额亦都为国深虑,不可及也"(《清史稿·额亦都传》)。

在崇祯朝。17年间共有50名大学士,被称为"崇祯五十相"。在50位大学士中,被罢、免、戍、死(非正常死)者27位,占其总数的54%。没有一位大学士陪伴他始终。共80位九卿(六部尚书加都御史等),13位兵部尚书中王洽、陈新甲、袁崇焕、傅宗龙或被下狱,或被杀。陈新甲,长寿人,万历举人,官做到兵部尚书。兵部尚书陈新甲受崇祯帝命,遣使与清秘密议和。崇祯帝手诏往返者数十。一日,所遣职方司郎中马绍愉以密语报，新甲看完后放在书案上。他的家童误以为是塘报，就拿出去抄传。于是官员哗然。崇祯帝很生气，将新甲下狱。新甲从狱中上书乞宥，不许，遂弃新甲于市（《明史·陈新甲传》）。8位户部尚书中有4位下狱，或削职，或殉职。被他杀死的总督、巡抚，有人统计为19人。而崇祯后期的将领，总兵巢丕昌剃发投降，兵部尚书张凤翼日服大黄，总督梁廷栋尾随清军而不击。

清朝皇太极呢？范文程掌管军政机密事，每入对，必漏下数十刻始出；或未及吃饭和休息，又被召入。一次，皇太极请范文程吃饭，有珍味佳肴，文程想念父亲所未尝，逡巡不下筷。皇太极察其意，即命撤馔以赐他的父亲（《清史稿·范文程传》）。

崇祯帝在民族分、官民分、君臣分之后，只剩下孤家寡人。何以见得？有三条史料，可以说明问题。

其一，《明史·庄烈帝本纪》记载，崇祯帝后来对文武大臣全不信任，而派亲信宫奴、太监去监军，去守北京的城门，守居庸关等重要关口，最后派太监王承恩提督北京城的守卫。

其二，《明史·后妃传》记载："帝令后自裁。后入室阖户，宫人出奏，犹云'皇后领旨'。后遂先帝崩。帝又命袁贵妃自缢，系绝，久之苏。帝拔剑斫其肩，又斫所御妃嫔数人，袁妃卒不殊。"

其三，《明史·公主传》记载："长平公主，年十六，帝选周显尚主，将婚，以寇警暂停。城陷，帝入寿宁宫，主牵帝衣哭。帝曰：'汝何故生我家！'以剑挥斫之，断左臂；又斫昭仁公主于昭仁殿。越五日，长平公主复苏。"

崇祯皇帝最后杀妻妾、杀女儿，只剩下孤家寡人，面对崛起的大清和强势的大顺，走上穷途末路。

明末的社会危机，主要是民族分、官民分、君臣分直接造成的。民族分是外层因素，官民分是内层因素，君臣分则是核心因素。如果没有君臣分，而是君臣一体，同心筹谋，那么，民族分的矛盾可以缓和、化解、消除，官民分的矛盾也可以缓和、化解、消除。在民族分、官民分的严重局势面前，再君臣分，那就面临江山易主、社稷倾覆的严重局面。明朝就是在民族分、官民分和君臣分这三种分的局势下覆亡的。

我要说明一点：我讲《明亡清兴六十年》，是以明亡与清兴放在一个历史平台上，自然于明着重讲衰亡，于清着重讲兴起；后来，清亡同明亡走着一条相似的路径；而且，明亡也好，清兴也好，都不是皇帝个人，也都不是满族或汉族的民族事情，而是中华民族的事情，要有正确的历史观，而不要有狭隘的民族观。

总之，明亡清兴的历史启示：中华民族历史的漫长演变过程，是汉族和各少数民族在融合中发展，官民在矛盾中协和，君臣在矛盾中统合，不断发展壮大的一部历史。当中华民族合时，我们就强大；当中华民族分时，我们就衰弱；当中华民族合时，我们就统一；当中华民族分时，我们就分裂。总之，明末的民族分、官民分、君臣分，清初的民族合、官民合、君臣合——双方矛盾与斗争所造成的一个结果，就是明亡清兴。

综上，中华民族历史发展的启示是：中华民族合则盛，分则衰；合则强，分则弱；合则荣，分则辱；合则治，分则乱。明亡清兴的历史，充分证明这一点。

附录

董倩对话阎崇年（访谈）

【说明】2006年6月22日上午，在中央电视台10频道《百家讲坛》录制现场，拍摄了系列讲座《袁崇焕》访谈专题片《对话阎崇年》，由著名主持人董倩主持，访谈对象为阎崇年，还有在场的广大观众。现将这次访谈的录音，根据记录，稍加整理，作为本书附录。

董　倩：观众朋友们大家好，从2004年3月开始，大家就会发现在《百家讲坛》这个栏目中走上了一位研究清史的学者，他用非常生动的语言给大家讲述着有清一朝296年的历史，让我们看到一位位皇上，一共十二位皇上非常有意思的事情，让我们领略到了我们平常领略不到的清朝的繁盛，以及我们熟悉的清朝的腐朽，这位学者就是北京满学会会长、北京市社科院研究员阎崇年先生，今天我们就把阎崇年先生请到现场，阎先生请。

阎崇年：谢谢主持人，谢谢大家。

董　倩：为什么要谢我？

阎崇年：因为您是我们今天对谈的主持人，您今天是我的领导。

董　倩：平时大家对阎先生的认识更多是阎先生自己坐在这儿，以非常生动的语言，用非常平静的状态，来讲述这段历史。今天加了一个因素，加了我，我相信跟阎先生的对话，可以让大家更多地了解阎先生这个人。

（一）

董　倩：我想首先有一个问题，大家非常关注，就是为什么您会走上电视？把您研究的东西给大家讲着听。

阎崇年：这是一个完全偶然的机会，因为中央电视台10频道《百家讲坛》设立一个专题，叫《清十二帝疑案》，就是十二个皇帝请十二个人讲，栏目编导打电话给我，说阎老师，请您讲第一讲——清太祖努尔哈赤。我说奇怪啊，您中央电视台怎么知道我啊？她说您写过一本书叫《努尔哈赤传》。我说不错，是写过了，就这本书（展示原书）。

董　倩：哪年出版的？

阎崇年：1983年北京出版社出版的。她说所以我们知道您研究努尔哈赤，就请您讲努尔哈赤。我说我不行啊，哪讲得好啊？

董　倩：是真的觉得自己不行，还是推托一下？

阎崇年：真的觉得没底。

董　倩：为什么？

阎崇年：因为当着电视观众，我没有滔滔不绝讲一个小时过，个别采访三五分钟，七八分钟的有，站着滔滔不绝讲一个小时从来没过。

董　倩：您觉得这个任务您能完成吗？

阎崇年：我觉得是心里没底。后来，我说好吧，试试看吧，行就行，不行的话你们就给毙掉算了。结果我就去了。

董　倩：是在这个地方吗？

阎崇年：没有在这个地方，是在中国人民大学多功能厅，观众很多，有本科生、硕士生、博士生、博士后，还有老师，因为贴了海报，谁来都可以。

董　倩：有多少人？

阎崇年：大约有七百多人。

董　倩： 那么多人啊？

阎崇年： 那个多功能厅根本坐不下了，走道里头、窗户旁边全是人。不仅仅是学历史的，学文学、哲学、法学，还有搞计算机的，搞经济学的，国际关系的，什么专业都有。

董　倩： 那很奇怪，一次讲座在没有开始之前，大家都不摸底的情况下，一下子来这么多人，这是不很常见的情况吧。

阎崇年： 他们也没有做宣传，就是贴了一张海报，在中国人民大学贴了海报，可能很多人知道我的名字吧，因为我写过几本书，然后就来了。

董　倩： 您一上台就能滔滔不绝地说吗？两腿有没有发抖？

阎崇年： 没有，我往台上一站，所有事情就都忘了，脑子里都是我要讲的努尔哈赤。滔滔不绝，讲了很长时间，我问那位编导，我讲了多长时间呢？她看表以后，说您整整讲了60分钟了。我说打住，你们需要45分钟，我已经超出15分钟了。

董　倩： 您不是不紧张吗？

阎崇年： 不是啊，我当时是顾不上其他的了，结果两个嘴角就有白沫子，而且也没有喝水，后来说你怎么也不擦一擦嘴角啊？后来播放的时候，我从美国接到一个长途电话。

董　倩： 谁给您打的电话？

阎崇年： 是我儿子从美国打来的电话。

董　倩： 他怎么看到的？

阎崇年： 他看到了，他说您怎么也不擦一擦嘴角啊？我说当时也顾不上了。后来我就说编导，你们怎么也没看见？停一下，完了擦擦嘴再接着讲。她说我们听得出神，也忘了。

董　倩： 您说到这儿，我们不妨看一下，您第一次登上讲坛的时候是什么样？再看一下，您心里先别打鼓，我们一起看一下。

【大屏幕回放一】

董　倩：这是两年前的节目，为什么鼓掌？

观　众：精彩！

董　倩：阎老师看完自己第一次露面、亮相，怎么评价？

阎崇年：我觉得60分吧，算及格。

董　倩：对自己评价不低，能评上及格呢。

阎崇年：后来他们就问我说：阎老师，我们一块儿吃顿饭吧？我说不行，你们特别忙，怎么能吃饭呢？他们说都安排好了。我说不行，饭不可以轻易吃。

董　倩：为什么？

阎崇年：俗话说，吃了人家的嘴短。

董　倩：为什么呢？

阎崇年：在吃饭的时候，对方提出要求，你就不好意思拒绝。

董　倩：他们又提出什么要求呢？

阎崇年：他们提出要求，说清朝十二位皇帝请您一个人讲。我说不行。她说为什么不行？我说讲好了，不好；讲不好，就更不好了——你本来就不行，你在那儿逞能，果然讲砸了吧！她说没事，您就讲吧。又让一步说：您加一讲好不好？就加皇太极！我说讲皇太极行，我写过皇太极朝的历史，60多万字，把它压缩成一万字讲，我心里有数，我就答应了。我把皇太极讲了。讲完了她们又说，阎老师您再加一集顺治吧！我说讲顺治不行，不要说全国，就咱们北京研究清顺治的专家很多人，都有专著。她们不依不饶说：阎老师，您讲吧！我想顺治帝有故事，出家做和尚的故事，太后下嫁的故事，还有董鄂妃的故事，都很有意思。我说，研究顺治帝的先生都是我的朋友，讲不好他们也会谅解我，就答应了。

董　倩：那您的顾虑都没有了吗？

阎崇年：这个时候，有一点信心了。我觉得顺治帝也好讲，肯定大家有兴趣，就把顺治讲了。讲完顺治帝后，电视台的先生告诉我，收视率就冲上去了。接着又要我讲康熙。我说康熙不能讲，康熙六十一年，才讲45分钟，那怎么讲？你要精彩故事讲多了，重大历史事件讲不了，我们清史界通不过啊，你怎么净讲后宫的花花事儿？后来我就跟他们商量，讲几个故事，也讲重大的历史事件，把康熙这个人物的功绩和特点能突出出来。不错，《百家讲坛》的一些编导挺开明，就同意了。我这硬着头皮讲了康熙。康熙讲完以后，收视率又上去了，这就叫"上了贼船下不来了"。往下，你得讲康熙的儿子雍正啊，得讲康熙的孙子乾隆啊，他子子孙孙就延续下去了，一直讲到宣统。

讲完宣统还不行，还得讲，我说还讲什么？他们说十二位皇帝是横着说的，您再纵着说，就叫作总说，就是清朝历史几个重大问题，比如八旗制度问题，皇位继承问题，等等，我就纵着说。说完了还不行，说您得回答问题。我说观众提的问题义不容辞回答一次吧。结果是问题连着问题，没完没了。就一次接一次，一讲连一讲，一年多了，人就很瘦了。同事们说您瘦成这个样子，是不是得大病了？我说不行，停一停，讲了38讲，就暂告一段落。

董　倩： 这个累主要是来自哪方面的累，是精神上的累还是体力上的累？

阎崇年： 体力上和精神上都累，因为每讲一讲我都精心地来看材料，精心地思考，精心地设计，每字每句都得精心地琢磨，因为究竟这个电视媒体面对广大人群，和我们底下三五个人聊天是不一样的，特别是记录在案，网上也有，光盘也有，文字也有，那是在众目睽睽之下，还是非常辛苦的。

董　倩： 我看您节目的时候，我们全家人老少几代一起看，当时就看您讲课的时候从来都是往前看，从来不低头，后来我们家里人说你瞧人家张口就来，这是什么本事，因为我是学历史的，我说这可不是张口就来，张口就来有胡说的性质在里面，这一看人家经过精心准备，您是每次要准备多长时间？

阎崇年： 有一句话：给别人一碗水，要准备一桶水。所以我要讲45分钟，必须准备，大约讲5000多字，我要准备的资料写成约两万字的文稿，就是四倍于所讲的。这样在讲的时候有所选择，把一些更重要的事情讲给大家听。

董　倩： 但问题是您是研究努尔哈赤的，稍微推延一点可以研究到皇太极，这都是您的囊中之物，但是接下来的十个皇帝，您可并不是专门研究他们的，对于努尔哈赤和皇太极来说一周可能是够的，但对于其他的，并不是在您研究范围之内的那些皇上来说，一周的研究时间是不是够？

阎崇年： 清史是一个整体，学前头必须了解到后头。像一条江河一样，不仅要了解河源，还要了解下游。我四十多年以来，始终关注清朝全部历史的发展，如我已出版了《清朝皇帝列传》，但我研究重点是在清的前期。

董　倩： 作为一个在讲坛上面对公众讲课、讲演的人，他心里可能有一个观众的预设，我这些东西讲给谁听的，您心中预设的观众群、听众群是哪些人？

阎崇年： 观众群、听众群第一次我不太清楚，我一看观众，主要以学生为主，以大学生、本科生、硕士生、博士生和一部分年轻老师为主，后来我就不断地观察，还有接到很多的电话和来信，成分不同了，大概年龄最小的是上小学一年级，6岁，年龄最大的，给我写信的是90岁。观众的分布是很广的，北到黑龙江，南到海南岛；而且职业也不同，有出租车司机、工人、外企的白领，还有大学教授、两院的院士。

董　倩： 面对这么大的观众群体，有一句话叫作"众口难调"，您怎么讲？有的时候满足了这一群体可能忽视另一个群体。

阎崇年： 但是我想，这么多人有共同点，共同点是什么呢？我后来归纳为"四求"：第一是求知，从6岁的小孩一直到90岁的老人，他看你的电视要求得到一些知识，我就尽量满足观众的知识需求。第二是求真，因为在我讲之前，这20年时间，电视剧，特别是清代、清宫电视剧可以说铺天盖地，家喻户晓，人人都看，哪些是真的？哪些是正说？哪些是戏说？希望分辨一下。男女老幼，不同行业，不同地区，不同文化，求真却是共同的。我就求真。我讲真实的历史到底是怎么回事。

董　倩： 拨乱反正。

阎崇年： 不敢这么说，我力求正说。您比如康熙微服私访，很多人都问，是真的还是假的，有没有这个事，六七岁的孩子有这个问题，八九十岁的老人也有这个问题，我自然要回答这个问题：历史上没有这个事。

第三是求励，励志那个励，特别是中青年，25—40岁左右这个年龄段，他们都朝气蓬勃地发展，找一点历史的智慧，能够对自己的事业成长有所帮助，我就尽量利用历史上的经验，特别是一些教训，通过电视讲坛，给大家励志和启发。最后听我讲的很多是公务员和官兵，这些人主要是求鉴，《资治通鉴》的鉴，吸取一些历史的经验和教训，对我们安邦治国，对我们国家的发展，中华民族的复兴能有所助益。

董　倩：那这"四求"是在一开始就预定好了，还是不断地总结出来的？

阎崇年：不断地总结出来的。我讲时有一个特点，我眼睛老看着大家，哪个地方大家有兴趣了，他也有点微笑；哪些地方不太感兴趣了，他可能就闭会儿眼睛——我就随时调整，根据大家的表情随时调整我的内容。

董　倩：说到这儿，肯定跟学者的感觉就完全不一样，我们说学者可能就低头看自己的稿子，看自己的研究，不用管别人，走自己的路，让别人爱怎么说怎么说，但是现在不一样了，您走上电视了，在电视的讲坛上要关注每一个人的表情，比如说这个人，他怎么闭上眼了，他是不是困了，那么他闭眼了，困了，是不是我说得不好了，要很在意别人了，这是不是跟您以前做学者很大的不一样的地方。

阎崇年：是不一样了。原来我写论文的时候，我发表过一篇论文，我估计有三个人看就不错了。我写这篇论文，就想给三五个人看。但是在电视上讲不一样，因为你面对广大的观众，他不看呢，他就给你毙了，就影响你们的收视率。

董　倩：他就给您毙了。

阎崇年：影响您们的收视率，跟我的关系不太大。

董　倩：我总觉得电视是一个威力很大的东西，有时候它的威力之大可能自己都会始料未及的。从2004年3月您走上《百家讲坛》一直到现在，您讲了这么多成功的讲座，越来越多的观众认识了您，而且随着您书的出版，越来越多的读者通过文字也知道您了，那接下来的问题就是您渐渐已经成为一个公众人物了，生活有没有受到改变，因为电视它的威力在于有的时候它能够改变一个人的生活方式。

阎崇年：生活有改变。我最主要就是对不住广大的受众。

董　倩：为什么呢？

阎崇年：因为电话是不断的，来信是多多的。

董　倩：他们怎么知道您家里电话的？

阎崇年：他们问我们单位，我们单位一般都不告诉，说这事，我们也不太清楚，他到班上什么时候问他吧，尽量不告诉。问地址，单位说地址网上有，也不好找。信就像雪片一样一摞一摞的，但是我也回不了那么多信，我24小时什么事不做，光回信也回不过来，所以我对广大受众来说，最大的一个歉意，就是不能一一地回信，也不能一一回电话。但是我也回了一部分，您比如一个老先生90岁了，卧病在床，他跟我说，您的《百家讲坛》，我每一讲必听，手颤抖着写了很长的一封信，我就给这个老先生回了一封信，因为他比我年长，我尊重他。

董　倩：有没有因为您在电视上反复出现，会成为一个公众人物，比如说有的走上《百家讲坛》的学者，因为这样的一种传播，在路上更多的时候会被别人认出来，戴上一个大墨镜。您会吗？

阎崇年：我不戴墨镜。

董　倩：没人认出来，还是不怕别人认出来？

阎崇年：被认出来以后，人家很主动，阎老师您好，我在《百家讲坛》里头看见您，握握手。我说谢谢您，有什么批评您就跟我说，当然说很多赞美的话了，从来没有一句批评的话，我说谢谢您，我就过去了。

董　倩：那怎么可能，说阎老师您讲的真不好，不可能的事。

阎崇年：但是我不戴墨镜。

董　倩：为什么？

阎崇年：我觉得没有必要隐瞒自己的身份，因为在商场也好，在街上也好，我前不久去意大利，在罗马的广场，好几个人认出来，上海的，非要拉我在意大利罗马的广场照个相,我说好,照相,握手。还有一次在法国巴黎塞纳河的游艇上,一个旅行团的人认出了我,拉着一起照相。因为观众对你是一种热情,也可以说是一种尊敬,我没有必要戴墨镜隐瞒我,我一定上去握握手,对人家表示感谢、敬意。

(二)

董　倩：我想在座的有很多观众朋友几乎是阎老师讲的每一堂讲座都要听的,我想知道你们对于阎老师的评价。阎老师讲了这么长时间,38讲。你们的评价是什么?

观　众：先谢谢咱们的美女主持人给我这个机会。

董　倩：您先自我介绍一下。

观　众：我是咱们一个热心观众,我姓于。我对《百家讲坛》的节目,一开始就很喜欢,但是达到更喜欢的程度,确实是听了阎老师的讲课。

董　倩：那您喜欢阎老师讲课的什么地方呢?为什么喜欢阎老师讲课?

观　众：像大家听到的,阎老师讲课生动等等。还有一个看法,就是阎老师讲课的时候,他把这个阳春白雪和下里巴人结合得非常好,使很多很多观众,不同文化层次的观众,不同年龄、不同性别、不同民族的观众,包括我们的外国友人都能够听得入神,这是阎老师的成功之处,也是我很受感动的地方。

董　倩：非常感谢。我再听一位,因为我们知道的观众有一位是从天津赶来的,虽然天津离北京并不远,但是作为一名听众,为了听讲座而从天津赶过来,我觉得这个路途就不近了,为什么要为了阎老师的讲座每次要赶过来?

观　众：简单说,就这么一句话,爱自己所爱,学自己所学,不计成本。

董　倩：阎老师是你所爱?

观　众：不是,阎老师讲的是我所想学的。

董　倩：你现在的工作是不坐班，是吗？

观　众：今天是下夜班。

董　倩：那等于是你没睡觉就过来了？

观　众：对，对。

董　倩：为一个讲座，也不睡觉还要赶这么远的路要过来听，是什么吸引你呢？

观　众：就是我刚才所说，自己想学，自己想学可以激发身体里的潜能。

董　倩：但问题是阎老师的讲座不是说偷偷摸摸就对几个人，他是有电视转播的，到时候你可以在电视机前看。

观　众：先睹为快。

董　倩：阎老师见到这样的观众肯定很感动，从天津过来的。大家给他鼓鼓掌。

观　众：阎老师对我相当鼓励，还赠我他多年珍藏的一本老版的书，已经绝版的书。

董　倩：我想知道你怎么看阎老师讲的这一系列讲座，对你的启发大不大？

观　众：使我的人生观、历史观都上了一个层次。

董　倩：那好，非常感谢。

观　众：谢谢，谢谢！

董　倩：阎老师，有一个问题，有这么多观众喜欢您，肯定因为对您的喜欢所以会有更多的人听您的讲座，因为我们现在是一个市场经济的社会，讲座做得好就要出书，书出得多，您作为作者，我们不回避利的问题，因为我们知道古往今来中国的知识分子是谈义不谈利的，但是因为今天恰恰我们处在这样一个市场经济的社会，这又成为一个不可避免的问题了。因为这些书的出版，您现在是不是一个渐渐富起来的学者了？

阎崇年：富还说不上，比原来的稿费稍微多一点。我觉得您提这个问题，就是义和利这个事情，我原来出书，最少的一本书印200册，就是这本书《袁崇焕研究论集》。

董　倩：哪一年的？

阎崇年：1994 年台北文史哲出版社出版的。

董　倩：《正说清朝十二帝》到现在一共印了多少册？

阎崇年：到现在印了 36 万册。

董　倩：在多长时间印了这么多？

阎崇年：一年多的时间，但盗版的书，据有人估计，比正版书还多，有人估计盗版书大概有 50 多万册。

董　倩：您怎么看待这庞大的数字？您认为它庞大吗？

阎崇年：他们说是历史类的书，我的《正说清朝十二帝》发行量创造了一个最高。我觉得能够把自己研究的成果被更多的读者接受，我当然很高兴了。但是，另一面，我也感觉责任重大，因为你原来错一个字，200 本只影响 200 个人，你现在错一个字，那就影响几十万人，有的书可能还不止一个人看，可能全家人看，可能就是影响数以百万计的人，所以每一个字都尽可能是反复斟酌，责任大。

董　倩：而且，我们换个角度来看，书发行量越大，您作为作者获益越多，这是很好的一件事情啊！那接下来会不会利用这样一个很好的趋势，不断地写出更多更好的作品？

阎崇年：我想，这个书不能因为读者喜欢，市场畅销，版税稍微多一点，像机器一样加班加点地"生产"。我还是做研究有一定成果，到了瓜熟蒂落、水到渠成的时候，我再拿出一本，否则我是不会拿出来的。

董　倩：您的意思是顺其自然？

阎崇年：是的，顺其自然，不要追求一种市场的效应，一定要对广大的读者负责。

董　倩：比如说我听到这样的一种说法，真正的大家是怎么请也请不出来的，比如钱锺书先生，他说我一辈子不接受采访就不接受采访，您怎么看待这种评价?真正的学者是应当在书斋里面,而不应该走向电视?

阎崇年: 我不这么看,我觉得一个学者有多种责任,第一种责任叫作学术责任,主要是跟同行交流,推动学术发展,这是一种学者。学者还有别的责任,就是把所学的知识——这个知识来自人民,还要回归人民,有这个责任。我学习和研究清史应当说有五十年了,我把我这五十年所学的东西,我不能最后带着走了,我要把我学的东西尽可能地回报给社会,回报给民众,因为我上学是用助学金上的,大家的钱供我上的学,当然我要把知识回报给社会。我觉得这也是一个学者应该有的责任。

董 倩: 这是阎老师的解释,我想听听观众朋友们的看法。

观 众: 老师您好,我是来自中国传媒大学的学生,我觉得作为学者来说,应该把自己的知识还给人民。而且作为一位应该说是有深厚学养的学者来说,他身上肯定也天生地肩负着这样的责任,应该把自己的所学让更多的公众用他们能够接受的方式来接受。

董 倩: 我还有一个问题想问,那就是阎老师您在研究这么多清史人物的过程中,肯定从他们身上学到了很多,感悟到很多东西,那您觉得自己的性格更像哪位历史人物呢?

阎崇年: 我觉得——

第一,清太祖努尔哈赤最优秀的一个品质就是开创,他开创了一个时代,开创了大清帝国。对我来说,包括对你们年轻学子来说,我觉得第一重要的就是开创。一个人立志、开创,才可能做很多的事情;如果不立志,没有开创思想,唯唯诺诺,墨守成规,很难做出重大的事情。

第二,我从康熙皇帝身上学到的一种精神就是学习精神。康熙皇帝很忙啊,可以说是日理万机,在那么忙的情况下,每天早上天不亮就起来,先学习,学习完了之后再上早朝,早朝完了之后回到宫里头,接着工作和学习,他学习书法,学习儒家经典,学习自然科学等等,一直到晚上还是在学习。我觉得,我从他身上学到了一种顽强、刻苦学习的精神。

第三，我对袁崇焕是情有独钟，袁崇焕有很多的品质，我觉得他最重要的一个品质就是勇敢。困难怎么办？克服。挫折怎么办？战胜。一个人在人生前进的道路上，会遇到种种的困难、挫折、坎坷，但是就要有一种精神，勇敢前进，去战胜它。

我举上面的三个例子，来回答您，谢谢！

（三）

董　倩：刚才阎老师提到了他心目中一个人物，袁崇焕，经常来听的观众应该知道，阎老师已经开始讲袁崇焕了，那么可能对于更多的电视观众来说并不熟悉，您为什么在讲完"清十二帝"以后要再开一个系列讲袁崇焕①，为什么？

阎崇年：我有一个想法，这个袁崇焕生活的时代，您是学历史的，恰恰是中国历史上一个大变革的时代，明末清初是一个大变革的时代。这个时代的历史经验和教训对后来的人，太深刻，也太多。另外在这个历史时代，不是袁崇焕一个人，是群星灿烂，明朝的，清朝的，农民军的，李自成他们，还有蒙古林丹汗的，整个中国当时的历史舞台上是群星灿烂。我想通过袁崇焕这样一个人做线索，把有关重要人物都拉到这个历史舞台上，展现明亡清兴这六十年波澜壮阔的历史。

譬如，明朝的万历皇帝要说，他儿子泰昌皇帝要说，他孙子天启皇帝要说，天启皇帝特好玩儿，特有意思，说完了他弟弟崇祯皇帝还得说，这是明朝的。有很多的大学士、将军、学者都很重要，比如说吴三桂，大家都很关心，吴三桂也

---

① 这个系列最初的片名叫《袁崇焕》。每集的片头都出现巨大红字《袁崇焕》。录播、制作完成后入库待播。一天，突然接到制片人万卫先生电话，说要换片名，因问卷调查有人不知道袁崇焕这个人，影响收视率。我说，凡是读过中学的都知道"袁崇焕"。回答是：调查农村不识字的老大爷、老大妈他们不知道"袁崇焕"。于是建议改名为《明亡清兴六十年》。我立即联系中华书局李岩总经理。回答说：书已排好版，等电视一播出就开机印刷，改书名还来得及。中央电视台以《明亡清兴六十年》为片名，重新改名包装。中华书局也以《明亡清兴六十年》为书名出版。

在这个历史时代。这是明朝，那清朝呢？清朝也是猛将如云，重要人物要说。那当时政治舞台除了明、清之外，还有农民军一方，李自成也是个很重要的人物，当时是四方势力，当时是明、清、农民军还有蒙古。这样我初步算了一下得48讲。我就这么一讲一讲，试试看，现在已经录了24讲了。

董　倩：阎老师，我很关注一个问题，当然从明末清初这样一个历史大转折的时期，有很多切入点，为什么您偏偏找到袁崇焕这样的一个人物作为历史的切入点？

阎崇年：《明史·毛文龙传》有一句话："自崇焕死，边事益无人，明亡征决矣。"就是袁崇焕这一个人的生死影响到明、清的兴亡。

董　倩：这是《明史》这么评价的，您对于袁崇焕这个人是不是也是有一份比较独特的感情？

阎崇年：我对这段历史的研究有几个人，特别是袁崇焕，震撼我的心。

董　倩：为什么这么说？

阎崇年：因为我觉得袁崇焕这个人，他身上有一种气就叫作正气，用孟子的话来说叫作浩然正气；袁崇焕身上有一种精神，爱国精神，他这个爱国精神是强烈的爱国，不是一般地说说而已。袁崇焕的这个浩然正气和爱国精神深深地震撼了我。我愿意把我受到的震撼，传递给全国广大电视观众，也震撼他们。

董　倩：说到这儿，您肯定是要做相关方面的各种各样的准备，案头上的准备要做，有时候作为历史学者也要到现场去追古，去看一看现场，我们就拍了一段短片，让观众朋友们和我们一起看一下。

【大屏幕回放二】

董　倩：您是去兴城，是吧？

阎崇年：袁崇焕去的地方，我们基本上都去过。

董　倩：您要考察很多袁崇焕当年经过的地方，是吧？

阎崇年：我是这样，为了讲袁崇焕，我想我准备了有三十年，包括：第一，是资料的准备，我为此查了大量的袁崇焕的资料。可以说一句话吧，关于袁崇焕能够找到的资料我都看了。因为我不停地跟踪资料。第二，是进行学术研究，因为必须站在历史高度上、学术高度上来看。为此，我出了四本关于袁崇焕的书——第一本书是《袁崇焕研究论集》，第二本书是《袁崇焕传》，第三本书叫《袁崇焕》，第四本书是把袁崇焕有关资料集在一起叫《袁崇焕资料集录》（与俞三乐合编）。这是研究的成果。第三呢？咱们中国有一句话，叫"读万卷书，行万里路"，要进行实地考察。为了研究袁崇焕，我到了广东的东莞，袁崇焕的老家，到了广西的藤县、平南县，到了福建的邵武，袁崇焕在那儿做知县，到了辽宁的兴城（宁远），袁崇焕进行宁远之战的地方，到了辽宁的锦州，就是宁锦保卫战的地方，特别是北京，北京袁崇焕祠、墓、庙，等等，不是一次，多次进行实地考察。可以这么说吧，袁崇焕走过的主要地方我都走过。还进行了袁崇焕有关的学术研讨，一共四次袁崇焕的学术研讨会，第一次是1984年在广西藤县举行的，这是中国历史上第一次关于袁崇焕的学术研讨会，我倡议的，我主持的，那个会规模很大，会后出了一个论文集，叫《袁崇焕研究论文集》。后来又在香港中文大学、辽宁兴城和广东东莞先后举办过三次。

董　倩：对于袁崇焕这个人物的准备，应该说在史料上您已经准备得很充足、很丰富了。

阎崇年：比较充足，比较丰富，包括与袁崇焕对立的后金——清方面的大量资料和研究，但可能还有很多地方没有看到。

董　倩：所以您对我们来说，是有资格，也有胆量，来站在这样的一个讲台上，去讲袁崇焕这个人。

阎崇年：不是这样，我现在的心态，在讲袁崇焕时的心态，还是如履薄冰，如临深渊。

董　倩：为什么这样？您已经掌握了这么多史料，还说这样的话，那谁还能讲？

阎崇年：我不是故意的谦虚，每一讲之前我觉得自己的知识都是零，都是从零开始，都要认真地准备，一直到上讲台之前，心里觉得还是准备不够，坐下开讲时，别的都忘了，就是一个意念一开始讲。

董　倩：阎老师，我就在想一个问题，您作为研究历史的学者，研究历史人物肯定有您专业的考虑，但是，历史人物在我们国家几千年历史上是灿若星汉，有各种各样的人物是可以研究的，您之所以选择袁崇焕这样的一个历史人物，是不是在某种程度上是因为，他身上具备的一些性格特质，也是在某种程度上是您愿意向他学习的。

阎崇年：您刚才说的这个历史人物，我算了一下，清代有名可考的历史人物，有小传的有十万人以上，明、清合起来，历史人物大概是以数十万计，还不包括更远的历史。我们中国从秦始皇以下，重要历史人物，我想应当以百万计。但是，真正能够震撼整个中华民族的心，整个中国人民的心的，不是特别多。袁崇焕是其中的一位。

历史上能称得上是大丈夫的人不多，我给袁崇焕提出了四个"大"，您刚才说大丈夫的"大"，我说袁崇焕是大仁、大智、大勇、大廉。"仁"就是仁者爱人的"仁"；"智"就是袁崇焕的智慧。我开始注意袁崇焕比较晚。努尔哈赤很重要，清朝的开创者，作战四十四年，战无不胜，攻无不克，居然败在了袁崇焕手下，说明袁崇焕比努尔哈赤高明。那我就研究袁崇焕比他高明在什么地方，就是智慧比努尔哈赤高明。他还有大勇，袁崇焕的"勇"，既有政治上的"勇"，又有军事上的"勇"。他作为一个蓟辽督师，相当于一个大军区的司令，还兼兵部尚书，打仗的时候，不是在后头，你们冲啊，你们冲啊，不是这样，而是身先士卒，他的盔甲中的敌方的矢镞像刺猬皮一样，几次出生入死。受了伤，把战袍撕下来之后，裹着伤，继续骑着马拼杀，勇敢。当初他做了一个很小的官，六品，当时他的顶头上司叫王在晋，任辽东经略兼兵部尚书，是二品大官，他要在山海关外八里的地方再修一座城，保卫山海关。袁崇焕说不行，提意见，他人微言轻，王在晋不听。怎么办？在这种情况下，他直接给当朝宰相叶向高写了一封信，提出他自己的看法，叶向高没答复，又写第二封信，叶向高重视了，经商量派大学士、天启皇帝的老师孙承宗，到前方去视察，了解实际情况，最后接纳了袁崇焕的意见，不容易，一个六品小官，敢直接把自己的意见写到当朝宰相那儿，并且被采纳了，需要有一种勇敢的精神。还有大廉，清正廉洁的"廉"，他做福建邵武知县，老百姓房子着火了，他没有说你们冲啊，你们救火去，没有！自己亲自爬墙上房，提着水桶给老百姓救火去，一个封建社会里七品的知县，还穿着官服给老百姓救火。我读过的历史人物不少，我认为在中国历史上，身为知县亲自上房给老百姓救火的仅此一例。死了抄家，袁崇焕是兵部尚书兼蓟辽督师，最后抄家的结果给皇帝奏报四个字，"家无余资"。历史上这么大的官，像袁崇焕这么清廉的，有，不多。所以我说袁崇焕是大仁、大智、大勇、大廉，他的这种浩然正气和爱国精神，的确是我们中华民族的精英，也值得我们今天的人学习。

（四）

董　倩： 我们进入到阎老师的书斋，您的书斋叫"四合书斋"吧？

阎崇年： 叫"四合书屋"。

董　倩： 四合书屋。天合、地合、人合、己合。这己合，我们在书里面看到过，您的讲座也提到过，为什么把自己的书屋叫四合书屋？

阎崇年： 我主要是读清史的书，也读明史的书，明清史不分家，我看了很多明清的人物传，我就感悟人生——那么多的历史人物，他们成功的基本经验是什么？很多人是悲剧，是失败者，他们失败的历史教训又是什么？最后我总结两个字"四合"，就是一个人要做成事情，必须四合，就是天合、地合、人合、己合。一个人做不成事，失败了，悲剧，最后就是三个字，四不合，就是天不合、地不合、人不合、己不合。一个人，天合、地合、人合都很好，事业正旺的时候，死了，这个人事情还是做不成啊，己不合。有很多的精英，三十多岁，四十多岁，英年早逝，那后来有很多事情都做不成，所以我概括成天合、地合、人合、己合。我愿意把这个话也送给您，送给大家，跟您分享，跟大家分享。

董　倩： 谢谢。可能对于阎老师的这种研究，大家从电视屏幕上了解多一些，但是阎老师平时在书屋里面是怎么治学的呢？我们不妨通过短片一起来看一下。

【大屏幕回放三】

董　倩： 大家有什么感受？我就觉得四个字，汗牛充栋，全都是书。阎老师研究了一辈子历史，最后总结出来四个字，对历史的态度要敬畏。

阎崇年： 是。

董　倩： 为什么？

阎崇年： 我觉得对历史首先是要敬，因为历史不是一两个人，是几千年人类经验的总结，所以对待这个经验要敬。为什么要畏呢？人类历史有很多的挫折，有很多的教训，甚至是血的教训，对于这些教训不能掉以轻心。要有一个畏的态度，把这些教训吸取了，我们今天尽量避免那些教训，才能使我们国家更兴旺，民族更复兴。

董　倩： 随着年龄的增长，还有阅历的加深，我越来越觉得，不管一个人在做什么，不管你从事的职业是什么，不管你官有多大，知道一点历史，一点坏处都没有，你看今天他只是带来了他几本书而已，他研究了一辈子，然后我们是受益者，多好。

阎崇年： 袁崇焕这一个人为什么是 48 集？我刚才说了，就用袁崇焕做个线索，来折射明亡清兴六十年历史，这样我就把他分做上、中、下三篇——上篇，是袁崇焕登上历史舞台前的明清政局，就是袁崇焕登上历史舞台大的历史文化背景，了解这个对袁崇焕的事迹、功过，就更容易理解；中篇，是袁崇焕与辽东政局，这是他八年建功立业的历史；下篇，是袁崇焕身后明清政局，就是袁崇焕死了之后，形势是怎么发展的。一直说到清军入关，迁都北京，明朝结束。总之，起点是明万历十一年（1583 年），努尔哈赤起兵，就是从万历说起，一直说到崇祯灭亡，明朝结束。所以分做上、中、下三篇，这么把它概括起来。

董　倩： 明末清初这是一段中国历史的大转折，所以我们应该对阎老师的讲座充满期待。

阎老师，我有一个问题，就是有一次我看《人民日报》采访您，您说了这么一番话，您评价自己说，我能吃苦，像农民；我很勇敢，像渔民；我又机变，像商人。为什么给自己这样的评价？

阎崇年： 很多人问我，你这个人性格有什么特点？我就想了一想，我小时候出生在一个半山半海、半农半渔的乡村，接触了渔民；我家种地，又是农民；我的父、祖辈经商，又是商人。这样呢，小时候周围接触三种职业，就是渔业、农业、商业。后来我就想，我受到他们什么影响呢？

第一，我是受了渔民的影响。小时候，我每天都到海边，还下海捕鱼，茫茫大海，无边无际，狂风巨浪，海浪高时有几丈高，两人对面说话都听不到声音，一叶小舟在海里摇摆。我小时候跟渔民下过海，也赶过海，在海里游泳。我觉得渔民有一种勇敢的精神，狂风暴雨来了还要挺住。我经常看到，冬天的时候，渔船翻了之后，渔民的尸体冲到海滩上。所以我很佩服渔民的勇敢精神。我觉得一个学者也好，其他行业也好，要做一点事情，首先要有勇敢的精神，因为你做任何事情，有所前进，有所突破，必然受到传统势力的束缚，冲破传统势力就必须有勇敢精神，所以我受了渔民的影响，有一点勇敢精神。

第二，因为我家里务农，我小时候耕过地、种过庄稼，农活我都会做，农民是实实在在的，说空话、大话不行，粮食是种出来，不是吹出来的，所以农民对我生活最大的影响就是务实、刻苦。

第三，我的曾祖父、祖父、父亲三代在北京打工，后来稍微有点积蓄就经商。我小时候，也听到他们议论经商、股票之类的话，商人是受市场影响的，比较有一点机变。

所以，我受了渔民、农民、商人的三种影响，就文化来说，我受了渔业文化、农业文化、商业文化三种影响，我身上有这三种文化的影子——第一，有一点勇敢的精神；第二，有一点务实的精神；第三，有一点变通的精神。

董　倩：阎老师您怎么看待成功？有人评价说您是大器晚成，到了七十才盛名在外，应该说有了名声，这叫成功，但您自己认可这种成功吗？或者您觉得这也是一种成功吗？

阎崇年：我认为成功是一个过程，没有终点，其实我到中央电视台《百家讲坛》之前，我们同行都知道我，搞清史的，搞满学的，可以说中国研究清史的都知道我，世界研究清史的、研究满学的，都知道我，没有不知道我的。但是走向广大观众，不同的阶层，不同的群体，那我是第一次。

董　倩：阎老师，说到这儿，您觉得作为一名学者成功的标准是什么？被自己的同行，被学术界的同行认同，还是被更广大的没有学过历史的电视观众所认可？

阎崇年：我觉得做一个专家学者来说，首先要同行认可；其次，要广大的观众、读者认可，一个人得到两个认可很难，因为纯学者同行认可就可以了，走向广大的观众，再加上广大观众认可，如果有两个认可就更好了。

董　倩：阎老师您在准备袁崇焕系列的时候，您自己认为这个系列最大的看点是什么？

阎崇年：我觉得袁崇焕有几个看点：

第一个，就是在我讲之前，关于明清这段历史的电视剧太多了，不是一部两部，可以说是铺天盖地，大家有一个需求，就是明亡清兴这段历史，哪个是正说哪个是戏说，我尽最大努力分辨一下，这可能是最大的看点。

第二个，这段时期是中国历史上一个大变动、大分化的时期，各种各样的人物，英雄人物、奸佞邪恶、君子小人、文官武将，纷纷登台表演。可以说，这段历史是正面和反面人物的群星图。大家从这里面可以找到正面的经验和反面的教训。

第三个，我们说看袁崇焕不仅仅看故事，因为大家更要从故事里面长智慧、长经验，振奋民族之魂、爱国之心。

第四个，我讲袁崇焕不是纯粹地讲故事，是要站在历史的视野上、历史的高点上，看袁崇焕和这段历史，这样可能给广大的观众有一点新的收获，新的启示。

董 倩：说到这里，大家有什么问题？

观 众：阎老师您好，我想问您一个问题，我们都知道袁崇焕死得非常惨，在明朝袁崇焕是一个大奸臣、大叛徒，但是我们现在知道袁崇焕是一个英雄，如果袁崇焕泉下有知，那么他的死应该怪谁呢？是崇祯皇帝还是皇太极，是多尔衮还是范文程，还是哪一个太监？谢谢。

阎崇年：这个问题提得很好，袁崇焕之死是一个悲剧。这个悲剧当然是袁崇焕个人的悲剧，也是崇祯皇帝的悲剧，还是大明皇朝的悲剧，更是我们中华民族的一个悲剧。这个责任不是某一个人的，是中华民族的一个悲剧，共同来吸取这个文化史上的教训。

观 众：阎老师您好，您还有什么遗憾吗？

阎崇年：谢谢，我的遗憾太多了。第一，我那么多的书该看还没看完；第二，我那么多课题该研究还没研究完；第三，我自己出版的计划有好几部书，比如说《清朝开国史》出版社已出校样，我都没工夫看，我希望抓紧时间看，把100多万字的《清朝开国史》印出来；我还有一系列的学术研究的计划，我算了一下，大体上我拿出三年时间做这个事，04年、05年、今年06年，到年底，袁崇焕这个讲座告一段落之后，我还要把门关上，到书斋里面做研究，要做还没有做完的研究课题。

董 倩：谁打来电话也不接了，是吧？

阎崇年：您——董倩老师打来的电话我是要接的。

董 倩：谢谢！还有谁提问？

观 众：您好阎老师，我是一个解放军战士，我想了解一下你一直到现在成名，有没有经历过你自己非常刻骨铭心或者是印象比较深的一些失败的例子，没有完成得很好的事情？人的成功路上肯定不可能是一帆风顺的，您在走到今天这一步，在以前有没有遇到过对自己影响很大的一些坎儿，这是一个。另外您研究这么多的历史人物，对自己性格包括人生观的塑造有什么作用没有？

阎崇年： 我觉得不光是我，很多人都是这样，人生道路是曲折崎岖的，都要经过。我不说别人吧，我也经过了种种磨难，种种坎坷，但是我有一条，磨难闯过去，坎坷战胜它，一直往前走。谢谢！

董　倩： 平时我对您的了解是从电视上，当您对一些史实信手拈来，可以气定神闲地讲这些历史的时候，我觉得这是您的专业，所以您要这样，但是今天在我跟您交流的过程中，您始终用非常淡然的态度在面对我，也面对观众，我想知道是不是人到了一定年纪，当他阅世很深之后，必然就会修炼到这样的一种心态了？

阎崇年： 可能有人会这样，有人也不完全会这样，因人而异。您刚才讲那个事情，比如下放劳动，在冬天四九的时候刮六级风，穿着背心在野地里干活，当然很艰苦了，但那也是一种磨炼，但当时我很高兴，这可以锻炼身体啊。另外，还有个看瓜的草棚子，在那里可以照样读书，就看你是不是自己抓时间。我写一篇论文《评康熙帝》，草稿就是在看瓜棚里写的，对着夜光写的。我觉得挫折、坎坷都不怕，就是怎么笑待这些挫折和坎坷。

我这个人碰到很多很多的困难，很多的曲折，但我有一条，我就总是看到光明，在最困难的时候我都很乐观，我觉得困难是暂时的，最后还是光明，就像黑夜一样，不管黑夜多么漫长，但总是暂时的，太阳总要从东方升起。

董　倩： 非常感谢大家今天能够来到演播室听阎老师说他自己的治学方面的一些故事，非常感谢大家，谢谢大家，谢谢。感谢阎老师，您刚才说了，您现在最缺的就是时间，结果还是拿出这么一段时间来跟我们一起来分享您的治学方面的故事和心得。另外也要感谢现场的观众朋友们，你们也是有自己的很多安排，抽出时间来到今天的演播室，来听阎老师讲述自己的故事，非常感谢大家的光临。谢谢您！

阎崇年： 您的时间更宝贵，观众的时间也更宝贵，所以我特别感谢主持人董倩老师和感谢在座的大家。谢谢！

原版跋

《明亡清兴六十年》(上)已于2006年9月由中国中央电视台"科学·教育"频道(CCTV10)《百家讲坛》播出,讲稿同时由中华书局出版。在《明亡清兴六十年》(下)《百家讲坛》谢幕、中华书局出书之际,对读者、观众、记者的几个问题,我在这里交代一下。

有读者、观众问:"您怎样处理学术化与大众化的关系?"历史学的发展经过为神服务、为君服务、为民服务三个时期。现在已经进入21世纪,史学的"神本主义""君本主义"都应当走下殿堂,史学应当为民服务,迈步走向民众广场。史学为民众服务,仍有多种功能——如学术、文化、资治、教化、传承,其中最重要的是学术研究功能与大众传承功能。前者,主要是学术研究;后者,主要是大众传播。

关于学术与大众的关系,王光先生概括为三种形态:向大众讲学术,向大众讲大众,向学术讲学术。这里我想起《论语》里的一句话:"为君难,为臣不易。"套用这句话,我认为:"为学术难,为通俗不易,为电视通俗更不易。"其原因之一是,自己必须具有渊博的学识。给受众一杯水,自己需要准备一桶水。自己明白十分,能使受众接纳五分就算不错。向学者讲学术难,向大众讲学术更难。因为:第一,必须把学术搞清楚,不能以己之昏昏而使人之昭昭。第二,观点、史料引文向学界同人讲述，直接引述即可；而对其翻译、解读、诠释能使大众听懂，当然比直接引用更困难。第三，由学术到学术是一种文化升华，由学术到大众也是一种文化升华。所以，《礼记·学记》曰："教然后知困。"又曰："教学相长也。"在普及历史知识过程中，特别是我在中央电视台主讲《清十二帝疑案》和《明亡清兴六十年》两个大型系列节目，讲了之后才知道其难；教了之后才彼此长进。

所谓"学术—大众—学术"，就是说以学术研究为出发点，向大众普及历史知识，最后达到学术之效果。历史知识的普及，过去主要是纸质媒介，要求文字简明、准确、通俗、生动等；现在，电视媒体对主讲者除上述文字要求外，还应当具有声音、形象、画面等多项内涵。因此，科学知识普及传播，电视媒体比纸质媒体要求更高。制片人万卫先生概括《百家讲坛》的主讲人，要具有学术涵养、电视能力和人格魅力三大因素。这是《百家讲坛》六年来，学者们主讲经验与教训的一个总结。

史学的学术化当前没有争议，有争议的是：史学要不要民众化？史学的学术化与民众化应是怎样的关系？所谓"时尚史学""通俗史学""摇滚史学""娱乐史学"等都是值得商榷的论点。史学是一种科学，摇滚是一种艺术，史学何以摇滚？在探讨史学的学术化与大众化的关系时，不应把高雅与通俗分隔，也不应把精英与大众分隔，高雅与通俗、精英与大众是互相联系的，而不要把两者对立起来。那种认为只有精英的东西是高雅的，大众的东西是低俗的，这种观点是没有历史根据的。历史本来是通俗的。《诗经》中的"风"，包括民歌民谣等，后来由俗化为雅，成为儒家经典。《论语》是孔子讲课学生的笔记加以整理而成。《论语》在当时是很通俗的，后来才成为儒家经典。至于说"时尚史学"，史学从来都被时尚，孔子修《春秋》，使乱臣贼子惧，不就是一种时尚吗？一些时尚的名词，后来成了典故。在中国历史上，"学术化"与"大众化"没有不可逾越的鸿沟。于是出现"注""疏""论""解""考""传""案""释"等学术表述形式。同样，现代"又红又专""上山下乡"等名词，若干年之后都要考据、要诠释，否则人们看了不懂，这不就成为一种学问了吗？所以，不要把高雅与通俗、精英与大众两者绝对化、对立化。那种轻蔑史学大众化的学术贵族态度是不可取的。

史学学术化与史学大众化，其思维与表述的路径不同：史学的学术化主要是提出问题、收集史料、审慎考据、分析论证、科学表述、做出新论，是一个求真求是的逻辑过程。而史学的大众化主要考虑对象的十个不同——不同年龄、不同性别、不同职业、不同阶层、不同文化、不同时间、不同地域、不同民族、不同宗教、不同国籍，其关注热点，其知识需求，应尽量既有引人入胜的故事，又有深厚扎实的史实，以通俗语言，深入浅出，雅俗共赏，准确表述，从而满足广大受众的愿望与要求。

有读者、观众问："学者应当在书斋里，您为什么要出现在荧屏上？"我认为："学者"的形态是多元的——有学术型学者，如长期在书斋里从事学术的开拓与研究；有教育型学者，如孔子说的"述而不作"，长期以教书为主，而不以研究与著述为主；有编辑型学者，一些从事书、报、刊、影视、网络等媒体的编审、编导等高级职务者；还有活动型学者等。其实，我从学历史至今50年，从研究清史至今44年。在这漫长的寒窗孤寂生活中，2004年和2006年，我出来两年晒晒太阳，难道不可以吗？况且，我也在国内外多所大学讲学，在大学兼课。我在北京大学开清朝开国史课，进行"传道、授业、解惑"，听课的学生限定50人。我在《百家讲坛》主讲《清十二帝疑案》《明亡清兴六十年》，据统计每一讲观众多达千万人，也是在"传道、授业、解惑"。二者相同之处都是在"课堂"或"讲坛"讲课，不同之处仅是"课堂"或"讲坛"的空间大小而已。电视是当代最为强势的媒体，学者应当与时俱进，加以利用，传承历史，以尽天职。试想，在雕版印刷、活字印刷的时代，去埋怨人们为什么不用甲骨、竹简做文字载体而用线装书呢！这岂不是堂吉诃德式的见解吗？

学术的研究与普及是否有矛盾呢？应当说既有矛盾也有统一。史学在大众传播过程中，教学相长，相得益彰。学术力求通俗，通俗中有学术。以明清萨尔浒大战为例，其胜其败，就是一个"分合观"的问题。战争指挥者其智慧的精华在于：尽最大的努力，将敌人的力量分，而将自己的力量合——以合对分者胜，以分对合者败。因此，要感悟"分合观"的智慧：在军事上，将敌人的力量分，而将自己的力量合，以合胜分；在政治上，将对立的力量分解、分化，壮大自己，以多胜少，以强胜弱；在工作上，将复杂的问题分解开，集中力量，分别解决；在学习上，将难点分开，逐个化解，分步解决。这样，在普及中有提高，在提高中又普及。史学的学术化与大众化，相辅相成，相得益彰。

有读者、观众问："您在《明亡清兴六十年》里，是否有'抑明扬清'之嫌？"我回答说："没有！"我是按照明亡清兴六十年历史原貌进行讲述的，尽量求真求是，力求公允客观，把握历史天平，不带民族偏见。讨论明亡清兴的历史时，我选定"明亡与清兴"这个历史平台。如果选择"明兴与清亡"做平台，可能不会引起上述个别人的误解。其实，在讲明史时，我曾充分肯定于谦、戚继光、袁崇焕等人的德言事功，颂扬他们的历史业绩。我既批评太监魏忠贤专权乱政，也褒扬太监郑和下西洋壮举。而在讲《明亡清兴六十年》时，我自然要探讨明朝灭亡的原因，探寻其演化，分析其矛盾，揭露其弊端，鞭挞其罪恶；我也自然探索清朝兴盛的原因，分析其条件，探求其动因，总结其经验，感悟其智慧。同样，我在讲清朝衰亡的过程中，必然要批评其签订不平等条约，割地、赔款、丧权、辱国的罪孽！

这里需要指出：应当敬畏历史，明朝衰亡的悲剧，不仅仅是汉族的，也是中华各民族的；同样，清朝兴盛的活剧，不仅仅是满族的，也是中华各民族的。中华各民族发展的历史，其经验，其教训，都是中华民族的共同文化财富。

最后，《礼记》的"大道不器"，应为励志向学之本，而同读者分享，并作为本文结语。

阎崇年

2006 年 12 月 25 日

原版感谢辞

在本书写作和同名讲座录播的过程中，承蒙诸多领导、同人、朋友、观众、读者、听众等指导和关切，并经常提出修改意见。我对给予关注、支持之诸君深致谢意：

中央电视台社教节目中心张宁主任，王进友、冯存礼、魏斌副主任，教育专题部魏淑青副主任，《百家讲坛》制片人万卫先生，总导演高虹先生、主编马琳女士、编导那尔苏先生；

中国国际电视总公司总裁助理马润生先生，发行事业部副主任程春丽女士；

中华书局李岩总经理，徐俊、顾青副总编，沈致金副总经理，宋志军编辑室副主任，李洪超编辑，资深编审沈锡麟先生，以及王军、胡大庆、翁向红、徐卫东等诸先生；

中国紫禁城学会郑欣淼会长暨学会同人；

北京社会科学院给予关心与支持的同人；

北京市社会科学界联合会宋贵伦、张文启副主席，陆奇、张兆民先生，王彦京主任暨同人；

提供图片的左远波先生；

我的夫人解立红女士；

在此，一并致谢。

广大观众、听众与读者的支持与鼓励——举两个例子:

江苏南通陈嘉鑫先生,90岁高龄,重病卧床,写来热情洋溢的赞扬信说:"卓然大家,博雅精深,平生所未见,亦闻所未闻,老眼生明,茅塞顿开,自冬而春,入夏而秋,我是常看不懈,一期不落,可算是忠实的老观众、老读者。"

重庆市合龄为150岁的长者熊志彬(炬)和徐乾英夫妇,冒着酷热42℃高温,收看《明亡清兴六十年》的电视讲座,"每讲必听,重播也听"。他们过奖地说:"你讲得好:第一,语言精练,口才好,不重复,干净利落。第二,风度好,从容不迫,不温不火,亲切诚恳,像与听众促膝谈心。第三,有真才实学,治学严谨,不像时下某些人戏说、乱说、胡说,随心所欲,玩历史;你是字必有据,字斟句酌,语言准确,鲜明生动,忠于客观历史。第四,讲史为主,自然也评史。你有深厚的文化基础、锐利的洞察力,善于提纲挈领,高度概括,非常清晰地表述你的观点。第五,你不是干巴巴地说教,你善于讲历史故事,生动有趣,引人入胜。听的人不感到疲乏,总觉得听你演讲是一种艺术享受,既增加了历史知识,又从故事中获益,不知不觉中受到祖国优良传统文化的教育。"

以上两函,谆谆长者,过誉之言,受之有愧,摘要引录,作为鞭策。

我借此机会介绍一下北京满学会。北京满学会是满学研究专家、教授组成的学术团体,1993年成立,隶属于北京市社会科学界联合会。它是我国至今唯一的研究满族历史、语言、文化的满学的群众性学术团体,也是至今国际唯一的满学的学术团体。北京满学会成立14年来,先后举行五届国际满学研讨会,并每年举行一届学术年会,出版《满学研究》第一至第七辑,编辑出版《20世纪世界满学著作提要》及《满学资料丛书》等。北京满学会成立以来,陈丽华终身荣誉会长给予热情支持。满文创立400周年国际满学研讨会、国际八旗满学研讨会等大型重要的国际满学学术会议,陈丽华终身荣誉会长邀请在长安俱乐部和中国紫檀博物馆丽华宫举行,热情关心,支持巨大。北京满学会的万依、王思治、周远廉、胡增益、王天有、屈六生副会长暨学会同人，团结一致，切磋学术。在此，我对学会的全体同人，多年合作，相互支持，深致敬意！

阎崇年

2007 年 11 月 1 日